U0943124

廣雅疏證

【清】王念孫 撰

上

上海古籍出版社

圖書在版編目(CIP)數據

廣雅疏證／(清) 王念孫撰. —上海：上海古籍出版社,2018.10
(清代訓詁學要籍選刊)
ISBN 978-7-5325-8242-6

Ⅰ.①廣… Ⅱ.①王… ②王… Ⅲ.①《廣雅》一研究 Ⅳ.①H131.4

中國版本圖書館 CIP 數據核字(2016)第 236631 號

廣雅疏證

(全二册)

[清] 王念孫 撰

上海古籍出版社出版發行
(上海瑞金二路 272 號 郵政編碼 200020)
(1) 網址：www.guji.com.cn
(2) E-mail：guji1@guji.com.cn
(3) 易文網網址：www.ewen.co
江阴金马印刷有限公司印刷
開本 890×1240 1/32 印張 55.25 插頁 10
2018 年 10 月第 1 版 2018 年 10 月第 1 次印刷
印數：1—1,050
ISBN 978-7-5325-8242-6

H·162 定價：248.00 元

出版説明

《廣雅疏證》十卷，王念孫撰。王念孫（一七四四—一八三二），字懷祖，號石臞，江蘇高郵人。乾隆四十年（一七七五）進士，官至永定河道。另著有《讀書雜誌》八十二卷、《方言疏證補》一卷、《釋大》八篇、《毛詩群經楚辭古韻譜》二卷、《雅詁表》二十一卷、《爾雅分韻》四卷等。

《廣雅疏證》卷十上、下「釋草」以後部分爲王念孫之長子引之所作。王引之（一七六六—一八三四），字伯申，號曼卿。嘉慶四年（一七九九）進士，官至工部尚書。另著有《經義述聞》三十二卷、《經傳釋詞》十卷等。與其父同爲清代樸學大師，並稱「高郵二王」，皆精於考據，尤擅小學。

清代另一位樸學大師段玉裁曾爲本書序，精闢總結了王念孫訓詁實踐所用之理論方法，亦是清代小學精髓所在：

小學有形有音有義，三者互相求，舉一可得其二。有古形有今形，有古音有今音，有古義有今義，六者互相求，舉一可得其五。

王念孫在《廣雅疏證》中正是運用這樣的理論方法，「就古音以求古義，引伸觸類不限形體」，取得了非凡的訓詁成就。《廣雅疏證》也成爲傳統語言文字學的代表著作之一。

《廣雅》在清代之前无其他注本，只有隋代曹憲所作音釋，後人合入正文，王氏勘正《博雅音》的訛誤，又將其單獨擇出，合於書後。

《廣雅疏證》之作始於乾隆五十三年（一七八八）八月，稿成於嘉慶元年（一七九六）正月。嘉慶初年有王氏家刻本，道光以後，淮南書局、《清經解》及《畿輔叢書》據家刻本重刊。我社曾於二十世紀八十年代據上海圖書館藏嘉慶初年王氏家刻本影印。此本卷五上「釋言」二字訛爲「釋詁」，疑爲王氏家刻本印次在前者。此次影印仍以此爲底本。

書成以後，王氏父子又作修訂，寫於刊本上，或别書於籤上夾在書中。後該本流散。先由清河汪汲、汪椿收藏，但缺八、九兩卷，後歸淮安黄海長，黄氏録出四百餘條，以此刊於借竹宧。後羅振玉覓得該本所卷八、九兩卷，合黄氏刊本，刊於《殷禮在斯堂叢書》中。本次出版即以此爲底本影印，附於書後。

目録

上册

下册

廣雅疏證補正

小學有形有音有義三者互相求舉一可得其二有古形有今形有古音有今音有古義有今義六者互相求舉一可得其五古今者不定之名也三代爲古則漢爲今漢魏晉爲古則唐宋以下爲今聖人之制字有義而後有音有音而後有形學者之考字因形以得其音因音以得其義治經莫重於得義得義莫切於得音周官六書指事象形形聲會意四者形也轉注假借二者馭形者也音與義也三代小學之書不傳今之存者形書說文爲之首玉篇以下次之音書廣韵爲之首集韵以下次之義書爾雅爲之首方言釋名廣雅以下次之爾

雅方言釋名廣雅者轉注假借之條目也義屬於形是爲轉注義屬於聲是爲假借稚讓爲魏博士作廣雅葢魏以前經傳謠俗之形音義彙粹於是不孰於古形古音古義則其說之存者無由甄綜其說之已亾者無由比例推測形失則謂說文之外字皆可廢音失則惑於字母七音猶治絲棼之義失則梏於說文所說之本義而廢其假借又或言假借而昧其古音是皆無與於小學者也懷祖氏能以三者互求以六者互求尤能以古音得經義葢天下一人而已矣假廣雅以證其所得其注之精粹再有子雲必能知之敢以是質於懷祖氏竝

質諸天下後世言小學者乾隆辛亥八月金壇段玉裁

序

昔者周公制禮作樂爰著爾雅其後七十子之徒漢初綴學之士遞有補益作者之聖述者之明卓乎六藝羣書之鈐鍵矣至於舊書雅記詁訓未能悉備網羅放失將有待於來者魏太和中博士張君稚讓繼兩漢諸儒後參攷往籍徧記所聞分別部居依乎爾雅凡所不載悉著於篇其自易書詩三禮三傳經師之訓論語孟子鴻烈法言之注楚辭漢賦之解讖緯之記倉頡訓纂滂喜方言說文之說靡不兼載蓋周秦兩漢古義之存者可據以證其得失其散逸不傳者可藉以闚其端緒則其書之爲功於詁訓也大矣念孫不揆檮昧爲之疏證

殫精極慮十年於茲竊以詁訓之旨本於聲音故有聲同字異聲近義同雖或類聚羣分實亦同條共貫譬如振裘必提其領舉綱必挈其綱故曰本立而道生知天下之至嘖而不可亂也此之不寤則有字別爲音音別爲義或望文虚造而違古義或墨守成訓而尟會通易簡之理既失而大道多岐矣今則就古音以求古義引伸觸類不限形體苟可以發明前訓斯淩雜之譏亦所不辭其或張君誤采博攷以證其失先儒誤説參酌而寤其非以燕石之瑜補荆璞之瑕適不知量者之用心云爾張君進表廣雅分爲上中下是以隋書經籍志作

三卷而又云梁有四卷不知所析何篇隋曹憲音釋隋志作四卷唐志作十卷今所傳十卷之本音與正文相次然館閣書目云今逸但存音三卷是音與廣雅別行之證較然甚明特後人合之耳又憲避煬帝諱始稱博雅今則仍名廣雅而退音釋於後從其朔也憲所傳本卽有舛誤故音內多據誤字作音集韻類篇太平御覽諸書所引其誤亦或與今本同葢是書之譌脫久矣今據耳目所及旁攷諸書以校此本凡字之譌者五百八十脫者四百九十衍者三十九先後錯亂者百二十三正文誤入音內者十九音內字誤入正文者五十七輒

復隨條補正詳舉所由廣雅諸刻本以明畢效欽本爲最善凡諸本皆誤而畢本未誤者不在補正之列最後一卷子引之嘗習其義亦即存其說竊放范氏穀梁傳集解子弟列名之例博訪通人載稽前典義或易曉略而不論於所不知蓋闕如也後有好學深思之士匡所不及企而望之

上廣雅表

博士臣揖言魏江式表云魏初博士清河張揖著廣雅唐顏師古漢書敘例云張揖字稚讓清河人一云河閒人魏太和中爲博士臣聞昔在周公纘述唐虞宗翼文武克定四海勤相成王踐阼理政阼各本譌作祚惟影宋本不譌日昃不食坐而待旦德化宣流越裳倈貢嘉禾貫桑六年制禮以導天下著爾雅一篇以釋其意義各本脫意字邢昺爾雅疏引此已然埶文類聚則引作釋其意義案神仙傳云噴墨皆成文字滿紙各有意義又云小小作文皆有意義是意義連文之證今據補傳于後學歷載五百墳典散落唯爾雅恒存禮三朝記蜀志秦宓傳注引劉向七略云孔子三見哀公作三朝記七篇今在大戴禮案大戴禮千乘四代虞戴德誥志小辨用兵少閒七篇是也下文出小辨篇哀公曰寡人欲學小辯以

觀於政其可乎孔子曰爾雅以觀於古足以辯言矣大戴禮盧辯注云爾近也謂依於雅頌孔子曰詩可以言可以怨邇之事父遠之事君多識鳥獸草木之名也是盧氏不以爾雅爲書名案彼文云循弦以觀於樂爾雅以觀於古謂循乎弦爾乎雅也盧說爲長春秋元命包言子夏問夫子作春秋不以初哉首基爲始何春秋元命包春秋讖也後漢張衡以爲漢世虛僞之徒所作張衡傳載之詳矣云作春秋不以初哉首基爲始者當是釋春秋元年之義公羊傳云元年者何君之始年也爾雅云初哉首基元始也春秋不以初哉首基等字爲始而獨以元爲始故釋之與是以知周公所造也率斯以降超絕六國越踰秦楚各本作越秦踰楚爾雅疏引作越踰秦楚案超絕越踰相對爲文疏所引者是也今據以訂正爰暨帝劉魯人叔孫通撰置禮記文不違古後漢書曹褒傳有班固所上叔孫通漢儀十二篇今俗所傳三篇爾雅或言仲尼所

增或言子夏所益或言叔孫通所補或言郝郡梁文所考陸德明經典釋文敘錄云釋詁一篇蓋周公所作釋言以下或言仲尼所增子夏所足叔孫通所益梁文所補張揖論之詳矣邵氏二雲曰漢書藝文志爾雅三卷二十篇張揖謂周公箸爾雅一篇今所傳三篇爲後人增補是張揖所謂篇即漢書所謂卷猶云周公所作祇一卷後人增補乃有三卷耳陸氏乃以周公所作爲二十篇之一始考之不審以致斯誤郝各本譌作制今據說文訂正考爾雅疏引作箸疑本作箸譌作者又譌作考也直齋書錄解題引此作考則南宋本已譌皆解家所說先師口傳既無正論聖人所言是故疑不能明也夫爾雅之爲書也文約而義固其敶道也精研而無誤眞七經之檢度學問之階路儒林之楷素也鄭注士喪禮云形法定爲素若其包羅天地綱紀人事權揆制度發百家之訓詁未能悉備也臣揖

體質蒙蔽學淺詞頑言無凥取竊以所識撢撢𢽀𤯝說文云撢探也文同義異音轉失讀八方殊語庶物易名不在爾雅者詳錄品覈以箸于篇說文云覈實也凡萬八千一百五十文今本廣雅凡萬六千九百一十三文刪衍文九十六補脱文五百九共文萬七千三百二十六較表內原數少八百二十四分爲上中下以頒方徠俊哲洪秀偉彥之倫扣其兩端摘其過謬令得用諝說文云諝知也亦所企想也臣揖誠惶誠恐頓首頓首死罪死罪

廣雅疏證卷第一上

高郵王念孫學

釋詁

古𥘅先創方作造朔萌芽本根櫱鼃𦬁昌孟鼻業始也

作者,魯頌駉篇思馬斯作,毛傳云,作,始也。作之言乍也。作亦始也。臯陶謨烝民乃粒,萬邦作乂,作與乃相對成文。言烝民乃粒,萬邦始乂也。禹貢萊夷作牧,言萊夷水退,始放牧也。沱潛既道,雲夢土作乂,作與既相對成文。言沱潛之水既道,雲夢之土始乂也。夏本紀皆以爲字代之,於文義稍疏矣。造者,高誘注呂氏春秋大樂篇云,造,始也。孟子萬章篇引伊訓云,天誅造攻自牧宮。朔者,禮運云,皆從其初,皆從其朔。櫱與萌芽同義。盤庚云,若顛木之有由櫱。芽米謂之櫱,災始生謂之孽,義並與櫱同。鼃𦬁者,方言,鼃,律,始也。律與𦬁通。說文,肁,始開也,從戶聿。聿亦始也。聲與𦬁近而義同。凡事之始,即爲事之法,故始謂之方,亦謂之律法謂之律、亦謂之方矣、昌讀爲倡、和之倡、王逸注九章云、倡、始也、周官樂師、教愷歌、遂倡之、鄭注云、故書倡爲昌、是昌與倡通、鼻之言自也、說文、自、始也、讀若鼻、今俗以始生子爲鼻子、是、方言、鼻、始也、嘼之初生謂之鼻、人之初生謂之首、莊子天地篇、誰其比憂、比、司馬彪本作鼻、云、始也、漢書揚雄傳、或鼻祖於汾隅、劉德注亦云、鼻、始也、業與基同義、故亦訓爲始、齊語、擇其善者而業用之、韋昭注云、業、猶創也、史記太史公自序云、項梁業之、子羽接之、

乾官元首主上伯子男卿大夫令長龍嫡郎將日正君也

乾者、說卦傳云、乾爲君、官、各本譌作宮、惟影宋本不譌、官與長同義、故皆訓爲君、伯子男卿大夫者、爾雅、王、公、侯、君也、公侯而下、則爲伯子男、及卿大夫之有地者、喪服云、公士大夫之衆臣、爲其君、傳曰、君、謂有地者也、令者、呂氏春秋去私篇、南陽有令、高誘注云、令、君也、長者、周語、古之長民者、韋昭注云、長、猶君也、

龍者、賈子容經篇云、龍也者、人主之譬也、嫡者、喪服妾爲女君、鄭注云、女君、君適妻也、適、與嫡通、歸妹六五云、其君之袂、不如其娣之袂良、君、亦謂嫡也、郎之言良也、少儀、負良綏、鄭注云、良綏、君綏也、良與郎聲之侈侈耳、猶古者婦稱夫曰良而今謂之郎也、將讀將帥之將、呂氏春秋執一篇注云、將、主也、日者、祭法、王宮、祭日也、注云、王宮、日壇也、王、君也、日稱君、正者、爾雅、正、長也、楚語、武丁於是作書曰、以余正四方、余恐德之不類

道天地王皇蘴㱛博般粗兄㳂沛祏龄衍臨亘佳方夸匯凱般張覺封奘太賢胡㢈廣旁奄㧘勱杕魁訏沈岑賁誧繹顤頟魌麗敦芋錭裒䫜萬觰驐都大也浩溔

道天地王皇者、老子云、有物混成、先天地生、吾不知其名、字之曰道、強爲之名曰大、故道大、天大、地大、王亦大、域中有四大、而王居其一焉、爾雅釋詁疏引尸子廣澤篇云、天、帝、皇、后、辟、公、皆大也、說文、天、顛也、至

高無上、從一大、是天與大同義、孟子滕文公篇引書云、惟臣附于大邑周、多士云、肆予敢求爾于天邑商、天邑、猶大邑也、禮謂大父爲王父、是王與大亦同義、寷通作豐、豐彖傳云、豐大也、說文、寷、大屋也、𡚁者、說文、恢大也、襄四年左傳云、用不恢于夏家、文十五年公羊傳云、郛者何、恢郭也、恢與𡚁通、殷者、喪大記主人具殷奠之禮、鄭注云、殷、猶大也、莊子秋水篇云、夫精小之微也、垺大之殷也、微亦小也、殷亦大也、山木篇云、翼殷不逝、目大不覩、楚辭九歎、帶隱虹之逶虵、王逸注云、隱大也、隱與殷聲近而義同、粗、曹憲音在戶反、管子水地篇云、非特知於麤粗也、察於微眇、春秋繁露兪序篇云、始於麤粗、終於精微、論衡正說篇云、略正題目麤粗之說、以照篇中微妙之文、粗字亦作觕、說文、觕角長皃、從角爿聲、讀若麤觕、淮南子氾論訓云、風氣者、陰陽麤觕者也、漢書藝文志云、庶得麤觕、隱元年公羊傳注云、用心尚麤觕、晏子春秋問篇云、縵密不能、麤苴學者詘、論衡量知篇云、夫竹木麤苴之物也、並與麤粗同、麤倉胡反、粗在戶反、二字義同而音異、故廣雅以麤粗並列、管子晏子淮南子春秋繁露漢書論衡諸書、皆以麤粗連文、後人亂之久矣、兄者、釋名、兄、荒也、荒、大也、故青徐人謂兄爲荒也、巟通作荒、荒、晉語云、在周頌曰、天作高山、大王荒之、荒、大之也、說文、巟、水廣也、引泰九二、包巟用馮河、今本作荒、沛者、文十四年公羊傳云、力沛若有餘、漢書五行志云、沛然自大、袥之言碩大也、袥、曹憲音託、各本譌作祏、惟影宋本不譌、說文繫傳引字書云、袥、張衣令大也、玉篇、袥、廣大也、太元元瑩云、天地開闢宇宙袥坦、漢白石神君碑云、開袥舊兆、文選魏都賦注引倉頡篇云、斥、大也、莊子田子方篇揮斥八極、李軌音託、漢書揚雄傳云、拓跡開統、拓斥竝與袥通、魯頌閟宮篇、松桷有舃、毛傳云、舃、大貌、徐邈音託、義亦與袥同、矝者、表記、君子不矜而莊、鄭注云、矜、謂自尊大也、僖九年公羊傳、矜之者何、猶曰莫若我也、何休注云、色自美大之貌、矜與矝通、矝、曹憲音矜、各本矝字竝譌作⿰矛鹵、集韻類篇⿰矛鹵居陵切、引廣雅⿰矛鹵、衍、大也、則宋時廣雅本已譌作⿰矛鹵、案字從鹵聲者、不得有矜音、故說文玉篇廣韻皆無⿰矛鹵字、爾雅、矜、苦也、釋文作矝、廣雅、矝、哀也、是矜矝古多通用、今據以訂正、衍者、楚辭天問、其衍幾何、王逸注云、衍、廣大也、漢書郊祀志德星昭衍、顏師古注云、衍、大也、臨者、序卦傳云、臨者、大也、靈樞經通天篇云、太陰之人、其狀臨臨然長大、文十八年左傳高陽氏有才子八人、蒼舒隤敳檮戭、大臨尨降庭堅仲容叔達、自庭堅以上、皆以二字爲名、爾雅、厖洪大也、洪與降古同聲、大臨尨降、或皆取廣大之義與臨之言隆也、說文、隆豐大也、隆與臨古亦同聲、故大雅皇矣篇與爾臨衝、韓詩作隆衝、漢書地理志隆慮、荀子彊國篇作臨慮矣、佳者、善之大也、中山策、佳麗人之所出、高誘注云、佳大麗美也、大雅桑柔箋云、善猶大也、故善謂之佳、佳亦謂之介、大謂之介、亦謂之佳、佳介語之轉耳、方者、堯典云、共工方鳩僝功、湯湯洪水方割、皆大之義也、晉語今晉國之方、韋昭注云、方大也、夸者、說文、夸奢也、從大于聲、方言于大也、夸訏芋竝從于聲、其義同也、凱者、呂氏春秋不屈篇云、詩曰、愷悌君子、愷者大也、悌者長也、愷與凱通、般者、方言、般大也、郭璞音盤、桓之盤、大學、心廣體胖、鄭注云、胖猶大也、士冠禮注云、弁名出於槃、槃大也、言所以自光大也、槃胖竝與般通、說文、幋覆衣大巾也、鞶大帶也、訟上九、或錫之鞶帶、馬融注云、鞶大也、文選嘯賦注引聲類云、磐大石也、義竝與般同、說文、伴大皃、伴與般亦聲近義同、凡人憂則氣斂、樂則氣舒、故樂謂之般、亦謂之凱、大謂之凱、亦謂之般、義相因也。覺者、小雅斯干篇、有覺其楹、毛傳云、有覺、言高大也。緇衣引詩有梏德行、鄭注云、梏、大也、直也、梏、與覺通、封之言豐也、商頌殷武傳云、封、大也、堯典云、封十有二山、封墳語之轉、故大謂之封、亦謂之墳、家謂之墳、亦謂之封、冢亦大也、奘者、說文、奘、大也、從大弗聲、玉篇作奘、周頌敬之篇佛時仔肩、毛傳云、佛、大也、佛與奘通、爾雅、紼、繂也、孫炎以爲大索、緇衣、王言如絲、其出如綸、王言如綸、其出如綍、鄭注云、言言出彌大、義與奘同也、爾雅、廢、大也、郭璞引小雅四月篇、廢爲殘賊、廢與奘亦聲近義同、太者、白虎通義云、十二月律謂之大呂、何、大者、大也、正月律謂之太蔟、何、太亦大也、賢亦善之大也、白虎通義引禮別名記云、千人曰英、倍英曰賢、考工記輪人五分其轂之長、去一以爲賢、去三以爲軹、鄭衆注云、賢、大穿、軹、小穿、說文、堅、大兒、讀若賢、又云、瞖、大目也、義竝與賢同、胡者、逸周書諡法解云、胡、大也、僖二十二年左傳雖及胡耇、杜預注云、胡耇、元老之稱、說文、湖、大陂也、爾雅、壺棗、郭璞注云、今江東呼棗大而銳上者爲壺、方言、蠭大而蜜者、燕趙之間謂之壺蠭、義竝與胡同、賈子容經篇云、祜、大福也、祜祜與胡亦聲近義同、㡯、通作傛、說文、㡯、廣也、鄭注雜記云、傛猶大也、㫄者、廣之大也、說文、㫄、溥也、爾雅、溥、大也、逸周書大匡解云、㫄匡於衆、無敢有違、㫄匡、即大匡也、㫄與方古聲義並同、奄者、說文、奄、大有餘也、從大申、申、展也、大雅皇矣篇、奄有四方、毛傳云、奄、大也、說文、俺、大也、俺與奄亦聲近義同、大則無所不覆、無所不有、故大謂之幠、亦謂之奄、覆謂之奄、亦謂之幠、有謂之幠、亦謂之撫、亦謂之奄、矜憐謂之撫掩、義並相因也、朴者、楚辭天問、焉得夫朴牛、王逸注云、朴、大也、九章、材朴委積兮、注云、條直爲材、壯大爲朴、魁者、呂氏春秋勸學篇、不疾學而能爲魁士名人者、未之嘗有也、高誘注云、魁、大之士、名德之人、史記孟嘗君傳云、始以薛公爲魁然也、今視之乃眇小丈夫耳、訏與下芋字同、爾雅、訏、大也、方言云、中齊西楚之閒曰訏、又云、芋、大也、郭璞注云、芋猶訏耳、大雅生民篇、寔覃寔訏、小雅斯干篇、君子攸芋、毛傳並云、大也、凡字訓已見爾雅、而此復載入者、蓋偶未檢也、後皆放此、芋又音王遇反、其義亦爲大、說文云、芋、大葉實根駭人、故謂之芋、是也、沇沇讀若覃、方言、沇、大也、漢書陳勝傳、夥涉之爲王沇沇者、應劭注云、沈沈、宮室深邃之貌也、音長含反、張衡西京賦云、大廈眈眈、玉篇、譚大也、譚眈並與沈通、岑崟者、方言、岑崟、大也、淮南子地形訓、九州之外、乃有八崟、高誘注云、崟猶遠也、遠亦大也、誧者、說文、誧、大也、玉篇滂古切、義與溥通、譯者、說文、譯、富譯譯皃、從奢單聲、玉篇丁可充者二切、云、大寬也、說文、哆、張口也、小雅巷伯篇、哆兮侈兮、毛傳云、哆、大貌、釋文昌者反、義與譯同、顧者、玉篇、顧、大頭也、顝者、說文、顝、大頭也、讀若魁、魌者、廣韻、魌、大頭也、莊子大宗師篇、其顙頯、向秀本作魌、注云、魌然大朴貌、顝魌魁古並同聲、敦者、方言、敦、大也、陳鄭之閒曰敦、爾雅、大歲在午曰敦牂、孫炎注云、敦、盛、牂、壯也、是大之義也、敦又音徒昆反、其義亦爲大、漢書敦煌郡、應劭注云、敦、大也、煌、盛也、周語、敦厖純固、韋注云、敦、厚也、厖、大也、商頌長發傳云、厖、厚也、墨子經篇云、厚、有所大也、厚與大同義、故厚謂之敦、亦謂之厖、大謂之厖、亦謂之敦矣、衮之言渾也、曹大家注幽通賦云、渾、大也、後漢書馮緄字鴻卿、緄與衮通、說文、睔、目大也、爾雅、百羽謂之緷、釋文引埤倉云、緷、大束也、玉篇、鯀、大魚也、睔緷鯀並音古本反、義與衮同也、顈者、玉篇引倉頡篇云、顈、頭大也、說文同、集韻類篇引廣雅作奃萬者、閔元年左傳云、萬盈數也、邶風簡兮篇方將萬舞、初學記引韓詩云、萬大舞也、䑇之言奢也、說文䑇、下奢也、驉者莊子德充符篇云、警乎大哉、警與驉通、說文驉、駿馬也、爾雅狗四尺爲獒、楚辭天問篇鼇戴山抃、王逸注云、鼇大龜、義竝同也、都者漢書五行志豕出圂壞都竈、顏師古注云、都竈烝炊之大竈也、武五子傳將軍都郎羽林注云、都大也、僖十六年穀梁傳云民所聚曰都、亦大之義也、浩羕者、王逸注九歌云、浩大也、堯典云、浩浩滔天、淮南子覽冥訓云、水浩羕而不息、浩字亦作灝、又作晧、司馬相如上林賦灝羕潢漾、郭璞注云、皆水無涯際貌、文選魏都賦河汾浩涆而晧羕、李善注引廣雅、浩羕大也、今本皆脫浩羕二字、凡諸書引廣雅而今本脫去者、若與上下文幷引、卽可依次補入、如下文楷模品式灋也、脫去模品二字、據衆經音義所引補入是也、若不與上下文幷引、則次第無徵、但附載於本節之末、如此條浩羕二字是也、凡補入之字、皆旁刻以別之、後放此、

仁龐或員虞方云撫有也

龓或員方云爲有無之有仁虞撫爲相親有之有而其義又相通古者謂相親曰有昭六年左傳宋向戌謂華亥曰女喪而宗室於人何有人亦於女何有杜注云言人亦不能愛女也二十年傳是不有寡君也注云有相親有也宣十五年公羊傳云潞子離於狄而未能合於中國晉師伐之中國不救狄人不有是以亾也王風葛藟篇云謂他人母亦莫我有皆謂相親有也有猶友也故釋名云友有也相保有也仁者經解云上下相親謂之仁言相親有也仁各本譌作仁釋草篇竺竹也竺字譌作竺正與此同今訂正龓者說文龓兼有也從有龍聲史記平準書盡籠天下之貨物籠與龓通爾雅庬有也庬與龓聲亦相近說卦傳震爲龍虞翻干寶龍作駹考工記玉人上公用龍鄭衆讀龍爲尨是其例矣或者微子殷其弗或亂正四方史記宋世家作殷不有治政不治四方洪範無有作好呂氏春秋貴公篇作無或作好高誘注云或有也小雅天保篇無不爾或承鄭箋云或之言有也或即邦域之域說文或邦也從口戈以守一一地也或從土作域域有一聲之轉故商頌元鳥篇正域彼四方毛傳云域有也員與下云字通元鳥箋云員

古文作云、文選陸機荅賈長淵詩注、引應劭漢書注曰、云、有也、晉語、其誰云弗從、韋昭注云、誰有弗從、是云爲有也、秦誓、日月逾邁、若弗員來、言若弗或來也、或亦有也、雖則員然、言雖則有然也、大雅桑柔篇、民有肅心、荓云不逮、言使有不逮也、爲民不利、如云不克、言如有不克也、解者多失之、云又爲相親有之有、小雅正月篇、洽比其鄰、昏姻孔云、鄭箋云、猶友也、言尹氏與兄弟相親友、襄二十九年左傳、晉不鄰矣、其誰云之、言誰與相親有也、虞者、大雅雲漢五章云、羣公先正、則不我聞、六章云、昊天上帝、則不我虞、聞、猶恤問也、虞、猶撫有也、則不我虞、猶言亦莫我有也、則不我聞、猶言亦莫我聞也、其三章云、昊天上帝、則不我遺、四章云、羣公先正、則不我助、遺、猶問也、助、猶虞也、故廣雅又云、虞、助也、解者亦失之、方者、召南鵲巢篇、維鳩方之、毛傳云、方、有之也、撫者、爾雅、憮、敉、撫也、又云、矜憐、撫掩之也、撫爲相親有、故或謂之撫有、昭元年左傳、君辱貺寡大夫圍、謂圍將使豐氏撫有而室、二年傳、若惠顧敝邑、撫有晉國、賜之内主、皆是也、撫又爲奄有之有、成十一年左傳、使諸侯撫封、杜注云、各撫有其封内之地、文王世子、而方有九國焉、君王其終撫諸鄭注云撫猶有也撫方一聲之轉方之言荒撫之言幠也爾雅幠有也郭注引詩遂幠大東今本幠作荒毛傳云荒有也有與大義相近故有謂之厖亦謂之方亦謂之荒亦謂之幠亦謂之虞大謂之厖亦謂之方亦謂之荒亦謂之幠亦謂之吳吳虞古同聲

假及軫礙艾括致悃撴歫摵會抵薄䕻往薦周𡑞腆緊至也

假者說文假至也爾雅作格方言作佫竝同軫礙皆止之至也說文軫礙也礙止也管子輕重甲篇弓弩多匿軫者尹知章注云軫礙也各本俱脫艾字考曹憲音釋此處有五害反又刈五字乃艾字之音非礙字之音礙字在廣韻十九代音五溉切艾字在十四泰音五蓋切又入二十廢音刈艾蓋害三字竝在十四泰五蓋切即五害切今據以訂正說文歫止也儗止也小爾雅艾止也大雅抑傳云止至也止與至同義故歫礙艾三字訓爲止又訓爲至也括者王風君子于役篇羊牛下括毛傳云括至也又曷其有佸韓

詩云、佸、至也、毛云、佸、會也、會亦至也、首章言曷至、次
章言曷其有佸、其義一也、括佸會古聲義竝同、故廣
雅括會俱訓爲至也、致者、鄭注禮器云、致之言至也、
悃、當作梱、梱亦致也、孟子滕文公篇音義引埤倉云、
梱、儆也、儆、與致通、大雅旣醉篇、其類維何、室家之壼、
鄭箋云、壼之言梱也、室家先以相梱致、已乃及於天
下、韋昭周語注云、孝子之行、先於室家族類以相梱
致、乃及於天下也、唐風鴇羽箋云、稹者、根相迫迮梱
致、義亦同也、掓、亦致也、說文、掓、刺之財至也、廣韻豬
几陟利二切、方言、掓、到也、漢書揚雄傳、掓北極之嶟
嶟、應劭注云、掓、至也、說文、夂、從後至也、象人兩脛後
有致之者、讀若黹、義與掓通、掓搣二字竝從手、各本
譌從木、今訂正、岠者、漢書食貨志、元龜岠冄長尺二
寸、孟康注云、岠、至也、臯陶謨、予決九川距四海、史記
夏紀距作致、距、與岠通、岠、各本譌作岠、今訂正、搣者、
方言、搣、到也、搣之言造也、造亦至也、造與搣古同聲、
孟子、舜見瞽瞍、其容有蹙、韓子忠孝篇作其容造焉、
大戴禮保傅篇、靈公造然失容、造然即蹙然、是其例
矣、抵者、說文、氐、至也、從氐下箸一、一、地也、史記秦始
皇紀、道九原、抵雲陽、抵與氐通、律書云、氐者、言萬物

皆至也漢書文帝紀至邸而議之顏師古注云郡國朝宿之舍在京師者率名邸邸至也言所歸至也義竝與抵通致會抵三字同義方言抵做會也雍梁之閒曰抵秦晉亦曰抵凡會物謂之做薄者臯陶謨云外薄四海楚策云七日而薄秦王之朝薄之言傅也小雅菀柳篇有鳥高飛亦傅于天鄭箋云傅至也察者書大傳云祭之爲言察也察者至也人事至然後祭中庸云詩云鳶飛戾天魚躍于淵言其上下察也此引詩以明君子之道之大上至於天下至於地也故下文云君子之道造端乎夫婦及其至也察乎天地管子內業篇云上察於天下極於地淮南子原道訓高不可際高誘注云際至也際與察古亦同聲故原道訓施四海際天地文子道原篇作施於四海察於天地薦者爾雅薦臻也郭璞注云薦進也故爲臻臻至也說文瀳水至也義亦與薦同周者逸周書謚法解云周至也小雅鹿鳴篇示我周行毛傳云周至也論語堯曰篇云雖有周親腆者大誥殷小腆馬融注云腆至也

乃𧮫遂邁行徝歸迋往也

乃者、衆經音義卷十八引倉頡篇云、迺、往也、說文、卤、往也、迺、卤、竝與乃同、趙策蘇秦謂趙王曰、秦乃者過柱山、漢書曹參傳、乃者我使諫君也、顏師古注云、乃者、猶言曩者、是乃爲往也、㫺、各本譌作替、㫺或作昔、遂譌而爲替、下文憯、愛也、憯字譌作憯、卷二內、賃茶差、且、假、貸、僭也、僭字譌作僣、卷三內、鐕、磨也、鐕字譌作鐟、竝與此同、趙岐注孟子離婁篇云、㫺者、往也、玉篇、廣韻俱云、㫺、往也、今據以訂正、遂者、楚辭天問、遂古之初、王逸注云、遂、往也、淮南子要略篇、攬掇遂事之蹤、追觀往古之跡、遂事之蹤、即往古之跡也、論語八佾篇、成事不說、遂事不諫、既往不咎、成事、遂事、即既往也、逸周書史記解、取遂事之要戒、亦謂往事也、邁行者、爾雅、邁、行也、秦風無衣傳云、行、往也、徙者、說文、徙、遠行也、漢書楊雄傳、因江潭而徙記兮、鄧展注云、徙、往也、徙與徎同、歸者、隱二年公羊傳云、婦人謂嫁曰歸、爾雅、嫁、往也、莊二年穀梁傳云、王者、民之所歸往也、迋者、說文、迋、往也、襄二十八年左傳、君使子展迋勞於東門之外、杜預注與說文同、漢書五行志迋作往、往、迋、徙、聲竝相近、

休祥衷佳忏祿吉慶良㦗時竫𩔽適賴忩愿戩溫長嬪
婈𪎭馴嫿睩戾靈善也

衷者、皋陶謨同寅協恭和衷哉、傳云、衷、善也、成十三年左傳、民受天地之中以生、中、與衷通、忏者、方言、自關而西秦晉之故都、謂好曰忏、祿者、周官天府注云、祿之言穀也、爾雅、穀、善也、吉者、召南摽有梅傳云、吉、善也、慶者、大雅皇矣傳云、慶、善也、㦗者、王逸九章注云、謹、善也、謹與㦗通、㦗、各本譌作㩎、玉篇、㦗、善也、今據以訂正、時者、小雅頍弁篇、爾殽既時、毛傳云、時、善也、爾殽既時、猶言爾殽既嘉也、維其時矣、猶言維其嘉矣也、威儀孔時、猶言飲酒孔嘉、維其令儀也、他若孔惠孔時、以奏爾時、胡臭亶時、及士冠禮之嘉薦亶時、皆謂善也、既濟象傳、東鄰殺牛、不如西鄰之時也、言不如西鄰之善也、雜卦傳、大畜時也、无妄災也、時與災相對、亦謂善也、內則云、母某敢用時日、謂善日也、春秋曹公子欣時字子臧、是其義也、解者多失之、竫者、藝文類聚引韓詩曰、東門之栗、有靜家室、靜、善也、史記秦紀云、賜謚爲竫公、襄十年左傳云、單靖公爲鄉士、逸周書謚法解云、柔德考衆曰靜、恭己鮮言曰靜、寬樂令終曰靜、埩靜、竫竝通、靜與善同義、故堯典靜言庸違、史記五帝紀作善言、盤庚自作弗靖、亦謂弗善也、傳訓靖爲謀失之、黨者、逸周書祭公解云、王拜手稽首黨言、漢張平子碑云、黨言允諧、孟子公孫丑篇禹聞善言則拜、趙岐注引臯陶謨禹拜讜言、今本作昌言、史記夏紀作美言、黨讜昌聲近義同、適者、呂氏春秋適音篇云、衷也者、適也、管子宙合篇云、夫焉有不適善、賴者、孟子告子篇富歲子弟多賴、趙岐注云、賴善也、衍策云、爲魏則善爲秦則不賴矣、愿愨者、鄭注論語泰伯篇云、愿善也、愨與愨同、說文愨謹也、檀弓釋文云、愨本又作愨、溫者、儒行云、溫良者、仁之本也、婧者、說文婧齊也、婡者、說文婡謹也、讀若謹敕數數、史記申屠嘉傳娖娖廉謹、漢書作𨇾𨇾、顏師古注云、𨇾𨇾持整之貌也、史記貨殖傳云、故其民齪齪、竝字異而義同、犪馴者、說文犪牛柔謹也、馴馬順也、玉篇犪字注云、尚書犪而毅、字如此、周官大宰以擾萬民、鄭注云、擾猶馴也、擾與犪通、大雅烝民篇柔嘉維則、柔與犪亦聲近義同、故史記夏紀擾而毅集解引徐廣音義云、擾一作柔、犪、各本譌作擾、今訂正孎者說文孎謹也讀若人不孫爲不孎睩者說文睩目睞謹也楚辭招魂云蛾眉曼睩說文逯行謹逯逯也鹽鐵論未通篇云錄民數創於惡吏義竝與睩通睩與祿義亦通也戾者小雅采菽篇優哉游哉亦是戾矣毛傳云戾至也正義云明王之德能如此亦是至美矣鄭注檕誓云至猶善也是戾與善同義又鄭注大學云戾之言利也利與善義亦相近故利謂之戾亦謂之賴善謂之賴亦謂之戾戾賴語之轉耳靈者多士云丕靈承帝事多方云不克靈承于旅皆謂善也鄘風定之方中篇靈雨旣零鄭箋云靈善也又盤庚弔由靈傳云靈善也正義以爲爾雅釋詁文今爾雅靈作令則靈令同聲同義莊子逍遙遊篇夫列子御風而行泠然善也靈泠義亦相近

嗭餋娛悰歡酣比樂也

嗭之言衎衎也方言嗭樂也郭璞注云嗭嗭歡貌集韻嗭或作嘕亡虔虛延二切引廣雅嘕樂也釋訓篇云嘕嘕喜也楚辭大招宜笑嘕只王逸注云嘕笑貌義竝與嗭同餋者韓詩外傳云聞其角聲使人惻隱

而愛仁、聞其徵聲、使人樂養而好施、白虎通義、樂養作喜養、嵇康琴賦云、怡養悅悆、是養爲樂也、養之言陽陽也、王風君子陽陽篇云、君子陽陽、其樂只且、陽與養古同聲、故孫陽字伯樂矣、娛各本譌作娛、今訂正、悰者、說文、悰、樂也、漢書廣陵厲王傳、出入無悰爲樂亟、韋昭注云、悰亦樂也、悰各本譌作悰、今訂正、酣者、說文、酣、樂酒也、酒誥在今後嗣王酣身、傳云、酣樂其身、酣各本譌作醋、集韻、酣或作甘、唐釋元應衆經音義卷二及二十三、竝引廣雅、甘、樂也、今據以訂正、比者、雜卦傳、比樂師憂、言親比則樂、動衆則憂、非訓比爲樂、師爲憂也、此云、比、樂也、下云、師、憂也、皆失其義耳、

聆聽自言仍從也 循

聆、古通作令、呂氏春秋爲欲篇、古之聖王、審順其天而以行欲、則民無不令矣、功無不立矣、令、謂聽從也、仍者、楚辭九章、觀炎氣之相仍兮、王逸注云、相仍者、相從也、循者、爾雅、循、從、自也、文選陸雲荅張士然詩注、引廣雅、循、從也、今本脫循字、

巛、巺、婗、隨、理、猷、訓、悌、婉、揗、勑、倫、揗、序，順也

巛順聲相近、繫辭傳云、夫坤、天下之至順也、說卦傳云、坤、順也、坤釋文云、坤、本又作巛、巺順聲亦相近、說文愻順也、引唐書五品不愻、今本作遜、字或作孫、又作巺、竝同、婗者、說文、婗順也、讀若媚、理者、說文、順、理也、說卦傳云、和順於道德而理於義、考工記匠人云水屬不理孫、謂之不行、訓順古同聲、法言問神篇云事得其序之謂訓、洪範于帝其訓、史記宋世家作順顧命皇天用訓厥道、傳云、用順其道、字亦作馴、史記五帝紀能明馴德、索隱云、史記馴字、徐廣皆讀曰訓、訓順也、悌者、白虎通義云、弟者、悌也、心順行篤也、孝經云、教民禮順、莫善於悌、釋名云、悌、弟也、又云、弟第也、相次第而生也、皆順之義也、婉者、鄘風新臺篇燕婉之求、昭二十六年左傳婦聽而婉、毛傳杜注竝云、婉、順也、揗者、卷四云、揗、循也、說文、揗、撫也、撫循皆順也、揗各本譌作捪、今訂正、勑者、卷二云、敕、理也、理亦順也、敕與勑通、倫順聲相近、考工記弓人析幹必倫鄭注云、順其理也、禮器、天地之祭、宗廟之事、父子之道、君臣之義、倫也、鄭注云、倫之言順也、魏風伐檀釋

文引韓詩云、順流而風曰淪、義與倫相近、各本譌倫
二字譌入曹憲音內、今訂正、揗摩者、說文、揗、摩也、揗
摩揗皆同義、說文、循、行順也、馴、馬順也、釋名、順、循也、
循其理也、義竝與揗同、循順古亦同聲、故大射儀注
云、今文
順爲循、

閑埻楷模品式祖根肖容拱捄術臬井括廌類榜略灋
也

閑者、論語子張篇、大德不踰閑、孔傳云、閑猶法也、埻
與臬同意、故皆訓爲法、說文、𡓳、射臬也、從土𦎫聲、讀
若準、隸變作埻、周官司裘注云、矦者以虎熊豹麋之
皮飾其側、又方制之以爲𦎫、謂之鵠、著于矦中、釋文、
𦎫本亦作準、漢書律歷志云、準者所以揆平取正也、
呂氏春秋君守篇注云、準、法也、周官內宰、出其度量
淳制、杜子春注云、淳、謂幅廣、制、謂匹長、義竝與埻同、
埻各本譌作椁、凡從𦎫之字、隸變作享、或作亯、故譌
而爲亭、漢韓勑碑兩側題名、淳于字作渟、曹全碑敦
煌字作敦、皆其證也、其左畔土字譌而爲木、則因下

文楷模棖楥諸字而誤、今訂正、楷、模、品、式者、說文、模、法也、程、品也、逸周書諡法解云、式、法也、老子云、知此兩者亦楷式、漢書宣帝紀云、品式備具、各本皆脫模品二字、衆經音義卷二十四引廣雅、楷、模、品、式、法也、今據以補正、祖者、鄉飲酒義、祖、陽氣之發於東方也、鄭注云、祖、猶法也、棖者、方言、棖、法也、郭璞注云、救傾之法、說文、棖、杖也、一曰法也、字亦作堂、考工記弓人、維角堂之、鄭衆注云、堂讀如牚距之掌、車牚之賈疏云、牚距車牚、皆取其正也、卽郭注所云救傾之法也、爾雅、棖謂之楔、郭注云、門兩旁木、義亦相近也、肖者、方言、肖、法也、西楚梁益之間曰肖、容者、象之法也、考工記函人、凡爲甲、必先爲容、然後制革、鄭衆注云、容、謂象式、老子、孔德之容、鍾會注云、容、法也、呂氏春秋士容論、此國士之容也、高誘注與鍾會同、說文、鎔、冶器法也、漢書食貨志、冶鎔炊炭、應劭注云、鎔、形容也、作錢模也、義亦與容同、貌謂之形、亦謂之容、常謂之刑、亦謂之庸、法謂之刑、亦謂之容、義並相近也、拱捄者、長子引之云、商頌長發、受小球大球、受小共大共、傳云、球、玉也、共、法也、案、球共皆法也、球讀爲捄、共讀爲拱、廣雅、拱、捄、法也、書序、帝釐下土、方設居方、別生分類、作汨、作九共九篇、槀飫、馬融王肅並云、共、法也、高誘注淮南本經訓云、蛩讀詩受小拱之拱、則詩共字古本或作拱、拱捄上二字皆從手而訓亦同、其從玉作球、假借字耳、此承上文帝命式于九圍言之、言受小事之法大事之法於上帝、故能爲下國綴旒、爲下國駿厖、所謂式于九圍也、荀子榮辱篇云、先王案爲之制禮義以分之、使有貴賤之等、長幼之差、知賢愚能不能之分、皆使人載其事而各得其宜、然後使慤祿多少厚薄之稱、是夫羣居和一之道也、故曰斬而齊、枉而順、不同而一、詩曰受小共大共爲下國駿蒙、此之謂也、臣道篇云、傳曰斬而齊、枉而順、不同而壹、詩曰受小球大球爲下國綴旒、此之謂也、然則小球大球、小共大共、謂所受法制有小大之差耳、解者爲玉、已與共字殊義、箋復謂共爲執玉、迂回而難通矣、廣雅拱捄並訓爲法、始本諸齊魯韓詩與臬者說文、臬、射準的也、漢書司馬相如傳弦矢分、蓺殪仆、文穎注云、所射準的爲蓺、蓺與臬通、康誥、女陳時臬、多方、爾罔不克臬、傳皆以臬爲法、考工記匠人建國、置槷以縣、眂以景、鄭注云、槷古文臬、假借字、於所平之地中央、樹八尺之臬、以縣正之、眂之以其景、將以正四方也玉藻公事自闑西私事自闑東正義云闑謂門之中央所豎短木也是凡言臬者皆樹之中央取準則之義也文六年左傳陳之藝極杜預注云藝準也藝與臬古聲義竝同井者說文荆罰辠也从刀井易曰井法也刱造法刱業也從井办聲越絕書記地傳云井者法也井訓爲法故作事有法謂之井荀子儒效篇井井兮其有理是也括者法言脩身篇其爲外也肅括李軌注云括法也說文栝檃也荀子性惡篇故枸木必將待檃栝烝矯然後直楊倞注云檃栝正曲木之木義與括同廌者說文廌解廌獸也佀山牛一角古者決訟令觸不直者灋刑也平之如水從水廌所以觸不直者去聲是廌與灋同意灋亦作法廌亦作豸獨斷云法冠一曰柱後惠文冠秦制執法服之今御史廷尉監平服之謂之解豸類者方言類法也齊曰類緇衣身不正言不信則義不壹行無類也鄭注云類謂比式釋文云比方法式也楚辭九章吾將以爲類兮王逸注云類法也荀子儒效篇云其言有類其行有禮類之言律也律亦法也樂記律小大之稱史記樂書作類是類與律聲義同相似謂之類亦謂之肖法謂之肖亦謂之類義亦相近也楥

者、說文、楥、履法也、玉篇吁萬切、今人削木置履中以爲模範、謂之楥頭、是也、略者、說文、略、經略土地也、成二年左傳、侵敗王略、杜預注云、略、經略法度、定四年傳云、吾子欲復文武之略、

商庸經長常也

商者、說苑脩文篇云、商者、常也、夏者、大也、常商聲相近、故淮南子繆稱訓、老子學商容、見舌而知守柔矣、說苑敬慎篇載其事、商容作常摐、韓策、西有宜陽常阪之塞、史記蘇秦傳常作商、庸之言庸也、爾雅、庸、常也、長者、大雅文王箋云、長、猶常也、常、長聲相近、故漢京兆尹長安、王莽曰常安矣、

眉黎㑀艾耇長𦒿耆期頤老也

眉黎者、方言、眉、黎、老也、東齊曰眉、燕代之北鄙曰黎、豳風七月篇、以介眉壽、毛傳云、眉壽、豪眉也、正義云、人年老者、必有豪毛秀出、小雅南山有臺傳云、眉壽、秀眉也、釋名、耇、垢也、皮色驪悴、恒如有垢者也、或曰凍棃、皮有班黑如凍棃色也、吳語、播棄黎老、韋昭注云、黎、凍棃、壽徵也、墨子明鬼篇云、昔者殷王紂播棄

黎老、黎、與黎通、傁艾者長者、方言、傁艾、老也、東齊魯衞之間、凡尊老謂之傁、或謂之艾、傁、與叜同、曲禮云、五十曰艾、六十曰耆、爾雅云、耆艾、長也、耇者、玉篇作耇、九十曰耇、廣韻作耇同、耆者、說文、耆、老人面如點也、期頤、頤二字皆訓爲老、葢本於禮注也、曲禮、百年曰期頤、鄭注云、期、猶要也、頤、養也、不知衣服食味、孝子要盡養道而已、案期之言極也、詩言思無期、萬壽無期、左傳言貪惏無厭忿纇無期、皆是究極之義、百年爲年數之極、故曰百年曰期、當此之時、事事皆待於養、故曰頤、期頤二字不連讀、射義云、旄期稱道不亂、是其證、朱子云、十年曰幼爲句、學字自爲句、下至百年曰期皆然、此說是也、

苟款實信誠也

款者、衆經音義卷四引倉頡篇云、款、誠重也、楚辭卜居云、吾寧悃悃款款朴以忠乎、款與款同、

軫㚈榘隒厓厲方也

軫㚈者、考工記輈人云、軫之方也、以象地也、楚辭九章、軫石巖嵬、王逸注云、軫、方也、廣韻㚈域同音、商頌

元鳥篇云、正域彼四方、莊子秋水篇云、泛泛乎若四方之無窮、其無所畛域、此云軫、方也、軫與畛通、說文、域、陳、厓、厲、皆在旁之名、故訓爲方、方猶旁也、說文、陳、厓也、爾雅、重甗、陳、孫炎注云、山基有重岸也、張衡西京賦云、設切厓陳、陳之言廉也、鄉飲酒禮設席于堂廉、鄭注云、側邊曰廉、說文、厓、山邊也、秦風蒹葭篇云、在水一方、又云、在水之湄、在水之涘、毛傳云、湄、水陳也、涘、厓也、卽經所云水一方也、故蘇武詩云、各在天一方、古詩云、各在天一涯、李善注引廣雅、涯、方也、涯與厓通、厲、亦廉也、語之轉耳、衞風有狐篇在彼淇厲、毛傳云、厲、深可厲之旁、案厲謂水厓也、厲之言浮也、廣雅釋邱云、陳、浮、厓也、此云陳、厓、厲、方也、厲與浮聲近義同、次章言淇厲、三章言淇側、其義一也、傳以厲爲水旁得之、而云深可厲之旁、則於義轉迂矣

端直鑈危質敵公方閑諫刑政貞榦集殷矢正也

鑈者、方言、鑈、正也、郭璞注云、謂堅正也、危者、論語憲問篇云、邦有道危言危行、是危爲正也、質者、士冠禮質明行事、月令、莫不質良、鄭注竝云、質、正也、敵、讀爲適、大雅大明篇、天位殷適、毛傳云、紂居天位而殷之

正適也士昏禮注云適室正寢之室也隱元年公羊傳立適以長何休注云適謂適夫人之子尊無與敵也雜記大夫訃於同國適者鄭注云適讀爲匹敵之敵敵適義相近古多通用諫者說文諫証也周官司諫注云諫猶正也以道正人行正與証通刑者大雅思齊篇刑于寡妻韓傳云刑正也周官大司寇以佐王刑邦國鄭注云刑正人之灋也亦通作形淮南子原道訓宮立而五音形矣高誘注云形正也貞榦者師彖傳云貞正也蠱初六榦父之蠱虞翻注云榦正也大雅韓奕篇榦不庭方鄭箋云作楨榦而正之乾文言云貞者事之榦也爾雅楨榦也桀誓正義引舍人注云楨正也築牆所立兩木也榦所以當牆兩邊障土者皆正之義也諸書無訓集爲正者集當爲準字之誤也考工記栗氏爲量權之然後準之鄭注云準擊平正之漢書律歷志云準者所以揆平取正也說文埻射臬也讀若準埻或作準臬或作藝大雅行葦傳己均中埶鄭箋云埶質也周官司弓矢射甲革椹質鄭注云質正也樹椹以爲射正質與準同物皆取中正之義準質正又一聲之轉故準質二字俱訓爲正也陳氏觀樓曰集或爲臬字之譌形亦相近般

者、爾雅、殷、中也、堯典以殷仲春、傳云、殷、正也、史記天官書云、衡殷南斗、矢者、說文短字注云、有所長短、以矢爲正、從矢豆聲、又云、巨、規巨也、從工、象手持之形、或從木矢作榘、矢者、其中正也、盤庚出矢言、傳云、出正直之言、

弸愾憑悀充牣臣愊窒塞盈屯飽餯餼饜溢穌豐滿也

填

弸者、法言君子篇以其弸中而彪外也、李軌注云、弸滿也、太元養云、陰弸于野、漢司隸校尉魯峻碑云、弸中獨斷、㠯效其節、愾音口代許氣二反、謂氣滿也、玉篇引廣雅作嘅、說文、鎎、怒戰也、引文四年左傳諸侯敵王所鎎、今本作愾、杜預注云、愾、恨怒也、說文、忼慨壯士不得志於心也、徐鍇傳云、內自高亢憤激也、義竝與愾同、方言、餼餯飽也、餼與愾亦同義、故廣雅愾餯飽三字同訓爲滿矣、憑者、方言、馮、怒也、楚曰馮、郭璞注云、馮、恚盛貌、昭五年左傳、今君奮焉震電馮怒、杜預注云、馮、盛也、楚辭離騷憑不猒乎求索、王逸注

云憑滿也楚人名滿曰憑憑與馮同戴先生毛鄭詩考正曰卷阿五章有馮有翼傳云道可馮依以爲輔翼箋云馮馮几也翼助也震案馮滿也謂忠誠滿於內翼盛也謂威儀盛於外馮翼二字古人多連舉楚辭天問云馮翼惟象淮南天文訓云馮馮翼翼皆指氣化充滿盛作然後有形與物謹案翼通作翊韓詩外傳云關雎之事大矣哉馮馮翊翊自東自西自南自北無思不服漢書禮樂志安世房中歌云馮馮翼翼承天之則皆言德之盛滿也愊愊者方言愊愊滿也凡以器盛而滿謂之愊腹滿曰愊郭璞注云愊言涌出也愊言勑偪也說文畐滿也玉篇音逼扶六二切云腹滿謂之涌腸滿謂之畐愊涌愊畐並通漢書陳湯傳策慮愊億顏師古注云愊億憤怒之貌也玉篇云䫬飽也又云稫稄滿皃義並與愊同愊各本譌作幅今訂正㓘者說文㓘㓘滿也大雅靈臺篇於㓘魚躍毛傳云㓘滿也海外北經禹厥之三仞三沮郭璞注云掘塞之而土三沮陷也史記殷紀充仞宮室淮南子本經訓德交歸焉而莫之充忍也並字異而義同匡者楚辭九歎筐澤瀉以豹鞹兮王逸注云筐滿也筐與匡通塞各本譌作寒惟影宋本不譌屯者

序卦傳云盈天地之閒者唯萬物故受之以屯屯者
盈也又屯彖傳云雷雨之動滿盈是屯爲盈滿之義
不當讀爲屯田之屯曹憲音大村反失之屯各本譌
作乇乇屯隸或作乇故譌而爲乇今訂正餖者方言餖
飽也饃亦餖也玉篇作鉠同臆者說文意滿也方言
臆滿也郭璞注云愊臆氣滿也凡怒而氣滿謂之愊
臆漢書策慮愊億是也哀而氣滿亦謂之愊臆史記
扁鵲傳嘘唏服億悲不能自止服億即愊臆問喪云
悲哀志懣氣盛是也憂而心懣亦謂之愊臆馮衍顯
志賦云心愊憶而紛紜是也臆臆憶億意五字竝通
司馬相如長門賦心憑噫而不舒兮李善注云憑噫
氣滿貌憑噫即愊臆之轉說文十萬曰意玉篇云今
作億億亦盈數之名也故小雅楚茨篇云我倉既盈
我庾維億易林乾之師云倉盈庾億億亦語之轉盈
也襄二十五年左傳今陳介恃楚衆以馮陵我敝邑
不可億逞逞與盈通言其欲不可滿盈也文十八年
傳云侵欲崇侈不可盈厭意與此同盈與逞古同聲
而通用昭四年左傳逞其心以厚其毒新序善謀篇
逞作盈史記欒盈作欒逞是其證杜注訓億爲度逞
爲盡皆失之衆經音義卷二卷五卷十卷二十二竝

引廣雅、塡、滿也、
今本脫塡字、

邈遏迿離釗曠云極遼遥迂敻超踰逴越祖𢗀征遾高荒裔遠也　務

邈迿離者、方言、伆、邈、離也、楚謂之越、或謂之遠、吳越曰伆、郭璞注云、離、謂乖離也、楚辭離騷、神高馳之邈邈、王逸注云、邈邈、遠貌、九章云、邈而不可慕、迿與伆同、玉篇、迿、音勿、又音忽、楚辭九歌云、平原忽兮路超遠、荀子賦篇云、忽兮其極之遠也、迿忽古亦通用、遏者、爾雅、遏、遠也、收誓云、遏矣西土之人、僖二十八年左傳云、糾逖王慝、逖與遏同、釗者、方言、釗、遠也、燕之北郊曰釗、曠者、方言、廣、遠也、廣與曠同、漢書五行志師出過時、茲謂廣、李奇音曠、趙策云、曠遠於趙、而近於大國、云者、爾雅、仍孫之子爲雲孫、謂遠孫也、雲云古同字、說者以爲輕遠如浮雲、則於義迂矣、極荒者、楚辭九歌、望涔陽兮極浦、王注云、極、遠也、爾雅、東至於泰遠、西至於邠國、南至於濮鉛、北至於祝栗、謂之四極、郭璞注云、皆四方極遠之國、觚竹、北戶、西王母、日下、謂之四荒、注云、皆四方昏荒之國、次四極者、案極荒皆遠也、離騷云、覽相觀於四極、又云、將往觀乎四荒、王注、荒、遠也、四極四荒、猶言八極八荒、故廣雅極荒俱訓爲遠也、要服之外謂之荒服、亦其義也、凡遠與大同義、遠謂之荒、猶大謂之荒也、遠謂之遐、猶大謂之假也、遠謂之迂、猶大謂之訏也、遙各本譌作遙、今訂正、迂者、論語子路篇、有是哉子之迂也、包咸注云、迂、猶遠也、敻之言迥也、曹大家注幽通賦云、敻遠邈也、字或通作洵、邶風擊鼓篇、于嗟洵兮、毛傳云、洵、遠也、釋文、洵、呼縣反、韓詩作敻、文十四年穀梁傳、敻入千乘之國、范甯注云、敻猶遠也、超之言迢也、方言、超、遠也、東齊曰超、九歌云、平原忽兮路超遠、祭法、遠廟爲祧、鄭注云、祧之言超也、超上去意也、義亦同矣、踰者、投壺、毋踰言、鄭注云、踰言、遠談語也、漢書趙充國傳、兵難隃度、鄭氏注云、隃、遙也、三輔言也、隃與踰同、逴亦超也、方俗語有輕重耳、說文、逴、遠也、玉篇敕角切、集韻又音卓、史記衛青霍去病傳云、逴行殊遠、貨殖傳云、上谷至遼東地踔遠、楚辭九章云、道卓遠而日忽兮、逴踔卓、竝通、越之言闊也、爾雅、闊、遠也、襄十四年左傳、越在他竟、杜預注云、越、遠也、周語云、聽聲、越遠、高者、哀二十一年左傳、使我高蹈、注云、高蹈、猶遠行也、裔者、文十八年傳、投諸四裔、襄十四年傳、是四嶽之裔胄也、注竝云、裔、遠也、四裔四荒四極其義一也、裔與遾聲相近、遠謂之裔、亦謂之遾、水邊謂之遾、亦謂之裔、義相近也、文選謝靈運酬從弟惠連詩、務協華京想、李善注引廣雅、務、遠也、今本脫務字、

虞宴鎮撫慰怗懕寋宓毒嗼湛抑倓便寱眯侎幹甹媞尼靖澹隱集息安也

虞者、中孚初九、虞吉、荀爽注云、虞、安也、鄭注士虞禮云、虞、猶安也、士既葬其父母、迎精而反、日中而祭之於殯宮以安之之禮、釋名、既葬還祭於殯宮曰虞、謂虞樂安神、使還此也、鎮撫者、周官大宗伯王執鎮圭鄭注云、鎮、安也、所以安四方、說文、撫、安也、桓十三年左傳云、夫固謂君訓衆而好鎮撫之、怗者、卷四云、怗、靜也、怗與怗同、說文、聑、安也、玉篇音丁篋切、聑與怗亦聲近義同、懕寋者、方言、猒、塞、安也、郭璞注云、物足

則定、猒、與厭通、塞、與寒通、厭、曹憲音一占反、爾雅、厭厭、安也、秦風小戎篇厭厭良人、毛傳云、厭厭、安靜也、小雅湛露篇厭厭夜飲、韓詩作愔愔、昭十二年左傳祈招之愔愔、杜預注云、愔愔、安和貌、宋玉神女賦、澹清靜其愔嫕兮、王褒洞簫賦作厭瘱、竝字異而義同、宓者、說文、宓、安也、玉篇云、今作密、爾雅、密、靜也、大雅公劉篇、止旅迺密、毛傳云、密、安也、周頌昊天有成命篇、夙夜基命宥密、周語引此詩而釋之曰、密、寧也、嘆者、爾雅、貉、嘆、安、定也、郭璞注云、皆靜定、大雅皇矣篇求民之莫、毛傳云、莫、定也、又貊其德音、傳云、貊、靜也、昭二十八年左傳引詩作莫、云、德正應和曰莫、呂氏春秋、胥時篇云、飢馬盈廄、嘆然、未見芻也、竝字異而義同、湛者、方言、湛、安也、郭璞注云、湛然、安貌、抑者、方言、抑、安也、爾雅、抑抑、密也、大雅抑篇正義引舍人注云、威儀靜密也、方言、諟、審也、諟也、與抑聲近而義同、故大雅抑篇、楚語謂之懿戒矣、倓、與下澹字通、說文、倓、安也、又云、憺、安也、荀子仲尼篇、倓然見管仲之能足以託國也、楊倞注云、倓、安也、然、不疑也、楚辭九歌、蹇將憺兮壽宮、王逸注云、憺、安也、神女賦云、澹清靜其愔嫕兮、莊子胠篋篇云、恬惔無爲、天道篇云、虛靜恬淡、並字異而義同、寱者、玉篇、寐不覺曰寱、廣韻云、孰寐也、佅者、爾雅、敉、撫也、洛誥、亦未克敉公功、周官小祝疏引鄭注云、敉、安也、小祝、彌烖兵、男巫、春招弭以除疾病、鄭注並讀爲敉、云、安也、說文、敉或作佅、並字異而義同、佅與寱眯義亦相近也、眯各本譌作眯、今訂正、媞者、說文、媞、諦也、爾雅、媞媞、安也、孫炎注云、行步之安也、魏風葛屨篇、好人提提、毛傳云、提提安諦也、檀弓、吉事欲其折折爾、鄭注云、安舒貌、並字異而義同、媞、曹憲又音之移、上支二反、玉篇、禔之移切、又音匙、坎六五、祇既平、祇、京房作禔、虞翻注云、禔安也、亦字異而義同、尼者、爾雅、尼、定也、隱者、說文、雪所依據也、讀與隱同、方言、隱、據、定也、隱與雪通、今俗語言安穩者、隱聲之轉也、集者、昭十七年左傳、辰不集于房、杜預注云、集、安也、

賓陳佾布併羅剡也

賓者、楚辭天問、啟棘賓商、王逸注云、賓、剡也、小雅常棣篇、儐爾籩豆、毛傳云、儐、陳也、儐與賓聲近義同、佾之言秩秩然也、白虎通義云、佾者剡也、祭統、八佾以舞大夏、鄭注云、佾猶剡也、併羅者、併、曹憲音步鄰反、

管子四稱篇云、入則乘等、出則黨駢、駢與併通、楚辭九歌云、羅生兮堂下、揚雄甘泉賦云、駢羅列布、鱗以雜沓兮、

祀逢聖明泰萺疏享徹通也

祀者、文選琴賦、固以和祀而足耽矣、李善注引廣雅、祀、通也、祀之言暢也、暢亦通也、琴賦雅祀唐堯注云、祀與暢同、聖明者、書大傳注云、孔子說休徵曰、聖者、通也、白虎通義云、聖者、通也、明也、聲也、道無所不通、明無所不照、聞聲知情也、莊子外物篇云、目徹爲明、耳徹爲聰、泰與達聲相近、序卦傳云、泰者、通也、

虔畏賓齋亟憋懍浚悛誠信高尊敬也

虔者、商頌殷武傳云、虔、敬也、大雅韓奕云、虔共爾位、畏者、大學云、之其所畏敬而辟焉、表記云、大人之器威敬、威與畏通、賓者、說文、賓、所敬也、周官鄉大夫以禮禮賓之、鄭衆注云、賓、敬也、禮運山川所以儐鬼神也、釋文、儐、皇音賓、敬也、儐與賓通、齋者、召南采蘋篇、有齊季女、毛傳云、齊、敬也、齊與齋通、亟者、說文、敬、肅

也，從攴苟。苟，自急敕也，從羊省，從包省，從口。口猶慎言也，從羊，與義、善、美同意。玉篇苟居力切，亦作亟。說文：亟，謹重皃。苟、亟、極並同義。愻者，說文：愻，敬也。大雅常武箋云：敬之言警也。敬、警、愻聲近而義同。懍、浚者，方言：懍、浚，敬也。秦晉之間曰懍，齊曰浚，吳楚之間自敬曰懍。懍與懍通。悛者，說文：悛，謹也。悛與悛通。悛亦浚也。論語鄉黨篇：恂恂如也，似不能言者。王肅注云：恂恂，溫恭之貌。史記李將軍傳云：悛悛如鄙人，口不能道辭。並聲近而義同。誠信者，祭統云：誠信之謂盡，盡之謂敬。

拌、墩、捐、振、覂、投、委、擠，棄也。 撥

拌、墩者，方言：拌，棄也。楚凡揮棄物謂之拌，或謂之敲。拌之言播棄也。吳語云：播棄黎老，是也。播與拌古聲相近。士虞禮：尸飯，播餘于篚。古文播爲半。半即古拌字，謂棄餘飯于篚也。敲與墩通。拌、捐字並從手，各本譌從木，今訂正。振者，昭十八年左傳：振除火災。杜預注云：振，弃也。弃與棄同。覂謂敗棄之也。漢書武帝紀云：泛駕之馬。泛與覂通。莊子天地篇：子往矣，無乏吾事。釋文云：乏，廢也。乏與覂亦聲近義同。投者，方言：淮

汝之間謂棄曰投、揗之言墮也、玉篇音他果切、方言、
揄、揗、脫也、揄揗猶言揄棄、枚乘七發云、揄弃恬怠、是
也、撥者、史記大史公自序、秦撥去古文、焚滅詩書、撥
猶棄也、衆經音義卷十四十五十七竝引廣雅、撥棄
也、今本脫撥字、

抗弙憮磔彀彍披攎擻瞋張也

抗者、考工記梓人祭侯辭云、故抗而射女、鄭注云、抗
舉也、張也、小雅賓之初筵篇、大侯既抗、弓矢斯張、鄭
箋云、大侯張而弓矢亦張節也、爾雅、守宮槐、葉晝聶
宵炕、齊民要術引孫炎注云、炕、張也、炕與抗通、抗各
本譌作杭、今訂正、弙者、說文、弙、滿弓有所鄉也、大荒
南經云、有人方扜弓射黃蛇、韓非子說林篇云、弱子
扜弓、淮南子原道訓、射者扜烏號之弓、高誘注云、扜
張也、扜與弙通、說文、盱、張目也、盱與弙亦同義、憮亦
弙也、方俗語有侈弇耳、爾雅、憮、大也、小雅六月傳云、
張大也、是憮與張同義、憮、各本譌作憮、玉篇、憮、大也、
張也、今據以訂正、凡張與大同義、張謂之憮、亦謂之
扜、猶大謂之憮、亦謂之訏也、張謂之磔、猶大謂之祏

也。張謂之彍，猶大謂之廓也。磔者，爾雅：「祭風曰磔。」僖三十一年公羊傳疏引孫炎注云：「既祭，披磔其牲，似風散也。」磔之言開拆也。衆經音義卷十四引通俗文云：「張申曰磔。」顏師古注漢書景帝紀云：「磔，謂張其尸也。」彀者，說文：「彀，張弩也。」大雅行葦篇「敦弓既句」，與彀通。彍者，說文：「彍，滿弩也。」孫子兵勢篇云：「勢如彍弩。」太平御覽引尸子云：「扞弓鞞弩。」漢書吾邱壽王傳「十賊彍弩」，顏師古注云：「引滿曰彍。」竝字異而義同。孟子公孫丑篇「知皆擴而充之矣」，趙岐注云：「擴，廓也。」方言：「張小使大謂之廓。」義亦與彍同。攄者，卷四云：「攄，舒也。」舒亦張也。楚辭九章「據青冥而攄虹兮」，史記司馬相如傳「攄之無窮」，攄，一本作臚。方言：「攎，張也。」攄、攎、臚聲竝相近，攄、舒聲亦相近。攄與攎之同訓爲張，猶舒與臚之同訓爲敘也。遫者，方言：「遫，張也。」瞋者，說文：「瞋，張目也。」莊子秋水篇云：「瞋目而不見邱山。」說文：「瞋，起也。」瘨，腹張也。大元爭次六「股腳瞋如」，釋文：「瞋，肉脹起也。」義亦與瞋同。

躔、歷、逝、去、趨、徥、流、步、遵、遾、蹠、遂、般、從、遝、轉、隨、巡、充、略、將、

進由駕帶貫𦨈逭遒踰遡吉行也 趌蹈

躔者、方言、躔、行也、日運爲躔、月運爲逡、郭璞注云、運、猶行也、呂氏春秋圜道篇云、月躔二十八宿、徥者、方言、徥、行也、朝鮮洌水之閒或曰徥、說文、徥、徥行皃、遒逭者、方言、遒、逭、行也、郭璞注云、逭逭、行貌也、蹠者屩也、義見下文蹠屩也下、遂者、晉語、夫二國士之所圖無不遂也、韋昭注云、遂、行也、服者、盤庚、先王有服、康誥、子弗祇服厥父事、傳並訓服爲行、文十八年左傳、服讒蒐慝、注亦云、服、行也、服、各本譌作般、服本作舨、故譌而爲般、卷二內服任也、卷五內㒑服也、服字並譌作般、今俱訂正、逯者、方言、逯、行也、說文云、行謹逯逯也、淮南子精神訓云、逯逯然而往、略者、隱五年左傳吾將略地焉、杜預注云、略、總攝巡行之名、宣十一年傳、略基趾、注云、略、行也、漢書高祖紀注云、凡言略地者、皆謂行而取之、方言、挨、略、求也、就室曰挨、於道曰略、義亦同也、將者、周頌敬之篇、日就月將、毛傳云、將、行也、進者、周官大司馬徒銜枚而進、鄭注云、進、行也、駕者、法言學行篇云、仲尼、駕說者也、如將復駕其所說、則莫若使諸儒金口而木舌、是駕爲行也、帶者、方言帶行也郭璞注云隨人行也案帶當讀爲遰說文遰去也夏小正九月遰鴻鴈傳云遰往也去往皆行也史記屈原傳鳳漂漂其高遰兮漢書作逝逝亦行也鄭氏易大有明辯遰也陸績作逝帶遰逝古聲竝相近貫者論語衞靈公篇子貢問曰有一言而可以終身行之者乎子曰其恕乎里仁篇子曰吾道一以貫之曾子曰夫子之道忠恕而已矣一以貫之卽一以行之也荀子王制篇云爲之貫之貫亦爲也漢書谷永傳云以次貫行固執無違後漢書光武十王傳云奉承貫行貫亦行也顏師古訓貫爲聯續失之爾雅貫事也事與行義相近故事謂之貫亦謂之服行謂之服亦謂之貫矣躬者楚辭天問皆歸躬籍而無害厥躬王逸注云躬行也追遉者方言追遉轉也遉遉步也皆謂行也踚者玉篇廣韻竝云踚行也音倫方言踚行也郭璞注云言跳踚也音藥說文趦趠趦也廣韻云趠趦行皃趠趦跳踚聲相近廣雅之訓多本方言疑踚爲踚之譌也下文云踚履也履亦行也遡者方言遡行也爾雅逆流而上曰泝洄順流而下曰泝游是也泝與遡同諸書無訓吉爲行者吉當爲佶廣韻佶許吉切行也集韻佶行皃趌者說文趌趨

也、𨇾疾也、玉篇、趚疾也、及期也、亦作赴、衆經音義卷八引少儀無趚往、今本趚作報、鄭注云、報讀爲赴疾之赴、趚赴𨇾報竝通、蹈者、說文、蹈、踐也、哀二十一年左傳使我高蹈、杜注云、高蹈、猶遠行也、衆經音義卷七卷八卷十三、竝引廣雅、趚、行也、卷九引廣雅、蹈、行也、今本脫趚蹈二字、

𪗝齒稔稘秊也

稔者、僖二十年左傳、不可以五稔、杜預注云、稔、熟也、襄二十七年傳、不及五稔、注云、稔、年也、釋文云、穀一熟故爲一年、稘者、說文、稘、復其時也、引唐書稘三百有六旬、今本作朞、禮作期、竝同、

㱩㱻殨㱺殙殟殜殗痗㾐瘕梗邛𤺑姽婑㾐瘁瘏瘻

疛疝齲痺瘍癇痳瘲瘦瘚痔瘵瘵疠疴疧瘎瘍疔炮

㾋瘤痒䏴疢疰㾋病也　府

㱩者、說文、戰見血曰傷、亂或爲惛、死而復生爲㱩、㱩、各本譌作欬、今訂正、㱻之言羸也、說文、㱻畜產疫病

也、又云、瘉、痿也、瘟、瘌中病也、三字竝力臥反、義相近。也、殨、㾐者、周官蜡氏注引曲禮四足死者曰殨、今本作漬、注云、漬、謂相瀸汙而死也、引春秋傳大災者何、大漬也、莊二十年公羊傳、大災者何、大瘠也、大瘠者何、㾐也、何休注云、瘠、病也、齊人語也、㾐者、民病疫也、釋文、瘠、一本作漬、呂氏春秋順民篇、視孤寡老弱之漬病、高誘注云、漬、亦病也、漢書鼂錯傳云、起兵而不知其執、戰則為人禽、屯則卒積死、殨漬積瘠竝通、㾐即㾐字也、讀若厲、周官疾醫、四時皆有癘疾、鄭注云、癘疾、氣不和之疾、襄三十一年左傳云、天厲不戒、釋名、癘、厲也、病氣流行中人、如磨厲傷物也、㾐癘竝通、死字從歺、殲殨㾐等字亦從歺、病與死義相近、故字之訓為死者、亦訓為病也、殙者、說文、殙、瞀也、即所云亂或為惛也、惛與殙通、亦通作昏、見卷三殙以也下、殟者、衆經音義卷七引說文云、殟、暴無知也、又引聲類云、殟、欲死也、楚辭九思云、悒殟絕兮咶復蘇、殗者、方言、自關而西秦晉之閒、凡病而不甚曰殗殜、郭璞注云、病半臥半起也、殜各本譌作煠、蓋因曹憲音內葉字而誤、考方言玉篇廣韻集韻類篇俱作殜、不作煠、今訂正、疛者、小雅何人斯篇云、何其盱、都人士篇云何盱矣、鄭箋竝云盱病也、盱與㽳通、疥讀爲痎、說文痎二日一發瘧也、素問生氣通天論云夏傷於暑、秋爲痎瘧、昭二十年左傳齊侯疥遂痁、梁元帝讀疥爲痎、正義引袁狎說云痎是小瘧、痁是大瘧、則疥與痎通、疥癬之疥在下條、此疥字當讀爲痎、曹憲音介、失之也、疲者、說文民皆病曰疫、疫與疲同、梗者、大雅桑柔篇至今爲梗、毛傳云梗病也、邛者、小雅小旻篇亦孔之邛、巧言篇維王之邛、毛傳鄭箋竝云邛病也、暱者、小雅菀柳篇上帝甚蹈、無自暱焉、暱病也、言幽王暴虐、愼毋往朝、以自取病也、下章云無自瘵焉、瘵亦病也、廣雅訓暱爲病、當本之齊魯韓詩、毛傳訓爲近、非其義也、㛂者、說文㛂病也、字亦作萎、檀弓哲人其萎乎、鄭注云萎病也、草木枯死謂之萎、義亦同也、寎者、說文寎臥驚病也、痵者、說文痵氣不定也、漢書田延年傳使我至今病悸、韋昭注云心中喘息曰悸、悸與痵通、說文悸心動也、義亦相近、⿸疒酉者、周官內饔牛夜鳴則庮、鄭衆注云庮朽木臭也、釋文引干寶注云庮病也、庮與⿸疒酉通、瘻者、說文瘻頸瘻也、西山經云食之已瘻、呂氏春秋盡數篇輕水所多禿與瘻人、高誘注云瘻咽疾也、釋名瘻嬰也、在頸嬰喉也、疛、音肘。說文、疛、小腹痛也。玉篇云、心腹疾也。小雅小弁篇、我心憂傷、惄焉如擣。毛傳云、擣、心疾也。釋文擣韓詩作疛。呂氏春秋盡數篇、鬱處腹則爲張爲疛。高誘注云、疛、跳動也。各本疛字譌作疢。曹憲音內肘字又譌作曹。考說文玉篇廣韻集韻類篇俱無疢字。說文云、疛、讀若紂。玉篇廣韻集韻及詩釋文疛字並與肘同音。集韻引廣雅疛病也。今據以訂正。疝者、說文疝、腹痛也。素問長刺節論云、病在少腹、腹痛不得大小便、病名曰疝。釋名、心痛曰疝。疝、詵也。氣詵詵然上而痛也。陰腫曰疝、亦言詵也。詵詵引小腹急痛也。齲者、說文、䶒、齒蠹也。或作齲。史記倉公傳云、齊中大夫病齲齒。淮南子說山訓云、䖟散積血、斲木愈齲。釋名齲、朽也。蟲齧之、齒缺朽也。⿸疒𠂔者、說文、⿸疒𠂔、瘕病也。瘕、女病也。⿸疒𠂔之言秭也。下文云、秭、積也。脊者、玉篇、脊、腰痛也。瘍、謂狂病也。說見卷三瘍癡也下。癇者、說文、癇、風病也。衆經音義卷十引聲類云、今謂小兒顛曰癇。素問大奇論云、心脈滿大、癇瘛筋攣。西山經云、可以已癇。痳者、說文、痳、疝病也。釋名、痳、懍也。小便難懍懍然也。⿸疒虒者、玉篇、⿸疒虒、痠⿸疒虒也。廣韻、痠⿸疒虒、疼痛也。周官疾醫春時有痟首疾。鄭注云、痟、酸削也。酸削猶痠⿸疒虒、語之轉耳、痿瘚者、說文、痿、痹疾也、素問痿論引本病曰、大經空虛、發爲肌痹、傳爲脈痿、呂氏春秋重己篇、多陰則蹷、多陽則痿、高誘注云、蹷、逆寒疾也、痿、躄不能行也、說文、瘚、逆氣也、或省作欮、徐鍇傳云、並逆也、欠、氣也、中山經云、服者不厥、素問厥論云、陽氣衰於下、則爲寒厥、陰氣衰於下、則爲熱厥、釋名、厥、逆氣從下厥起、上行入心脅也、並字異而義同、痔者、說文、痔、後病也、素問生氣通天論云、因而飽食、筋脈橫解、腸澼爲痔、瘀瘵者、楚辭九辯、形銷鑠而瘀傷、王逸注云、身體燋枯、被病久也、衆經音義卷四引三倉云、鑠、病消瘵也、瘵與鑠通、太元元數、八爲疾瘀、范望注云、瘀、疾也、說文、瘀、積血病也、痾者、說文、疴、病也、引五行傳曰、時則有口痾、漢書五行志云、痾、病貌也、管子小問篇、除君苛疾、痾苛並與疴同、疕者、玉篇、疕、瘡病也、痟瘍者、玉篇、痟、痟瘍病也、素問脈要精微論云、癉成爲消中、奇病論云、肥者令人內熱、甘者令人中滿、故其氣上溢、轉爲消渴、史記司馬相如傳、常有消渴疾、釋名、消潵、潵、渴也、腎氣不周於胸胃中、津潤消渴、故欲得水也、並與痟瘍同、瘍又音於發反、傷暑也、字亦作暍、與痟瘍之瘍異義、廣雅以痟瘍連文、則瘍當讀爲渴、曹憲音於發反、失之也、皯者、說文、皯面黑氣也、列子黃帝篇云、燋然肌色皯䵟、楚辭漁父、顏色憔悴、王逸注云、皯黴黑也、皯黴、與皯䵟同、皰者、說文、皰面生氣也、淮南子說林訓、潰小皰而發痤疽、高誘注云、皰面氣也、疵者、廣韻、疵皮病也、瘤者、說文、瘤腫也、釋名、瘤流也、血流聚所生瘤腫也、痒者、爾雅、痒病也、舍人注云、心憂憊之病也、小雅正月篇、癙憂以痒、大雅桑柔篇、稼穡卒痒、毛傳鄭箋竝與爾雅同、鼽者、說文、鼽病寒鼻窒也、月令、民多鼽嚏、呂氏春秋作鼽窒、高誘注云、鼽窒鼻不通也、素問金匱眞言論云、春善病鼽衄、疢者、說文、疢熱病也、小雅小弁篇、疢如疾首、鄭注云、疢猶病也、小宛釋文引韓詩云、疹苦也、越語云、疾疹貧病、疹與疢同、疰者、鄭注周官瘍醫云、注讀如注病之注、釋名、注病、一人死、一人復得氣相灌注也、注與疰通、痮者、成十年左傳、將食張、杜預注云、張腹滿也、靈樞經脹論云、夫脹者、皆在於藏府之外、排藏府而郭胷脇、張皮膚、故命曰脹、痮脹張竝通、府者、玉篇、府附俱扶禹二切、腫也、西山經、可以已胕、郭璞注云、治胕腫也、素問水熱穴論云、胕腫者、聚水而生病也、呂氏春秋情欲篇云、身盡府種、府胕府竝通、集韻引廣雅

疳、病也、今本脫疳字

痂瘃疥瘙癄瘍癬㿈𤸻傷瘥胗痏瘍創也

痂者、說文、痂、乾瘍也、急就篇、痂疕疥癘癡聾盲、顏師古注云、痂、創上甲也、瘃者、說文、瘃、中寒腫覈也、漢書趙充國傳、將軍士寒、手足皸瘃、文穎注云、瘃、寒創也、疥瘙者、說文、疥、搔也、周官疾醫云、夏時有痒疥疾、衆經音義卷十五引倉頡篇云、瘙、疥也、管子地員篇云、五沃之土、其人堅勁、寡有疥騷、春秋繁露五行順逆篇云、民病疥搔、並與疥瘙同、後漢書鮮卑傳云、夫邊垂之患、手足之蚧搔、癄者、玉篇、癄、牛頭瘡也、瘡、與創同、瘍者、說文、瘍、頭創也、案曲禮云、身有瘍則浴、襄十九年左傳云、生瘍於頭、爾雅云、骭瘍爲微、則創在頭身四肢、皆謂之瘍矣、癬者、說文、癬、乾瘍也、吳語、譬諸疾疥癬也、史記越世家作㿈、同、㿈者、衆經音義卷十四引通俗文云、皮起曰㿈、傷者、月令、命理瞻傷察創、鄭注云、創之淺者曰傷、此對文也、散文則創亦謂之創、傷、故說文云、傷、創也、僖二十二年左傳、君子不重傷、文十一年穀梁傳作不重創、其義一也、瘥者、玉篇、瘥、

羊蹄閒瘻疾也、字通作挾、齊民要術有治羊挾蹄方、
胗者、說文、胗、脣瘍也、籀文作疹、宋玉風賦云、中脣爲
胗、痞者、廣雅釋言痞、痂
也、瘍者、說文瘍、蝕創也、

桼蜀壹弌也

蜀者、方言、蜀、一也、南楚謂之獨、郭璞注云、蜀猶獨耳、
爾雅釋山云、獨者蜀、說文蜀、葵中蠶也、引豳風東山
篇、蜎蜎者蜀、今本作蠋、正義引郭璞爾雅注云、大蟲
如指似蠶、案凡物之大者、皆有獨義、蠋獨行無羣匹、
故詩以比敦然獨宿者、鄭箋云、蠋蜎蜎然特行是也、
爾雅、雞大者蜀、義亦同也、卷三云、介、獨也、獨謂之蜀、
亦謂之介、大謂之介、亦謂之蜀、義相因也、管子形勢
篇、抱蜀不言而廟堂既循、惠氏定宇周易述云抱蜀
卽老子抱一也、說文、弌古文
一字、各本譌作弋、今訂正、

高亯庠將牧穀頤陶畜旅充養也

亯者、說文、亯、獻也、從高省、曰象進孰物形、篆文作亨、
隸作享、鼎象傳云、聖人亨以享上帝、而大亨以養聖

賢、祭義云、君子生則敬養、死則敬享、享養義相近也、爾雅、享、孝也、孝與養義亦相近、庠、各本作痒、蓋因上文痒字而誤、孟子滕文公篇、庠者養也、校者教也、序者射也、廣雅卷四云、校、教也、卷五云、序、射也、皆本孟子、今據以訂正、引之云、說文、庠、禮官養老也、王制、有虞氏養國老於上庠、鄭注云、庠之言養也、趙岐注孟子云、養者、養耆老、射者、三耦四矢以達物導氣、此皆緣辭生訓、非經文本意也、養國老於上庠、謂在庠中養老、非謂庠以養老名也、州長職云、春秋以禮會民而射於州序、謂在序中習射、非謂序以習射名也、王制、耆老皆朝於庠、元日習射上功、而庠之名獨取義於養老、何也、文王世子、適東序、養老、而序之名獨取義於習射、何也、庠序學校皆爲教學而設、養老習射偶一行之、不得專命名之義、庠訓爲養、序訓爲射、皆是教導之名、初無別異也、文王世子、立大傅少傅以養之、欲其知父子君臣之道也、鄭注云、養猶教也、言以養者、積浸養成之、保氏職云、掌養國子以道、此庠訓爲養之說也、射繹古字通、爾雅云、繹陳也、周語云、無射、所以宣布哲人之令德、示民軌儀也、則射者陳列而宣示之、所謂謹庠序之教、申之以孝弟之義也、此序訓爲射之說也、養、射、皆教也、教之爲父子、教之爲君臣教之爲長幼、故曰、皆所以明人倫也、徹者徹也、助者藉也、庠者養也、校者教也、序者射也、皆因本事以立訓、豈嘗別指一事以明之哉、將者、小雅四牡篇、不遑將父、大雅桑柔篇、天不我將、毛傳、鄭箋竝云、將養也、淮南子原道訓云、聖人將養其神、今俗語猶云將養、或云將息矣、牧者、說文、牧、養牛人也、謙象傳、卑以自牧也、鄭注云、牧、養也、穀者、爾雅、穀、生也、小雅小弁篇、民莫不穀、甫田篇、以穀我士女、鄭箋竝云、穀、養也、爾雅、東風謂之谷風、孫炎注云、谷風者、生長之風義與穀同也、老子谷神不死、河上本作浴、注云、浴、養也、浴與谷古聲義亦同、頤者、序卦傳云、頤者、養也、方言、台、養也、晉衞燕魏曰台、郭璞注云、台猶頤也、領謂之頤、室東北隅謂之宧、宧、皆養之義也、釋名釋形體篇云、頤、養也、動於下、止於上、上下咀物以養人也、說文養、從倉羊聲、又云、宧、養也、室之東北隅、倉所居也、陶者、方言、陶、養也、秦曰陶、充者、方言、充、養也、周官牧人充人、皆養牲之官、鄭注云、牧人養牲於野田者、充、猶

肥也、養、繫牲而肥之、

薀崇委冣畜莢壘積寖殖揲秭稱稑貯積也

薀崇者，說文：薀，積也。引昭十年左傳：薀利生孽。今本作蘊。方言：蘊，積也。崇，也積也。隱六年左傳：芟夷蘊崇之。杜預注云：蘊，積也。崇，聚也。爾雅：崇，重也。大雅鳧鷖篇：福祿來崇。皆積之義也。委亦薀也，語之轉耳。大戴禮四代篇云：委利生孽。冣者，說文：冣，積也。經傳通作聚。畜者，方言：畜，積也。郭璞注云：畜者，貪，故爲積。魏風伐檀傳云：種之曰稼，斂之曰穡。是其義也。莢者，小雅甫田篇：曾孫之稼，如茨如梁。毛傳云：茨，積也。鄭箋云：茨，屋蓋也。釋名：屋以草蓋曰茨。茨，次也，次比草爲之也。是積之義也。瞻彼洛矣篇云：福祿如茨。其義同也。說文：薋，草多皃。垐，以土增大道上也。義並與茨同。周官遺人：糗餌粉餈。鄭注云：此二物皆粉稻米黍米爲之，合蒸曰餌，餅之曰餈。釋名：餈，漬也，烝糝屑使相潤漬餅之也。餈與茨、漬與積義亦相近也。積者，說文：積，積禾也。引周頌良耜篇：積之秩秩。今本作積之栗栗。積與茨義亦同也。寖者，臨象傳云：剛浸而長。文王世子：立大傳少傳以養之。鄭注云：養者，積浸養成之。是浸爲積也。浸與寖同。論語顏淵篇：浸潤之譖。鄭注云：譖人之積言、如水之浸潤、漸以成之、義亦同也、殖者、晉語、同姓不婚、惡不殖也、韋昭注云、殖、蕃也、周語云、財用蕃殖、皆積之義也、與生財利謂之貨殖、義亦同也、㹅者、淮南子俶眞訓云、橫廓六合、㹅貫萬物、王逸注離騷云、貫、累也、㹅貫、猶言積累、原道訓云、大渾而爲一、葉累而無根、主術訓云、葉貫萬世而不壅、葉、與㹅通、本經訓、積牒璇石以純脩碕、高誘注云、牒、累也、牒與㹅聲亦相近、秭者、爾雅、秭、數也、周頌豐年篇、萬億及秭、毛傳云、數億至萬曰秭、是秭爲積也、秭與積聲亦相近、秭、各本譌作秭、今訂正、秿者、玉篇、秿、禾積也、各本秿字誤入曹憲音內、今訂正、穊者、玉篇、穊、小積也、

憨悋翳㥦憮俺款牟震愛也

憨悋諸字爲親愛之愛、翳爲隱愛之愛、悋、各本譌作憎、文選曹植贈丁儀詩注、韋昭博弈論注、並引廣雅、悋、愛也、今據以訂正、翳者、爾雅釋木、蔽者翳、郭璞注云、樹蔭翳覆地者、方言、掩翳薆也、郭注云、謂薆蔽也、引邶風靜女篇、薆而不見、今本作愛、爾雅、薆、隱也、注云、謂隱蔽、大雅烝民篇、愛莫助之、毛傳云、愛、隱也、掩

翳愛隱一聲之轉、愛與薆通、㥢憮俺者、㥢亦作亟、方言亟、憮、俺、愛也、東齊海岱之閒曰亟、自關而西秦晉之閒、凡相敬愛謂之亟、宋衞邠陶之閒曰憮、或曰俺、又云、韓鄭曰憮、晉衞曰俺、爾雅、煤、愛也、憮、撫也、注云、憮愛撫也、憮與煤通、又矜憐撫掩之也、注云、撫掩、猶撫拍、謂慰卹也、撫掩與憮俺、聲近義同、俺愛一聲之轉、愛之轉爲俺、猶薆之轉爲掩矣、款者、說文款、意有所欲也、款與款同、牟亦煤也、語之轉耳、方言、牟、愛也、宋魯之閒曰牟、

㥄憮齡悼憐悉哀也

㥄憮齡悼憐者、方言、㥄、憮、矜、悼、憐、哀也、齊魯之閒曰矜、陳楚之閒曰悼、趙魏燕代之閒曰㥄、自楚之北郊曰憮、秦晉之閒或曰矜、或曰悼、矜與齡通、哀與愛聲義相近、故憮憐既訓爲愛、而又訓爲哀、呂氏春秋報更篇人主胡可以不務哀士、高誘注云、哀、愛也、檀弓云、哭而起、則愛父也、愛猶哀也、悉者、逸周書諡法解云、隱、哀之方也、檀弓云、拜稽顙、哀戚之至隱也、孟子梁惠王篇云、王若隱其無罪而就死地、隱與悉通、悉

哀一聲之轉，哀之轉爲悉，猶薆之轉爲隱矣。

龕、岑、資、斂、采、掇、搴、摭、芼、集、摡、扱、捊、摘、府、擥、索、撈、撟、穌、賴、攎、摷、撩、挨、抯、收、斂、捕、摕、沒、有、撤、挻、摻、銛、抍、擣、掩、竊、略、剝、剶、捋、捊，取也。

龕者，法言重黎篇：劉龕南陽。李軌注云：龕，取也。字或作戡。竹書紀年：帝辛三十四年，周師取耆。即商書西伯戡黎也。岑訓爲取，未見所出。岑，疑當作𡴀。說文、玉篇竝云：𡴀，取也。資者，乾彖傳：萬物資始。鄭注云：資，取也。斂者，說文：斂，彊取也。引呂刑：斂攘矯虔。今本作奪。同。掇者，說文：掇，拾取也。搴、摭者，方言：攓、摭，取也。南楚曰攓，陳宋之閒曰摭。說文：𢹂，拔取也。引離騷：朝𢹂阰之木蘭。今本作搴。莊子至樂篇云：攓蓬而指之。搴、𢹂、攓竝通。說文：拓，拾也。禮器：有順而摭也。正義云：摭，猶拾取也。少牢下篇云：乃摭于魚腊俎。摭與拓同。芼者，爾雅：芼，搴也。郭璞注云：謂拔取菜。周南關雎篇云：左右芼之。摡者，玉篇：摡，許氣切，引召南摽有梅篇：頃筐概之、今本作塈、毛傳云、塈、取也、宣十二年左傳董澤之蒲、可勝既乎、杜預注云、既、盡也、案既亦與概通、言董澤之蒲不可勝取也、扱者、說文、扱、收也、士昏禮記云、祭醴、始扱一祭、又扱再祭、扱之爲言挹取之也、少牢下篇二手執挑匕枋以挹湆、鄭注云、今文挹爲扱、扱挹聲相近、故古或通用、取水於井謂之汲、聲與扱亦相近也、捉者、說文、搤、捉也、揚雄長楊賦搤熊羆、搤與捉通、搤者、說文、攣、撮持也、管子弟子職篇云、飯必奉攣、楚辭離騷夕攬洲之宿莽、釋名、攬、斂也、斂置手中也、攬與攣同、索者、方言、索、取也、自關而西曰索、經傳通作索、撈者、方言、撈、取也、郭璞注云、謂鉤撈也、衆經音義卷五引通俗文云、沈取曰撈、今俗呼入水取物爲撈、是其義也、撈通作勞、齊語、犧牲不略、則牛羊遂、管子小匡篇作犧牲不勞、則牛羊育、勞略一聲之轉、皆謂奪取也、尹知章注云、過用謂之勞、失之、撟者、方言、撟、捎、選也、自關而西秦晉之閒、凡取物之上謂之撟捎、說文同、淮南子要畧篇、覽取撟掇、高誘注云、撟、取也、穌者、說文、穌、把取禾若也、徐鍇傳云、穌猶部斂之也、楚辭離騷蘇糞壤以充幃兮、王逸注云、蘇、取也、淮南子脩務訓、蘇援世事、高注云、蘇猶索也、索亦取也史記淮陰侯傳樵蘇後爨集解引漢書音義云蘇取草也蘇與穌通賴者方言賴取也莊子讓王篇云若伯夷叔齊者其於富貴也苟可得已則必不賴攎與下抯字同方言抯攎取也南楚之間凡取物溝泥中謂之抯或謂之攎說文抯挹也戲叉取也釋名攎叉也五指俱往叉取也今俗語猶呼五指取物曰攎張衡西京賦攎狒猬批窳狻薛綜注云攎批皆謂戟撮之攎戲抯並同抯各本譌作担今據曹憲音訂正操之言勦也衆經音義卷四引通俗文云浮取曰操西京賦操鯤鮞殄水族薛綜注云操殄言盡取之撩責交反撩亦撈也方俗語有侈弇耳小雅南有嘉魚箋云橑者今之撩罟也爾雅罺謂之汕郭注與鄭箋同釋文云撩取也罺與操聲義亦同揣者說文揣撮取也或作䈥又云揺上摘山巖空青珊瑚墮之周禮有揺蔟氏揺與䈥聲近義同有者周南芣苢篇云采采芣苢薄言采之采采芣苢薄言有之采采芣苢薄言掇之采采芣苢薄言捋之采采芣苢薄言袺之采采芣苢薄言襭之毛傳云采取也有藏之也掇拾也捋取也袺執衽也扱衽曰襭案詩之用詞不嫌於複有亦取也首章泛言取之次則言其取之之事卒

乃言既取而盛之以歸耳。若首章既言藏之，而次章復言掇之、捋之，則非其次矣。大雅瞻卬篇云：人有土田，女反有之；人有民人，女覆奪之。是有爲取也。撤者，孟子公孫丑篇引詩「徹彼桑土」，趙岐注云：徹，取也。撤、滕文公篇「徹者，徹也」，注云：徹猶人徹取物也。徹與撤通。挻者，方言：挻，取也。自關而西秦晉之閒凡取物而逆謂之籑，楚部或謂之挻。摻者，鄭風遵大路正義引説文云：摻，斂也。銛者，方言：銛，取也。注云：謂挑取也。孟子盡心篇「是以言餂之也」，趙岐注云：餂，取也。丁公著音義云：字書及諸書並無此餂字，當作銛。抍者，方言：抍，拔也。出休爲抍。艮六二「不拯其隨」，虞翻注云：拯，取也。拯與抍同。莊子達生篇「見痀僂者承蜩，猶掇之也」，承亦與抍同。艮釋文：拯作承。是其證矣。攟者，方言：攈、摭，取也。魯語「收攟而烝」，衆經音義卷十三引賈逵注云：攟，合穗也。墨子貴義篇云：是猶舍穫而攈粟也。史記十二諸侯年表云：各往往捃摭春秋之文以著書。攟、攈、捃竝同。掩者，方言：掩，取也。自關而東曰掩。説文作揜，同。曲禮云：大夫不掩羣。略者，方言：略，強取也。宣十五年左傳「晉侯治兵于稷，以略狄土」，杜預注云：略，取也。襄四年傳「季孫曰略」，注云：不以道取曰略。齊語「犧牲不略、韋昭注云略、奪也、剝者、夏小正八月剝棗、傳云、剝也者、取也、剝者、說文、鈔、又取也、鄭注周官射鳥氏云、鳥蒿善鈔盜、曲禮毋勦說、鄭注云勦猶擥也、謂取人之說以爲己說、剿勦鈔竝通、又與操聲相近也、捋者、方言、捋取也、衞魯揚徐荆衡之郊曰捋、捋者、說文、捊引聚也、引小雅常棣篇原隰捊矣、今本作裒、毛傳云裒聚也、謙象傳君子以裒多益寡、釋文裒鄭荀董蜀才作捊、云取也、禮運汙尊而抔飲、鄭注云抔飲手掬之也、說文、今鹽官入水取鹽曰掊、義竝與捊同、爾雅俘取也、義亦與捊同、凡與之義近於散、取之義近於聚、聚取聲又相近、故聚謂之收、亦謂之斂、亦謂之集、亦謂之府、取謂之府、亦謂之集、亦謂之斂、亦謂之收、取謂之捊、猶聚謂之裒也、取謂之掇、猶聚謂之綴也、取謂之捃、猶聚謂之羣也、各本收有撤三字重出、今刪、

殢𣩂困懸殃殀𣩘𣧅殙殟歺亢疲羸券御致窮乎終備極也

廣雅疏證　卷第一上　三一

𢃼、說文作㦅、云極也、一曰困劣也、字或作帶、揚雄豫州牧箴、降及周微、帶蔽屏營、帶與𢃼同、蔽與徹同、謂困劣也、㻡者、方言、㻡、㑄也、倦、與倦同、又云、㾖、極也、郭璞注云、今江東呼極爲㾖、倦聲之轉也、大雅緜篇、維其喙矣、毛傳云、喙、困也、晉語、余病喙矣、韋昭注云、喙、短氣貌、皆謂困極也、㻡㾖喙並通、憊者、說文、憊、𤸱也、爾雅、𣪊、盡也、郭注云、今江東呼厭極爲𣪊、義亦相近、也、𡚫、各本譌作炔、𡘊、各本譌作𡘋、玉篇𡘊𡚫、困極也、集韻類篇並引廣雅、𡚫、極也、𡘊、極也、今據以訂正、𡘊與𢃼聲義同也、嬖𡝩婚媼歹五字、說見上文、婚媼病也、及卷三嬖𡝩婚歹外也、下𡝩、各本譌作𧗾、集韻類篇並引廣雅、嬖𡝩、極也、今據以訂正、亢者、乾文言云亢龍有悔、與時偕極、宣三年左傳、可以亢寵、杜預注云、亢、極也、漢書五行志云、兵革抗極、抗、與亢通、衆經音義卷三引倉頡篇云、炕、乾極也、義與亢亦相近、券者、考工記輈人注云、券、今倦字也、𠊱者、趙策云、恐太后玉體之有所郤也、史記趙世家郤作苦、司馬相如子虛賦、徼𠊱受詘、郭璞注云、𠊱、疲極也、上林賦與其窮極倦𠊱、郭注云、窮極倦𠊱、疲憊者也、方言、㑄、倦也、說文、御、徼御受屈也、𠊱、勞也、並字異而義同、窮極倦㕞一聲之轉也爾雅釋詁釋文引廣雅慹劇也劇亦與御同史記平準書云作業劇而財匱是也乎訓爲極義無所取蓋卒字之誤卒隸或作卒因誤而爲乎凡從卒之字亦有誤爲乎者士冠禮注云古文啐爲呼是也爾雅卒終也窮卒終三字相承皆極之義也㦅者說文㦅慹也遯象傳有疾憊也鄭注云憊困也憊與㦅同㦅各本譌作㦅今訂正

愍師慛噬醮悴愁患慼桓愼怛惴怮悺忦懸慯惂慇憖

師訓爲憂誤也辨見上文比樂也下慛之言摧也晉初六晉如摧如虞翻注云摧憂愁也摧與慛通六二云晉如愁如愁慛語之轉耳噬者方言噬憂也醮悴者文選歎逝賦注引倉頡篇云悴憂也說文醮面焦枯小也顦醮顦也小雅雨無正篇云憯憯日瘁吳語云日以憔悴並字異而義同各本俱脫患字衆經音義卷十二引廣雅憔悴愁患憂也今據以補正桓各本譌作栢桓字影宋本避諱作桓後遂譌而爲栢方

䁞濟慭涇憂也

言、桓、憂也、慎者、方言、慎、憂也、宋衛謂之慎、楚辭七諫、哀子胥之慎事、王逸注云、夙不忘國、故言慎事、是慎爲憂也、怛者、檜風匪風篇、中心怛兮、毛傳云、怛、傷也、重言之則曰怛怛、義見釋訓、惴者、說文、惴、憂懼也、秦風黃鳥篇云、惴惴其慄、怮者、說文、怮、憂皃、又云、欸、愁皃、欸與怮同、悁者、說文、悁、憂也、玉篇云、悁悁、憂無告也、說文、懽字注引爾雅、懽懽、愮愮、憂無告也、今本作灌灌、並字異而義同、悹、又音管、爾雅、痯痯、病也、郭璞注云、賢人失志、懷憂病也、大雅板篇作管管、亦字異而義同、凡人病與憂義相近、故鄭注樂記云、病猶憂也、忦者、說文、忦、憂也、𢢼者、說文、辡、憂也、辡與𢢼同、𢢼曹憲音辨、又音婢典反、各本音內辨字誤入正文、集韻𢢼音辨、又音婢善切、今據以訂正、傷者、說文、傷、憂也、經傳通作傷、悁者、說文、悁、憂困也、楚辭哀時命、欿愁悴而委惰兮、王逸注云、欿、愁貌也、欿與悁通、恩之言患也、說文、恩、憂也、昭五年左傳、士不恩賓、杜預注云、恩、患也、愁者、方言、愁、傷也、楚潁之閒謂之愁、瞰、濟、涇者、方言、濟、瞰、愁、涇、憂也、宋衛曰瞰、陳楚或曰涇、或曰濟、自關而西秦晉之閒或曰愁、或曰涇、自關而西秦晉之閒、凡志而不得、欲而不獲、高而有墜、得而中𢀖、謂之溼、或謂之惄、郭璞注云、𣊟者憂而不動也、溼者、失意潛沮之名、玉篇𣊟音潛、𣊟之言潛也、郇郭所云失意潛沮也、爾雅、慘憂也、慘與𣊟聲近義同、卷四云、懠愁也、懠與濟聲近義同、爾雅、惄思也、舍人注云志而不得之思也、思與憂義相近、故爾雅云、憂思也、小雅小弁篇云、我心憂傷、惄焉如擣、王襃洞簫賦、憤伊鬱而酷䛕、李善注引倉頡篇云、䛕憂皃、玉篇音奴的切、䛕與惄同、荀子不苟篇、小人通則驕而偏、窮則弃而儑、楊倞注云、儑當爲濕、引方言、濕憂也、濕與溼通、

剖判𦤃劈擘裂參離墳析斯坼筡刖異劇刎刻斑分也

𦤃、曹憲音口沃反、說文、𦤃、治角也、玉篇音口角反、又音學、爾雅、象謂之鵠、角謂之𦤃、釋文、鵠、胡酷古毒二反、本亦作䶩、廣雅作觷、𦤃、五角反、沈音學、此雖有治角治象之不同、而同爲分析之義、其聲亦相近也、馬融廣成頌、散毛族、梏羽羣、梏與𦤃亦同義、說見卷二刏裂也下、各本皆脫擘字、其劈字下有普狄普革二音、案普革當爲補革、乃擘字之音、非劈字之音、高誘注淮南子要略篇云、擘分也、玉篇、擘、補革切、衆經音

義卷九及卷十一十三十四二十二、竝引廣雅、擘、分
也、音補革反、今據以補正、內則云、塗皆乾擘之、考工
記瓬人、髻墾薜暴、鄭注云、薜破裂也、喪大記絞一幅
爲三、不辟、正義云、古字假借、讀辟爲擘、竝字異而義
同、參者、方言、參蠡、分也、齊曰參、楚曰蠡、秦晉曰離、案
參者間廁之名、故爲分也、曲禮云、離坐離立、毋往參
焉、是其義也、墳分聲相近、楚辭天問、地方九則、何以
墳之、王逸注云、墳、分也、釋名云、三墳、墳、分也、論三才
分天地人之始、其體有三也、衆經音義卷十六引廣
雅作坋、義同、爾雅、水自汝出爲濆、郭璞注云、大水溢
出別爲小水之名、義與墳亦相近也、斯者、爾雅、斯、離
也、方言云、齊陳曰斯、陳風墓門篇、斧以斯之、毛傳云
斯、析也、莊子則陽篇云、斯而析之、史記河渠書乃廝
二渠以引其河、集解引漢書音義云、廝、分也、廝與斯
通、今俗語猶呼手裂物爲斯、楚辭九歌、流澌紛兮將
來下、王逸注云、澌、解冰也、方言、廝、散也、東齊聲散曰
廝、秦晉聲變曰廝、器破而不殊、其音亦謂之廝、集韻
引字林云、甈、罄破也、義竝與斯通、坼、各本譌作折、說
文、坼、裂也、解釋文引廣雅、坼、分也、衆經音義卷一卷
六卷十七、引廣雅竝與釋文同、今據以訂正、案者、方

言、簩、折也、析竹謂之簩、郭璞注云、今江東呼篾竹裹爲簩、說文、簩、析竹笢也、笢、竹膚也、劌者、說文、劌、判也、爾雅、木謂之劌、郭注引隱十一年左傳山有木、工則劌之、今本作度、邵氏二雲爾雅正義、引魯頌閟宮篇是斷是度、度與劌通、別者、說文、攽、分也、引洛誥乃惟孺子攽、今本作頒、鄭注訓頒爲分、徐邈音甫云反、玉篇、攽悲貧切、別攽、頒聲近義同、論語雍也篇文質彬彬、包咸注云彬彬、文質相半之貌、亦分之義也、斑者、說文、班、分瑞玉、從玨刀、班、與斑通、

隓敗屠徹破碎崩隤陁阤陊殆廢徽壞也

隓之言虧也、方言、隓、壞也、皋陶謨、萬事墮哉、墮與隓同、屠者、逸周書周祝解、國孤國屠、孔晁注云、屠謂爲人所分裂也、管子版法解、則必有崩阤堵壞之心、堵與屠聲近義同、徹者、小雅十月之交篇、徹我牆屋、鄭箋云、徹毀我牆屋、楚辭天問、何令徹彼岐社、王逸注云、徹、壞也、陁與阤一字也、方言、阤、壞也、周語、聚不阤崩、後漢書蔡邕傳注引賈逵注云、小崩曰阤、說文、阤小崩也、淮南子繆稱訓云、岸𡼖者必陀、劉昌宗考工

記音讀陁爲陀、陁陁陀三字竝通。魯語文公欲弛孟文子之宅、韋昭注云、弛、毀也。弛與陁亦聲近義同。陊亦陀也、方俗語有輕重耳。說文、陊、落也。張衡西京賦云、期不陁陊。荀子富國篇云、徙壞墮落。墮與陊通。始者、方言、怠、壞也。怠與始通。

麋𢿱者、說文、麋、爛也。孟子盡心篇、麋爛其民而戰之。越語、靡王躬身。韋昭注云、靡、損也。麋麌靡麋竝通。說文、㪔、飛㪔也。𢿱、分離也。㪔、雜肉也。㪔隸作散、散與𢿱㪔竝通。楚辭招魂、麋麌散而不可止些。王逸注云、麋麌、碎也。九歎、名靡散而不彰。注云、靡散、猶消滅也。竝與麋𢿱同。

揨撞鈌挃𠟿秵秼揭刉抌築劅撽抵㧙掙鍼刺也

揨者、說文、朾、撞也。朾與揨同。揨撞挃揭四字竝從手、各本譌從木、今訂正。撞者、說文、撞、丮擣也。秦策、迫則杖戟相撞。高誘注云、撞、刺也。鈌者、說文、鈌、刺也。如淳注漢書天文志云、有氣刺日爲鐍。鐍、抉傷也。鈌鐍竝音古穴反、其義同也。挃者、淮南子兵略訓、夫五指之更彈、不若捲手之一挃。高誘注云、挃、擣也。釋名云、殳矛、殳、殊也。長丈二尺而無刃、有所撞挃於車上、使殊離也。史記淮陰侯傳、孟賁之狐疑、不如庸夫之必至也。至與控通。故說文云：搏，至也。剸亦撞也。楚策云：臣請爲君剸其胷殺之。呂氏春秋貴卒篇云：所擊無不碎，所衝無不陷。剸、剸、衝竝通。集韻、類篇引廣雅作剸。狃者，說文：狃，刺也。独者，玉篇：独，刺矛也。揭者，說文：揭，手椎也；一曰築也。刉者，說文：刉，刲傷也；刲，刺也。周官士師：凡刉珥，則奉犬牲。鄭注云：珥讀爲衈。用牲毛者曰刉，羽者曰衈。抌者，說文：抌，深擊也。列子黃帝篇云：攩拯挨抌。燕策云：臣左手把其袖，而右手揕抗其胷。史記荊軻傳作右手揕其胷。集解云：徐廣曰：揕，一作抗。索隱云：揕謂以劍刺其胷也。抗，拒也。其義非。案抗乃抌字之譌。集韻、類篇揕、抌竝音陟甚切，故揕字或作抌。抌俗書從冘之字作冗，從亢之字作亢，二形相似，故抌字譌而爲抗。燕策作揕抗其胷，抗亦抌字之譌。且亦抌字，一本作揕，一本作抗，而後人誤合之耳。姚宏校本云：一無抗字。是其證矣。說文：𢧵，刺也。𢧵、揕竝從甚聲，義亦同也。築者，說文：築，擣也。撖者，說文：撖，刺也；一曰刺之財至也。又云：數，刺也。撖、數竝音豬几反，其義同也。玉篇：撖，挃也。挃與撖亦聲近義同。撖，曹憲音丁几反。各本脫去撖字，其丁几反之音遂誤入劉字下，几字又誤作凡。宋祁校漢書揚雄傳引字書：撖，竹几反、廣韻音豬几切、上文摋至也、曹憲音陟履反、陟履竹几豬几並與丁几同音、集韻引廣雅摋刺也、今據以補正、抵挃者、方言、抵挃、刺也、說文、牴觸也、抵牴義相近、挃字說見卷三挃擊也下、拼亦捽也、方俗語有輕重耳、鍼者、文王世子、其刑罪則纖剸、鄭注云、纖讀爲鍼、鍼、刺也、剸、割也、鍼字亦作箴同、

刵創刓𠟉割𠞰刌切殊絕刜𣃔截剸刖祝斬𠠎刅刎剢剿剎銛劁𠜾䫫刈𨰻劉剿斷也

刵者、說文、刵、斷耳也、康誥云、劓刵人、呂刑云、爰始淫爲刵劓剠黥、周官山虞、致禽而珥焉、鄭衆注云、珥者、取禽左耳、以效功也、雜記、其衈皆于屋下、鄭注云、衈謂將刲割牲以釁、先滅耳旁毛薦之、則珥衈義相近、創者、說文、創、斷也、困九五、劓刖、京房刖作創、說文膾細切肉也、少儀云、牛與羊魚之腥、聶而切之爲膾、義與創同也、刓者、說文、刓、剸也、楚辭九章、刓方以爲圓兮、王逸注云、刓、削也、莊子天下篇、椎拍輐斷、王說之義疏云、椎拍輐斷、皆刑截者所用、輐與刓亦同義、剸者、說文、剸、減也、割者、廣韻云、剸、割也、斷也、出埤倉、刌

者說文刌切也士虞禮刌茅長五寸特牲饋食禮刌
肺三鄭注云今文刌爲切漢書元帝紀分刌節度韋
昭注云刌切也玉藻瓜祭上環鄭注云上環頭忖也
忖與刌通姝者昭二十三年左傳云斷其後之木而
弗姝莊子在宥篇今世姝死者相枕也釋文引廣雅
姝斷也㓨者說文㓨擊也昭二十六年左傳苑子㓨
林雍斷其足正義云今江南猶謂刀擊爲㓨齊語云
㓨令支斬孤竹說苑雜言篇云干將鏌鋣拂鍾不錚
拂與㓨通斱者說文斱斬也爾雅云魚曰斱之成二
年公羊傳郤克曰欺三軍者其法奈何曰法斱剸與
下𣃔字同說文𣃔截也或作剸文王世子其刑罪則
纖剸鄭注云剸割也淮南子脩務訓云水斷龍舟陸
剸犀甲說文膞切肉也義亦與剸同刖者說文刖絕
也跀斷足也或作趴跀趴竝與刖通祝者哀十四年
公羊傳天祝予十三年穀梁傳祝髮文身何休范甯
注竝云祝斷也鬋之言絕也卷四云鬋截也集韻類
篇引廣雅作鬋刖者玉篇刖斷取也說文釗刓也釗
與刖聲近義同劉者集韻引字林云劉細斷也剬者
說文剬斷齊也剬與剸聲亦相近銛亦創也語有緩
急耳說文銽斷也從金昏聲隷省作銽玉篇廣韻竝

音古活切、又說文、銛、臿屬也、從金舌聲、玉篇音思廉切、廣韻音息廉、他玷二切、廣雅銛訓爲斷、當音古活反、曹憲音他點、息廉二反、誤也、剫者、釋言云、剫、刈也、經傳通作椎、劖者、說文、劖、斷也、一曰剽也、劖者、玉篇、劖、減削也、剸者、說文、剸、刖鼻也、或作劓、案剸刖一聲之轉、皆謂割斷也、說文、刖、絕也、盤庚、我乃劓殄滅之、無遺育、傳云、劓、割也、多方云、劓割夏邑、是凡有所割斷者、通謂之劓、刖、斷鼻爲劓、斷足爲刖、名異而實同也、

敏遅侚僊趨頪儵倏倢䠷䟫躁駛獧挑搖扇拊舞劇極

汩㥏颮趆騖跳越齊疾也　暴騰偈

遅者、方言、遅、疾也、楚曰遅、說文云、楚謂疾行爲遅、疾驅謂之騁、義與遅同、文十七年左傳、鋌而走險、急何能擇、杜預注云、鋌、疾走貌、鋌與遅亦聲近義同、侚者、說文、侚、疾也、史記五帝紀、幼而徇齊、集解云、徇、疾、齊、速也、言聖德幼而疾速也、索隱云、孔子家語及大戴禮竝作叡齊、史記舊本亦作濬齊、竝聲近而義同、爾

雅迅疾也駿速也郭璞注云駿猶迅也亦與佝聲近義同商子弱民篇齊疾而均速均與佝亦聲近義同鄭注內則云句當爲均聲之誤是其例也儇者玉篇音仕咸仕鑒二切周語云冒沒輕儳後漢書何進傳進驚馳從儳道歸營李賢注引廣雅儳疾也小雅巧言篇躍躍毚兔毛傳云毚兔狡兔也義與儳相近趨者說文趣疾也周官縣正趨其稼事釋文云趨本又作趣穎各本譌作楨玉篇引廣雅穎疾也今據以訂正儵與下儵儵二字同說文儵疾也倏犬走疾也玉篇儵疾也莊子應帝王篇南海之帝爲儵北海之帝爲忽梁簡文帝注云儵忽取神速爲名楚辭九歌云儵而來兮忽而逝儵倏倏儵並通大畜九三良馬逐姚信作良馬逐逐云逐逐疾並驅之貌逐與儵古亦同聲故頤六四其欲逐逐劉表作儵儵矣儵各本譌作儵今訂正倢者說文疌疾也疌與倢同亦作捷朓者太平御覽引書大傳云晦而月見西方謂之朓鄭注云朓條也條達行疾貌漢書五行志晦而月見西方謂之朓劉向以爲朓者疾也孟康注云朓者月行疾在日前故早見朓各本譌作眺今訂正駛者衆經音義卷二引倉頡篇云駛疾也獧挑方言作儇佻云

儇、佻、疾也。郭璞注云、謂輕疾也。齊風還傳云、儇、利也。荀子非相篇、鄉曲之儇子。楊倞注引方言、儇、疾也。慧也。不荀篇、小人喜則輕而翾。韓詩外傳翾作快。說文還、疾也。儇、還、翾並通。方言注云、佻、音糶。韓子詭使篇云、躁佻反覆謂之智。成十六年左傳、楚師輕窕。窕與佻通。史記荆燕世家、遂跳驅至長安。跳驅謂輕疾驅也。義亦與佻同。佻與䠷、聲義又相近也。搖扇者、方言、搖、扇疾也。燕之外鄙朝鮮洌水之閒曰搖扇。又云、遥、疾行也。楚辭九章願搖起而橫奔兮。爾雅、蝿醜扇。郭璞注云、好搖翅。是搖扇皆有疾義也。搖與遥通。拊舞者、方言、拊、撫疾也。注云、謂急疾也。撫與舞通。說文駙疾也。駙與拊亦聲近義同。劇者、唐釋慧苑華嚴經卷六十三音義引賈逵國語注云、遽疾也。遽與劇通。各本俱脫劇字。其劇字下有去力其御二音。考玉篇廣韻集韻、劇字俱音其御切、不音去力切。說文、極、急也。廣韻音邛力切。邛力與去力同音。是去力乃極字之音。非劇字之音。今據以補正。玉篇極居力切。爾雅、亟、疾也。大雅靈臺篇、經始勿亟。亟與極通。汩者、方言、汩、疾行也。南楚之外曰汩。注云、汩、汩急貌也。說文、[illegible]、水流也。楚辭離騷、汩余若將不及兮。王逸注云、汩、去貌、疾

若水流也、九章云、分流汩兮、汩與㫚同、颮者、說文猝、
疾也、莊十一年左傳、其亾也忽焉、杜預注云、忽、速貌、
颮忽猝並通、說文、颮、疾風也、淮南子覽冥訓云、縱矢
躡風、追猋歸忽、說文、欻、有所吹起也、讀若忽、飛義並
同也、漢書禮樂志、卉汩臚、顏師古注云、卉汩、疾意也、
卉與颮亦聲近義同、趡者、說文、趡、趡也、高誘注淮南
子脩務訓云、趡、越走也、說文、趹、馬行皃也、史記張儀傳、
捘前趹後、索隱云、言馬之走勢疾也、趹與趡同義、莊
子逍遙遊篇、我決起而飛、李頤注云、決、疾貌、決與趡
亦聲近義同、鬵訓爲疾、未見所出、豫九四、朋盍簪、釋
文、簪、徐側林反、子夏傳云、疾也、鄭云、速也、埤倉同、簪
鬵聲近義同、古或通用也、墨子明鬼篇云、鬼神之誅、
若此之憯遬也、憯與鬵亦聲近義同、跋之言發越也、
說文、跋、輕足也、禮運、麟以爲畜、故獸不狘、鄭注云、狘、
走貌也、玉篇、狘狘、飛皃、跋狘狘聲義並同、越者、漢書
李尋傳、太白發越犯庫、張晏注云、發越、疾貌也、齊者、
爾雅、齊、疾也、荀子君道篇云、齊給便捷而不惑、史記
五帝紀索隱云、尚書大傳曰、多聞而齊給、鄭注云、齊、
疾也、說苑敬慎篇、資給疾速、資與齊通、春秋衛世叔
齊字疾、是其義也、㬥者、說文、㬥、疾有所趣也、大戴禮

保傅篇何殷周有道之長而秦無道之暴也、盧辯注云、
暴卒疾也、說文瀑疾雨也、引邶風終風且瀑、今本作
暴、毛傳云、暴疾也、㬥暴瀑竝通、騰者、釋宮篇云、騰奔
也、考工記弓人注云、奔猶疾也、偈者、檜風匪風篇匪
車偈兮、毛傳云、偈偈疾驅、宋玉高唐賦云、偈兮若駕
駟馬建羽旗、衆經音義卷十一引廣雅暴疾也、卷十
八引廣雅、騰疾也、集韻類篇竝引
廣雅偈疾也、今本脫暴騰偈三字、

腆嬒䤖㓞膱胋膌䐇醋皇翼滑黨賁膚熹琇甘珍旨𣅊
菼將英暟娍媛豔珇美也　沃

腆者、邶風新臺篇籧篨不殄、鄭箋云、殄當作腆、腆善
也、燕禮云、寡君有不腆之酒、嬒者、說文嬰好也、又嬒
字注、引陳風澤陂篇碩大且嬒、今本作儼、竝聲近而
義同、醇㓞者、小雅賓之初筵篇
烝衎烈祖、鄭箋云、烈美也、烈與㓞通、膱胋膌者、玉篇
膱初減切、臉膱羹也、胋徒兼切、大羹也、膌子含切、膌
膌也、膌於含切、煮魚肉也、皆美之義也、齊民要術有
作臉膱法、又有膌雞膌豬膌魚法、䐇者、玉篇䐇、食味

美也、說文醰、甛長味也、甛與甜同、文選洞簫賦云、良醰醰而有味、魏都賦、宅心醰粹、李善注云、醰、美也、膻醰聲義竝同、𨢈者、廣韻𨢈、小甜也、子朕七稔二切、高誘注淮南子覽冥訓云、噆、味長美也、䐶𨢈噆義竝相近、皇者、爾雅、皇皇、美也、白虎通義云、皇、君也、美也、大也、天人之揔、美大之稱也、周頌執競篇云、上帝是皇、翼者、毛鄭詩考正云、卷阿五章、有馮有翼、馮、滿也、謂忠誠滿於內、翼、盛也、謂威儀盛於外、盛亦美也、別見釋訓、翼翼、盛也、下、滑者、周官食醫云、調以滑甘、內則云、旨甘柔滑、是滑爲美也、黨訓爲美、義見上文、黨、善也、下、賁者、序卦傳云、賁者、飾也、小雅白駒篇、皎皎白駒、賁然來思、毛傳云、賁、飾也、皆美之義也、盤庚、用宏茲賁、謂用大此美績也、卽上文所云嘉績于朕邦也、大誥敷賁、亦謂敷布文武之美功也、膚者、豳風狼跋篇、公孫碩膚、大雅文王篇、殷士膚敏、毛傳竝云、膚、美也、馬融注噬嗑卦云、柔脃肥美曰膚、膚通作臚、堯典有能奮庸熙帝之載、史記五帝紀作美堯之事、琇通作秀、蒸者、魯頌泮水篇、烝烝皇皇、毛傳云、烝烝、厚也、皇皇、美也、厚亦美也、大雅文王有聲篇、文王烝哉、韓傳云、烝、美也、烝與蒸通、逸周書小開解、登登皇皇、登亦與蒸通、將者、豳風破斧首章、亦孔之將、毛傳云、將、大也、大、亦美也、二章云、亦孔之嘉、三章云、亦孔之休、將、嘉、休、皆美也、將、臧聲相近、亦孔之將、猶言亦孔之臧耳、美從大、與大同意、故大謂之將、亦謂之皇、美謂之皇、亦謂之將、美謂之賁、猶大謂之墳也、美謂之膚、猶大謂之甫也、英者、白虎通義引禮別名記云、百人曰俊、千人曰英、鄭風有女同車傳云、英、猶華也、魏風汾沮洳云、美如英、說文、瑛、玉光也、齊風著篇、尚之以瓊英乎而、傳云、瓊英、美石似玉、義並同也、瞪者、方言、瞪、美也、郭璞注云、瞪瞪、美德也、娥者、方言、娃、娥、美也、故吳有館娃之宮、秦有榛娥之臺、秦晉之閒、美貌謂之娥、注云、言娥娥也、列子周穆王篇云、簡鄭衛之處子、娥媌靡曼者、史記外戚世家云、邢夫人號娙娥、說文、娥、帝堯之女舜妻娥皇字也、秦晉謂好曰娙娥、列女傳云、帝堯之二女、長曰娥皇、次曰女英、玉篇媖、女人美稱也、則英與娥同義、媛者、爾雅、美女爲媛、鄘風君子偕老篇云、邦之媛也、瑗者、方言、瑗、美也、晏子春秋諫篇云、今君之服駔華、法言吾子篇云、霧縠之組麗、組、駔、並與瑗通、沃者、衛風氓篇其葉沃若、毛傳云、沃若、猶沃沃然、魯語、沃土之民不材、韋昭注云、沃、肥

美也、晉語、雖獲沃田而勤易之、注云、沃、美也、衆
經音義卷十三、引廣雅、沃、美也、今本脫沃字、

同儕等𪏭比倫匹臺敵讎輩也

同、各本譌作周、廣韻、同、輩也、衆經音義卷六引廣雅、
同、輩也、今據以訂正、𪏭之言班也、各本竝脫此字、衆
經音義卷七、𪏭、補單反、引字林云、𪏭、部也、卷六引廣
雅、等、𪏭、輩也、集韻類篇竝引廣雅、𪏭、輩也、今據以補
正、臺、敵、讎者、臺之言相等也、故斗魁下六星兩兩而
比者、曰三台、台與臺同義、方言、臺、敵、匹也、東齊海岱
之閒曰臺、自關而西秦晉之閒、物力同者謂之臺、敵
耦也、爾雅、讎、敵、匹也、郭璞注云、讎猶儔也、成二年左
傳云、若以匹敵、召誥云、敢以王之讎民百君
子、說文、雔、雙鳥也、從二隹、讀若醻、雔與讎通、

挴赧怍㥏䫏聜𦞦㥏懟怩䏶昝恧慙也

挴、赧、㥏者、方言、挴、㥏、赧、愧也、晉曰挴、或曰㥏、秦晉之
閒凡愧而見上謂之赧、梁宋曰㥏、郭璞注云、敕㥏、亦
慙貌也、說文、赧、面慙赤也、孟子滕文公篇云、觀其色
赧赧然、小爾雅、面慙曰戁、戁與赧通、作者、說文、作、慙

也、論語憲問篇云、其言之不怍、荀子儒效篇無所疑怍、說苑臣術篇翟黃迮然而慙、並與作同。㥦者、方言、㥦、慙也、荆揚青徐之閒曰㥦、若梁益秦晉之閒言心內慙矣、左思魏都賦㥦墨而謝、㥦墨皆慙也、墨與挴聲相近。聅者、方言、趙魏之閒謂慙曰聅。瞢者、小爾雅、瞢、慙也、襄十四年左傳云、不與於會、亦無瞢焉、晉語臣得其志而使君瞢、韋昭注云、瞢、慙也、魏都賦云、有靦瞢容、瞢與挴聲相近、釋器篇云、鋂鏤、鏍也、鋂鏤之同爲鏍、猶挴瞢之同爲慙也、釋草篇云、夢、學也、周官媒氏注云、今齊人名麴糵曰媒、媒亦夢也、爾雅夢夢、亂也、儚儚、惛也、莊子胠篋篇、故天下每每大亂、李頤注云、猶昏昏也、每每亦夢夢也、聲相近、故義相同矣。怩、啓咨者、方言、忸怩、慙歰也、楚郢江湘之閒謂之忸怩、或謂之啓咨、晉語君忸怩顏、韋昭注云、忸怩、慙貌、孟子萬章篇云、象曰、鬱陶思君爾、忸怩、忸與恧同、恧字從心而聲、各本譌作恧、今訂正、啓咨、各本譌作慼咨、集韻類篇並引廣雅、慼、慙也、則宋時廣雅本已譌、釋訓篇、忸怩、啓咨也、啓字亦譌作慼、惟咨字不譌、考方言玉篇廣韻並作啓咨、離釋文亦云、啓咨、慙也、今據以訂正、忸怩、啓咨、皆局縮不伸之貌也、啓咨倒言之則曰貧戚太元親初一云其志齟齬次二云其志貧戚貧戚猶齟齬謂志不伸也范望注訓貧爲用戚爲親皆失之卷三云側匿蹴縮也釋言云衄縮也縮與慙義相近縮謂之側匿猶慙謂之慝也縮謂之衄又謂之蹴猶慙謂之忸怩又謂之慼咨也恧者方言恧慙也山之東西自愧曰恧小爾雅云心慙曰恧司馬相如封禪文云不亦恧乎太元睟次二云睟于中睟與恧同

廣雅疏證卷第一上

廣雅疏證卷第一下

高郵王念孫學

釋詁

誕肆果睦懇惇信也

誕者、文選陸雲大將軍讌會詩誕隆駿命、李善注引薛君韓詩章句云、誕、信也、爾雅、亶信也、亶與誕聲近義同、果、各本譌作果、賈子道術篇云、期果言當謂之信、玉篇、果、信也、今據以訂正、睦者、方言、穆、信也、西甌毒屋黃石野之閒曰穆、逸周書謚法解云、中情見貌曰穆、穆與睦通、史記司馬相如傳、旼旼睦睦、漢書作穆穆、是其證也、懇者、檀弓云、頎乎其至也、呂氏春秋下賢篇云、很乎其誠自有也、頎很竝與懇通、字或作懇、又作狠、義見釋訓懇懇誠也下、惇者、方言、惇、信也、燕曰惇、大戴禮王言篇云、士信民敦、工璞商慤、敦與惇通、

爲已知瘥蠲除慧間瘳瘉也

爲已者、成十年左傳云、疾不可爲也、列子周穆王篇云、疾可已也、南山經云、旋龜可以爲底、虎蛟可以已痔、是爲已皆愈也、知瘥蠲除慧間瘳者、瘥、通作差、方言、差、間、知、愈也、南楚病愈者謂之差、或謂之間、或謂之知、知、通語也、或謂之慧、或謂之憭、或謂之瘳、或謂之蠲、或謂之除、郭璞注云、閒、言有間隙也、慧憭皆意精明也、蠲亦除也、素問刺瘧篇云、一刺則衰、二刺則知、三刺則已、藏氣法時論篇云、肝病者平旦慧、下晡甚夜半靜、論語子罕篇、病閒、孔傳云、少差曰閒、說文、瘉、病瘳也、漢書高祖紀、漢王疾瘉、顔師古注云、瘉、與愈同、瘉、各本譌作癒、自宋時本已然、是以集韻瘉癒二字兼收、而類篇以下諸書悉仍其誤、考說文玉篇廣韻俱無癒字、今訂正、

食閻慫慂勵勸也

食閻慫慂者、方言、食閻慫慂、勸也、南楚凡已不欲喜而旁人說之、不欲怒而旁人怒之、謂之食閻、或謂之

慫慂、漢書衡山王傳、日夜縱臾王謀反事、顏師古注云、縱臾、謂奬勸也、史記作從容、汲黯傳從諛承意、竝與慫慂同、案慫慂、疊韻也、單言之則謂之聳、方言云、自關而西秦晉之間、相勸曰聳、或曰將、中心不欲而由旁人之勸語、亦曰聳、昭六年左傳誨之以忠、聳之以行、杜預注云、聳、懼也、漢書刑法志聳作雙、顏師古注云、雙、謂奬也、案顏說是也、聳之以行、謂舉善行以奬勸之、故楚語教之春秋、而爲之聳善而抑惡焉、以戒勸其心、韋昭注云、聳、奬也、又案慫慂者、從旁動之也、因而物之自動者、亦謂之聳慂、漢書司馬相如傳紛鴻溶而上厲、張注云、鴻溶、竦踊也、竦踊鴻溶、又語之轉矣、厲者、聘義云、諸侯相厲以禮、厲、與勵通、

有司股肱陪儓皁隸牧圉臣也

陪儓皁隸牧圉者、昭七年左傳云、是無陪臺也、又云士臣皁、皁臣輿、輿臣隸、隸臣僚、僚臣僕、僕臣臺、服虔注云、皁、造也、造成事也、輿、衆也、佐皁舉衆事也、隸、隸屬於吏也、僚、勞也、共勞事也、僕、僕豎主藏者也、臺、給臺下微名也、韋昭注楚語云、臣之臣爲陪、曲禮列國之大夫入天子之國、自稱曰陪臣某、鄭注云、陪、重也、

論語季氏篇陪臣執國命、馬融注云、陪、重也、謂家臣
也、方言、南楚凡駡庸賤謂之田儓、孟子萬章篇、蓋自
是臺無餽也、趙岐注云、臺、
賤官主使令者、臺與儓通、

婘嬴娃嫧孌嬥姚娧純珇毦婠宊窈窕妦忓妧媌婞嬇
鮮䫇嬌麗佳嫮釥嫽姣袾嬺媉嬾嫵嬮姝媠妮嫿嬪婍
妍娕嬥嬑婭韡襸祖襪妙嫇媨妸嫋嫈嫛覞婥約嫵媚
嫕姍好也

婘、與下孅字同、玉篇、婘、好皃、或作孅、齊風還首章、揖
我謂我儇兮、毛傳云、儇、利也、釋文、儇、韓詩作婘、好貌、
案二章云、揖我謂我好兮、三章云、揖我謂我臧兮、屬
辭比事、則韓義爲長、澤陂二章云、有美一人、碩大且
卷、毛傳、卷、好貌、釋文云、卷、本又作婘、是其證也、說文、
鬈、髮好也、引盧令篇其人美且鬈、檀弓執女手之卷
然、正義云、卷卷然柔弱、義竝相近也、嬴者、方言、嬴、好
也、宋魏之閒謂之嬴、字亦作嬴、又作盈、史記趙世家

吳廣女名娃。鸁餘見後釋訓「鸁鸁，容也」下。鸁，各本譌作嬴，惟影宋本不譌。娃、嫷者，方言：「娃、嫷，美也。吳楚衡淮之閒曰娃，南楚之外曰嫷。故吳有館娃之宮。」娃猶佳也。楚辭九章「妬佳冶之芬芳兮」，佳一作娃。左思吳都賦「幸乎館娃之宮」，劉逵注云：「吳俗謂好女爲娃。」枚乘七發云「使先施、徵舒、陽文、段干、吳娃、閭娵、傅予之徒」，方言注云：「嫷，言婑嫷也。」字亦作婧。列子楊朱篇云「皆擇稚齒婑婧者以盈之」，宋玉神女賦「婧被服」，李善注引方言：「嫷，美也。」嫷，各本譌作隋，今訂正。孌者，邶風泉水篇「孌彼諸姬」，毛傳云：「孌，好貌。」齊風甫田篇「婉兮孌兮」，傳云：「婉孌，少好貌。」說文作嬺，同。又云：「覶，好視也。」覶與孌亦聲近義同。姚娧者，方言：「姚娧，好也。」荀子非相篇「莫不美麗姚冶」，楊倞注引說文云：「姚，美好貌。」禮論篇「故其立文飾也，不至於窕冶」，窕與姚通。說文：「瑤，石之美者。」亦與姚同義。故大雅公劉篇「維玉及瑤」，毛傳云：「瑤，言有美德也。」方言注云：「娧，謂姅娧也。」神女賦「倪薄裝」，李善注云：「倪與娧同。」春秋宋公子說字好父，說亦與娧同。廣韻：「娧，他外切，又音悅。」云：「姚娧，美好也。」楚辭九辯「心搖悅而日幸兮」，王逸注云：「意中私喜。」搖悅爲喜，故人之美好可喜者謂之姚娧矣。純者，方言純、好也。漢書地理志「織作氷紈綺繡純麗之物」，顏師古注云：「純，精好也。」珇者，方言：「珇，好也。」法言吾子篇云：「霧縠之組麗。」組麗猶純麗也。組與珇通。餘見上文「珇，美也」下。眊者，方言：「毣，好也。」注云：「毣毣，小好貌也。」司馬相如上林賦「長眉連娟，微睇緜藐」，郭璞注云：「緜藐，遠視貌。」張衡西京賦「眳藐流眄，一顧傾城」，薛綜注云：「眳，眉睫之間。藐，好視容也。」案：眳藐卽緜藐，皆好視貌也。郭注以緜藐爲遠視，薛注以眳爲眉睫之間，皆失之也。爾雅：「藐藐，美也。」大雅崧高篇「旣成藐藐」，毛傳云：「藐藐，美貌。」說文：「𧶠，美也。」廣韻毣、眊、藐、𧶠四字竝莫角切，其義同也。婠之言娟娟也。說文：「婠，體德好也。」太平御覽引通俗文云：「容美曰婠。」突，當作妖。今作突者，葢因下文窈字而誤。考玉篇突爲妖之俗體，諸書亦無訓爲好者。衆經音義卷一引三倉云：「妖，妍也。」楚辭九歌「靈偃蹇兮姣服」，姣一作妖。神女賦云「近之旣妖，遠之有望」，皆謂美好也。妖字不須音釋，故曹憲無音。若突字，則當有音。以是知突爲妖之譌也。窈、窕者，爾雅：「窕，閒也。」方言：「窕，美也。陳楚周南之閒曰窕，自關而西秦晉之閒凡美色或謂之好，或謂之窕。」又云：「美狀爲窕，美心爲窈。」周南關雎傳云：「窈窕，幽閒也。」姅，音丰，各本妦譌作姘，曹憲音丰字又譌作半。方言：趙魏燕代之間謂好曰姝，或曰妦。注云：言妦容也。音蜂。今據以訂正。鄭風丰篇：子之丰兮。毛傳云：丰，豐滿也。丰與妦通。方言注云：娧謂妦娧也。廣韻：丰茸，美好也。妦娧、容丰、茸，皆語之轉耳。忏者，方言：自關而西秦晉之故都謂好曰忏。妧者，集韻引字林云：妧，好皃。寶器謂之玩好，義與此同也。媌之言妙也。方言：自關而東河濟之間謂好曰媌。注云：今關西人亦呼好爲媌。說文：媌，目裏好也。列子周穆王篇：閒鄭衞之處子娥媌靡曼者。張湛注云：娥媌，妖好也。婩、嫧、鮮者，方言：婩、嫧，鮮好也。南楚之外通語也。說文：嫧，齊也。卷四云：婩、嫧，齊也。皆好之義也。婩與忏聲近而義同。廣韻：嫧，淨也。義與嫧亦相近。嫱者，說文：嫱，媚也。孟康注漢書張敞傳云：北方人謂媚好爲詡畜。畜與嫱通。說文：媚，說也。故媚好謂之畜，相悅亦謂之畜，又謂之好。孟子梁惠王篇：畜君者，好君也。本承上君臣相說而言，故趙岐注云：言臣說君謂之好君。好、畜古聲相近。畜君何尤，即好君何尤。祭統云：孝者，畜也。順於道，不逆於倫，是之謂畜。孔子閒居及坊記注竝云：畜，孝也。釋名云：孝，好也。愛好父母如所悅好也。畜、孝、好聲竝相近。畜君者好君也洚水者洪水也皆取聲近之字爲訓後世聲轉義乖而古訓遂不可通矣嫭者楚辭大招朱脣皓齒嫭以姱只王逸注云嫭好貌也漢書外戚傳美連娟以脩嫮兮嫮與嫭同釥嫽者方言釥嫽好也青徐海岱之閒曰釥或謂之嫽注云今通呼小姣潔喜好者爲釥嫽釥猶小也凡小與好義相近故孟喜注中孚卦云好小也陳風月出篇佼人僚兮毛傳云僚好貌傅毅舞賦貌嫽妙以妖蠱兮嫽與僚同玉篇釥美金也爾雅白金謂之銀其美者謂之鐐鐐是金之美者謂之釥亦謂之鐐義與釥嫽同也姣與詩佼人之佼同方言自關而東河濟之閒或謂好曰姣袾與下姝字同邶風靜女其姝毛傳云姝美色也說文袾好佳也引詩靜女其袾又云妗好也引詩靜女其妗又云姝好也竝字異而義同袾禮祖褫四字竝从衣各本譌从示今訂正𪗋者玉篇音阻皆子奚二切廣韻又音齊云好兒說卦傳云齊也者言萬物之絜齊也齊與𪗋義相近媞者釋訓篇云媞媞容也𪗋者玉篇𪗋美容兒衞風淇奧篇綠竹猗猗毛傳云猗猗美盛貌又猗嗟昌兮猗與漆沮猗與那與皆歎美之辭義相近也嫵者說文嫵斐微視也玉篇廣韻竝作嫵嬳嫵與

嫵媚之嫵聲義同也𡡾之言豔也說文𡡾好也楚辭大招靨輔奇牙宜笑嗎只淮南子脩務訓奇牙出䶬酺搖高誘注云䶬酺頰邊文婦人之媚也𡡾靨䶬竝同義娞者說文娞閑體行娞娞也神女賦云素質幹之醲實兮志解泰而體閑既娞嫷於㒺靜兮又婆娑乎人閒說文頠頭閑習也義與娞同各本俱脫娞字其娞字下有牛委牛果二音考玉篇廣韻集韻娞字俱無牛果切之音說文娞媠也一日弱也從女尼聲徐鍇傳云尼音一果反玉篇廣韻集韻娞字竝乃果五果二切廣韻云娞好皃又婐字注云婐娞身弱好皃太平御覽引通俗文云肥體柔弱曰婐娞五果切卽牛果切是牛果乃娞字之音非娞字之音今據以補正嫿者說文嫿靜好也卽神女賦所云娞嫿於幽靜也嵇康琴賦云明嫿瞭惠義亦相近也嬪者說文嬪白好也衆經音義卷七引聲類云嬪綺也又引通俗文云服飾鮮盛謂之嫸嬪玉篇鬢髮光澤也皆好之義也婍之言綺麗也說文綺文繒也義與婍同嬥說見釋訓嬥嬥好也下嬥與㛿宛之宛聲相近也嫙者說文嫙好也齊風還首章子之還兮毛傳云還便捷之貌韓詩作嫙云好貌案此亦韓詩是也二章

子之茂兮、毛傳云、茂、美也、三章子之昌兮、毛傳云、昌、盛也、鄭箋云、佼好貌、昌茂皆好、則還亦好也、嫙還字異而義同、美玉謂之璿、義亦同也、娙者、說文、娙、長好也、又云、秦晉謂好曰娙娥、史記外戚世家云、邢夫人號娙娥、漢書云、武帝制倢伃娙娥傛華充依、各有爵位、黈、曹憲音詁陋反、玉篇廣韻並他口切、云好皃、字從艸黈聲、黈、他口反、字從黃主聲、又說文、蘣、黃華也、玉篇呼規切、廣韻又胡瓦切、字從艸黊聲、黊、戶圭反、字從黃圭聲、後漢書馬融傳、蘳蘳熒熒、李賢注云、蘳、音胡瓦反、字從圭、說文云、蘳、黃華也、廣雅曰好色也、與曹憲所見本異、未知孰是、褿者、即通俗文所云服飾鮮盛謂之嫧嫧也、嫧與褿通、集韻類篇引廣雅並作嫧、祖者、說文、祖、事好也、祖與珇聲近義同、襊者、廣韻音子六、創舉二切、子六切注云、好衣皃、創舉切注云、埤倉云、鮮也、一曰美好皃、嫇者、說文、嫇、好皃、與嫿襊同聲、文選荅賓戲注引應劭注云、遒、好也、遒與嫿與亦聲近義同、姽者、說文、姽、婦人皃、嫈者、廣韻、嫈、嫇、新婦皃、契者、方言、自關而西秦晉之閒、凡細而有容謂之契、說文、契、媞也、秦晉謂細要曰契、皆好之義也、覣、曹憲音於皮反、各本覣譌作魏、案諸書無訓魏爲好、覣

者、且魏字亦無於皮反之音、說文、覣、好視也、玉篇廣
韻集韻並音逶、正與於皮反之音相合、今據以訂正、廣
爾雅、委委佗佗、美也、義亦與覣同、婥約者、楚辭大招
云、滂心綽態姣麗施只、是綽爲好也、吳語云、婉約其
辭、是約爲好也、合言之則曰綽約、綽與婥通、字或作
淖、又作汋、莊子逍遙遊篇、淖約如處子、楚辭九章外
承歡之汋約兮、王逸司馬彪注並云、好貌、凡好與柔
義相近、故柔貌亦謂之綽約、莊子在宥篇云、淖約柔
乎剛強、是也、嫵媚者、說文、嫵媚也、漢書張敞傳云、長
安中傳張京兆眉憮、憮與嫵通、合言之則曰嫵媚也、
嫖、即今娟字也、說文、嫖、好也、釋訓篇云、嫖嫖、容也、上
林賦云、靚莊刻飾、便嬛綽約、柔橈嫚嫚、嫵媚孅弱、故
此釋之也、郭璞注云、綽約婉約也、柔橈嫚嫚、皆骨
體耎弱長豔貌也、李善注引埤倉云、嫵媚、悅也、

桻耑標顛杓緒杪流苗裔㡆末也

桻者、玉篇、桻、木上也、兵耑謂之鋒、山耑謂之峯、義並
同也、耑者、方言、末、緒也、南楚或曰端、或曰末、端與耑
通、標者、說文、標、木標末也、各本譌作摽、今訂正、顛者、
方言、顛、上也、楚辭九章云、處雌蜺之標顛、杓猶標也、

說文、杓、枓柄也。漢書律歷志、玉衡杓建、如淳注云、杓、斗端星也。緒者、說文、緒、絲耑也。義見卷三緒餘也下。流者、水本曰原、末曰流、苗裔者、禾之始生曰苗、對本言之、則爲末也。苗、猶杪也。說文、裔、衣裾。徐鍇傳云、裾、衣邊也。故謂四裔。方言、裔、末也。晉語延及寡君之紹續昆裔、韋昭注云、裔、末也。楚辭離騷、帝高陽之苗裔兮。僟之言微末也。顧命云、眇眇予末小子。漢書韋元成傳云、於蔑小子。是蔑即末也。蔑與僟通。

䎽懱寱愕遌猲㤄怛透趯駭懼驚也 聒

䎽者、說文、䎽、張耳有所聞也。玉篇引倉頡篇云、䎽、驚也。懱者、衆經音義卷十一引倉頡篇云、懱、驚也。魏策云、秦王戄然、班固東都賦云、西都賓戄然失容、竝字異而義同。說文、矍、視遽皃也。矆、大視也。義亦與懱通。寱者、說文、寱、瞑言也。亦作囈。列子周穆王篇、眠中啽囈呻呼。謂夢中驚語也。遌猲透者、方言、遌、猲、透、驚也。宋衛南楚凡相驚曰猲、或曰透。郭璞注云、皆驚皃也。說文、猲、犬猲猲不附人也。讀若南楚相驚曰猲。徐鍇傳云、犬畏人也。左思吳都賦、驚透沸亂。劉逵注引方言、透、驚也。賈子容經篇云、其始動也、穆如驚倐、倐、與透逝、灼者、方言、灼驚也、注云、猶云恐灼也、風俗通義十反、篇云、人數恐灼、灼與灼通、怛者、莊子大宗師篇無怛化、釋文云、怛、驚也、趯亦逴也、方俗語有多𢌿耳、憚曹憲讀如字、考工記矢人則雖有疾風、亦弗之能憚矣、鄭注云、故書憚或作怛、鄭司農云讀當爲憚之以威之憚、謂風不能驚憚箭也、釋文、憚音怛、李直旦反、楚辭招魂君王親發兮憚青兕、王逸注云、憚、驚也、漢書司馬相如傳驚憚讋伏、顏師古注音丁曷反、李善文選注同、憚怛聲相近、故憚又讀爲怛矣、聒者衆經音義卷十七及卷二十、竝引倉頡篇云、聒擾耳孔也、又引廣雅、聒、驚也、今本脫聒字、

紓挈葴呈脩屬蛻㲋毻劆劙袒解也

紓挈葴呈者、方言、抒、㾓、解也、莊三十年左傳、紓楚國之難、紓、與抒通、亦作舒、挈、郎方言㾓字也、玉篇㾓音尺世胡計二切、挈與㾓同、音充世切、充世、郎尺世、是挈與㾓同音、方言抒、㾓解也、廣雅、紓、挈、葴、呈、解也、是挈與㾓同義、又案挈挈二字音義各別、挈音充世反、與掣同、引也、又解也、字從手執聲、挈音

廣雅疏證卷第一下

至、又音貞二反、握持也、字從手執聲、廣雅摯訓爲解當音充世反、曹憲音貞二反、又音至、皆失之也、集韻類篇摯音至、引說文握持也、又陟利切、引廣雅解也、又尺制切、與掣同、是直不辨摯摯之爲二字矣、考玉篇摯從執、音至、摯從埶、音充世切、與掣同、今據以辨正、方言注云、蕆、音展、蕆亦展也、隱九年左傳乃可以逞、杜預注云、逞、解也、論語鄉黨篇云、逞顏色、信二十三年左傳釋文云、呈、敕景反、本或作逞、是呈與逞通、枚乘七發云、雖有金石之堅、猶將銷鑠而挺解也、挺與逞亦聲近義同、呂氏春秋仲夏紀、挺衆囚益其食、高誘注云、挺、緩也、緩亦解也、故序卦傳云、解者緩也、蛻之言脫也、說文、蛻、蛇蟬所解皮也、莊子寓言篇云、予蜩甲也、蛇蛻也、今俗語猶謂蟲解皮爲蛻皮矣、毻者、廣韻、毻、毛解也、淮南子人閒訓云、夫鴻鵠之未孚於卵也、一指蔑之、則靡而無形矣、衆經音義卷二引通俗文云、卵化曰孚、亦解之義也、毻、亦蛻也、方言、毻、易也、郭璞注云、謂解毻也、廣韻、毻、鳥易毛也、郭璞江賦、產毻積羽、李善注云、字書曰、毻、落毛也、毻、與毻同、管子輕重篇云、請文皮毻服而以爲幣、今俗語猶謂鳥獸解毛爲毻毛、毻毻蛻並同義、方言、隋、易也、撱、脫

也義亦與𦍙同又案𦍙字從毛隋省聲方言注音他
臥反玉篇音湯果切廣韻音湯臥他外二切曹憲欲
改𦍙爲毻音門悼反非也集韻三十七号內有毻字
引廣雅毻解也卽承曹憲之誤考江賦及方言玉篇
廣韻俱作𦍙不作毻今據以辨正劌劙者方言劌劙
解也注云劌音郭劙音儷劌亦作劊卷二云劊裂也
荀子議兵篇霍叔離耳霍與劌亦聲近義同荀子彊
國篇劙盤盂刎牛馬楊倞注云劙割也方言蠡分也
楚曰蠡秦晉曰離離蠡劙亦聲近義同袒各本譌作
裎案袒音除鴈反卽今綻字也說文袒衣縫解也玉
篇音除鴈切今據以訂正內則衣裳綻裂鄭注云綻
猶解也綻之言閒也文選長笛賦注引服虔漢書注
衣服解閒音士莧
切聲與綻相近

躡蹬跂踰跈蹀躧蹈踐蹂蹋跐蹶履也

躡蹬跂踰者方言躡跂踰登也自關而西秦晉之閒
曰躡梁益之閒曰跂登蹬聲相近集韻𤼷又音丁鄧
切履也或作蹬今人猶謂足跐物爲蹬又謂馬鞍兩
旁足所跐爲鐙其義一也史記天官書兵相駘藉集

解、蘇林曰、騐、登躡也、騐與登聲亦相近、猶瞪目之瞪或作眙矣、跈者、説文、撚、蹂也、淮南子兵略訓前後不相撚、高誘注云、撚、蹂蹈也、莊子外物篇哽而不止則跈、釋文引廣雅、跈、蹑也、跈與撚同、蹀者、説文、蹀、足也、徐鍇傳云、足躞蹀然連蹋也、文選魏都賦注引聲類云、蹀、躡也、列子黄帝篇云、宋康王蹀足謦欬疾言淮南子俶眞訓云、足蹀陽阿之舞、蹀與蹀同、字亦作跕、漢書地理志、女子彈弦跕躧、如淳注云、跕音蹀、足之蹀躍者、莊子庚桑楚篇、蹍市人之足、司馬彪注云、蹍、蹈也、字亦作蹍、淮南子原道訓先者踰下則後者蹷之、高誘注云、蹷、履也、張衡西京賦當足見蹍値輪被轢、薛綜注云、足所蹈爲蹍、車所加爲轢、案蹍此對文也、散文則車亦謂之蹍、莊子天下篇云、輪不蹍地是也、蹂者、説文、厹、獸足蹂地也、爾雅、狸狐貒貈醜其足蹯、其跡厹、郭璞注云、厹指頭處、衆經音義卷九引倉頡篇云、蹂、踐也、蹂與厹同、蹋者、説文、蹋、踐也、跳亦蹋也、義見卷二、跳、蹋也、下、蹠者、衆經音義卷五引倉頡篇云、蹠、躡也、楚辭九章眇不知其所蹠、王逸注云、蹠踐也、韓策云、被堅甲、蹠勁弩、

馶勁堅剛耆𢧐䞓𠢕勑莫憚憸𢴢鈔倞悖怏強也

此條強字有二義、一爲剛強之強、說文作彊、云弓有力也、一爲勉強之強、說文作勥、云迫也、集韻類篇引廣雅竝作勥、強勥彊古多通用、爾雅競逐彊也、郭璞注云、皆自勉彊、是勉強之強與剛強之強義本相通也、馶者、說文馶、馬彊也、玉篇音巨支切、又居企切、與翨同音、說文翨、鳥之彊羽猛者、義與馶同也、勁各本譌作剄、凡隸書從力從刀之字、往往譌溷、曹憲音古鼎反、則所見本已譌作剄、案諸書無訓剄爲強者、說文玉篇竝云、勁、彊也、今據以訂正、耆者、逸周書謚法解云、耆、彊也、昭二十三年左傳不懦不耆、杜預注云、耆、彊也、𠢕者、說文𠢕、勥也、漢書陸賈傳屈強於此、顏師古注云、屈強、謂不柔服也、屈與𠢕古同聲、左氏春秋文十年楚子蔡侯次于厥貉、公羊作屈貉、是其例矣、勑莫者、方言、侔莫、強也、北燕之外郊、凡勞而相勉若言努力者、謂之侔莫、侔與勑通、淮南子繆稱訓猶未之莫與、高誘注云、莫、勉之也、案勑之言茂也、爾雅、茂、勉也、莫之言慔也、爾雅、慔慔、勉也、合言之則曰勑莫矣、憚憸者、方言、皮傳、彈憸、強也、秦晉言非其事謂之皮傅東齊陳宋江淮之閒曰彈憸郭璞注云謂強語也彈與憚通摘鈔者方言虜鈔強也注云皆強取物也虜與擴通虜鈔略同義故方言又云略強取也倞者說文倞彊也爾雅競彊也競與倞通倞競強聲竝相近強取謂之掠音力向反聲與倞亦相近也悖怏者方言鞅倖強也注云謂強戾也悖倖怏鞅竝通怏各本譌作快惟影宋本不譌

幾矜隉厲阽刖㞙徯醯冄鐮危也

幾者爾雅幾危也顧命云疾大漸惟幾大雅瞻卬篇云天之降罔維其幾矣矜者小雅菀柳篇居以凶矜毛傳云矜危也隉者說文隉危也引秦誓邦之阢隉今本作杌隉又說文槷鼿不安也引困九五槷鼿困于赤芾今本作劓刖釋文荀陸王肅本劓刖作臲軏云不安貌鄭云劓刖當爲倪仉李鼎祚集解引虞翻注云割鼻曰劓斷足曰刖周易述云九五人君不當有劓刖之象當從鄭讀爲倪仉仉五无據无應故倪仉不安案此說是也此與上六困于臲卼同義困于臲卼則凡事不能得志故象傳曰臲卼志未得也作劓

刖者、假俗字耳、乾鑿度云、至於九五、劓刖不安是也、若割鼻斷足、則非其義矣、槷䵤䡾䠥倪仉劓刖不安古皆通用、倒言之則曰杌隉、其實一也、阽者、說文、阽、壁危也、楚辭離騷阽余身而危死兮、王逸注云、阽、猶危也、漢書文帝紀或阽於死亡、孟康注云、阽音屋檐之檐、如淳云阽近邊欲墮之意、小爾雅疾甚謂之阽、義亦同也、刖者、說文、扤、動也、玉篇音虞厥午骨二切、方言、僞謂之扤、扤、不安也、釋名危阢也、阢阢不固之言也、小雅正月篇云、天之扤我、如不我克、晉語云、故不可抈也、刖抈扤阢並與杌隉之杌同義、說文、刖、船行不安也、從舟刖省聲、義亦同也、岌者、孟子萬章篇云天下殆哉岌岌乎、墨子非儒篇莊子天地篇並作圾、列御寇篇作汲、皆字異而義同、徯醯毋鎌者、方言、徯醯毋鎌危也、東齊掎物而危謂之徯醯、僞物謂之毋鎌、僞物、即所云僞謂之扤也、鎌與鎌同、

漻淑湜洌激濘潎澰潚溓瀉清也

漻者、說文、漻、清深也、莊子天地篇云、漻乎其清也、楚辭九辯云、泬寥兮天高而氣清、宋廖兮收潦而水清

是凡言謬者皆清之貌也、李軌莊子音讀謬爲劉、鄭風溱洧篇劉其清矣、文選南都賦注引韓詩作瀏、瀏劉聲義亦同、淑者、說文、淑、清湛也、管子白心篇云、淑然自清、淮南子本經訓云、日月淑清而揚光、淑與謬之同訓爲清、猶寂與寥之同訓爲靜也、湜者、說文、湜、水清見底也、引邶風谷風篇湜湜其沚、洌者、說文、洌、水清也、引井九五井洌寒泉食、澂者、方言、澂、清也、字或作澄、同、潚者、方言、潚、清也、潚者、說文、潚、清湙也、廣韻息逐蘇彫二切、息逐切注云、清湙也、蘇彫切注云、水名、玉篇作瀟、案水經湘水注云、瀟者、水清湙也、湘中記曰、湘川清照五六丈、是納瀟湘之名矣、是瀟湘之瀟、亦取清湙之義、後人以瀟湘爲二水者、非也、濂、曹憲音廉、各本脱去濂字、其音內廉字、遂誤入正文、玉篇濂音里兼里忝二切、集韻又音廉、王風葛藟釋文引廣雅、濂、清也、今據以訂正、

穌秳字乳腹㲉孺與育孚生也

穌者、鄭注樂記云、更息曰蘇、孟子梁惠王篇引書后來其蘇、蘇與穌通、秳通作活、字者、說文、字、乳也、堯典

鳥獸孳尾、傳云、乳化曰孳、史記五帝紀作字、說文序云、形聲相益謂之字、字者、孳乳而寖多也、亦生之義也、引之云、屯六二、女子貞不字、十年乃字、虞翻訓字爲妊娠、後人多不用其說、今案廣雅、字、生也、墨子節用篇、十年若純三年而字、子生可以二三年矣、太元事次四、男女事、不代之字、范望注云、男而女事、猶爲不字、況於字育、故不代也、中山經、苦山有木、名曰黃棘、其實如蘭、食之不字、郭璞注云、字、生也、引易女子貞不字、然則不生謂之不字、必不孕而後不生、故不字亦兼不孕言之、女子貞不字十年乃字者、猶言婦三歲不孕也、貞與貞疾恆不死之貞同、貞、固也、固久也、鄭注月令云固疾、久疾也、韋昭注晉語云、固、久也、久疾謂之貞疾、久不字謂之貞不字、久而未變、故曰屯邅、當以虞郭二家之訓爲是、而京房易傳女子貞不字、陸績注云、字、愛也、孔氏正義亦云、女子守正、不受初九之愛、撥之文義、頗爲不安、朱耿南仲乃解之以曲禮女子許嫁笄而字、云、貞不字者、未許嫁也、案曲禮、男子二十、冠而字、女子許嫁笄而字、則字爲名字之字、士昏禮記云、女子許嫁、笄而醴之、稱字、僖九年公羊傳云、婦人許嫁、字而笄之、是也、許嫁而後字、字非即許嫁明矣、徧考經傳及唐以前書、無以字爲許嫁者、甚矣其謬也、然其說之所以多誤者、蓋有二焉、一曰女子未嫁之稱、可言受愛、可言許嫁、不可言孕妊也、案內則云、道路、男子由右、女子由左、大戴禮本命篇、男子謂之丈夫、女子謂之婦人、是婦人未嘗不稱女子也、一曰上曰昏媾、故以爲受愛、又以爲許嫁也、案一爻數象、類相近而事則殊、賁六四云、匪寇昏媾、而其上云白馬翰如、睽上九云、匪寇昏媾、而其下云往遇雨則吉、不必皆爲一事也、自解者以此二句承昏媾言之、而其義始不可通矣、乳者、衆經音義卷二引倉頡篇云、乳、字也、說文、人及鳥生子曰乳、獸曰產、月令云、雉雊雞乳、腹者、樂記云、煦嫗覆育萬物、覆與腹通、孳生謂之覆育、化生亦謂之覆育、釋蟲篇云、蝮蜟、蛻也、論衡無形篇云、蠐螬化而爲復育、復育轉而爲蟬、是也、轂者、說文、轂、乳也、玉篇奴豆公豆二切、宣四年左傳云、楚人謂乳穀、穀、豰、穀並通、王風大車篇、穀則異室、毛傳云、穀、生也、是穀讀入聲亦訓爲生也、孺猶乳也、說文、孺、乳子也、莊子天運篇、烏鵲孺、李頤注云、孚乳而生也、興、各本譌作與、楚辭離騷、各興心而嫉妒、王逸注云、興、生也、今據以訂正、興與生古同義故中庸其言足以興大戴禮衛將軍文子篇作足以生天地不交而萬物不興謂不生也藜莠蓬蒿竝興謂竝生也妖由人興謂由人生也孚者夏小正雞桴粥傳云桴嫗伏也育養也桴粥卽孚育孚育猶覆育耳伏卵謂之孚卵化亦謂之孚說文孚卵孚也方言北燕朝鮮洌水之閒雞伏卵而未孚始化之時謂之涅淮南子人閒訓云夫鴻鵠之未孚於卵也一指蔑之則靡而無形矣孚之言剖也淮南子泰族訓蛟龍伏寢於淵而卵剖於陵唐瞿曇悉達開元占經龍魚蟲蛇占篇引此剖作孚又引許愼注云孚謂卵自孚者也太元迎次二云蛟潛於淵陵卵化之衆經音義卷二引通俗文云卵化曰孚孚各本譌作乳衆與上乳字相複衆經音義卷二卷六及唐釋湛然法華文句記卷六竝引廣雅孚生也今據以訂正

貳福蓬倅憒盈也

貳各本譌作貸案諸書無訓貸爲盈者貸字或作貣與貳字相亂貳譌作貣又譌作貸耳說文貳副益也周官小宰掌邦之六典八灋八則之貳鄭衆注云貳副也又戎僕掌王倅車之政鄭注云倅副也道僕掌

貳車之政令鄭注云貳亦副也張衡西京賦屬車之簉薛綜注云簉副也貳車倅車簉車皆謂副車也副與褔同貳褔簉倅皆取充備之義故皆訓爲盈今訂正褔各本譌作福顔師古匡謬正俗云副貳之字本爲褔字從衣畐聲今俗呼一襲爲一褔衣蓋取其充備之言書史假借遂以副字代之張平子西京賦云仰福帝居東京賦云順時服而設褔並爲副貳傳寫訛舛衣轉爲示讀者便呼爲福祿之福失之遠矣今據顔說訂正史記龜策傳邦福重寶徐廣注云福音副藏也藏即充備之義字當從衣今本從示亦傳寫誤也漢尹宙碑位不福德魏上尊號奏以福海內欣戴之望字並從衣不從示簉者昭十一年左傳僖子使助薳氏之簉杜預注云簉副倅也副倅即充備之意列女傳云趙簡子將渡河用楫者少一人津女娟攘卷操楫而請曰妾願備持楫簡子簉之是也簉各本譌作篕凡從艸從竹之字隸書往往譌溷故今本左傳文選廣雅簉字皆譌作篕左傳釋文云說文簉從艸今據以訂正淮南子氾論訓云今夫僦載者爲轅軸之折也又加轅軸其上以爲造造與簉通薛綜注東京賦云造舟以舟相比次爲橋也與副倅之義

亦相近、倅者、周官諸子、掌國子之倅、鄭注云、故書倅作卒、鄭司農云、卒、讀如物有副倅之倅、車僕掌戎路之萃、竝與倅同、憤者、方言、憤、盈也、樂記、粗厲猛起奮末廣賁之音、作、鄭注云、賁、讀爲憤、憤怒氣充實也、周語、陽癉憤盈、韋昭注云、憤、積也、盈、滿也、

營量商揣硂擬泚測圖源稱挍揆䕶隱度也

硂者、文選文賦注引倉頡篇云、銓、稱也、吳語云、無以銓度天下之衆寡、銓與硂同、泚之言訾也、列子說符篇釋文引賈逵國語注云、訾、量也、測、各本譌作側、今訂正、源通作原、宋玉神女賦云、志未可乎得原、䕶者、說文、規䕶、商也、一曰度也、或作䕶、引離騷、求榘䕶之所同、今本作矱、漢書律歷志云、寸者、忖也、尺者、蒦也、䕶、矱、蒦竝同、隱者、文選座右銘、隱心而後動、李善引劉熙孟子注云、隱、度也、爾雅、隱、占也、郭璞注亦云、隱度、隱之言意也、禮運云、聖人耐以天下爲一家、以中國爲一人者、非意之也、意、隱古同聲、故左氏春秋經季孫意如、公羊作隱如矣、

叢湊䒵趣務矜遽也

湊、曹憲七候反、各本脫去湊字、其七候反之音遂誤入叢字下、玉篇湊競進也、昭三十一年公羊傳云賊至、湊公寢而弒之、燕策士爭湊燕、史記燕世家湊作趨、趨與趣同、王逸注大招云遽趣也、是趣湊皆爲遽也、今補正、䒵者、方言茲遽也、吳揚曰茲、郭璞注云今北方通然也、衆經音義卷十五引通俗文云時務曰茲、茲與䒵通、月令旨風至、鄭注云旨風疾風也、義與䒵亦相近、趣曹憲音趨、又音娶、周官縣正趨其稼事、釋文趨如字、李倉苟反、本又作趣音促、月令乃命有司趣民收斂、釋文趣七住反、本又作趨、又七綠反、各本俱脫務字、其趣字音內有趍趣無枉四字、案趍乃趨字之譌、趣乃娶字之譌、無枉乃無住之譌、無住則務字之音也、說文務趣也、勵務也、廣韻務遽也、遽與勵通、衆經音義卷六引廣雅務遽也、今據以補正、矜者、方言矜遽也、秦晉或曰矜、或曰遽、

仄陋褊𠑹迫隘窄陿也

僾者、漢書揚雄傳、何文肆而質䫵應劭注云、䫵狹也、䫵與僾通、狹與陿通、

敎導指揥敕告復白諛眂語也

指者、楚辭離騷、指九天以爲正兮、王逸注云、指語也、復者、曲禮、少閒願有復也、鄭注云、復白也、諛者、卷二云、諛告也、眂者、王逸注九章云、示語也、示與眂通、

蔽薈庡隱翳也

蔚薈者、呂氏春秋長利篇云、燕爵所求者瓦之閒隙屋之翳蔚也、文選西都賦注引倉頡篇云、蔚草木盛貌、說文、薈草多皃、孫子行軍篇云、軍行有險阻潢井葭葦山林翳薈者、曹風候人篇、薈兮蔚兮、毛傳云、薈蔚雲興貌、皆謂隱翳也、庡猶隱也、語之轉耳、卷四云、扆藏也、扆與庡通、衆經音義卷十四引通俗文云、奧內曰庡、覲禮、天子設斧依于戶牖之閒、鄭注云、依如今綈素屏風也、皆隱蔽之意也、爾雅、容謂之防、郭璞注云、形如今牀頭小曲屏風、唱射者所以自防隱、亦是也、襄二十三年左傳、踰隱而待之、杜預注云、隱短

牆也、短牆謂之隱、屏
風謂之依、其義一也、

頑嚚怐愗儒輸娍戇惷愚也　庸

怐愗者、說文㲉㲉瞀也、又云、佝瞀也、楚辭九辯云、直怐愗以自苦、荀子非十二子篇云、世俗之溝猶瞀儒嚾嚾然不知其所非也、儒效篇云、愚陋溝瞀、漢書五行志云、不敬而傋霿之所致也、又云、區霿無識、竝字異而義同、說文、嫢務愚也、嫢務又怐愗之轉矣、儒輸者、方言、儒輸愚也、郭璞注云、儒輸猶懦撰也、案儒輸倒言之則曰輸儒、荀子脩身篇云、偷儒憚事、偷儒即輸儒、鄭注玉藻云、舒儒者所畏在前也、漢書西南夷傳云、恐議者選耎、舒懦選耎、竝輸儒之轉耳、戇者、衆經音義卷二十二引三倉云、戇愚無所知也、大戴禮文王官人篇云、愚戇者也、戇各本譌作戇、今訂正、惷亦戇也、方俗語有輕重耳、說文、惷愚也、士昏禮記云、某之子惷愚、唐釋湛然止觀輔行傳宏決卷八之二引廣雅、庸愚也、今本脫庸字、

罷券煩御賢犓勦肩祕往勞也

罷劵煩御諸字爲勞苦之勞、犒爲慰勞之勞、周官大
行人、三問三勞、鄭注云、勞、謂苦倦之也、僖二十六年
左傳公使展喜犒師、服虔注云、以師枯槁、故饋之飲
食、勞苦謂之勞也、是慰勞之勞、即取勞苦之義也、罷
與疲同、劵與倦同、罷倦爲勞苦之勞、亦爲慰勞之勞、
法言脩身篇云、封羊刺豕、罷賓犒師、大行人注云、勞
謂苦倦之、皆是也、御義見上文、御極也下、賢者、小雅
北山篇我從事獨賢、孟子萬章篇引此詩而釋之曰
此莫非王事、我獨賢勞也、賢亦勞也、賢勞猶言劬勞、
故毛傳云、賢、勞也、鹽鐵論地廣篇亦云、詩云莫非王
事、而我獨勞、刺不均也、鄭箋趙注竝以賢爲賢才、失
其義也、勩者、說文、勩、勞也、宣十二年左傳無及於鄭
而勦民、杜預注與說文同、肎往者、說文、肎、動作切切
也、方言、肎肎、不安也、郭璞注云、往來之貌也、又肎、往
勞也、注云、肎肎、往來、皆劬勞也、昭五年左傳云、肎肎
焉習儀以亟、漢書董仲舒傳云、凡所爲肎肎夙興夜
寐、務法上古者、後漢書王良傳云、何其往來肎肎不
憚煩也、爾雅云、來、勤也、往之爲勞、猶來之爲勤也、孟
子萬章篇、舜往于田、往者、勞也、即下文所云竭力耕
田也、往、各本譌作隹、往、篆作𨓏、隸或省作徃、故譌而

爲佳。今據方言訂正。祕者，大誥無毖于恤，傳云：無勞于憂。祕與毖通。

潛丞沈溺湼湮渨淪没也

潛者，方言：潛，沈也。楚郢以南曰潛。湼者，方言：湼，休也。休與溺通。渨者，說文：渨，没也。

數詠謫怒詰讓爽譴誅過訟責也

怒者，鄭注書大傳云：怒，責也。小雅小明篇云：畏此譴怒。詰者，昭十四年左傳：詰姦慝。杜預注云：詰，責問也。過者，呂氏春秋適威篇：煩爲教而過不識，數爲令而非不從。高誘注云：過，責也。趙策云：唯大王有意督過之也。訟者，論語公冶長篇：吾未見能見其過而內自訟者也。包咸注云：訟，猶責也。

題睎望自略睵䁝窺覘觀覒闚盻觀窺䦧眽睍睌瞑覗

看覽睩覼睥睨眄睞瞰睇䁍眂睗矕瞍䁙矆瞍睯䀣占

省覰䀽診睍視也 盱 盼

題者、說文、䁎、迎視也、小雅小宛篇、題彼脊令、毛傳云、題、視也、班固東都賦云、弦不睼禽、題睼並通、睎者、方言、睎、眄也、東齊青徐之閒曰睎、說文、睎、望也、呂氏春秋不屈篇云、或操表掇以善睎望、目者、高誘注淮南子俶務訓云、目、視也、史記項羽紀云、范增數目項王、略者、方言、略、視也、吳揚曰略、郭璞注云、略、音略、今中國亦云目略也、宋玉神女賦、目略微眄、略與略通、睩之言察也、說文、睩、察也、左思魏都賦云、有睩呂梁覘者、方言、䀡、視也、凡相竊視、南楚或謂之䀡、自江而北謂之䀡、說文、覘、窺視也、晉語、公使覘之、韋昭注云、覘微視也、覘與䀡同、覩、玉篇廣韻音者、曹憲音時各本覩譌作覩、郎奎金本又改音內時字爲睹字、其謬滋甚、惟影宋本作覩、玉篇廣韻並云、覩、視也、集韻類篇覩又音時、引廣雅覩、視也、釋言篇云、時、伺也、論語陽貨篇孔子時其亾也而往拜之、義與覩同、覩者、廣韻、覩、邪視也、䚎與下瞰字同、字亦作矙、說文、䚎、望也、孟子滕文公篇陽貨矙孔子之亾、趙岐注云、矙、視也、盼者、說文、盼、恨視也、魏志許褚傳云、褚瞋目盼之、寬者、說文、寬、正視也、後漢書章帝八王傳、使御者偵伺得失、偵與寬通、覵之言閒也、卷三云閒、覵也、方言、矙、眄也吳揚江淮之間曰瞯孟子離婁篇王使人瞯夫子注云瞯視也瞯與覸同脈與下覓字同爾雅覛相也說文脈目財視也覛衺視也籒文作覓周語古者大史順時覛土韋昭注云覛視也魏策云前脈地形之險阻重言之則曰脈脈義見釋訓晚者說文晚睯目視皃也釋訓云晚晚視也睍者集韻引埤倉云睍眇視皃荀子非十二子篇睍睍然楊倞注云小見之貌睍與窺聲義相近也覗者方言覗視也自江而北或謂之覗字或作伺通作司䁥者方言凡相竊視南楚或謂之䁥注云亦言䁥也䁥䁥語之轉玉篇䁥視也廣韻作䁥字並與䁥同䁥各本譌作睬今訂正覿音七亦反字從賁與私覿之覿從賣者異曹憲音狄非也集韻類篇覿覿七迹切又音狄見也與覿同並曹憲之誤考玉篇覿達寂切見也覿七亦切覿也今據以辨正睥睨者哀十三年左傳余與褐之父睨之杜預注云睨視也說文睨衺視也覢旁視也史記信陵君傳俾倪灌夫傳辟倪兩宮閒索隱引埤倉云睥睨邪視也並字異而義同卷二云頓倪衺也義亦與睥睨同眄者衆經音義卷一引倉頡篇云眄旁視也說文眄衺視也方言云自關而西秦晉之閒曰眄燕

策云眄視指使睞者衆經音義卷六引倉頡篇云內視曰睞古詩云眄睞以適意說文親內視也親與睞同睇者方言睇眄也陳楚之閒南楚之外曰睇說文睇小衺視也明夷六二夷于左股夷鄭陸竝作睇注云旁視曰睇夏小正來降燕乃睇傳云睇者眄也眄者視可爲室者也內則不敢睇視鄭注云睇傾視也眂者說文眂視皃也玉篇音上支切廣韻云眂眂役目文選馬融長笛賦特麚昏髟李善注云昏視也昏與眂同䁅者說文䁅目孰視也矕者說文矕目矕矕也漢書敘傳矕龍虎之文晉灼注云矕視也馬融長笛賦云長矕遠引廣成頌云右矕三塗睃亦小視之名睃之言㚇也卷二云㚇小也方言凡相竊視南楚或謂之睃王延壽王孫賦云眙睆睃而眽賜睃者方言睃視也東齊曰睃凡以目相戲曰睃曯者說文矍視遽皃也矆大視也東都賦云西都賓矍然失容矍矆竝與曯同重言之則曰矍矍義見釋訓矘者玉篇矘直視也重言之則曰矘矘亦見釋訓晵者說文晵省視也釋言篇云晵窺也古通作啟論語泰伯篇曾子有疾召門弟子曰啟予足啟予手啟者視也鄭注訓啟爲開失之眡者說文眡直視也占者方言凡

相竊視、南楚或謂之占、占、猶瞻也、說文、占、視兆問也、義亦同、覷者、說文、覘、覷、窺觀也、蔡邕漢律賦云、覷朝宗之形兆、文選西征賦注引倉頡篇云、狙、伺候也、管子七臣七主篇云、從狙而好小察、史記留侯世家、狙擊秦皇帝博浪沙中、集解引服虔漢書注云、狙、伺候也、竝與覷同、周官小司徒、以比追胥、鄭注云、追、逐寇也、胥、伺捕盜賊也、胥與覷亦聲近義同、說文覷從虘聲、各本譌作覷、今訂正、䀽者、說文、邅、相顧視而行也、邅與䀽同、診者、說文、診、視也、史記扁鵲傳云、以診脈爲名、覞者、廣韻、覞、笑視也、盱者、說文、眙、直視也、盱、長眙也、楚辭九章云、思美人兮擥涕而竚眙、竚與盱通、盱之言佇也、爾雅、佇、久也、盻者、馬融注論語八佾篇云、盻、動目貌、大元沈次八云、盻得藥、文選弔魏武帝文注引廣雅、盱、視也、衆經音義卷十引廣雅、盻、視也、今本脫盱盻二字

枉橈折盭蟠冤脊骫傴僂聳結詰詘迟曲也

盭者、說文、戾、曲也、盭、弼戾也、讀若戾、荀子脩身篇、行而俯項、非擊戾也、楊倞注云、擊戾、謂項曲戾不能仰

者也、呂氏春秋遇合篇云、陳有惡人焉曰敦洽讎糜、長肘而盭、盭與戾通、𩰫者、說文、𩰫曲角也、爾雅、羊角三𩰫羷、郭璞注云、𩰫角三帀、𩰫有權捲二音、竝通作卷、邶風柏舟篇云、不可卷也、大雅卷阿篇云、有卷者阿、皆謂屈曲也、䠷之言委曲也、文選舞賦注引倉頡篇云、䠷曲也、說文䠷骨耑䠷奥也、呂氏春秋必己篇直則䠷、高誘注云、䠷曲也、漢書淮南厲王傳、皇帝䠷天下正法而許大王、顏師古注云、䠷古委字也、傴僂者、說文、傴僂也、僂尪也、昭七年左傳云、一命而僂、再命而傴、莊子達生篇云、見痀僂者、痀與傴同、𤷍結詘三字、義見卷四𤷍結詘也下、𤷍與𩰫聲相近也、迟、玉篇音邱戟切、說文、迟、曲行也、又云、乚匿也、象迟曲隱蔽形、莊子人閒世篇、吾行郤曲、無傷吾足、釋文、郤字書作迟、郤曲即迟曲也、說文、谷口上阿也、谷與郤聲近義同、明堂位、俎殷以椇、鄭注云、椇之言枳椇也、謂曲橈之也、宋玉風賦、枳句來巢、空穴來風、枳句與迟曲、亦聲近義同、

剶刟刺剔也

廣雅疏證　卷第一下

剝者、玉篇、剝、去枝也、剟者、說文、鉻、鬄也、衆經音義卷十一引通俗文云、去骨曰剔、去節曰剟、剟、與鉻同、剔、與鬄同、凡剔去毛髮爪甲、亦謂之剟、吳子治兵篇說畜馬之法云、刻剔毛鬣、謹落四下、莊子馬蹄篇云、燒之剔之、刻之雒之、落雒、竝與剟同、司馬彪注莊子以雒爲羈雒其頭、非也、下文連之以羈馽、編之以阜棧、乃始言羈絡耳、剃者、說文、鬀、鬄髮也、大人曰髡、小兒曰鬀、盡及身毛曰鬄、淮南子齊俗訓云、屠牛坦一朝解九牛而刀可以剃毛、剃與鬀同、周官薙氏注云、薙、讀如鬀小兒頭之鬀、翦草也、義亦與剃同、今俗語猶云剃頭矣、

緶緭齌緁也

緶者、說文、緶、緁衣也、緭、亦緁字也、通作緝、說文、緁、緶衣也、或作緭、釋名、緝、下、橫縫緝其下也、漢書賈誼傳緁以偏諸、顏師古注云、謂以偏諸緶著之也、緁、一作齌、通作齊、說文、齌、緶也、喪服傳云、齊者何、緝也、釋名云、齌、齊也、

高厲竦踊騰躍陞跳搖祖潛貢顛項彌尚營上也

厲者、說文、囆、巍高也、讀若厲、淮南子脩務訓云、故君子厲節亢高以絕世俗、厲與囆通、厲訓爲上、故自下而上亦謂之厲、楚辭遠遊篇云、徐弭節而高厲、司馬相如大人賦云、紛鴻溶而上厲、是也、搖祖者、搖亦躍也、方俗語有輕重耳、楚辭九章云、願搖起而橫奔兮、漢書禮樂志將搖舉、誰與期、顏師古注云、言當奮搖高舉、不可與期也、班固西都賦云、遂乃風舉雲搖、是搖爲上也、方言、蹠跳也、爾雅、扶搖謂之猋、李巡注云、暴風從下升上、說文、沖、涌搖也、管子君臣篇云、夫水、波而上、盡其搖而復下、義竝同也、爾雅、祖、始也、說文、祖、始廟也、是祖爲上也、其自下而上亦謂之祖、方言搖、祖、上也、祖、搖也、祖、轉也、郭璞注云、動搖即轉矣、然則祖者、旋轉上起之意、說文、瑑、圭璧上起兆瑑也、珇琮玉之瑑也、珇與祖義亦相近、彌者、爾雅、彌、崇、重也、方言、彌、高也、上、重也、是彌爲上也、

隥隑陘否拘隔也

嶝者，褚少孫續滑稽傳，十二渠經絕馳道，經與嶝通。爾雅，山絕，陘。郭璞注云，連山中斷絕。陘與嶝義亦相近。拘之言拘礙也。莊子秋水篇云，井鼃不可以語於海者，拘於虛也。

誂誀訹諉誘也

誂者，說文，誂，相呼誘也。列子楊朱篇，媒而挑之。釋文引倉頡篇云，挑，招呼也。挑與誂通。誀，古通作餌。訹、諉者，說文，訹，誘也。管子心術篇云，君子不怵乎好，不迫乎惡。魏策云，橫人訹王外交強虎狼之秦。漢書武帝紀，怵於邪說。如淳注云，見誘怵於邪說也。顏師古注云，怵或體訹字耳。今俗猶云相諉訹。晉語，吾請爲子鉥。韋昭注云，鉥，導也。鉥與訹義亦相近。訹各本譌作詸，今訂正。

嬹悅侻愉忔欯謳婜歡欣休禔紛怡喜也

嬹者，說文，嬹，說也。學記，不興其藝，不能樂學。鄭注云，興之言喜也，歆也。正義引爾雅云，歆、喜，興也。興與嬹通。侻愉者，方言，侻愉，悅也。郭璞注云，侻愉猶呴喻也。忔欯者，說文，欯，喜也。釋訓篇云，氣氣欯欯，喜也。氣與忯同，嘔者，釋訓云，嘔嘔喻喻，喜也，文選聖主得賢臣頌，是以嘔喻受之，李善引應劭注云，嘔喻，和悅貌，嘔與謳同，嘔喻、响愉、怤愉，皆語之轉耳，婁者，說文，婁婁媄也，媄媄，得志媄媄也，休者，周語，爲晉休戚，韋昭注云，休，喜也，小雅菁菁者莪篇云，我心則喜，我心則休，休休亦喜也，釋文正義並訓休爲美，失之，禔者，方言，禔，福也，禔，喜也，注云，有福即喜，紛怡者，方言，紛怡，喜也，湘潭之閒曰紛怡，後漢書延篤傳云，紛紛欣欣兮其獨樂也，爾雅，怡，樂也，

謣、吁、欸、譽、唯、諾、然、諤，譍也

謣吁者，方言，謣，吁，然也，郭璞注云，皆應聲也，應，與譍通，欸、譽、諤者，方言，欸，譽，然也，南楚凡言然者曰欸，或曰譽，衆經音義卷十二引倉頡篇云，唉，諤也，說文，誒，唉然也，唉，應也，莊子知北遊篇狂屈曰唉，李軌注云，唉應聲也，誒、唉，並與欸同，管子小問篇，管仲曰，國必有聖人，桓公曰然，呂氏春秋重言篇，然作譆，說苑權謀篇作歖，譆、歖與欸，亦聲近而義同，

欸，各本譌作欵，惟影宋本不譌，

睎⿰目隺𤎅虞闚候望也

睎者、說文、睎、望也、呂氏春秋不屈篇云、或操表掇以善睎望、莊子讓王篇、希世而行、司馬彪注云、希、望也、希與睎通、⿰目隺、各本譌作睢、玉篇廣韻竝云、⿰目隺、望也、集韻類篇竝引廣雅、⿰目隺、望也、今據以訂正、𤎅虞候者、方言、𤎅虞、望也、郭璞注云、今云烽火是也、說文、𤎅燧、候表也、邊有警則舉火、烽與𤎅同、虞亦候望也、桓十一年左傳且日虞四邑之至也、杜預注云、虞、度也、案虞望也、言日望四邑之至也、虞候皆訓爲望、故古守藪之官謂之虞候、昭二十年左傳藪之薪蒸虞候守之、正義云、立官使之候望、故以虞候爲名、是也、昭六年左傳、始吾有虞於子、今則已矣、杜注、虞、度也、言準度子產以爲己法、案虞、望也、言答也、吾有望於子、今則無望矣、闚者、說文、闚、望也、揚雄羽獵賦云、東瞰目盡、瞰與闚同、

糅⿰米襄⿰米樂殺雜也

糅之言擾也、說文、粈、雜飯也、又云、䭃、雜飯也、鄉射禮記、以白羽與朱羽糅、鄭注云、糅者、雜也、粈䭃糅竝同

樂記及優侏儒獶雜子女不知父子謂俳優侏儒之人𤇣雜於男女之中不復知有父子尊卑之等也獶與猱通鄭氏訓獶爲獼猴謂舞者如獼猴戲始非也楚語民神雜糅史記歷書作雜擾擾亦與糅通糅釀語之轉釀通作釀內則鶉羹雞羹駕釀之蓼鄭注云釀謂切雜之也說文𢿸亂也讀若釀又云孃煩擾也並與釀聲近義同𨍭者玉篇𨍭雜糅食也𨍭與沙礫之礫聲義並同殽者說文殽相雜錯也周語云重之以不殽殽各本譌作敿今訂正

媮約㾭緜險磷禪褟菲移沾禣也

媮者說文媮薄也周官大司徒云以俗教安則民不偷論語泰伯篇作偷襄三十年左傳晉未可媮也並字異而義同㾭者說文涼薄也又云㾭事有不善言㾭也引爾雅㾭薄也玉篇㾭涼並音良又音諒大雅桑柔篇職涼善背莊三十二年左傳虢多涼德毛傳杜注並云涼薄也涼與㾭同㾭各本譌作𤸌今訂正緜者漢書嚴助傳越人緜力薄材孟康注云緜音滅薄力也險者爾雅蜩大而險郭璞注云險謂汙薄也

磷者、論語陽貨篇磨而不磷、孔傳云磷薄也、考工記鮑人、雖敝不甐、鄭注云、甐、故書或作鄰、鄭司農云、鄰、讀爲磨而不磷之磷、磷甐鄰竝通、禪者、說文、禪、衣不重也、通作單、禪禑褌三字竝從衣、各本譌從示、今訂正、沾者、漢書魏其傳、沾沾自喜、顏師古注云、沾沾、輕薄也、今俗言薄沾沾也、案楚辭大招、吳酸蒿蔞不沾薄只、言羹味之厚也、王逸注以沾爲多汁、失之、說文、姑、女輕薄善走也、讀若占、姑與沾亦聲近義同、禣各本譌作禣、今訂正、經傳皆通作薄、

絅獧慓疾陖陗怦窘趮迫遒躄矜苦㨎亟緊清躡急也

糾

絅者、說文、絅、引急也、獧者、說文、獧、疾跳也、一曰急也又云、懁、急也、莊子列御寇篇釋文引三倉云、懁、急腹也、楚語云、其心又狷而不潔、史記貨殖傳云、民俗懁急、竝字異而義同、慓者、玉篇、匹姚蒲小二切、廣韻又匹妙切、說文、嘌、疾也、引檜風匪風篇匪車嘌兮、考工記弓人、則其爲獸必剽、鄭注云、剽、疾也、史記高祖紀

項羽爲人僄悍猾賊漢書作慓司馬相如上林賦云
汩急漂疾竝字異而義同陖陗者史記鼂錯傳錯爲
人陗直刻深集解瓚曰陗峻也鹽鐵論周秦篇云趙
高以峻文決罪於內百官以峭法斷割於外王褒四
子講德論云宰相刻峭大理峻法峻峭與陖陗同悍
者王篇悍心急也楚辭九辯云心悍悍兮諒直䢐與
促同迺者說文迺迫也或作遒楚辭招魂云遒相迫
些荀子議兵篇云遒之以刑罰釋名秋緧也緧迫品
物使時成也鰌緧竝與迺通漢書刑法志引荀子作
道之以刑罰道卽遒之譌顏師古讀道爲導失之䟫
亦迺也語之轉耳小雅小明篇政事愈䟫毛傳云䟫
促也考工記無以爲戚速也鄭注云齊人有名疾爲
戚者引莊三十年公羊傳葢以操之爲已戚矣今本
作䟫同矜者荀子議兵篇矜糾收繚之屬爲之化而
調矜糾收繚皆急戾之意故與調和相反楊倞注以
矜爲夸汏失之方言矜遽也遽亦急也苦者文選廣
絕交論注引說文云苦急也莊子天道篇云斲輪徐
則甘而不固疾則苦而不入淮南子道應訓與莊子
同高誘注云苦急意也甘緩意也方言苦快也快與
急亦同義今俗語猶謂急爲快矣㨒者說文緪急也

又云揗引急也徐鍇傳云揗猶亘也橫亘之也楚辭九歌緪瑟兮交鼓王逸注云緪急張弦也淮南子繆稱訓治國辟若張瑟大弦緪則小弦絕矣高誘注云緪急也馬融長笛賦云若緪瑟促柱揗緪緪竝通緊者說文緊纏絲急也釋言篇云緊糾也傅毅舞賦云弛緊急之弦張清躡者方言清躡急也又云激清也後漢書趙壹傳捷懾逐物懾與躡同言急於趨時也李賢注懾懼也失之說文馺馬行疾也義亦與躡同糾者說文糾繩三合也玉篇廣韻竝云糾急也荀子云矜糾收繚之屬魯頌泮水篇角弓其觩鄭箋云觩持弦急也說文疛腹中急痛也竝與糾聲近義同衆經音義卷二十三引廣雅糾急也今本脫糾字

揑掄撟捎擩虞撲揀選擇也

掄者說文掄擇也周官山虞云凡邦工入山林而掄材少牢饋食禮雍人倫膚九鄭注云倫擇也齊語論比協材韋昭注云論擇也掄倫論竝通撟捎者方言撟捎選也自關而西秦晉之閒凡取物之上謂之撟捎郭璞注云此妙擇積聚者也說文與方言同擩者楚辭招魂稻粢穱麥王逸注云穱擇也穱與擩通捎

擳撫聲
竝相近、

摳掀抗揚擎𢱧翾翥翹仰卬發扛㑷搴𢷬糾拼勝檐輿
揭尚興舉昇舉也 扣

摳者、玉篇摳、挈衣也、曲禮云、摳衣趨隅、掀者、說文掀、
舉出也、成十六年左傳、乃掀公以出於淖、杜預注云、
掀、舉也、抗者、小雅賓之初筵篇、大侯既抗、士喪禮下
篇、甸人抗重、毛傳鄭注竝云、抗、舉也、僖十六年穀梁
傳、則王道不亢矣、亢與抗通、𢱧者、漢書王莽傳、𢱧茵
輿行、顏師古注云、謂坐茵褥之上、而令四人對舉茵
之四角、輿而行也、翾者、卷三云、翾、翥飛也、飛亦舉
也、楚辭九歌、翾飛兮翠曾、王逸注云、曾、舉也、曾與翾
通、方言、翥、舉也、楚謂之翥、郭璞注云、謂軒翥也、說文
翥、飛舉也、爾雅釋蟲云、翥醜鏬、楚辭遠遊云、鸞鳥軒
翥而翔飛、翹者、莊子馬蹄篇云、齕草飲水、翹足而陸、
翹足、謂舉足也、周語、好盡言以招人過、韋昭注云、招、
舉也、列子說符篇、孔子之勁、能招國門之關、招竝與
翹通、仰卬聲義竝同、說文、仰、舉也、扛者、說文、扛、橫關

對舉也吳子料敵篇云力輕扛鼎今俗語猶呼對舉
物爲扛說文舩舉角也義亦與扛同扛各本譌作杠
今訂正偁者爾雅偁偁舉也通作稱搴者說文攐摳衣
也鄭風褰裳篇云褰裳涉溱莊子山木篇云褰裳躩
步並與搴通暴者說文暴舉食者徐鍇傳云如食牀
兩頭有柄二人對舉之周語佾而畚揭注云揭昇土
之器史記夏紀山行乘檋漢書溝洫志作山行則梮
韋昭注云梮木器如今輿牀人舉以行也義並與暴
通暴各本譌作暴今訂正糾者昭六年左傳糾之以
政注云糾舉也拼義見卷三拼拔也下勝者周語耳
之察清濁也不過一人之所勝注云勝舉也檐者說
文儋何也管子七法篇云猶立朝夕於運均之上檐
竿而欲定其末秦策云負書擔橐儋擔檐並通與舉
下舉昇二字同衆經音義引倉頡篇云輂舉也對舉
日輂說文舉對舉也昇共舉也並字異而義同渇肯
居列去列渠列三反又居謁渠謁二反說文揭高舉
也小雅大東篇云西柄之揭莊子胠篋篇云脣竭則
齒寒竭與揭通凡物之上舉者皆謂之揭說文揭禾
舉出苗也衛風碩人篇葭菼揭揭毛傳云揭揭長也
說文碣特立之石也義並與揭通舉物謂之揭負物

亦謂之揭、說文、竭負舉也、從立曷聲、禮運、五行之動迭相竭也、鄭注云、竭猶負戴也、成二年左傳、桀石以投人、杜預注云、桀擔也、莊子胠篋篇云、負匱揭篋擔囊而趨、竭揭桀竝通、揭與擔同義、故竝訓爲舉也、揭又音去例反、邶風匏有苦葉篇、淺則揭、毛傳云、揭褰衣也、揭褰摳一聲之轉、故亦竝訓爲舉也、又案挈者、對舉也、故所以舉棺者謂之輁軸、士喪禮下篇、遷于祖用軸、鄭注云、軸輁軸也、輁狀如長牀、穿桯前後著金而關軸焉是也、扛者、橫關對舉也、故牀前橫木謂之杠、說文、杠牀前橫木也、徐鍇傳云、今人謂之牀桯、是也、暴者亦對舉也、故輿牀謂之槅、輿者、共舉也、故車所以舉物者謂之輿、釋名云、自古制器立象名之於實、各有義類、斯之謂矣、尚者、王制、上賢以崇德、上賢謂舉賢也、上與尚通、興者、周官大司徒、以鄉三物教萬民而賓興之、鄭注云、興猶舉也、扣者、論語子罕篇、我叩其兩端而竭焉、孔傳訓叩爲發、發與舉同義、叩與扣通、衆經音義卷九引廣雅、扣、舉也、今本脫扣字、

何降窪窆宬埋埝竁墜隕折按下也

窪者、說文、窪、窊也、老子、窪則盈、顧懽注云、窪、洿也、莊子齊物論篇云、似洼者、似汙者、說文、洼、深池也、義竝與窪同、窆音方驗方鄧二反、周官遂師、及窆、鄭衆注云、窆、謂葬下棺也、檀弓、縣棺而封、鄭注云、封當爲窆、窆、下棺也、昭十二年左傳、毁之則朝而塴、杜預注云、塴、下棺也、說文作堋、竝聲近而義同、窊者、說文、窊、汙衺下也、漢書禮樂志、窅窊桂華、蘇林注云、窅音窅眰之窅、窊音窊下之窊、孟子公孫丑篇、汙不至阿其所好、趙岐注云、汙、下也、汙與窊通、鑿地爲尊謂之汙尊、義亦同也、埕、埝、執者、方言、埕、墊、下也、凡柱而下曰埕、屋而下曰墊、又云、埝、下也、郭璞注云、謂陷下也、靈樞經通天篇云、太陰之人、其狀念然下意、念與埝通、卷三云、坳、濴也、坳與埝義亦相近、說文、執、屋傾下也、又云、墊、下也、枲陶謨、下民昏墊、鄭注云、昏、沒也、墊、陷也、莊子外物篇、廁足而墊之至黃泉、司馬彪注云、墊、下也、墊、與執同、墊訓爲下、故居下地而病困者、謂之墊隘、成六年左傳云、郇瑕氏土薄水淺、其惡易覯、易覯則民愁、民愁則墊隘、於是乎有沈溺重腿之疾、是也、墊、音墊、說文、㙳、下入也、㙳與墊同、釋名云、下溼曰隰、隰、蟄也、荀子脩身篇、卑溼重遲貪利、則抗之以高志楊倞注云濕亦謂自卑下如地之下濕然也論衡氣壽篇云兒生號啼之聲鴻朗高暢者壽嘶喝濕下者夭義並與㴔同方言云凡高而有墜得而中亾謂之㴔義亦相近也

賆貤附助坿埤陪賥贇賵饒贏馮貳斟酌愈潤沾湩益也

賆者增多之意故爲益也莊子駢拇篇云此皆多駢旁枝之道駢與賆通貤之言移也移此以益彼也漢書五帝紀受爵賞而欲移賣者無所流貤應劭注云言無所移與也大雅皇矣篇云既受帝祉施于孫子義與貤同附與下坿字同說文坿益也助者論語先進篇回也非助我者也孔傳云助益也埤者說文埤增也錍益也裨接益也埤錍裨並通陪者鄭注曲禮云陪重也又注中庸云培益也培與陪通賥之言被也以物相被及也故卷二云益被加也堯典光被四表傳訓被爲溢義相近也賥與貤疊韻也說文賥移與也玉篇貤賥也鄘風君子偕老篇不屑髢也鄭箋云髢髲也正義引說文云髲益髮也釋名云髲被也

髮少者得以被助其髮也髲髢與貱貤聲相近皆附益之意也凡物之有次第者亦謂之貱貤周官追師掌王后之首服爲副編次鄭注云次次者次第髮長短爲之所謂髲髢也說文貤重次第物也集韻貱貤次第也案貱貤猶言陂陀故岸之重次第謂之陂陀髮之重次第謂之髲髢說文以貤爲重次弟物周官注以髮髢爲次第髮長短其義一也物之次第相重則相附益故貱貤又爲益也賢者卷三云賢孳也紛孳亦多益之意饒者說文益饒也羸者說文羸賈有餘利也隲者方言隲益也郭璞注云謂增益也爾雅是類是禡師祭也周官肆師凡四時之大甸獵祭表貉則爲位鄭注云貉師祭也貉讀爲十百之百於所立表之處爲師祭祭造軍灋者禱氣勢之增倍也釋文貉莫駕反甸祝掌四時之田表貉之祝號杜子春注云貉讀爲百爾所思之百書亦或爲禡禡兵祭也鄭注云禡者禱氣勢之十百而多獲貉禡與隲同聲皆增益之意故又讀爲十百之百也漢書律歷志云數紀於一協於十長於百大於千衍於萬長即增益之意貳者說文貳副益也坎六四尊酒簋貳用缶虞翻注云貳副也周官酒正凡祭祀以灋共五齊三酒以

貣八尊大祭三貳中祭再貳小祭壹貳鄭衆注云貳益副之也弟子職周還而貳尹知章注云貳謂再益也斟酌者方言斟益也南楚凡相益而又少謂之不斟凡病少愈而加劇亦謂之不斟或謂之何斟注云斟言斟酌益之也王逸注招魂云勺沾也勺與酌通兪者小雅小明篇政事愈蹙鄭箋云愈猶益也愈與兪通潤者大學云富潤屋德潤身是潤爲益也餘分之月謂之閏義亦同也沾者說文沾益也今俗作添同

沮潤湑浥漸洳溽淖溼也　沃

沮漸洳者沮洳猶言漸洳漸洳漸義見卷二漸漬也下衆經音義卷十引倉頡篇云沮漸也王制山川沮澤何氏隱義云沮澤下溼地也說文澤漸溼也澤與洳同魏風彼汾沮洳毛傳云沮洳其漸洳者漢書東方朔傳塗者漸洳徑也顏師古注云漸洳浸溼也湑者說文湑幽溼也徐鍇傳云今人多言浥湑也浥者說文浥溼也召南行露篇厭浥行露毛傳云厭浥溼意也溽之言濡溼也說文溽溼暑也月令土潤溽暑鄭注

云、潤溽、謂塗涇也。淖者、爾雅釋言釋文引字林云、淖、濡甚也。荀子脩身篇云、非漬淖也。衆經音義卷十三引廣雅、沃、涇也。今本脫沃字。

顉傪振訊搖扤𢫬㴱奮𠡭撼揩擡揌掉捎扮揮揣㨨抗搈衝侙賦蝡東風動也

顉傪者、說文、顉、低頭也。引襄二十六年左傳、迎于門、顉之而已。今本作頷。杜預注云、頷、搖其頭也。列子湯問篇云、顉其頤則歌合律。顉與頷通。玉篇、顉、桑感切、動頭也。廣韻、顉、顉頷、搖頭皃。衆經音義卷五云、今江南謂領納搖頭爲顉傪。傪與顉同。扤之言杌隉也。說文、扤、動也。玉篇、虞厥午骨二切。方言、僞、謂之扤。扤、不安也。郭璞注云、船動搖之貌也。小雅正月篇、天之扤我、毛傳云、扤、動也。考工記輪人云、則是以大扤、雖有良工、莫之能固。晉語、故不可抈也。韋昭注云、抈、動也。傅毅舞賦云、兀動赴度、指顧應聲。抈兀竝與扤通。𢫬與下𠡭字同。經傳通作盪。又作蕩。㴱、通作涌。又作踊。撼者、說文、揻、搖也。揻與撼同。司馬相如長門賦云、擠玉戶以撼金鋪兮、撼之言感也、召南野有死麕篇無感我帨兮、毛傳云、感動也、釋文感如字、又胡坎反、是感撼同聲同義、㧡者、玉篇胡改切、撼動也、高誘注淮南子俶眞訓云、駭動也、駭與㧡聲近義同也、擡揌者、玉篇擡、振動也、揌、擡揌也、掉捎者、釋訓篇云、掉撨振訊也、掉撨與掉捎同、楚語大能掉小、則變而不勤、文選長楊賦注引賈逵注云、掉搖也、釋訓云、揣抗、搖捎也、搖捎猶掉捎也、一作搖消、淮南子俶眞訓云、搖消掉捎仁義禮樂、文選舞賦簡惰跳踃、般紛挐兮、李善注引倉云、踃跳也、呂向注云、跳踃動足貌、掉捎跳踃搖捎竝聲近而義同、扮亦奮也、方俗語有輕重耳、揮者、乾文言六爻發揮、釋文引廣雅、揮動也、揮與奮同義、曲禮奮衣由右上、鄭注云、奮振去塵也、又飲玉爵者弗揮、何氏隱義云、振去餘酒曰揮、爾雅鷹隼醜其飛也翬、翬卽奮迅之意、又云、雉絕有力奮、羊絕有力奮、鷄絕有力奮、又云、魚有力者徽、徽亦奮也、揮翬徽竝同義、故說文云、翬大飛也、奮翬也、揮奮也、揣抗者、揣音喘、抗音弋選反、釋訓云、揣抗、搖捎也、揣抗之轉爲喘耎、莊子胠篋篇喘耎之蟲、崔譔注云、動蟲也、一云無足蟲、荀子勸學篇端而言、蝡而動、臣道篇作喘而言腨而動喘耎端蝡喘腨古字通用皆謂動貌也凡蟲之無足者其動喘耎然故蚳蚼謂之蠢蝡高誘注淮南子時則訓云蚳蝡蠢蝡也蠢蝡又喘耎之轉矣廣韻揣又音丁果切搖也或通作朵頤初九觀我朵頤鄭注云朵動也京房作揣揣之言蹞也說文揣動搈也楚辭九章云悲秋風之動容兮韓子揚搉篇云動之溶之溶搈溶竝通說文㣝不安也義與搈亦相近衡佅者方言衝佅動也衝佅與衝佅同衝亦動也方俗語有輕重耳釋訓云衝衝行也說文憧不定也咸九四憧憧往來皆動之貌也聲轉爲佅爾雅動佅作也是佅與動同義說文坺氣出於土也義亦與佅同孟子梁惠王篇於我心有戚戚焉趙岐注云戚戚然心有動也戚與佅亦聲近義同賦者方言賦動也蝡者說文蝡動也鬼谷子揣篇云蜎飛蝡動史記匈奴傳跂行喙息蝡動之類索隱引三倉云蝡蝡動貌馬融廣成頌云蠉蠉蝡蝡蝡與喘耎之耎一字也說文耎稍前大也義亦與蝡同說文瞤目動也瞤與蝡亦聲近義同東動聲相近書大傳云東方者何也動方也物之動也漢書律歷志云少陽者東方東動也陽氣動物風者釋名云風兖豫司冀橫口合脣言之

風汜也其氣博汜而動物也青徐言風踧口開脣推氣言之風放也氣放散也詩序云風風也教也風以動之教以化之是凡言風者皆動之義也

摧挫摺踒㩮抈詘曲罰擠制夭折也

摺曹憲音力合反義與下擠字同說文摺敗也搚摺也拉摧也莊元年公羊傳摺幹而殺之何休注云擠折聲也釋文作拹史記齊世家作拉魯世家作摺范睢傳折脅摺齒鄒陽傳作摺脅折齒漢書作拉脅折齒並字異而義同說文拉折木也張衡西京賦梗林爲之靡拉義亦與摺同擠各本譌作擠今訂正踒者衆經音義卷十三引倉頡篇云挫足爲踒又引通俗文云足跌傷曰踒韓非子說林篇云此其爲馬也踒肩而腫足易林蒙之隨云猿墮高木不踒手足㩮音獵舊本譌作攜㩮之譌攜猶臘之譌臈攜音公八反說文刮也一曰撻也皆非摧折之義玉篇攜字亦不訓爲折曹憲不知攜爲㩮之譌遂誤音公八反廣韻攜刮聲也又折也集韻類篇引廣雅攜折也並沿曹憲之誤考說文邋擠也公羊注云擠折聲也擠與拉

同、選、與攢同、拉攢、疊韻字也、文選吳都賦、菈攢雷硠崩巒弛岑、李善注云、菈攢、雷硠、崩弛之聲也、五臣本菈作拉、呂延濟注云、拉攢、木摧傷之聲也、竝與公羊注折聲之義同、又洞簫賦攢若枚折、李善注云、攢、折聲也、引廣雅、攢、折也、則唐時廣雅本尚有不誤者、今據以訂正、太元止次七云、車纍其俿、馬獵其蹄、獵亦與攢通、拥者、說文、拥、折也、太元羨上九、車軸折、其衡拥、范望注與說文同、楚辭九思、車軏折兮馬虺頹、軏與拥通、制者、文選張協雜詩注引李奇漢書注云、制、折也、大戴禮保傅篇、不中於制獄、制獄、卽折獄也、論語爲政篇、片言可以折獄者、魯讀折爲制、莊子庚桑楚篇、夫尋常之溝、巨魚無所還其體、而鯢鰌爲之制、釋文引廣雅、制、折也、謂小魚得曲折也、折制古同聲、故制有折義、史記項羽紀、渡浙江、索隱云、浙江在今錢塘、蓋其流曲折、莊子所謂制河、卽其水也、玉篇、箭、音制、方言云、自關而西謂箄曰箭、亦取曲折之義也、夭者、昭十九年左傳賈逵注云、短折曰夭、

虔辯謾黠僄憭譎懇謞詖曉捷鬼慧也

虔者，方言：「虔，謾也。」又云：「虔，慧也。」辯者，大戴禮小辨篇：「寡人欲學小辨以觀於政。」盧辯注云：「小辨，謂小辨給也。」晉語云：「巧文辯惠則賢。」辯、辨、慧、惠竝通。謾者，方言：「秦謂慧曰謾。」郭璞注云：「言謾詑也。」義見卷二「謾，欺也」下。黠者，方言：「趙魏之間謂慧曰黠。」儇者，方言：「儇，謾也。」又云：「儇，慧也。」楚辭九章：「忘儇媚以背衆兮。」淮南子主術訓：「辯慧懁給。」懁與儇通。憭者，說文：「憭，慧也。」方言注云：「慧、憭皆意精明也。」後漢書孔融傳云：「小而聰了，大未必奇。」了與憭通。譎者，方言：「楚謂慧曰譎。」字或作詑，又作詭。義見卷二「詑，欺也」下。懇者，方言：「晉謂慧曰懇。」諞者，卷三云：「偏，諞也。」偏與諞同。諓者，文選顏延之和謝監靈運詩注引倉頡篇云：「諓，佞諂也。」荀子成相篇云：「讒人罔極，險陂傾側。」詩序云：「內有進賢之志，而無險詖私謁之心。」詖與陂通。曉者，方言：「曉，知也。」捷者，方言：「宋楚之間謂慧曰捷。」注云：「言便使也。」使與捷通。鬼者，方言：「趙魏之間或謂慧曰鬼。」注云：「言鬼脈也。」

欸、哈、嗒、腳、谷、听、嗞、哂、莞、咷、嚬、嗌、嘲、咦、㕭、訨、啞，笑也。啓　齡

欸與哈同。楚辭九章：「又衆兆之所哈。」王逸注云：「哈，笑也。楚人謂相啁笑曰哈。」左思吳都賦云：「東吳王孫囅

然而咍、唏者、說文、唏、笑也、釋訓云、唏唏、笑也、御與谷
同、字本作噱、說文噱、大笑也、漢書敘傳談笑大噱顏
師古注云、噱噱、笑聲也、谷各本譌作谷、惟影宋本不
譌、听者、說文、听、笑皃、司馬相如上林賦云、亡是公听
然而笑、字亦作欣、史記孔子世家云、孔子欣然笑、集
韻類篇引廣雅作齤、後漢書張衡傳注引字詁云、齤
笑貌也、听之別體也、思元賦、戴勝愁其既歡兮、舊注
云、愁笑貌、竝字異而義同、哂與矧同、微笑謂之
哂、大笑亦謂之哂、說文笑不壞顏曰弞、論語先進篇
夫子哂之、是謂哂之爲微笑也、曲禮笑不至矧、鄭注云、齒
本曰矧、大笑則見、釋文矧本又作哂、是哂爲大笑也、
哂弞矧竝通、莞者、論語陽貨篇夫子莞爾而笑、何
晏注云、莞爾、小笑貌、莞各本作莧、乃隸書之譌、今訂
正、嗔者、玉篇、嗔、大笑也、嗢者、廣韻嗢噱笑不止也、文
選琴賦、嗢噱終日、李善注引通俗文云、樂不勝謂之
嗢噱、啁者、玉篇啁、大笑也、釋訓云、啁啁、笑也、咦亦唏
也、方俗語有緩急耳、訶者、釋訓云、訶訶、笑也、啞者說
文、啞、笑也、震彖辭笑言啞啞、馬融注云、啞啞、笑聲也、
列子周穆王篇云、同行者啞然大笑、暋齜者、玉篇廣
韻竝云、暋笑皃、集韻引廣雅、暋、笑也、齜、笑也、今本脫

啓齰二字、

誅罰戮虔伐肆刈殺也

誅、集韻類篇引廣雅竝作𢦏。虔者、方言、虔、殺也、青徐淮楚之閒曰虔。又云、秦晉之北鄙、燕之北郊、翟縣之郊、謂賊爲虔。賊亦殺也。莊三十二年左傳共仲使圉人犖賊子般于黨氏、是也。成十三年傳、虔劉我邊陲。杜預注云、虔劉、皆殺也。肆者、夏小正、狸子肇肆。傳云、肇、始也。肆、遂也。言其始遂也。或曰、肆、殺也。

厮徒牧圉侍御僕從扈養任甬辯令保庸童役謂命使也

圉、各本譌作圍。案上文云、牧圉、臣也。臣與使同義、故牧圉又爲使也。僖十七年左傳云、將生一男一女、男爲人臣、女爲人妾、故名男曰圉、女曰妾。是圉爲使也。廣韻、牧、使也。玉篇、圉、使也。竝本廣雅。今據以訂正。扈養者、宣十二年公羊傳、厮役扈養。何休注云、艾草爲防者曰厮、汲水漿者曰役、養馬者曰扈、炊亨者曰養。

韓策云：「卒不過三十萬，而廝徒負養在其中矣。」任、甬、保、庸者，說文：「任，保也。」徐鍇傳云：「信於朋友曰任。」任者，庸可保任也。亦言可任用也。說文：「賃，庸也。」賃亦任也。庸亦用也。方言：「自關而東，陳魏宋楚之間，保庸謂之甬。」甬亦庸也。楚辭九章：「固庸態也。」王逸注云：「庸，廝賤之人也。」史記欒布傳：「賃傭於齊，爲酒人保。」集解引漢書音義云：「可保信，故謂之保。」傭與庸通。辯者，酒誥「勿辯乃司民湎于酒」，傳云：「辯，使也。」辯之言俾也。俾，亦使也。書序「王俾榮伯作賄肅慎之命」，馬融本俾作辯。是辯、俾同聲同義。役，古文役字也。謂者，小雅出車篇云：「自天子所，謂我來矣。」

嬙嫉嫪嫭妎娼妬也

嫉，各本譌作嫉，今訂正。嫪、嫭者，說文：「嫪，婟也。」「婟，嫪也。」婟與嫭同。嫪嫭，猶牢固也。爾雅釋鳥釋文引聲類云：「婟嫪，戀惜也。」廣韻：「嫪，吝物也。」義與妬並相近。妎者，說文：「妎，妬也。」妬與妬同。娼者，秦誓「冒疾以惡之」，大學作娼疾，鄭注云：「娼，妬也。娼，冒也。」嫉、疾並通。

夸蒸通媱窕劮婸報婬也

夸蒸通報者、方言、夸、烝、婬也、烝、與蒸通、夸訓爲婬、與下媱窕劮婸同義、皆謂淫泆無度也、夸淫皆過度之義、故上文云、夸、大也、爾雅云、淫、大也、淫、與婬通、夸、各本譌作夰、自宋時本已然、故集韻類篇竝云、夸、或作夰、案夸字隸或作夰、故譌而爲夰、考說文玉篇廣韻俱無夰字、今訂正、邶風雄雉正義云、桓十六年左傳曰、衞宣公烝於夷姜、服虔云、上淫曰烝、則烝進也、自下進上而與之淫也、十八年傳曰文姜如齊、齊侯通焉、服虔云、傍淫曰通、言傍者非其妻妾、傍與之淫、上下通名也、牆有茨云、公子頑通於君母、左傳曰孔悝之母、與其豎渾良夫通、皆上淫也、齊莊公通於崔杼之妻、蔡景侯爲大子般娶於楚、通焉、皆下淫也、以此知通者揔名、故服虔又云、凡淫曰通、是也、宣三年傳曰、文公報鄭子之妃、服虔云、鄭子、文公叔父子儀也、報、復也、淫親屬之妻曰報、漢律、淫季父之妻曰報、案報者進也、樂記、禮減而不進則銷、樂盈而不反則放、故禮有報而樂有反、鄭注云、報、讀爲褒、褒猶進也、報與烝皆訓爲進、上淫曰烝、淫季父之妻曰報、其義一也、嫋窕者、方言、遙窕、淫也、九疑荊郊之鄙謂淫曰遙、沅湘之間謂之窕、郭璞注云、遙、言心搖蕩也、遙與嫋通、方言又云、江沅之間謂戲曰嫋、戲與姪亦同義、嫋各本譌作姪、今訂正、劮媱者、方言、佚愓、婬也、又云、江沅之間或謂戲曰愓、佚、與劮通、字或作逸、又作泆、愓、與媱通、字或作蕩、

襲、駁、遠、纍、及也

襲者、楚辭九歌、芳菲菲兮襲予、王逸注云、襲、及也、駁及聲相近、說文、駁、馬行相及也、揚雄甘泉賦云、輕先疾雷而駁遺風、纍、各本譌作纍、玉篇、纍、力僞切、延及也、或省作累、桓二年公羊傳云、及者何、累也、今據以訂正、

䡠、贒、侸、固、攻、礭、賢、艮、磴、鍇、鞕、臣、牢、臤堅也

各本臤下俱脫堅字、集韻類篇䡠贒侸磴鍇鞕六字注、竝引廣雅、臤也、又臤字注引廣雅、固礭臤也、則宋時廣雅本已脫去堅字、今考玉篇引廣雅、臣、堅也、衆經音義卷二十四引廣雅、礭、堅也、又䡠贒以下十五

字、諸書竝訓爲堅、今據以補正。䡩者、曹憲音苦耕反、說文、䡰、車堅也、䡰與䡩同、釋訓篇云、䡩䡩、堅也、䡩䡩猶硜硜、凡堅貌謂之硜、堅聲亦謂之硜、論語子路篇、言必信、行必果、硜硜然小人哉、皇侃疏云、硜硜、堅正難移之貌也、樂記、石聲磬、磬以立辨、辨以致死、史記樂書磬作硜、集解引王肅注云、硜、聲果勁也、釋名、磬、罄也、其聲罄罄然堅緻也、竝聲近而義同、賢者、玉篇、賢、堅也、任之言堅緻也、玉篇、任、牢也、堅也、廣韻同、攻之言鞏固也、小雅車攻篇、我車既攻、毛傳云、攻、堅也、齊語辨其功苦、韋昭注云、功、牢也、苦、肥也、月令必功致爲上、淮南子時則訓作堅致、堅功一聲之轉、功與攻通、確者、說文、塙、堅不可拔也、繫辭傳、確然示人易矣、馬融注云、確、剛貌、乾文言、確乎其不可拔、鄭注云確、堅高之貌、確確竝與塙同、賢者、太平御覽引風俗通云、賢、堅也、艮礥者、方言、艮礥、堅也、說卦傳云、艮爲山、爲小石、皆堅之義也、今俗語猶謂物堅不可拔曰艮、艮、各本譌作良、惟影宋本不譌、文選高唐賦、振陳礥礥、思元賦、行積冰之礥礥兮、李善注竝引方言、礥、堅也、釋名云、鎧、猶塏也、塏、堅重之言也、竝與礥聲近義同、鍇鍇者、方言、鍇鍇、堅也、自關而西秦晉之間曰鍇、吳揚江淮之間曰鐕。鍇、鐕聲相近、方俗語轉耳。人物志體別篇云、彊楷堅勁。楷與鍇通。說文、九江謂鐵曰鍇、亦堅之義也。鞕者、玉篇、鞕、堅也。廣韻同。臣者、太平御覽引孝經說云、臣者、堅也、守節明度、循義奉職也。白虎通義云、臣者、繵也、堅也、屬志自堅固也。臤者、玉篇、臤、口閒切、堅也。說文、臤、堅也。爾雅、掔、固也。郭璞注云、掔然牢固。臤、掔、臤竝通。公羊氏春秋成四年、鄭伯臤卒。疏云、左氏作堅字、穀梁作賢字。玉篇、緊、古千切。引成公四年、鄭伯緊卒。說文、堅、賢竝從臤聲。臤從臣聲。廣雅、贒、賢、臣、臤、堅也。堅、緊、賢、贒、掔、臤、臣八字竝聲近而義同。

挺、秀、觺、拔、揠、擢、涌、溢、載、萃、茁、裔、生、出也　鬱

挺者、說文、挺、拔也。魏策云、挺劍而起。秀者、齊語云、秀出於衆。拔、揠、擢三字義見卷三揠擢拔也下。載者、說文載、古文蠢字。考工記梓人、則春以功。鄭注云、春讀爲蠢。蠢、作也、出也。春、蠢皆有出義。故鄉飲酒義云、春之爲言蠢也。產萬物者也。書大傳云、春、出也。物之出也。春、蠢、出、一聲之轉耳。萃、苗、裔、出四字、聲竝相近。萃

者、廣韻引音譜云、莩、草孚甲也、集韻云、草孚甲出也、茁出聲相近、說文、茁、草初出地皃、召南騶虞篇彼茁者葭、毛傳云、茁、出也、裔、各本譌作裔、說文、裔、滿有所出也、玉篇、裔、出也、今據以訂正、裔字亦作融、廣韻、融、融出也、融出、猶言溢出、溢涌裔一聲之轉、故皆訓爲出也、凡物之銳出者亦謂之裔、說文裔字注又云、以錐有所穿也、又聿字注云、所以書也、楚謂之聿、秦謂之筆、玉篇云、銉、針也、皆銳出之義也、說文、潏、涌出也、潏與裔亦聲近義同、生者、說卦傳、萬物出乎震、虞翻注云、出、生也、文選魏都賦注引劉瓛周易義云、自無出有曰生、鬱者、班固西都賦、神明鬱其特起、鬱、高出之貌也、文選曹植贈徐幹詩、文昌鬱雲興、李善注引廣雅、鬱、出也、

今本脫鬱字、

殫索既渴滲盪涸急汔熇湫澌涖釂殲彝寫髻稍㷂鋌央盡也

殫者、說文、殫、殛盡也、祭義云、歲既單矣、單與殫通、索者、衆經音義卷三引倉頡解詁云、索、盡也、牧誓云、惟

家之索。卷三云：「素，空也。」爾雅：「空，盡也。」索與索亦聲近義同。渴，今通作竭。滲盪者，說文：「滲，下漉也。」滲，曹憲音所蔭反。各本「所蔭」二字誤入正文，在「滲」字上。衆經音義卷十：「滲，所蔭反。」引廣雅：「滲，盡也。」今據以訂正。說文：「漉，水下皃也。」爾雅：「盝，竭也。」方言：「盪，涸也。」「漉，極也。」郭璞注云：「滲漉極盡也。」司馬相如封禪文云：「滋液滲漉。」考工記㡛氏云：「清其灰而盝之。」月令云：「毋竭川澤，毋漉陂池。」盪、盝、漉並通。淮南子本經訓「竭澤而魚」，高誘注云：「竭澤，漏池也。」漏池卽所謂漉陂池也。漉、漏聲相近，故滲漉或謂之滲漏。卷二云：「歇、漏，泄也。」泄謂之漏，猶盡謂之漉也；泄謂之歇，猶盡謂之竭也。汔之言訖也。說文：「汔，水涸也。」井彖辭「汔至」，荀爽注云：「陰來居初，下至汔竟也。」竟亦盡也。呂氏春秋聽言篇云：「壯狡汔盡窮屈。」汔與既聲亦相近也。熇之言窮也。卷二云：「熇，乾也。」乾亦盡也。湫讀爲遒。玉篇、廣韻並云：「遒，盡也。」廣韻湫、遒並卽由切。爾雅：「酋，終也。」大雅卷阿篇「似先公酋矣」，毛傳云：「酋，終也。」正義作「遒」。楚辭九辯云：「歲忽忽而遒盡兮。」淮南子俶眞訓云：「精有湫盡，而神無窮極。」並字異而義同。澌者，說文：「澌，水索也。」曹憲音斯。玉篇、廣韻並音賜。方言：「澌，盡也。」鄭注曲禮云：「死之言澌也，精神澌盡也。正義云、今俗呼盡爲澌、即舊語有存者也。金縢大木斯拔、史記魯世家作盡拔、鄉飲酒禮尊兩壺于房戶閒、斯禁、鄭注云、斯禁、禁切地無足者、疏云、斯澌也、澌盡之名也、文選西征賦若循環之無賜、李善注引方言賜盡也、史記李斯傳云、吾願賜志廣欲、澌斯賜竝通、繫辭傳故君子之道鮮矣、釋文師說云、鮮盡也、鮮與斯亦聲近義同、故小雅瓠葉箋云、今俗語斯白之字作鮮、齊魯之閒聲近斯、矣竝者、玉篇力二力計二切、廣韻竝、汔也、汔即涸也、又廣韻漉字注引埤倉云、滰漉、漉也、漉即滲漉之漉、漉與竝同聲、皆涸竭之意也。醻者、說文醻飲酒盡也、又云、𣴎盡酒也、曲禮長者舉未釂、鄭注云、盡爵曰釂、荀子禮論篇云、利爵之不醮也、史記游俠傳云、與人飲、使之嚼、竝字異而義同、凡言醮者、皆盡之義、鄭注昏義云、酌而無酬酢曰醮、正義云、直盡爵而已、故稱醮也、曲禮庶人僬僬、正義云、單盡之貌也、說文潐水盡也、爾雅水醮曰厬、郭璞注云、謂水醮盡、今江淮閒謂人財盡曰醮、亦其義也、周南卷耳正義引五經異義云、韓詩說一升曰爵、爵盡也、足也、白虎通義云、爵者盡也、各量其職盡其才也、爵與釂亦聲近義同。娍者、小雅正月篇赫赫宗周褒姒威之毛傳云威滅也說文威從火戌聲火死於戌陽氣至戌而盡威與烕通蘻蕑皆除之盡也義見卷三蘻蕑除也下鬌者落之盡稍者尾之盡也方言鬌尾梢盡也尾梢也注云鬌毛漸落去之名梢與稍通煎者方言煎盡也又云煎火乾也凡有汁而乾謂之煎成二年左傳余姑翦滅此而朝食杜預注云翦盡也翦與煎聲近義同鋌者方言鋌盡也南楚凡物空盡者曰鋌釋訓篇云致致盡也致與鋌通文選思元賦注引字林云逞盡也逞與鋌聲近義同央者小雅庭燎篇夜未央鄭箋云猶言夜未渠央也楚辭離騷時亦猶其未央王逸注云央盡也九歌爛昭昭兮未央注云央已也已亦盡也

輷輗牽輓攀援掔援扽拕搌攎扔扱擄擿摭捈揄擢控抓彎引也 神翕曳

輷輗皆罥名所以引取鳥獸者也說見釋器輷謂之輗下摯音充世反即掣字也說文云引而縱曰㨉玉篇摯掣並與㨉同爾雅甹夆掣曳也郭璞注云謂牽拕案摯掔二字音義各別摯音充世反與㨉掣同引

也。字從手埶聲。摯音至。握持也。字從手執聲。廣雅摯音訓爲引。當音充世反。曹憲音至。誤也。集韻、類篇摯音至。引說文握持也。又尺制切。與掣同。淛摯摯爲一字。其誤滋甚。考玉篇摯從執音至。摯從執音充世切。與摩掣同。今據以辨正。抴者。玉篇抴引也。撼也。古通作頓。荀子勸學篇云若挈裘領。詘五指而頓之。順者不可勝數也。楊倞注云頓挈也。案頓者。振引也。言挈裘領者。詘五指而振引之。則全裘之毛皆順也。釋名云掣制也。制頓之使順己也。義與此同。鹽鐵論散不足篇云吏捕索掣頓。不以道理。褚少孫續滑稽傳云當道掣頓人車馬。頓與掣同義。故皆訓爲引。今江淮間猶謂引繩曰頓矣。拕者。說文拕曳也。少儀云僕者負良綏。申之面。拖諸幦。論語鄉黨篇加朝服拖紳。漢書龔勝傳作拕。同。拫者。廣韻拫急引也。釋名云痕拫也。急相拫引也。史記灌夫傳魏其侯失勢。亦欲倚灌夫引繩批拫生平慕之後棄之者。漢書批拫作排拫。孟康注云拫者。拫格引繩以抨彈之也。顔師古注云言嬰與夫共排退之。譬如相對挽繩而拫格之也。今吴楚俗猶謂牽引前郤爲拫格。攎者。方言攎張也。張亦引也。故引弓謂之張弓。扔者。廣韻扔强牽引也。老子。

攘臂而扔之釋文云扔引也據者文選鄒陽上吳王書連從兵之據揚雄羽獵賦據黿鼉李善注竝引廣雅據引也摍者說文摍蹴引也小雅巷伯傳摍屋而繼之正義云摍抽也抽亦引也周語縮取備物韋昭注云縮引也秦策云淖齒縮閔王之筋漢書賈誼傳夫固自引而遠去史記作自縮縮與摍通搄者急引也義見上文搄急也下捈者說文捈臥引也法言問神篇捈中心之所欲宋咸注云捈引也各本捈字誤入曹憲音內集韻引廣雅捈引也今據以訂正揄者說文揄引也韓非子飾邪篇云龐援揄兵而南韓詩外傳子夏曰齊君重鞠而生我揄其一鞠而去之漢書禮樂志神之揄顏師古注云揄引也擢者說文擢引也燕策云擢之乎賓客之中控者說文控引也鄘風載馳篇控于大邦襄八年左傳無所控告毛傳杜注竝云控引也其引弓亦謂之控史記劉敬傳云控弦三十萬是也鄭風大叔于田篇抑磬控忌毛傳云止馬曰控亦引之義也摳之言弙也說文弙滿弓有所鄉也字亦作扜呂氏春秋壅塞篇扜弓而射之高誘注云扜引也古聲竝與摳同彎亦摳也語之轉耳說文彎持弓關矢也昭二十一年左傳豹則關矣杜

預注云、關、引弓也、史記陳涉世家、士不敢貫弓而報怨、漢書作彎、彎關貫竝通、神者、說文、神、天神引出萬物者也、鄭注禮運云、神者、引物而出、風俗通引傳曰、神者、申也、申亦引也、神申引聲竝相近、故神或讀爲引、周官馮相氏疏引易通卦驗云、冬至日置八神、樹八尺之表、日中視其景、神讀爲引、翕者、說文、吸、內息也、歙、縮鼻也、小雅大東篇、載翕其舌、鄭箋云、翕、猶引也、楚辭九章、吸湛露之浮涼、揚雄甘泉賦、噏青雲之流瑕、竝字異而義同、曳者、說文、束縛捽抴爲臾、又云曳、臾曳也、又云、抴、捈也、又云、厂、抴也、象抴引之形、士相見禮、舉前曳踵、鄭注云、古文曳作抴、竝字異而義同、玉篇引廣雅、神、引也、衆經音義卷四引廣雅、翕、引也、卷十九引廣雅、曳、引也、今本脫神翕曳三字、

柔耎佯㞋闒劣懦恁媆嬈脃集鉅**愞偄䩓弱也**

耎、與下㞋字同、說文、㞋、柔皮也、又云、𤿭、柔革也、古文作𠬤、籀文作𤿭、衆經音義卷一引三倉云、耎、弱也、考工記、攻皮之工、函鮑韗韋裘、鄭衆注云、鮑、書或爲鞄、倉頡篇有鞄𤿭、又鮑人之事、革欲其柔滑而腝脂之

則需、鄭衆讀需爲柔需之需、釋文音人兗反、絕人之
需、卽倉頡篇所謂鞄薎也、莊子天下篇、以濡弱謙下
爲表、釋文、濡、如兗反、楚策云、鄭魏者、楚之耎國也、又
云、李園軟弱人也、竝字異而義同、闒之言疲苶也、說
文、闒、智力少劣也、懦與與下愞偄二字同、各本譌作懦、
今訂正、恁與下集字同、說文、恁、下齎也、齎與資同、謂
下劣之資也、又云、集、弱皃、小雅巧言篇、荏染柔木、毛
傳云、荏染、柔意也、論語陽貨篇、色厲而內荏、恁集荏
竝通、嫖者、曹憲音女寸而兗二反、卽今嫩字也、各本
皆作美、蓋因下文美字而誤、考玉篇廣韻、嫖與嫩同、
弱也、又玉篇嫖音如臠奴困二切、與曹憲音同、今據
以訂正、嬈弱聲相近、大過象傳云、棟橈、本末弱也、大
戴禮四代篇云、撓弱不立、管子水地篇云、夫水淖弱
以清、義竝與嬈同、脃者、說文、脃、小耎易斷也、又云、膬、
耎易破也、考工記弓人云、是故脃、管子霸言篇云、釋
堅而攻膬、荀子議兵篇云、事小敵毳、脃膬毳竝通、鈍、
曹憲音如淡反、各本脫去鈍字、其如淡反之音、遂誤
入集字下、考玉篇廣韻集韻、集字俱不音如淡反、卷
四云、鈍、聳也、聳、詘也、詘卽耎弱之義、集韻引字林云、
鈍、濡也、濡與弱義亦相近、又玉篇廣韻集韻鈍字竝

音王、正與如淚反之音相合、是如淚乃錐字之音、非集字之音、今據以補正、𩋾者、玉篇、𩋾、𩋾耎也、楚辭九歎、衣納納而掩露、王逸注云、納納、濡溼貌也、義與𩋾相近、各本娞嬈䏂集懊偄𩋾七字、誤在弱也二字下、遂與下條相連、今訂正、

歆美顧貪歛欲將闓欲也

歆者、說文、歆、欲得也、顧、與願同、歛者、廣韻、貼、戲乞人物也、或作歛、欲者、玉篇、欲、貪欲也、歆歛欲聲並相近、闓之言覬覦也、桓二年左傳云、下無覬覦、覬闓覦欲聲相近、漢書武五子傳廣陵王胥見上年少無子、有覬欲心、即覬覦也、說文、㱪、欲也、㱪闓聲亦相近、

廣雅疏證卷第一下

廣雅疏證卷第二上

高郵王念孫學

釋詁

㦟㨉㥸忨懆饕餮䬣𩟔歁歆欲婪利遴𡜦嗜𩟔慘𩠀貪也

㦟者，汚之貪也。呂氏春秋離俗覽云：不漫於利。漫與㦟通。㨉者，方言：㨉，貪也。楚辭天問：穆王巧㨉。王逸注云：㨉，貪也。莊子人閒世篇：無門無毒。毒，崔譔本作㥸。㥸云：貪也。漢書賈誼傳品庶每生。孟康注云：㥸，貪也。㥸與㨉亦聲近義同。忨者，爾雅：愒，忨也。愒，貪也。說文：忨，貪也。昭元年左傳：翫歲而愒日。杜預注云：翫、愒，皆貪也。晉語作忨日而潵歲。昭二十六年左傳：玩求無度。服虔注云：玩，貪也。忨、翫、玩竝通。饕餮者，說文：饕，貪也。多方云：有夏之民叨懫。叨與饕同。說文：餮，貪也。引文十八年

左傳謂之饕餮今本餮作飻賈逵服虔杜預注竝云
貪財爲饕貪食爲餮案傳云貪于飲食冒于貨賄侵
欲崇侈不可盈厭聚斂積實不知紀極天下之民謂
之饕餮是貪財貪食總謂之饕餮饕餮一聲之轉不
得分貪財爲饕貪食爲餮也呂氏春秋先識篇云周
鼎著饕餮有首無身食人未咽害及其身蓋饕餮本
貪食之名故其字從食因謂貪欲無厭者爲饕餮也
䫉嗇者方言䫉嗇貪也荊汝江湘之郊凡貪而不施
謂之䫉或謂之嗇嗇襄二十六年左傳小人之性嗇於
禍杜預注云嗇貪也歁與下欿字通方言南楚江湘
之閒謂貪曰歁郭璞注云言歁𢱢難猒也說文歁食
不滿也欿欲得也又云脂食肉不猒也竝聲近而義
同婪者說文婪貪也又云河內之北謂貪曰惏惏與
婪同僖二十四年左傳狄固貪惏釋文正義竝引方
言云殺人而取其財曰惏楚辭離騷衆皆競進以貪
婪兮王逸注云愛財曰貪愛食曰婪案貪婪亦愛財
愛食之通稱不宜分訓也遴者方言荊汝江湘之郊
凡貪而不施或謂之悋悋恨也說文吝恨惜也遴吝
悋竝通茹者方言吳越之閒凡貪飲食者謂之茹注
云今俗呼能麤食者爲茹䖵者方言䖵貪也䖵各本

訛作鼇，今訂正。慘者，說文：嫪，婪也。嫪與慘通。

𨇨膂㔹劤威力也

𨇨膂者，方言：𨇨、膂，力也。東齊曰𨇨，宋魯曰膂。膂，田力也。郭璞注云：律𨇨，多力貌。田力，謂耕墾也。漢書陸賈傳：屈強於此。顏師古注云：屈強，謂不柔服也。屈與𨇨通。戴先生方言疏證曰：膂通作旅。詩小雅：旅力方剛是也。毛傳：旅，衆也。失之。謹案大雅桑柔篇云：靡有旅力。秦誓云：番番良士，旅力既愆。周語云：四軍之帥，旅力方剛，義並與膂同。膂力一聲之轉。今人猶呼力爲膂力，是古之遺語也。舊訓旅爲衆，皆失之。㔹者，方言：㔹，力也。注云：耕㔹用力也。㔹與墾同。劤，玉篇音斤。引埤倉云：劤，多力也。今北方猶謂力爲劤。釋名云：筋，靳也，肉中之力，靳固於身形也。筋與劤聲義亦相近。

何詰譏咨偵質言訣詵稽考問也 訊請

何者，史記秦始皇紀：陳利兵而誰何。集解引如淳漢書注云：何，猶問也。周官射人：不敬者苛罰之。鄭注云：

苛，謂詰問之苛，與何通。譏者，王制「關執禁以譏」，鄭注云：「譏，苛察也。」周官宮正云：「幾其出入。」幾與譏通。各各本訛作資，今訂正。偵，讀爲貞。說文：「貞，卜問也。」周官天府「陳玉以貞來歲之媺惡」，大卜「凡國大貞」，鄭衆注並云：「貞，問也。」吳語云：「請貞於陽卜。」緇衣引易「恆其德偵」，鄭注云：「偵，問也。」今易作貞，是偵與貞同。曹憲讀爲偵何之偵，失之。言者，爾雅：「訊，言也。」郭璞注云：「相問訊也。」周官家人「言鸞車象人」，鄭衆注云：「言，言問其不如濼度者。」聘禮「若有言，則以束帛，如享禮」，鄭注云：「有言，有所告請，若有所問也。」曲禮「君言不宿於家」，注云：「言，謂有故所問也。」昭二十五年穀梁傳云：「弔失國曰唁。」唁亦問也。唁、言古同聲。莊子徐無鬼篇釋文及文選西征賦、文賦注並引廣雅：「訊，問也。」衆經音義卷七引廣雅：「請，問也。」今本脫訊、請二字。

何、般、能，任也。

服，各本訛作般。案：諸書無訓般爲任者。爾雅：「服，事也。」周官大司馬注云：「任，猶事也。」是服與任同義。又卷一「內、服，行也」，卷五「內、懾，服也」，服字並訛作般，正與此同。今訂正。

超越踰踑杭絶騰過跨涉渡也

踑、或作踰、義見下文踰跳也下、杭者、衞風河廣篇、一葦杭之、毛傳云、杭、渡也、楚辭九章云、魂中道而無杭、說文、斻、方舟也、淮南子主術訓、大者以爲舟航柱樑、高誘注云、方兩小船竝與共濟爲航、爾雅、兔其跡迒、釋名、鹿兔之道曰亢、行不由正、亢陌山谷草野而過也、義竝與杭同、杭、各本訛作抗、今訂正、絶者、高誘注淮南子地形訓云、絶、猶過也、爾雅、正絶流曰亂、大雅公劉正義引孫炎注云、直橫渡也

招命靚召呼也

靚者、說文、靚、召也、史記漢書竝通作請、

詾闐譟讙譊號咷嗃嚮訆獋㺃吠雊評噭嘹鼓嘑鳴也

咆

詾者、爾雅、詾、訟也、郭璞注云、言詾譊也、說文作詾、或作訩、說魯頌泮水篇、不告于訩、鄭箋云、訩、訟也、易林屐

之蒙云訟爭凶凶僖二十八年左傳曹人兇懼杜預注云兇兇恐懼聲荀子天論篇君子不爲小人匈匈也輟行楊倞注云匈匈諠譁之聲解蔽篇云掩耳而聽者聽漠漠而以爲哅哅竝字異而義同楚辭九章云聽波聲之洶洶揚雄羽獵賦洶洶旭旭李善注云鼓動之聲也義竝與詾同鬩者說文鬩恒訟也引小雅常棣篇兄弟鬩于牆譟者方言譟音也說文譟擾聒也周官大司馬車徒皆譟鄭注云譟讙也書曰前師乃鼓鼚譟各本皆脫譟字衆經音義卷二十引廣雅譟讙鳴也今據以補正讙者玉篇音虛元呼丸二切說文吅驚嘑也讙譁也讙與吅通亦作諠譊者說文譊恚呼也衆經音義卷二十引倉頡篇云譊譊訟聲也法言寡見篇云譊譊者天下皆訟也小鉦謂之鐃義亦相近故釋名云鐃聲譊譊也號咷者同人九五先號咷而後笑釋文云號咷啼呼也說文楚謂兒泣不止曰噭咷噭咷與號咷亦同義哭聲謂之噭咷歌聲亦謂之噭咷漢書韓延壽傳云噭咷楚歌是也嗃者李善注長笛賦引埤倉云嗃大呼也音呼交切莊子齊物論篇激者謞者司馬彪注云謞若讙謞聲也則陽篇云夫吹管也猶有嗃也北山經其鳴自詨郭

璞注云，今吳人謂叫呼爲詨，音呼交反。嗃、謞、詨竝同義。玉篇：髇，呼交切，髇箭也。莊子在宥篇：焉知曾史之不爲桀跖嚆矢也。向秀注云：嚆矢，矢之鳴者也。義亦與嗃同。嘂者，說文：嘂，呼也。今作嘄，同。訆者，說文：訆，大呼也。叫，嘷也。嘂，大呼也。訆、叫、嘂竝同。獋者，說文：嘷，咆也。譚長說從犬作獋。襄十四年左傳云：豺狼所嘷。周官大祝令皋舞，鄭注云：皋讀爲卒嘷呼之嘷。獋、嘷、皋竝通。物者，李善注江賦引聲類云：呴，嘷也。爾雅釋畜釋文引字林云：物，牛鳴也。燕策云：呴籍叱咄。後漢書童恢傳云：其一虎視恢，鳴吼。物、呴、吼竝同。吳語：三軍皆譁釦以振旅。衆經音義卷十九引作譁呴，又引賈逵注云：呴，謼也。說文：呴，厚怒聲也。義竝與物通。雊者，說文：雊，雄雉鳴也。雷始動，雉鳴而句其頸。高宗肜日云：越有雊雉。夏小正：雉震呴。傳云：呴也者，鳴也。呴與雊同。評與下嘑字同。說文：虖，虖哮，虖也。嘑，號也。謼，評也。虖、嘑、謼、評竝通，亦通作呼。嗷者，說文：嗷，吼也。一曰嗷呼也。又云：謷，痛呼也。謷與嗷同。曲禮：毋嗷應。鄭注云：嗷，號呼之聲也。昭二十五年公羊傳云：昭公於是嗷然而哭。說文引作嘂然，則嘂亦與嗷通。嘹者，廣韻：嘹，病呼也。鼓者，周官小師掌教鼓鼗柷敔塤簫管弦歌，鄭注云、出音曰鼓、楚辭離騷、呂望之鼓刀兮、王逸注云、鼓、鳴也、咆者、說文、咆、嗥也、楚辭招隱士云、虎豹鬭兮熊羆咆、淮南子覽冥訓云、虎豹襲穴而不敢咆、衆經音義卷二十三引廣雅、咆、鳴也、今本脫咆字、

嗟嘆呻吟也

嗟嘆者、釋名云、嗟、佐也、言之不足以盡意、故發此聲以自佐也、文選蘇武詩注引倉頡篇云、吟、嘆也、說文、歎、吟也、鄭注檀弓云、歎、吟息也、歎與嘆同、樂記、長言之不足、故嗟歎之、鄭注云、嗟歎、和續之也、是古謂吟爲嗟嘆也

𤍠袠膠爓煠湯爚也

𤍠者、說文、㸐、於湯中爚肉也、或從炙、𤍠聲作𤍠、少牢下篇、乃㸐尸俎、鄭注云、㸐、溫也、禮器、三獻爓、鄭注云、爓、沈肉於湯也、楚辭大招、炙鴰烝鳧、煔鶉敶只、王逸注云、煔、爚也、𤍠㸐煔爓竝通、𤍠、各本譌作錴、今訂正、袠之言溫也、說文、袠、炮炙也、以微火溫肉也、膠者、玉篇、膠、膠瀹也、生熟半也、郊特牲、血腥爓祭、鄭注云、爓、

或爲膶爓亦爚也方俗語有緩急耳湯者沈肉於湯謂之爚故又謂爚爲湯鄭注祭義云湯肉曰爓是也爚者説文鬻內肉及菜湯中薄出之上聲禮記菅筲三其實皆瀹鄭注云米麥皆湛之湯也爚瀹鬻並通

供奉獻御䔍晉漸躍莿陞赦奮揖𥪕薦許進也

御者小雅六月篇飲御諸友毛傳云御進也獨斷云御者進也凡衣服加於身飲食入於口妃妾接於寢皆曰御奏者説文奏進也堯典云敷奏以言晉者晉彖傳及爾雅並云晉進也漸者漸彖傳云漸之進也顧命云疾大漸揖謂揖而進之也士冠禮云賓揖將冠者即筵許者大雅下武篇昭兹來許毛傳云許進也許猶御也劉昭注續漢書祭祀志引謝沈書作昭哉來御

旁闊幎衍貌緐慮廣也

旁者説文旁溥也洛誥云旁作穆穆周官男巫云旁招以茅月令云命有司大難旁磔皆廣之義也古通作方義見卷一方旁大也下幎者廣覆之意淮南子原道訓舒之幎於六合高誘注云幎覆也言滿天地

廣雅疏證　卷第二上

閒也、慎、各本譌作瞋、惟影宋本皇甫録本不譌、集韻引廣雅作慎、卽慎之譌也、衍者、楚辭天問其衍幾何、王逸注云、衍、廣大也、司馬相如上林賦云、離靡廣衍、周官大司徒、辨其山林川澤邱陵墳衍原隰之名物、鄭注云、下平曰衍、小爾雅云、澤之廣者謂之衍、義並同也、藐素者、方言、藐、素、廣也、郭璞注云、藐藐、曠遠貌、大雅瞻卬篇云、藐藐昊天、楚辭九章云、藐蔓蔓之不可量兮、卷四云、素、博也、博亦廣也、

羙燥熯熔晞爨𤆎𤇳炕暵穲𦗇鑠熾焇焚姑熇燔濠㸈熔炨乾也燎

各本乾下脫去也字、遂與下文曝膊晞炕煬烈晒暵曬曝也合爲一條、集韻類篇焇熔二字注並云、曝也、又羙熔熾貼熇濠㸈七字注並引廣雅云、曝也、則一宋時廣雅本已脫去也字、案本條及下條俱有炕字、一訓爲乾、一訓爲曝、若合爲一條、則兩炕字重出、又考衆經音義卷十三引廣雅、燔、乾也、廣韻熾字注引廣雅、火乾物也、集韻濠字又音求於切、引廣雅乾也、則宋本尚有未脫也字者、又燥熯熔晞熬煎𤉯炕暵穲

爇燩焇姑熇濾烤炒十八字、諸書竝訓爲乾、今據以補正。羨者、說文、羨、東炭也。羨與羨同。熯與下暵字通。說文、熯、乾皃。又云、暵、乾也。引說卦傳燥萬物者莫暵乎火。今本作熯。熇者、說文、膎、乾肉也、從殘肉、日以晞之。籒文從肉作膐、隸作脩。膐熇竝同。釋名、脩、脩也。噬嗑六三、噬腊肉。馬融注云、晞於陽而煬於火曰腊肉。周官腊人、掌乾肉。檀弓有陳乾脩、義取諸此。與晞者、方言、晞、燥也。說文、晞、乾也。小雅湛露篇、匪陽不晞。玉藻、髮晞用象櫛。毛傳鄭注竝與說文同。晞亦暵也、語之轉耳。暵與罕同聲、晞與希同聲。晞之轉爲暵、猶希之轉爲罕矣。熬煎𤇮稱者、方言、熬聚煎僃火乾也。凡以火而乾五穀之類、自山而東齊楚以往謂之熬、關西隴冀以往謂之僃、秦晉之間或謂之聚。凡有汁而乾謂之煎。說文、熬、乾煎也。或作鏊。內則云、煎醢加于陸稻上、沃之以膏曰淳熬。說文、煎、熬也。又云、鬻、熬也。楚辭九思、我心兮煎熬。一本作熬鬻。郭璞注方言云、聚即鬻字也。又注爾雅釋草云、豨首可以熬蠶蛹。釋文引三倉云、熬、熬也。衆經音義卷一云、崔寔四民月令作炒、古文奇字作熬、竝字異而義同。今俗語猶呼乾煎曰炒矣。說文、𤎩、以火乾肉也。周官籩人

廣雅疏證卷第二上

注云、鮑者、於編室中糗乾之、穛糒、並與𩞄同、說文、糒
乾飯也、糒與𩞄亦聲近義同、炕者、衆經音義卷三引
倉頡篇云、炕、乾極也、說文、炕、乾也、漢書五行志、猶炕陽
而暴虐、顏師古注云、炕陽者、枯涸之意、今俗語猶呼
火乾曰炕矣、𤓣者、說文、𤓣、暴乾也、漢書賈誼傳云、日
中必𤓣、𤓣各本訛作慧、今訂正、鏁亦燥也、故釋言云
鏁燥也、爑者、玉篇、爑、火乾物也、㸒亦燥也、方俗語有
侈弇耳、玉篇、焇乾也、漢書董仲舒傳云、猶火之銷膏
而人不見也、銷與焇通、焚者、灼之乾也、莊子齊物論
云大澤焚而不能熱、姑各本訛作貼、集韻類篇引廣
雅並作貼、則宋時本已訛、考說文、玉篇廣韻俱無貼
字、說文、姑、枯也、玉篇、姑、枯乾也、廣韻、姑、枯瘁也、今據
以訂正、說文、枯、槀也、枯與姑通、熇者、周官庖人凡其
死生鱻薧之物、鄭衆注云、薧謂乾、肉曲禮云、槀魚曰
商祭、說文、槀木枯也、熇薧槀並通、燔者、燎之乾也、大
雅生民篇、載燔載烈、毛傳云、傅火曰燔、濼之言枯也、
玉篇、濼乾濼也、廣韻云、乾水也、周官庖人夏行腒鱐
鄭衆注云、腒、乾雉也、腒與濼亦同義、㷉者、玉篇、㷉燼
也、㷉、焮、火熛也、卷四云、熂、熅也、熂與㷉同、烤者、玉篇
烤、乾也、廣韻云、火乾物也、方言、䈃、火乾也、凡有汁而

乾、東齊謂之鞏、鞏與烤聲近義同、炒之言槁也、玉篇炒、乾也、廣韻同、燎者、說文、𤏲、炙也、𤏲與燎同、衆經音義卷八引廣雅、燎、乾也、今本脫燎字、

㬤膊晞炕煬焣晅暵曬暴也

㬤者、玉篇、㬤、邱立切、欲乾也、衆經音義卷二十二引通俗文云、欲燥曰㬤、引之云、王風中谷有蓷篇、中谷有蓷、暵其乾矣、中谷有蓷、暵其脩矣、中谷有蓷、暵其濕矣、傳云、脩、且乾也、雖遇水則濕、箋云、雖之傷於水、始則濕、中而脩、久而乾、案濕、當讀爲㬤、㬤、亦且乾也、㬤與濕聲近、故通、暵其乾矣、暵其脩矣、暵其濕矣、三章同義、草乾謂之脩、亦謂之濕、猶肉乾謂之脩、亦謂之腒、釋名、脯、搏也、乾燥相搏著也、又曰、脩、脩、縮也、乾燥而縮也、玉篇、腒、邱及切、朐脯也、膊各本訛作膞、自宋時本已然、故集韻類篇竝云、膞、暴也、考說文玉篇廣韻俱無膞字、方言、膊、暴也、燕之外郊朝鮮洌水之間、凡暴肉發人之私、披牛羊之五藏、謂之膊、今據以訂正、暴與曝同、說文、膊、薄脯膊之屋上也、成二年左傳云、殺而膊諸城上、釋名、膊、迫也、薄椓肉迫著物使

燥也、又云、脯、搏也、乾燥相搏著也、脯與膊聲相近、膊與曝聲之轉也、漢書宣帝紀、爲取暴室嗇夫許廣漢女、應劭曰、暴室、宮人獄也、今曰薄室、師古曰、暴室者、掖庭主織作染練之署、故謂之暴室、取暴曬爲名耳、或云薄室者、薄、亦暴也、今俗語亦云薄曬、昲嘌曬者、方言、昲、曬、乾物也、揚楚通語也、郭璞注云、亦皆北方常語耳、或云嘌也、列子周穆王篇云、酒未清、肴未昲、淮南子地形訓云、日之所曊、曊、與昲同、玉篇、嘌、置風日中令乾也、方言又云、曬、暴也、凡暴五穀之類、秦晉之間謂之曬、煬、烈者、方言、煬、炙也、煬、烈、暴也、說文、煬、炙燥也、淮南子齊俗訓、冬則短褐不揜形而煬竈口、高誘注云、煬、炙也、晅者、玉篇、晅、古鄧切、乾燥也、說卦傳曰以晅之、釋文、晅、本又作晅、徐邈音古鄧反、

閒誣拸益增被醫尚加也

閒、與讕同、說文、讕、詆讕也、或作調、玉篇音落干力但二切、云、誣言相加被也、春秋繁露深察名號篇云、詰其名實、觀其離合、則是非之情、不可以相讕已、漢書文三王傳、抵讕置辭、顏師古注云、抵、距也、讕、誣諱也、

谷永傳、滿讕誣天、蕭該音義云、滿或音漫、史記孝文紀索隱引韋昭云、諰、相抵闌也、闌、亦與讕同、案今人謂以罪誣人曰賴、卽讕之轉也、又謂以己罪加於他人曰抵賴、卽抵讕之轉也、謫爲誣加之義、而字或作調、廣雅閒誣同訓爲加、是閒卽調也、誣者、說文、誣、加言也、拸之言移也、移加之也、趙策云、知伯來請地不與、必加兵於韓矣、韓子十過篇加作移、是移與拸同義、玉篇拸音與紙與支二切、集韻又他可切、小雅小弁篇、舍彼有罪、予之佗矣、毛傳云、佗加也、佗與拸亦聲近義同、諸書無訓匱爲加者、匱、當作遺、字之誤也、遺音唯季反、邶風北門篇、政事一埤遺我、毛傳云、遺、加也、成十二年左傳、無亦唯是一矢以相加遺、釋文並唯季反、

甈鏬瑕璺斯坼碑𥑮振捇睚眦隙斬裁刌摵拍劈撍劃𤻲劐裂也

甈者、爾雅、康瓠謂之甈、說文、甈、康瓠破罌也、徐鍇傳云、康之言空也、破則空也、揚子先知篇、甄陶天下者、

其在和乎、剛則甄、柔則坯、宋咸注云、甄、破也、言陶法太剛則破裂也、罅瑕聲相近、說文、墆、坼也、罅、裂也、鬼谷子抵巇篇云、巇者、罅也、罅者、㵎也、㵎者、成隙也、爾雅、翥醜、罅、郭璞注云、剖母背而生、淮南子覽冥訓云、楨社槁而墆裂、應劭注漢書高帝紀云、殺牲以血塗鼓釁呼爲釁、顏師古云、呼音火亞反、罅罅呼並通、璺之言釁也、方言、秦晉器破而未離謂之璺、周官大卜、掌三兆之灋、一曰玉兆、二曰瓦兆、三曰原兆、鄭注云其象似玉瓦原之璺罅、是用名之焉、沈重注云、璺、玉之坼也、素問六元正紀大論篇、厥陰所至、爲風府、爲璺啟、王冰注云、璺、微裂也、啟、開坼也、案今人猶呼器破而未離曰璺、璺字蓋從玉釁省聲、釁與璺聲相近、故周官釋文璺作舋、舋即釁之變體也、璺、各本譌作璺、今訂正、斯義見卷一斯分也下、䡄、各本譌作彈、說文、䡄、別也、集韻類篇並引廣雅、䡄、裂也、今據以訂正、鬼谷子捭闔篇云、捭之者開也、闔之者閉也、捭與䡄同、振、各本譌作抓、淮南子主術訓云、人莫振玉石而振瓜瓠、集韻類篇並引廣雅、振、裂也、今據以訂正、振之言劈也、方言、鋠、摫、裁也、梁益之閒、裁木爲器曰鋠、裂帛爲衣曰摫、漢書藝文志、鉤鋠析亂、顏師古注云、䤨、破也、義與抓同、捇者、説文、捇、裂也、莊子養生主篇云、動刀甚微、謋然已解、謋與捇同、宣六年公羊傳、則赫然死人也、何休注云、赫然、已支解之貌、續漢書禮儀志、赫女軀、拉女幹、節解女肉、赫與捇亦聲近義同、睚眦者、韓策云、賢者以感忿睚眦之意、文選長楊賦注引晉灼云、睚眦、瞋目貌也、凡人之瞋目者、必裂其目際、故睚眦訓爲裂也、剅者、玉篇、剅、小裂也、後漢書馬融傳、廣成頌、胆完羝、撝介鮮、散毛族、梏羽羣、胆撝皆裂也、散梏皆分也、故卷一云、擊、分也、説文云、撝、裂也、梏、與嚳通、胆與剅通、李賢注訓胆爲頭、讀梏爲攪、擭之攪、皆失之、掝、玉篇音呼麥切、集韻又音洫、樂記卵生者不殈、鄭注云、殈、裂也、徐邈音洫、殈與掝通、殈之通作掝、猶溝洫之通作淢矣、劃者、玉篇作劃、與劐同、方言、劐、解也、釋名云、矟矛長九尺者也、矟、霍也、所中霍然卽破裂也、霍與劃亦聲近義同、癘者、説文、癘、創裂也、劐亦劃也、捇劃劐聲竝相近、

鬜鬝鬠䫌秃也　癩

鬜者、説文、鬜、鬢秃也、又云、䫌、頭鬢少髮也、考工記、梓人、數目顧脰、鄭注云、故書顧或作牼、鄭司農云、牼、讀

爲髗頭無髮之髗釋文髗劉苦顏反或苦瞎反明堂位夏后氏以楬豆鄭注云楬無異物之飾也齊人謂無髮爲禿楬釋文楬苦瞎反士喪禮毼豆兩鄭注云毼白也釋文毼苦瞎反案禿者頭白故亦謂之毼釋名云禿或曰毼是也髗顝楬毼竝通鬜鬝者玉篇鬝鬜禿也鬝鬜猶鬜鬝𩑶顅之轉耳頜者說文頜禿也衆經音義卷六引三倉云頜頭禿無毛也又引通俗文云白禿曰頜淮南子齊俗訓云親母爲其子治扢禿而血流至耳扢與頜通玉篇頜音口本口沒二切說文䫀無髮也玉篇音苦昆苦鈍二切又說文髡鬄髮也髡䫀頜一聲之轉義竝相近也集韻類篇瘌居例切引廣雅瘌禿也今本脫瘌字

㤅嗳慍愁恚也

各本愁下俱脫恚字自宋時本已然故集韻類篇嗳字注竝云一曰愁也案卷四云懠㥞秋愁也愁義自見卷四不當於此卷內重出考衆經音義卷九引廣雅慍恚也又㤅嗳慍三字諸書皆訓爲恚今據以補正㤅嗳者方言㤅嗳恚也楚曰㤅秦晉曰嗳皆不欲譍而强畣之意也郭璞注云謂悲恚也又㤅嗳哀也

注云、喛、哀而恚也、廣韻、喛、恚也、玉篇、㥲、恨也、㥲、與喛同、引之云、楚辭九章、曾傷爰哀、永歎喟兮、爰、哀、猶曾傷、謂哀而不止也、方言云、凡哀泣而不止曰咺、爰、喛、咺、古同聲而通用、齊策、狐咺、漢書古今人表作狐爰、是其證、王逸注訓爰爲於、失之、慍者、玉篇、慍、恚也、衆經音義卷五引倉頡篇云、慍、恨也、大雅緜篇、肆不殄厥慍、毛傳云、慍、恚也、愁者、秦策云、上下相愁、民無所聊、謂上下相恚也、方言云、愁恚憒憒、毒而不發、

馮齘苛㜸㛿盈戲憚忿慍謓怖漢赫䪥悖恚𠋫娺怴訮訶䖂嗷諸訩詞喤喤譴讟怒也

馮齘苛者、方言、馮、齘、苛、怒也、楚曰馮、小怒曰齘、陳謂之苛、郭璞注云、馮、恚盛貌、齘言嘊齘也、苛、相苛責也、昭五年左傳、今君奮焉震電馮怒、杜預注云、馮、盛也、列子湯問篇、帝馮怒、張湛注云、馮、大也、楚辭天問篇云、康回馮怒、吳語云、請王厲士以奮其朋勢、朋與馮通、猶溯河之溯通作馮也、韋昭注訓朋爲羣、失之、說文、齘、齒相切也、玉篇云、嘊齘、切齒怒也、周官世婦、不敬者而苛罰之、鄭注云、苛、譴也、爾雅、苛、妎也、妎與齘

同、苛、妎、皆怒也。郭璞注以爲煩苛者多嫉妎、失之。苛妎一聲之轉。內則疾痛苛癢、鄭注云、苛、疥也。苛癢之苛轉爲疥、猶苛怒之苛轉爲妎矣。嫛者、說文、嫛、易使怒也。方言、憋、惡也。注云、憋怤、急性也。列子力命篇云嘽咺憋懯、與怤同。憋與嫳同。嫛盈者、方言、謂之嫛盈、怒也。燕之外郊、朝鮮洌水之閒、凡言呵叱者、謂之嫛盈。疏注、嫛音羌箠反、嫛舊本作䫨、曹憲音呵叱、危反、方言訓證云、玉篇云、嫛、盛貌、則嫛盈爲盛氣呵叱、如馬之音訓滿訓怒也、廣雅䫨盈、怒也、曹憲不察䫨爲嫛之訛、也於危反、姝失之、今據以訂正。戲憚者、方言、戲、憚、怒也。齊曰戲、楚曰憚。戲讀當爲赫戲之戲。楚辭離騷陟陞皇之赫戲兮、王逸注云、赫戲、光明貌。張衡西京賦叛赫戲以煇煌、薛綜注云、赫戲、炎盛也。盛光謂之赫戲、盛怒亦謂之赫戲、故廣雅赫戲並訓爲怒也。憚亦盛怒貌也。大雅桑柔篇云、逢天僤怒、僤與憚通。秦策云王之威亦憚矣。憚亦威之盛、義與僤怒之僤相近。高誘注以憚爲難、失之。史記春申君傳憚怒作單、古字假借耳。司馬貞以單爲盡、亦失之。周語陽癉憤盈、舊音引方言楚謂怒爲癉、癉與憚古亦通用。讀者、說文、讀恚也。字亦作嗔、又作瞋。怖之言勃然也。說文、怖、很怒也、引小雅白華篇視我怖怖、今本作邁邁、毛傳云邁邁、不說也、釋文、韓詩作怖怖、云意不說好也、韓毛許義竝相近、古今字異耳、漢赫者、方言、漢赫怒也、大雅皇矣篇、王赫斯怒、鄭箋云、赫怒意也、桑柔篇反予來赫、釋文、赫、毛許白反、炙也、與王赫斯怒同義、本亦作嚇、鄭許嫁反、口距人也、正義云、嚇是張口瞋怒之貌、莊子秋水篇、鴟得腐鼠、鵷鶵過之、仰而視之曰嚇、釋文、嚇、許嫁反、又許白反、司馬云、嚇怒其聲、恐其奪已也、素問風論云、心風之狀、善怒嚇、嚇與赫通、䫘者、方言、䫘怒也、注云、䫘䫘恚貌也、廣韻、䫘、切齒怒也、義與噤齘之噤同、佷者、論語陽貨篇云、今之矜也忿戾、戾與佷通、嫳者、說文、嫳、疾悍也、詽者、說文、詽、諍語詽詽也、玉篇云、訶也、訶者、說文、訶、大言而怒也、字亦作呵、虓者、玉篇、虓、虎怒皃、大雅常武篇、闞如虓虎、鄭箋云、闞然如虎之怒、闞與虓聲近義同、噭者、玉篇、噭、訶也、諸者、玉篇、諸、怒訶也、大雅皇矣篇、上帝耆之、毛傳云、耆、惡也、正義引王肅云、惡桀紂之不德也、耆與諸聲義相近、試者、玉篇、試、怒訶也、訶者、玉篇、訶、怒訶也、哩者、廣韻、哩、呵也、譴者、衆經音義卷三引倉頡篇云、譴、呵也、小雅小明篇云、畏此譴怒、讀者、卷一云、怒、責也、責與讀通。

慉恫灼怛哀傷㾭茶毒憯怛悽𤸎懯蘆疼悲慇慇愍痛也

痠𤻮桐痛也 恫悵悽

慉者，李善注歎逝賦引賈逵國語注云：慉，痛也。說文同。楚辭九章：慉誦以致愍兮。戴先生注云：慉誦，悼慉而誦言之也。恫者，爾雅：恫，痛也。盤庚云：乃奉其恫。大雅思齊篇云：神罔時恫。灼怛者，方言：灼，怛，痛也。後漢書楚王英傳云：懷用悼灼。灼，與灼通。檜風匪風篇中心怛兮。毛傳云：怛，傷也。㾭茶毒𤸎者，方言：凡飲藥傅藥而毒，南楚之外謂之𤸎，北燕朝鮮之閒謂之㾭，自關而西謂之毒。𤸎，痛也。郭璞注云：㾭𤸎，皆辛螫也。各本皆脫茶字。衆經音義卷十二引廣雅：茶，痛也。卷二十五引廣雅：茶，毒，痛也。今據以補正。大雅桑柔篇：寧爲茶毒。鄭箋以茶毒爲苦毒。陸機豪士賦序云：身厭茶毒之痛。是茶毒皆痛也。爾雅云：茶，苦菜。邶風谷風篇：誰謂茶苦，其甘如薺。鄭箋云：茶誠苦矣，而君子於己之苦毒，又甚於茶，則苦菜之茶，與茶毒之茶，義亦相近。周官醫師聚毒藥以共醫事，鄭注云：毒藥，藥之辛苦者。小雅小明篇其毒大苦，鄭箋云：憂之甚，心中如有藥毒。皆痛之義也。方言又云：刺，痛也。衆經音義卷八引通俗文云：辛甚曰辢。左思魏都賦云：蔡莽螫刺，昆蟲毒噬。瘌、刺、辢竝通。辢之言烈也。呂氏春秋本味篇：辛而不烈。烈與辢聲近義同。憯者，說文：憯，毒也。憯，痛也。表記云：中心憯怛。漢書谷永傳：捎箠瘠於炮烙。顏師古注云：瘠，痛也。憯、慘、瘠竝通。蛆者，玉篇：蜇，陟列切，蟲螫也。又作蛆。衆經音義卷十引字林云：蛆，螫也。僖二十二年左傳正義引通俗文云：蠍毒傷人曰蛆。列子楊朱篇：蜇於口，慘於腹。張湛注云：慘蜇，痛也。憡者，方言：憡，痛也。自關而西秦晉之閒或曰憡。注云：憡憡，小痛也。方言：凡草木刺人者，北燕朝鮮之閒謂之莿。義與憡亦相近。蠚、蓋一字也。說文：螫，蟲行毒也。蓋，螫也。西山經云：蠚鳥獸則死，蠚木則枯。韓非子用人篇云：聖人極有刑罰而死無毒螫。竝字異而義同。螫與瘌同義。方言：飲藥傅藥而毒謂之瘌。郭璞以瘌爲辛螫是也。字或作刺。草木毒傷人謂之刺，亦謂之螫。史記龜策傳云：獸無虎狼，草無毒螫。魏都賦云：蔡莽螫刺，昆蟲毒噬是也。蠭蠆毒傷人謂之螫，螫亦刺也、廣雅云、蠆、蠚、螫也、蠚與刺同音、刺者、毒傷也、故螫又謂之蠚矣。疼者、說文、痋、動痛也、釋名、疼、痺氣疼疼然煩也、易通卦驗云、多病疪疼腰痛、疼與痋同、今俗語言疼聲如騰、衆經音義卷十四云、疼、下里間音騰、則唐時已有此音、愍與惻同、殷者、說文、慇、痛也、小雅正月篇、憂心慇慇、毛傳云、慇慇然痛也、邶風北門篇作殷、釋文殷又音隱、邶風柏舟篇、如有隱憂、毛傳云、隱、痛也、隱與殷聲近義同、愁者、方言、齊宋之間或謂痛爲愁、小雅小弁篇云、我心憂傷、愁焉如擣、痠者、玉篇、痠、疼、痠也、素問刺熱篇云、腎熱病者、先腰痛䯒痠、字通作酸、宋玉高唐賦云、寒心酸鼻、今俗語猶云酸痛矣、𤸫者、方言、𤸫、痛也、說文云、痛怨也、宣十二年左傳云、君無怨𤸫、桐、亦恫也、喪服傳喪服小記竝云、苴杖、竹也、削杖、桐也、白虎通義云、所以杖竹桐何、取其名也、竹者、慼也、桐者、痛也、恫桐痛聲義竝相近、惆悵者、玉篇云、惆悵、悲愁也、方言、非、愁、悵也、郭璞注云、謂惋惆也、荀子禮論篇云、惆然不嗛、問喪云、心悵焉愴焉、楚辭九辯云、惆悵兮而私自憐、恀者、說文、恀、苦也、衆經音義卷十二引通俗文云、患愁曰恀、文選歎逝賦注引廣雅、惆、痛也、衆經音義卷二引廣雅、惆悵、痛

也、卷二十引廣雅、恔、痛也、今本脫惆悵恔三字、

喘喙咶氣欶吹歌奄㱝息也[illegible]

此條息字有二義、喘喙咶欶吹歌爲喘息之息、氣奄㱝爲休息之息、喙者、方言、喙、息也、自關而西秦晉之閒或曰喙、漢書匈奴傳、跂行喙息蝡動之類、顏師古注云、跂行、凡有足而行者、喙息、凡以口出氣者、蝡蝡動貌、案跂者行貌也、高誘注淮南子原道訓云、跂跂行也、漢書東方朔傳云、跂跂脈脈善緣壁、喙者息貌也、謂跂跂而行、喙喙而息、蝡蝡而動也、廣雅喘喙俱訓爲息、喙息猶喘息也、新語道基篇云、跂行喘息蜎飛蝡動之類、王褒洞簫賦云、蟋蟀蚸蠖、蚑行喘息、是其證也、顏注以爲口喙之喙、失之、逸周書周祝解云、跂動噦息、淮南子俶真訓云、蚑行喘息、跂蚑古通用、喙噦喘古通用、凡病而短氣亦謂之喙、晉語余病喙矣、韋昭注云、喙、短氣貌、是也、懼而短氣亦謂之喙、宋玉高唐賦云、虎豹豺兕、失氣恐喙、是也、義與喙息之喙並相近、咶與喙古亦同聲、廣韻、咶、息聲也、王逸九思云、仰長歎兮氣餲結、悒殟絕兮咶復蘇、氣者、爾雅

氣靜也靜卽休息之意邶風谷風篇伊余來塈大雅假樂篇民之攸塈毛傳竝云塈息也塈與氣通欶吹者曹憲音釋欶虎夾反吹漢佳反各本吹譌作欳漢佳譌作漢家集韻類篇欳虛加切引廣雅欳息也虛加與漢家同音則宋時廣雅本已誤考說文玉篇廣韻俱無欳字玉篇廣韻竝云欶吹氣逆也廣韻吹火佳切火佳與漢佳同音今據以訂正奄者方言奄息也漢書司馬相如傳奄息蔥極張注云奄然休息也枚乘七發掩青蘋李善注引方言掩息也掩與奄通秦風有子車奄息義取諸此與䞣者檀弓云細人之愛人也以姑息姑與䞣通爾雅苦息也苦與䞣亦聲近義同䞣各本譌作䞣今訂正餽者方言餽息也周鄭宋沛之閒曰餽自關而西秦晉之閒或曰餽集韻類篇竝引廣雅餽息也今本脫餽字

㶳灼烔焯𤈦炘煆烪爆煉燒焫爇炙煬烈熻炎爟爇也

㶳者玉篇音徒甘切說文㶳小熱也引小雅節南山篇憂心㶳㶳今本作憂心如惔毛傳云惔燔也釋文惔韓詩作炎炎又後漢書章帝紀注引韓詩大雅雲漢篇如炎如焚今本作惔㶳惔炎竝聲近義同熱與熱

亦聲近義同、故釋名云、熱、爇也、如火所燒爇也、灼者、說文灼炙也、洛誥云、厥攸灼、烔者、衆經音義卷四引埤倉云、烔烔、熱皃也、廣韻引字林云、熱氣烔烔、爾雅爞爞、熏也、郭璞注云、旱熱熏炙人、大雅雲漢篇、蘊隆蟲蟲、毛傳云、蟲蟲而熱、釋文、蟲、韓詩作烔、烔爞蟲並聲近義同、焯者、廣韻、焯、火氣也、焯與灼亦聲近義同、煦煆者、方言、煦煆、熱也、吳越曰煦煆、說文、煦、烝也、昫、日出溫也、煦昫義相近、焮者、玉篇與焮同、許勤許靳二切、炙也、又熱也、昭十八年左傳、行火所焮、杜預注云、焮、炙也、說文、昕、旦明日將出也、徐鍇傳云、昕猶焮也、日炙物之皃、焮昕義亦相近、烄者、玉篇、烏來切、熱也、素問藏氣法時論云、病在腎、禁犯焠烄熱食溫炙衣、廣韻、烄又許其切、火盛也、說文、熹、炙也、襄三十年左傳、譆譆出出、杜預注云、譆譆、熱也、易林、噫嗌之皃云、火起我後、熹炙吾廬、烄熹譆並通、爆者、說文、爆、灼也、墨子親士篇云、靈龜近灼、神蛇近暴、暴與爆通、說文、暴、晞乾也、義亦相近、煉讀爲爛、集韻云、爛、或作煉、衆經音義卷七引廣雅、作爛、大雅生民篇、載燔載烈、鄭箋云、烈之言爛也、定三年左傳云、廢于鑪炭、爛遂卒、易林大壯之遯云、火爛銷金、燘卽熱字也、衆經音

義卷七引倉頡篇云爇燒也然也周官菙氏云以明
火爇燋郊特牲云然後焫蕭合羶薌列子黃帝篇云
入水不溺入火不熱爇熱焫竝通爇者說文然燒也
或作蘸漢書五行志云見巢爇然蘸爇竝同炙煬烈
熻者方言煬翕炙也煬烈暴也說文煬炙燥也方言
注云今江東呼火熾猛爲煬管子禁藏篇云夏日之
不煬非愛火也莊子盜跖篇云冬則煬之煬之言揚
也周官卜師揚火以作龜鄭注云揚猶熾也即郭所
云火熾猛也說文烈火猛也商頌長發篇云如火烈
烈又大雅生民篇載燔載烈毛傳云貫之加于火曰
烈烈各本譌作裂衆經音義卷七卷十七竝引廣雅
烈熱也今據以訂正方言又云翕熾也揚雄甘泉賦
翕赫曶霍李善注云翕赫盛兒翕與熻通炙各本譌
作炙與上炙字相複惟影宋本不譌莊子盜跖篇云
所謂無病而自灸也說文灸灼也玉篇云爇也爟者
說文舉火曰爟周官司爟鄭注云爟讀如予若觀火
之觀今燕俗名湯熱爲觀則爟火謂熱火與呂氏春
秋本味篇云爝以爟火漢書郊祀志通權火如淳注
云權舉也爟
觀權竝通

周帀辨接選延徧也

辨者、鄉飲酒禮、衆賓辯有脯醢、鄭注云、今文辯皆作徧、樂記其洽辯者其禮具、鄭注云、辯徧也、定八年左傳、子言辨舍爵於季氏之廟而出、杜預注云、辨猶周徧也、辨辯徧竝通、選延者、方言、選延徧也、選之言宣也、爾雅、宣徧也、呂刑云、延及于平民、罔不寇賊、

里宊閭衖㠁閈圹宇慇廛在於処所邱墟宙鄗聚落尻也

里者、周官遂人、五家爲鄰、五鄰爲里、廣韻引風俗通義云、里者止也、其居止也、爾雅、里邑也、鄭風將仲子篇傳云、里居也、漢書食貨志云、在埜曰廬、在邑曰里、居、方言說文廣雅作尻、經傳皆作居、古字假借耳、尻、集韻類篇引廣雅作宊、閭者、周官大司徒、五家爲比、五比爲閭、說文、閭侶也、二十五家相羣侶也、又云、閭里門也、案閭里一聲之轉、鄉謂之閭、遂謂之里、其義一也、二十五家謂之閭、故其門亦謂之閭也、衖者、鄭

風叔于田傳云巷里塗也爾雅作衖莊子讓王篇顏闔守陋閭苴布之衣而自飯牛陋閭即論語所謂陋巷故廣雅閭衖同訓爲居也壼者說文壼宮中道從口象宮垣道上之形引大雅旣醉篇室家之壼爾雅宮中衖謂之壼孫炎注云衖舍閒道也小雅巷伯箋云奄官掌王后之命於宮中爲近故謂之巷伯壼各本訛作壺今訂正閈者說文閈閭也汝南平輿里門曰閈漢書敘傳綰自同閈應劭注云盧綰與高祖同里楚名里門爲閈楚辭招魂去君之恒幹王逸注云或曰去君之恒閈閈里也楚人名里曰閈廣雅釋宮篇亦云閈里也里謂之閈故里門亦謂之閈管子立政篇云審閭閈是也此篇云閈居也居謂之閈故館門亦謂之閈襄三十一年左傳云完客所館高其閈閎厚其牆垣是也字書無圹字疑是广字之譌广字訛也說文广因厂爲屋也釋名釡广也其下廣大如广受人也大雅緜篇自土沮漆毛傳云土居也是广土皆爲居也宇者大雅緜篇聿來胥宇魯頌閟宮篇序頌僖公能復周公之宇周語使各有寧宇毛傳鄭箋韋注竝云宇居也尉壓者方言尉壓凥也江淮青徐之閒曰尉東齊海岱之閒曰壓大雅緜篇述大王

遷岐之事云、迺慰迺止、是慰爲居也、說文、廛、二畝半一家之居、從广里八土、魏風伐檀篇、胡取禾三百廛兮、毛傳云、一夫之居曰廛、周官載師、以廛里任國中之地、鄭注云、廛里者、若今云邑里居矣、廛民居之區域也、里居也、王制、市廛而不稅、鄭注云、廛、市物邸舍也、是凡言廛者皆居之義也、於亦在也、若曲禮云於外曰公、於其國曰君之類是也、於與居聲相近、背子儒效篇、隱於窮閻陋屋、韓詩外傳於作居、君道篇、其居鄉里也、韓詩外傳居作於、邱墟者、說文云、古者九夫爲井、四井爲邑、四邑爲邱、邱謂之虛、虛與墟同、釋名云、四邑爲邱、邱、聚也、十五年左傳、敗于宗邱、杜預注云、邱猶邑也、正義云、土之高者曰邱、衆之所聚爲邑、故邱猶邑也、檀弓、狐死正邱首、正義以邱爲狐窟、是凡言邱者皆居之義也、墟猶邱也、語之轉耳、莊子秋水篇、井鼃不可以語於海者、拘於虛也、言井鼃囿於所居也、崔譔注以虛爲空、失之、風俗通義云、今故廬居處高下者名爲墟、李善注西征賦引聲類云、墟故所居也、邱墟皆故所居之地、若傳稱帝邱商邱夏虛殷虛、少皞之虛大皞之虛祝融之虛顓頊之虛之類、皆是也、宙與宇義相近、說文、宇、屋邊也、宙、舟輿所極覆也徐鍇傳云淮南子往古來今謂之宙四方上下謂之宇凡天地之居萬物猶室居之遷貿而不覺也莊子庚桑楚篇云有實而無乎處者宇也有長而無本剽者宙也淮南子覽冥訓鳳皇之翔至德也燕雀佼之以爲不能與之爭於宇宙之間高誘注云宇屋簷也宙棟梁也是凡言宇宙者皆居之義也鄭古通作黨大司徒四閭爲族五族爲黨閭族黨皆聚居之義唐風葛生篇云歸于其居齊策云歸於何黨黨亦居也淮南子道應訓云我南游乎罔㝗之野北息乎沈墨之鄉西窮冥冥之黨聚落者說文邑落曰聚衆經音義卷十四引韋昭漢書注云小鄉曰聚逸周書大聚解云來遠賓廉近者道别其陰陽之利相土地之宜水土之便營邑制命之曰大聚史記五帝紀云一年而所居成聚二年成邑三年成都落亦聚也鹽鐵論散不足篇云田野不辟而飾亭落漢書溝洫志云稍築室宅遂成聚落今人亦云聚落邨落院落落落之言聯絡也籬謂之落義亦相近也

𢗳慢悷𢡱紿遲繟譠謾挺𢘍弛遟甘䪌緩也

悷者，說文：「悷，肆也。」小爾雅云：「肆，緩也。」悷、遟並音他內反，其義同也。墨子非儒篇：「立命而怠事。」晏子春秋外篇「怠」作「逮」，「逮」即「悷」字也。緩者，說文：「緩，緩也。」玉篇音他丁切，集韻又音盈。大雅雲漢篇：「大夫君子，昭假無羸。」鄭箋訓羸爲緩，義與緩同。月令：「天地始肅，不可以羸。」鄭注云：「羸猶解也。」義亦與緩同。給與怠同。繟者，說文：「繟，帶緩也。」釋訓篇云：「繟繟，緩也。」樂記：「其聲嘽以緩。」注云：「嘽，寬綽貌。」又「嘽諧慢易繁文簡節之音」，史記樂書「嘽諧」作「嘽緩」。王褒四子講德論云：「嘽緩舒繹。」馬融長笛賦云：「從容闡緩。」嘽、闡並與繟通。列子力命篇：「嘽咺憋懯。」張湛注以嘽咺爲迂緩，憋懯爲急速。嘽咺與嘽緩古亦同聲。繟，曹憲音闡。各本「闡」字誤入正文，惟影宋本、皇甫本不誤。謾或作僈。僈賈子勸學篇：「舜僶俛而加志，我僈僈而弗省。」僈僈謂怠緩也。淮南子脩務訓作「誕謾」，並字異而義同。王褒洞簫賦云：「其奏歡娛，則莫不憚漫衍凱，阿那腲腇。」憚漫亦舒緩之意，猶言「樂心感者，其聲嘽以緩」也。諸書無訓挺爲緩者，挺當爲挻字之誤也。吳語：「王安挺志。」韋昭注云：「挺，寬也。」呂氏春秋仲夏紀：「挺衆囚，益其食。」高誘注云：「挺，緩也。」勿躬篇：「百官慎職，而莫敢愉綎。」注云：「愉，解也；綎，緩也、綖、與挺通。後漢書臧宮傳、宜小挺緩、令得逃亾。傅燮傳、賊得寬挺。李賢注竝云、挺、解也。解亦緩也。故序卦傳云、解者、緩也。緤者、說文、緤、偏緩也。釋訓篇云、緤緤、緩也。繟緤竝音昌善反、其義同也。弛、本作弛、說文、弛、弓解也。周官大司徒云、四曰弛力。退者、說文、復、卻也、一曰行遲也。古文作退。方言、退、緩也。甘者、莊子天道篇云、斲輪徐則甘而不固、疾則苦而不入。淮南子道應訓與莊子同。高誘注云、苦、急意也。甘、緩意也。韜者、卷三云、韜、寬也。說文、[牛舀]、牛徐行也。讀若滔。義亦與韜同。

儋由胥輔佐佑虞護勸救吹扇埤役賻助也

儋者、玉篇、贍、周也、假助也。集韻、贍、或作儋、亦通作澹。由胥者、方言、胥、由、輔也。吳越曰胥、燕之北鄙曰由。郭璞注云、胥、相也。由、正也。皆謂輔持也。案由之言道也。爾雅、道、助、勴也。虞者、大雅雲漢六章云、昊天上帝、則不我虞。鄭箋、虞、度也。案虞者、助也。四章云、羣公先正、則不我助。意與此同。詳見卷一虞有也下。虞護聲相近、故皆爲助也。勸者、盤庚云、女誕勸憂。君奭云、在昔上帝割申勸寧王之德。皆助之義也。吹扇者、方言、吹扇、助也、注云、吹嘘扇拂、皆相佐助也、埤者、說文、埤、增也、錍、益也、裨、接益也、埤錍裨竝通、役者、少儀云、怠則張而相之、廢則埽而更之、謂之社稷之役、鄭注云、役爲也、正義云、爲謂助爲也、賻者、士喪禮下篇云、知死者贈、知生者賻、荀子大略篇云、貨財曰賻、輿馬曰賵、衣服曰襚、玩好曰贈、玉貝曰唅、賻賵所以佐生也、贈襚、所以送死也、太平御覽引春秋說題辭云、賻之爲言助也、士喪禮下篇注云、賻之言補也、助也、

娤襐賁容潤養文字飾也

娤者、說文、妝、飾也、宋玉登徒子好色賦云、不待飾裝、漢書司馬相如傳云、靚莊刻飾、娤妝裝莊竝通、襐者、釋言云、裝、襐也、說文、襐、飾也、玉篇、似丈切、云、首飾也、急就篇襐飾刻畫無等雙、顏師古注云、襐飾、盛服飾也、也、漢書外戚傳襐飾、顏注云、盛飾也、一曰首飾在兩耳後、刻鏤而爲之、惠氏定宇毛詩古義云、象服是宜傳云、象服、尊者所以爲飾、象與襐同、正義以爲象骨飾服失之、賁者、序卦傳云、賁者、飾也、小雅白駒篇、皎皎白駒、賁然來思、毛傳云、賁、飾也、潤者、論語憲問篇云、東里子產潤色之、字者、說文序云、形聲相益謂之

字字者孳乳而浸多也廣韻引春秋說題辭云字者飾也各本容字重出今刪

捈搯掏舀戽攣挹斛𣂏抒也

說文抒挹也大雅生民釋文引倉頡篇云抒取出也管子禁藏篇云抒井易水捈者引之抒也卷一云捈引也法言問神篇云捈中心之所欲搯掏一字也說文搯搯捾也衆經音義卷七引通俗文云捾出曰掏潛夫論救邊篇云若排糠障風掏沙壅河今俗語猶呼捾取物爲掏矣舀亦搯也玉篇音翼珠弋周以沼三切今俗語云舀水是也說文舀抒臼也引大雅生民篇或簸或舀今本作或舂或揄毛傳云揄抒臼也正義云謂抒米出臼也說文舀或作抌周官舂人女舂抌二人鄭注云抌抒臼也引詩或舂或抌少牢下篇二手執挑匕枋以挹湆鄭注云挑謂之畝讀如或舂或抌之抌字或作挑挑者秦人語也挑長枋可以抒物於器中者舀抌既揄挑五字竝聲近義同少牢下篇釋文挑又音他羔反挑與搯掏聲亦相近也戽者太平御覽引纂文云涓斗抒水斗也釋器篇云涓斗謂之梪涓與戽同今俗語猶云戽水矣攣者說文

攣、抒滿也、衆經音義卷四引通俗文云、汲取曰攣把者、說文、挹、抒也、小雅大東篇、不可以挹酒漿、毛傳云挹、㪺也、斛者、玉篇呼活烏活二切、抒也、廣韻云、舀水也、說文、斡、蠡柄也、徐鍇傳云、蠡、所以抗也、又說文、揞、揞也、義並與斛同、斛、各本作斟、乃隸書之譌、今訂正、㪺者、說文、㪺、挹也、小雅賓之初筵篇、賓載手仇、鄭箋讀仇爲㪺、謂手挹酒也、張衡思元賦云、㪺白水以爲漿、喪大記釋文云、㪺、水斗也、引何氏隱義云、容四升、㪺、各本譌作斞、今訂正、

黜闕虧缺拂發桀除祛離竭遯放逸㚘徂遜行袪莫謝渡厺也

闕者、周官稾人、凶者闕之、鄭注云、闕、猶除也、拂、亦除也、義見卷三拂除也下、諸書無訓桀爲去者、桀蓋枼字之誤、枼、字亦作刊、禹貢、隨山刊木、鄭注、訓刊爲除、史記夏本紀及漢書地理志並作枼、又九山刊旅、史記漢書亦作枼、枼與除同義、故俱訓爲去也、祛、去古同聲、祛、各本譌作裕、卷三內、祛、開也、祛字譌作裕、正

與此同、文選殷仲文南州桓公九井詩注、引薛君韓詩章句云、祛、去也、衆經音義卷十引廣雅、祛、除、去也、今據以訂正、朅者、說文、朅、去也、從去曷聲、楚辭九辯云、車既駕兮朅而歸、呂氏春秋士容論云、富貴弗就而貧賤弗朅、朅、各本訛作碣、今訂正、遯與遯聲相近、爾雅、遯、遯也、郭璞注云、謂逃去也、微子云、吾家耄遯于荒、春秋莊元年、夫人孫于齊、孫與遜通、抾莫者、方言、抾摸、去也、齊趙之總語也、抾摸、猶言持去也、摸與莫通、揚雄羽獵賦、抾靈蠵、韋昭注云、抾、捧也、即持去之義也、抾、各本訛作怯、今訂正、謝者、說文、謝、辭去也、楚辭九章、願歲并謝、王逸注云、謝、去也、渡者、九歎、年忽忽而日度、注云、度、去也、度、與渡通、各本去字訛作谷、谷下又有去字、案去字篆作厺、隸作去、又作厺、故訛而爲谷、上文祛訛作裕、朅訛作碣、正與此同、其下一去字、則曹憲之音、誤人正文者耳、今訂正、

斬割鋠裂摫裁也

鋠摫者、方言、鋠、摫、裁也、梁益之間、裁木爲器曰鋠、裂帛爲衣曰摫、郭璞注、鋠、音劈歷之劈、摫、音規、鋠之言

劈、摫之言封也。漢書藝文志、鉤鈲析亂、顔師古注云、鈲、破也。左思蜀都賦云、鈲摫兼呈。謝靈運山居賦云、鈲摫之端。鈲、各本訛作鋠。今訂正。

搢戢箴扱插也

搢者、鄉射禮、搢三而挾一个。鄭注云、搢、插也。士喪禮、搢笏。鄭注云、搢、捷也。内則、搢笏。鄭注云、搢、猶扱也。周官典瑞、王晉大圭。鄭衆注云、晉讀爲搢紳之搢、謂臿於紳帶之閒。荀子禮論篇云、縉紳而無鉤帶。喪大記云、徒跣扱衽。管子小匡篇云、管仲詘纓插衽。搢、縉、晉、古通用。插、臿、扱、捷、古通用。晉訓爲插、故殳矛柄所插亦謂之晉。考工記廬人、凡爲殳、參分其圍、去一以爲晉圍。凡爲酋矛、五分其圍、去一以爲晉圍。鄭注云、晉讀如王搢大圭之搢、矜所插也。又案搢之言進也。進笏於紳帶之閒、故曰搢紳。史記五帝紀作薦紳。爾雅曰、薦、進也。易曰、晉、進也。周官作晉。史記作薦。其義一也。徐邈禮記音讀搢爲箭。釋名云、矢謂之箭。箭、進也。義亦同矣。戢者、小雅鴛鴦篇、戢其左翼。韓詩云、戢、捷也。捷其噣於左也。箴、或作鍼。文王世子、其刑罪則纖剸。鄭注云、韱讀爲鍼、鍼、刺也。說文、插、刺入也。是箴與插同義。

脎臁𦟝泡𠈌䑋韡熓薀茂昆渾昌阜溢腯肥𦝫浡盛也

脎者、玉篇、脎、肥美也。臁𦟝泡𠈌䑋者、方言、𠈌、䑋、臁、𦟝、泡、盛也。𠈌、自關而西秦晉之閒語也。陳宋之閒曰𦟝。江淮之閒曰泡。秦晉或曰臁。梁益之閒、凡人言盛、及其所愛、偉其肥晠、謂之臁。晠與盛同。郭璞注云、臁、音壤。肥臁多肉也。釋訓篇云、臁臁、肥也。說文、孃、肥大也。淮南子原道訓云、田者爭處墝埆、以封壤肥饒相讓。後漢書馬援傳云、其田土肥壤。漢書張敞傳、長安中浩穰。顏師古注云、穰、盛也。音人掌反。臁孃壤穰並通。集韻臁又音如陽切。凡詩言降福穰穰、豐年穰穰、零露瀼瀼、皆盛多之意。義與臁相近也。臁亦脎也。語之轉耳。說文、壤、柔土也。又云、畭、和田也。鄭注大司徒云、壤和緩之貌。脎之轉爲臁、猶畭之轉爲壤矣。方言注云、𦟝佯、龐大貌。泡肥、洪張貌。西山經、其源渾渾泡泡。郭璞注云、水濆涌之聲也。文選洞簫賦、又似流波、泡溲泛淒。李善注云、泡溲、盛多皃。義並相近也。方言注云、𠈌言瓌瑋也。說文、傀、偉也。莊子列御寇篇、達生之情者傀、郭象注云、傀然大、司馬相如子虛賦云、俶儻瑰瑋、褢傀瑰瓌竝通、玉篇、䐜、盛肥也、方言注云、䐜呬、充壯也、說文、奰、壯大也、亦作奰、大雅蕩篇、內奰于中國、毛傳云、不醉而怒曰奰、正義云、奰者、怒而作氣之貌、張衡西京賦、巨靈贔屓、薛綜注云、贔屓、作力之貌也、贔屓與䐜呬通、韡者、說文、韡、盛也、引小雅常棣篇鄂不韡韡、今本作韡、毛傳云、韡韡、光明也、韡韡、韡韡竝同、釋訓篇云、煒煒、盛也、說文云、偉、奇也、煒、盛赤也、義竝與韡同、蘊者、方言、蘊、晠也、注云、蘊藹、茂貌、蘊與薀同、大雅雲漢篇云、旱既大甚、蘊隆蟲蟲、是盛之義也、釋文、蘊、韓詩作鬱、秦風晨風篇云、鬱彼北林、亦盛之義也、蘊鬱語之轉耳、昆讀爲焜、方言、焜、晠也、注云、焜煌晠貌也、說文、焜、煌也、昭三年左傳、焜燿寡人之望、服虔注云、焜、明也、燿、照也、釋文、焜、胡本反、又音昆、鄭注王制云、昆、明也、司馬相如封禪文云、煥炳煇煌、急就篇云、靳靷鞥鞊色焜煌、焜、昆、煇竝通、渾與昆聲相近、方言、渾、盛也、說文、混、豐流也、渾、混、流聲也、荀子富國篇云、財貨渾渾如泉源、皆盛之義也、渾與混通、皋者鄭風大叔于田篇、火烈具皋、周官大宰、皋通貨賄、毛傳鄭注竝云、皋、盛也、皋、茂聲相近、故風俗通義云、皋者、茂也。脂者、方言、脂、晠也。注云、脂脂、肥充也。說文、牛羊曰肥、豕曰腯。字或作腞。曲禮、豚曰腯肥。鄭注云、腞、亦肥也。桓六年左傳、吾牲牷肥腯。杜預注與鄭同。正義云、重言肥腯者、古人自有複語耳。服虔云、牛羊曰肥、豕曰腯。案禮記豚亦稱肥、非獨牛羊也。今案傳云備腯咸有、則腯亦不專屬豕。孔說是也。奇者、玉篇引埤倉云、奇、肥大也。釋訓篇云、奇奇、肥也。浡者、爾雅、浡作也。郭璞注云、浡然興作貌。莊十一年左傳、其興也浡焉。杜預注云、浡、盛貌。論語鄉黨篇、勃如戰色、亦謂盛氣貌也。釋訓篇云、勃勃、盛也。勃與浡通。

嫢笙揫摻精䜌稗細纖徵䌸紗麽㦗私策葼㣈稅杪肖心匾眇貌鄙小也耑

嫢、笙、揫、摻者、方言、嫢、笙、揫、摻、細也。自關而西秦晉之間、凡細而有容謂之嫢、凡細貌謂之笙、斂物而細謂之揫、或曰摻。郭璞注云、嫢嫢、小成貌。嫢嫢、猶規規也。莊子秋水篇云、子乃規規然而求之以察、索之以辯。不亦小乎。說文、䅎、小頭䅎䅎也。讀若規。義並同也。說文、秦晉謂細要曰嫢。廣韻、孊、細繩也。嫢、孊並音姊宜反義亦同也笙之言星星也周官內饔豕盲眡而交睫腥鄭注云腥當爲星肉有如米者似星星與笙聲近義同鄉飲酒義秋之爲言愁也鄭注云愁讀爲揫揫斂也漢書律歷志云秋𩏂也物𩏂斂乃成孰說文云𩏂收束也從韋𥼚聲或從手秋聲作揫又云𥼚小也𥼚訓爲小𩏂揫訓爲斂物斂則小故方言云斂物而細謂之揫揫𩏂𥼚並聲近義同說文啾小兒聲也字亦作噍三年問云小者至於燕雀猶有啁噍之頃㝑呂氏春秋求人篇啁噍巢於林不過一枝高誘注云啁噍小鳥也方言云雞雛徐魯之間謂之稚子揫啾稚並音即由反義亦同也揫各本作揫乃隸書之訛今訂正鄭風遵大路篇摻執子之祛兮正義引說文云摻斂也故斂物而細或謂之摻摻之言纖也魏風葛屨篇摻摻女手毛傳云摻摻猶纖纖也古詩云纖纖出素手纖與摻聲近義同精糳粺皆米之細者也糳通作糳桓二年左傳粢食不糳淮南子主術訓作糳高誘注云糳細也楚辭離騷精瓊爢以爲粻王逸注云精糳也九章云糳申椒以爲糧精糳語之轉耳大雅召旻篇彼疏斯粺毛傳云彼宜食疏今反食精粺鹽鐵論國病篇云婢妾衣紈履絲匹庶粺飯肉

食粺與稗通漢書藝文志小說家者流蓋出於稗官如淳注云九章細米爲稗街談巷說甚細碎之言也王者欲知閭巷風俗故立稗官使稱說之義亦同也說文云糲米一斛舂爲九斗曰鑿粺毇也毇糲米一斛舂爲八斗也糲或作糲召旻箋云米之率糲十粺九鑿八侍御七正義云九章粟米之法云粟率五十糲米三十粺二十七鑿二十四御二十一言粟五升爲糲米三升以下則米漸細故數益少也案鄭箋言粺九鑿八九章算術言粺二十七鑿二十四皆是鑿細於粺說文以糲米一斛舂九斗爲鑿八斗爲粺則是粺細於鑿未知孰是緜者說文緜聯微也大雅緜篇緜緜瓜瓞鄭箋云緜緜然若將無長大時逸周書和寤解云緜緜不絕蔓蔓若何小雅緜蠻篇緜蠻黃鳥毛傳云緜蠻小鳥貌義竝同也紗麼與幺麼同紗各本訛作紗自宋時本已然故集韻類篇紗字竝音師加切引廣雅紗小也案說文玉篇廣韻俱無紗字集韻師加切之音未詳所據說文幺小也漢書食貨志云次七分三銖曰幺錢爾雅豕子豬幺幼郭璞注云最後生者俗呼爲幺豚衆經音義卷七引三倉云麼微也列子湯問篇江浦之間有麼蟲張湛注云麼

細也。麼之言靡也。張注上林賦云：靡，細也。靡、麼古同
聲。尉繚子守權篇云：幺麼毀瘠者，幷於後。鶡冠子道
端篇云：任用幺麼。漢書敘傳：又況幺麼尚不及數子。
鄭氏注云：麼，小也。文選作麼。李善注引通俗文云：不
長曰幺，細小曰麼。玉篇：𡕛，尨小兒也，音乙肖切。集韻
又音幺，云：小意也。是𡕛與幺同。𡕛、麼俱訓爲小，廣雅
𡕛字在麼字上，明是𡕛字之訛。集韻音師加切，非是。
今訂正。懱、私、茦、蔑者，方言：私、茦，小也。自關而西秦晉
之郊、梁益之間，凡物小者謂之私。江淮陳楚之內謂
木細枝爲蔑。青齊兗冀之間謂之蔑。燕之北鄙、朝鮮
洌水之間謂之茦。蔑與懱同。郭璞注云：蔑，小貌也。法
言學行篇云：視日月而知衆星之蔑也，仰聖人而知
衆說之小也。又君奭茲迪彝教文王蔑德，鄭注云：蔑，
小也。正義云：小，謂精微也。逸周書祭公解：追學於文
武之蔑。孔晁注云：言追學文武之微德也。說文：懱，輕
易也。輕易亦小也。今人猶謂輕視人爲蔑視。周語：鄭
未失周典，王而蔑之，是不明賢也。韋昭注云：蔑，小也。
蔑與懱同。又廣韻：絤，莫結切，引倉頡篇云：絤，細也。玉
篇：⿰面幾，面小也。說文：⿰糸幾，數也。衆經音義卷十引埤倉云：
篾，析竹膚也。字通作蔑。顧命：敷重蔑席。鄭注云：蔑，析

竹之次青者。玉篇䴑䴑雀也。字亦通作㦰。方言桑飛自關而西或謂之㦰爵。注云即鷦鷯也。㦰言㦰截也。廣韻蠽尐小也。蠽尐與㦰截同。荀子勸學篇南方有鳥焉。名曰蒙鳩。楊倞注云。蒙鳩鷦鷯也。蒙鳩猶言蔑雀。蔑蒙語之轉耳。爾雅蠓蠛蠓。李善注甘泉賦引孫炎注云。蟲小於蚊。是凡言蔑者皆小之義也。私亦細也。方俗語有緩急耳。方言引傳曰。慈母之怒子也。雖折葼笞之。其惠存焉。左思魏都賦弱葼係實。張載注云。葼木之細枝者也。案葼者細密之貌。爾雅緵罟謂之九罭。九罭魚罔也。注云。今之百囊罟是也。說文布之八十縷爲稯。玉篇騣馬鬛也。皆細密之義也。豳風七月篇言私其豵。獻豜于公。毛傳云。豕一歲曰豵。三歲曰豜。大獸公之。小獸私之。義亦同也。卷三云。葼聚也。說文㚇斂足也。爾雅揫斂聚也。揫與㚇一聲之轉。斂與小義相近。故小謂之葼。亦謂之揫。聚斂謂之揫。亦謂之㚇矣。㡀之言蔽蔽也。說文蔽蔽小草也。召南甘棠篇蔽芾甘棠。毛傳云。蔽芾小貌。蔽與㡀聲近義同。㡀各本訛作㡀。今訂正。莌杪者。方言莌杪小也。凡草生而初達謂之莌。木細枝謂之杪。注云。莌音鋭。鋒萌始出也。左思吳都賦云。鬱兮莌茂。莌之言鋭也。昭十六年左傳不亦銳乎杜預注云銳細小也說文銳芒也爾雅再成銳上爲融丘注云鐵頂者義並與䅑同說文餟小餟也餟與䅑亦聲近義同方言注云杪言杪梢也說文杪木標末也漢書敘傳造計秒忽劉德注云秒禾芒也忽蜘蛛網細者也秒與杪同義下文眇藐二字義亦同也凡物之銳者皆有小義故小謂之㮨釋器篇又云石鍼謂之㮨廣韻㮨㮨並音姊宜切其義同也小謂之纖故利亦謂之銛銛舌屬亦謂之銛漢書賈誼傳莫邪爲鈍兮鉛刀爲銛晉灼注云世俗謂利爲銛徹說文云銛舌屬也小謂之朿故刺亦謂之朿爾雅朿刺注云草刺針也方言凡草木刺人者北燕朝鮮之間謂之朿小謂之銳故兵芒亦謂之銳草初生亦謂之䅑小謂之眇故木末亦謂之杪禾芒亦謂之秒是凡物之銳者皆與小同義也肖者方言肖小也莊子列御寇篇達生之情者傀達於知者肖傀者大也肖者小也肖與傀正相反郭象注以傀爲大是也其以肖爲失散則非肖猶宵也學記宵雅肄三鄭注云宵之言小也宵肖古同聲故漢書刑法志肖字通作宵史記太史公自序申呂肖矣徐廣注云肖音痟痟猶衰微義並同也尐者說文尐少也從

小丨聲物多則大少則小故方言云㞢小也廣韻䤛㞢小也方言注作㦙㦨孟子告子篇力不能勝一匹雛趙岐注云言我力不能勝一小雛孫奭音義云匹丁作疋方言㞢小也葢與疋字相似後人傳寫誤耳案孫說是也玉篇鸄小雞也鸄與㞢通小雞謂之鸄猶小蟬謂之䘉爾雅䘉茅蜩注云江東呼爲茅䘉似蟬而小說文䰗束髮少小也張衡西京賦云朱鬟䰗髽㞢鸄䘉䰗並音姊列反其義同也方言謂小雞爲秥子秥鸄一聲之轉廣韻吡姊列切鳴吡吡也吡吡猶啾啾啾吡亦一聲之轉也區之言區區也義見釋訓區區小也下鄙者論語憲問篇云鄙哉硜硜乎呂氏春秋尊師篇子張魯之鄙家也注云鄙小也釋名云鄙否也小邑不能遠通也說文啚嗇也義與鄙同耑者說文耑物初生之題也方言末緒也南楚或曰端或曰末皆小之義也端與耑通書大傳以朝乘車輲輪送至于家鄭注云言輲輪明其小也小雅小宛篇云惴惴小心齊策云安平君以惴惴之卽墨三里之城五里之郭敝卒七千禽其司馬而反千里之齊潛夫論救邊篇云訾樂毅以傅傅之小燕破滅彊齊並與耑聲近義同玉篇引廣雅耑小也今本脫耑字

鬱巸俴儠檄箾橢剢呂僓迒暢從挻鋋抒隑脩敻繹覃尋將枚袤長也曼

鬱巸者，方言：鬱巸，長也。郭璞注云：謂壯大也。小雅正月篇：有菀其特。鄭箋云：菀然茂特。司馬相如長門賦云：正殿塊以造天兮，鬱並起而穹崇。班固西都賦云：神明鬱其特起。皆高出之貌，義與長相近也。鬱與菀通。俴者，玉篇：俴俴，長皃。儠者，說文：儠，長壯儠儠也。引昭七年左傳：長儠者相之。今傳作鬣，所見本異也。說文：鬣，髮鬣鬣也。爾雅：犣牛。郭璞注云：旄牛也。髀厀尾皆有長毛。義並與儠同。檄者，爾雅釋木：梢，梢擢。注云：謂木無枝柯，梢擢長而殺者。又無枝爲檄。注云：檄擢直上。是檄爲長也。箾者，狹長也。說文：箾，斷竹也。史記三王世家：廣陵王策云：毋侗好佚。褚少孫釋之云：毋長好佚樂也。論衡齊世篇云：上世之人，侗長佼好。義並與箾同。釋名云：山旁隴間曰涌。涌，猶桶。桶，狹而長也。亦與箾聲近義同。橢亦狹長也。爾雅：蜻，小而橢。注云：橢謂狹而長。楚辭天問篇云：南北順橢，其衍幾何。豳風破斧傳云：隋銎曰斧，方銎曰斨。隋與橢通。說文：

橢、車笭中橢橢器也。又云、隋、山之墮墮者、爾雅、巒、山墮、注云、謂山形長狹者。引周頌般篇墮山喬嶽、義竝與橢同。矧、呂者、方言、矤、呂、長也。東齊曰矤、宋魯曰呂。注云、矤、古矧字。矧之言引也。爾雅、引、長也。儥者、說文、儥、長皃。玉篇云、長好皃。迒者、方言、迒、長也。玉篇云、長道也。張衡西京賦云、迒杜蹊塞。暘、長聲相近。鄭注月令云、暢猶充也。說文、充、長也。秦風小戎篇、文茵暢轂、毛傳云、暢轂、長轂也。暢與暘通。從者、東西曰横、南北曰從。横爲廣、從爲長也。挺之言延也。說文、挺、長也。商頌殷武篇、松桷有梴、毛傳云、梴、長皃。義與挺同。鋌亦挺也。廣韻云、鋌、物令長也。釋訓篇云、振搖、展極也。玉篇云、振搖、醜長皃。說文、蚩、蟲曳行也。鋌、蚩、振竝音恥輦反、其義同也。抒、或作杼。方言云、燕記曰、豐人杼首、杼首、長首也。燕謂之杼。左思魏都賦云、巷無杼首、長與久同義、故長謂之杼、久謂之佇。爾雅、佇、久也。邶風燕燕篇、佇立以泣。毛傳云、佇立、久立也。說文、眝、長眙也。通作竚。楚辭九章云、思美人兮、擥涕而竚眙。抒、佇、眝竝音直呂反、其義同也。隥者、漢書司馬相如傳、隂曲江之隥州兮、張注云、隥、長也。夐者、文十四年穀梁傳、夐入千乘之國、范甯注云、夐猶遠也。說文、長、久、遠也遠與長亦同義繹者方言繹長也說文繹抽絲也爾雅繹又祭也周曰繹商曰肜高宗肜日正義引孫炎注云繹祭之明日尋繹復祭也肜者亦相尋不絕之意何休注宣八年公羊傳云繹者繼昨日事肜者肜肜不絕肜繹一聲之轉皆長之義也爾雅釋山屬者嶧注云言絡繹相連屬廣雅釋器云繹長襦也義並與繹同覃者爾雅覃延也注云謂蔓延相被及大雅生民篇實覃實訏毛傳云覃長也說文覃長味也又云醰甛長味也王褒洞簫賦云良醰醰而有味義並同也尋亦覃也方言尋長也海岱大野之閒曰尋自關而西秦晉梁益之閒凡物長謂之尋淮南子齊俗訓云峻木尋枝大荒北經有岳之山尋竹生焉郭璞注云尋大竹名說文尋繹理也度人之兩臂爲尋八尺也方言云周官之法度廣爲尋幅廣爲充皆長之義也凡對文則廣與長異散文則廣亦長也故廣謂之充亦謂之尋長謂之尋亦謂之充說文訓充爲長是其證矣將者商頌烈祖篇我受命溥將將長也卽卷阿所云爾受命長也鄭箋訓將爲助失之楚辭九辯恐余壽之弗將王逸注云將長也袤者小爾雅袤長也說文南北曰袤東西曰廣案對文則橫長謂

之廣、從長謂之袤、墨子備城門篇、廣九尺、袤十二尺、是也、散文則横長亦謂之袤、周長亦謂之袤、史記蒙恬傳云、起臨洮至遼東、延袤萬餘里、漢書揚雄傳云、周袤數百里、是也、曼者、說文、曼、引也、引亦長也、魯頌閟宮篇、孔曼且碩、毛傳云、曼、長也、字通作蔓、鄭風野有蔓草傳云、蔓、延也、延亦長也、衆經音義卷六卷十四、竝引廣雅、曼、長也、今本脫曼字、

乾倢蹻狢犺威𩴾猛壯獜武狡偈怒驍健也

乾者、繫辭傳云、夫乾、天下之至健也、夫坤、天下之至順也、說卦傳云、乾、健也、坤、順也、乾健同聲、坤順同聲、天行健、地勢坤、健、卽乾也、坤、卽順也、互文見義耳、倢者、說文、疌、疾也、大雅烝民篇云、征夫捷捷、漢書東方朔傳云、捷若慶忌、皆健之義也、倢捷疌竝通、蹻讀爲趫、說文、趫、善緣木之才、玉篇音去驕切、呂氏春秋悔過篇、氣之趫與力之盛、高誘注云、趫、壯也、張衡西京賦云、非都盧之輕趫、孰能超而究升、顏延之赭白馬賦、捷趫夫之敵手、李善注引廣雅、蹻、健也、蹻與趫通、衞風碩人篇、四牡有驕、毛傳云、驕、壯貌、釋文音起橋

反。驕與趫亦同義。中庸「箴哉矯」，鄭注云：「矯，貌矯。」與趫亦聲近義同。狢，各本譌作狢，集韻、類篇竝引廣雅狢、犺，健也。今據以訂正。犺者，說文「健，伉也」。又云：「犺，健犬也。」漢書宣帝紀「伉健習騎射」，顏師古注云：「伉，強也。」公羊傳宣十五年注云：「辨護伉健者爲里正。」伉與犺通。魑者，玉篇音仕交切，云「剽輕爲害之鬼也」。衆經音義卷十二引聲類云：「魑，疾也。」廣韻又楚交切，云「疾兒」。字亦作訬。玉篇：「訬，健也，疾也。」淮南子脩務訓「越人有重遲者，而人謂之訬」，高誘注云：「訬，輕秒急疾也。」魑，曹憲音巢。各本巢字譌入正文，惟影宋本、皇甫本不誤。凡健與疾義相近，故疾謂之捷，亦謂之魑，亦謂之壯，亦謂之偈；健謂之偈，亦謂之壯，亦謂之魑，亦謂之捷。健謂之㦻，猶疾謂之咸也；健謂之武，猶疾謂之舞也。卷一云：「舞、偈，疾也。」爾雅云：「疾，壯也。」雜卦傳云：「咸，速也。」是其證矣。獜者，說文：「獜，健也。」引齊風盧獜獜，今詩獜作令，所見本異也。狡者，大戴禮千乘篇云「壯狡用力」，呂氏春秋仲夏紀「養壯狡」，高誘注云：「壯狡，多力之士。」月令狡作佼，古字假借耳。呂氏春秋禁塞篇云「老幼壯佼」是也。正義以佼爲形容佼好，失之。偈者，玉篇音近烈切，武兒。引衞風伯兮篇「伯兮偈兮」，今詩作朅，毛傳云、揭、武壯貌、又碩人篇、庶士有揭、毛傳云、揭、武壯貌、釋文、揭、韓詩作桀、云、健也、太元闕次八、其人暉且偈、釋文云、偈、武也、偈揭桀竝通、詩伯兮傳云、桀、特立也、特立、郎健之義、故人之特立者謂之傑、木之特立者謂之楬、石之特立者謂之碣、義竝同也、怒者、莊子逍遙遊篇云、怒而飛、其翼若垂天之雲、人閒世篇云、怒其臂以當車轍、後漢書第五倫傳、鮮車怒馬、李賢注云、怒馬、謂馬之肥壯、其氣憤盈也、皆健之義也、凡人怒則其氣憤盈、故喜怒之怒亦有健義、又廣韻、努、努力也、釋名、駑、怒也、有勢怒也、怒努駑義竝相近、驍者、玉篇、驍、勇急捷也、史記留矦世家云、九江王黥布楚梟將、梟與驍通、

攱閣堪輂加輿載也

攱閣二字、義見卷三載閣攱也下、堪輂者、方言、堪輂、載也、又云、龕、受也、揚越曰龕、受盛也、猶秦晉言容盛也、郭璞注云、今云、龕囊、依此名也、龕與堪同聲、盛與載義相近、郭注又云、輂輿、載物者也、說文、輂、大車駕馬也、周官鄉師、與其輂輦、鄭注云、輂、駕馬、輦、人輓行、所以載任器也、管子海王篇云、行服連軺輂者、必有

一斤一鋸一椎一鑿、若其事立。史記夏本紀、山行乘欙。漢書溝洫志作山行則梮、韋昭注云、梮、木器、如今輿牀、人舉以行也。梮與欙同、欙亦有載義、故書言予乘四載也。襄九年左傳、陳畚挶。漢書五行志作畚、應劭注云、畚、所以輿土也。說文、梮、舉食者。徐鍇傳云、如今食牀、兩頭有柄、二人對舉之。是凡言畚者皆載之義也。

𦇧剿接撚未連似臬屬結續也 絣

𦇧剿者、方言、𦇧剿續也。秦晉續折木謂之𦇧、繩索謂之剿。淮南子氾論訓云、緂麻索縷。人閒訓云、婦人不得剡麻考縷。緂剡、竝與𦇧通。高誘注訓緂爲鋭、失之。說文、緁、緶衣也。漢書賈誼傳、緁以偏諸。晉灼注云、以偏諸緁著衣也。廣韻、緁、連緁也。剿緁竝音且葉反、義相近也。撚未者、方言、撚未續也。衆經音義卷十四引方言而釋之云、撚謂兩指索之相接續也。逸周書大武解、後動撚之。孔晁注云、撚、從也。從亦相續之意。未與續義不相近。方言廣雅未字、疑皆末字之譌。方言、末、隨也。隨亦相續之意。似者、小雅斯干篇、似續妣祖。

周頌良耜篇以似以續毛傳並云似嗣也說文祀祭無已也爾雅水決復入爲汜郭璞注云水出去復還皆續之義也粟者太平御覽引春秋說題辭云粟助陽扶性粟之爲言續也又引宋均注云續謂續陽生長也紲者縫之續也義見下文纏纅紹緊紲也下後漢書班固傳注引廣雅紲續也今本脫紲字

⿸疒麗⿸疒戚痤疽癰也

⿸疒麗者說文⿸疒麗癰也痤者說文痤小腫也管子法法篇云毋赦者痤雎之礦石也雎與疽同中山經可以已痤郭璞注云癰痤也素問生氣通天論勞汗當風寒薄爲皶鬱乃痤王冰注云痤謂色赤䐜憤內蘊血膿形小而大如酸棗或如按豆也

肬胮肛⿰月族⿰月臯胅痕尰⿺尢冒⿸厂重也朧

肬者說文肬贅也籀文作黕釋名肬邱也出皮上聚高如地之有邱也莊子大宗師篇云彼以生爲附贅縣疣荀子有坐篇云今學曾未如肬贅疣與肬同胮肛者集韻引埤倉云胮肛腹脹也釋水篇云舽舡舟

也、廣韻、䑼舡、船皃、義與胮肛相近也、䑋
脝、腫欲潰也、䑋脝、猶胮肛、語之轉耳、大雅蕩篇、女炰
烋于中國、毛傳云、炰烋、猶彭亨也、鄭箋云、自矜莊氣
健之貌、彭亨之轉爲炰烋、猶胮肛之轉爲䑋脝矣、䑋、
各本訛作朘、今訂正、肨之言肨起也、爾雅、犪牛、郭璞
注云、領上肉犪肨起、高二尺許、衆經音義卷一引通
俗文云、肉肨曰瘤、說文云、瘤、腫也、豳風東山篇、鸛鳴
于垤、垤亦肨起之義、故毛傳云、垤、蟻冢也、釋名云、冢、
腫也、言腫起也、痕者、說文、痕、胝瘢也、亦腫起之義也、
尰與腫聲相近、說文、瘇、脛氣腫足也、引小雅巧言篇、
既微且瘇、籀文作尰、今詩作尰、爾雅云、腫足爲尰、呂
氏春秋盡數篇云、重水所多尰與躄人、漢書賈誼傳
云、天下之埶、方病大瘇、尰、尰、瘇、瘇、竝同、尰、尢二字竝
從九、九音汪、跛曲脛也、各本竝訛從九、今訂正、朧之
言厖然大也、素問風論云、面厖然浮腫、厖與朧通、
集韻類篇、朧、母總切、引廣雅、朧、腫也、今本脫朧字、

料亂紕督雉敕伸擦撩統理也

料者、度之理也、大戴禮文王官人篇云、鶩之以卒而
度料、爾雅、𢿨小者謂之料、郭璞注云、料者、聲清而不

亂、亦理之義也、亂者、說文、𤔔、治也、一曰理也、爾雅、亂、治也、皋陶謨云、亂而敬、亂與𤔔同、樂之終有亂、詩之終有亂、皆理之義也、故樂記云、復亂以飭歸、王逸離騷注云、亂、理也、所以發理辭指、總撮其要也、理與治同意、故理謂之亂、亦謂之敕、治謂之敕、亦謂之亂、理謂之紕、猶治謂之庀也、理謂之伸、猶治謂之神也、理謂之撩、猶治謂之療也、魯語注云、庀、治也、爾雅、神、治也、方言、療、治也、是其證矣、紕者、方言、紕、理也、秦晉之閒曰紕、案紕者總理之意、鄘風干旄篇、素絲紕之、毛傳云、紕、所以織組也、總紕於此、成文於彼、是也、督者正之理也、爾雅、督、正也、方言、繹、督、理也、凡物曰督之、絲曰繹之、郭璞注云、督言正理也、僖十二年左傳云、謂督不忘、考工記匠人注、分其督旁之脩、疏云、中央爲督、督者所以督率兩旁、說文、裻、衣背縫也、晉語、衣之偏裻之衣、韋昭注云、裻在中、左右異色、故曰偏裻、王冰注素問骨空論云、所以謂之督脈者、以其督領經脈之海也、是凡言督者皆正理之義也、督、曹憲音篤、各本篤字誤入正文、釋言篇、督、促也、曹憲音篤、今據以訂正、雉者、方言、雉、理也、敕者、噬嗑象傳、先王以明罰敕法、鄭注云、敕、猶理也、小雅六月篇云、戎車既飭、敕、勅、飭竝通。撩之言繚也。說文、繚、繚得理也。樂記云、纍纍乎端如貫珠。撩、各本訛作撩。今訂正。撩者、說文、撩、理也。衆經音義卷十四引通俗文云、理亂謂之撩理。撩與料聲近義同。統者、說文、統、紀也。鄭注大宰云、統、所以合牽以等物也。皆理之義也。

䵱赩艴**艴嘔㘅𪏭色也**

䵱者、方言、䵱、色也。郭璞注云、䵱然、赤黑貌也。赩者、釋器篇、赩、赤也。楚辭大招、逴龍赩只。王逸注云、赩、赤色也。小雅采芑篇、路車有奭。毛傳云、奭、赤也。奭與赩同。故瞻彼洛矣篇、韎韐有奭。白虎通義引作赩。赩、曹憲音勃。各本脫去艴字。其音內勃字遂誤入赩字下。說文艴字注引論語色艴如也。今本作勃。玉篇廣韻集韻類篇艴字竝音勃。集韻類篇引廣雅、艴、頩、色也。頩與艴同。今據以補正。凡人敬則色變、若論語色勃如之類是也。怒則色變、若孟子曾西艴然不悅、王勃然變乎色之類是也。說文孛字注又引論語色孛如也。秦策云、秦王悖然而怒。楚策云、王怫然作色。淮南子道應訓云、佽非瞋目勃然。竝字異而義同。艴者、楚辭遠遊篇玉色頩以脕顔兮戴先生注云氣上充於色曰頩宋玉神女賦云頩薄怒以自持兮淮南子齊俗訓仁發併以見容高誘注云併色也艴頩併竝通嘔煦者方言嫗色也郭璞注云嫗煦好色貌莊子駢拇篇呴俞仁義釋文呴俞本又作傴呴謂呴喻顔色爲仁義之貌逸周書官人解云欲色嫗然以愉大戴禮嫗作嘔漢書王褒傳是以嘔喻受之應劭注云嘔喻和悅貌嘔嫗傴古通用說文欨笑意也漢書韓信傳言語姁姁史記索隱引鄧展注云姁姁和好貌東方朔非有先生論云說色微辭愉愉呴呴傅毅舞賦云姁媮致態煦煦姁欨古通用嫗煦嘔喻姁媮竝聲之轉耳繻者說文繻繒采色也

讙譙譴讀詰卻誚讓也

讙譙諸字爲責讓之讓卻爲攘卻之攘古者讓攘同聲字亦通用鄭注曲禮云攘古讓字是也讙譙者方言譙讙讓也齊楚宋衞荆陳之閒曰譙自關而西秦晉之閒凡言相責讓曰譙讓北燕曰讙說文讙譁也字亦作諠凡人相責讓則其聲諠譁故因謂讓爲諠猶今人謂諠呼爲讓也金滕云王亦未敢誚公管子

立政篇云、里尉以譙于游宗、譙、與誚同、讀、經傳通作責、詰、義見卷一詰責也下、譑者、說文、譑、數也、一曰相讓也、數、讀如數之以王命之數、

揚讀曉謂道說也

揚讀道者、皋陶謨云、工以納言、時而颺之、顧命云、道揚末命、揚、與颺通、各本訛作楊、今訂正、大戴禮保傅篇云、失度、則史書之、工誦之、三公進而讀之、讀之、謂說之也、鄘風牆有茨首章云、不可道也、二章云、不可詳也、三章云、不可讀也、釋文、詳、韓詩作揚、廣雅揚讀道竝訓爲說、義本韓詩也、

廣雅疏證卷第二上

廣雅疏證卷第二下

高郵王念孫學

釋詁

澇汏瀾淅滌潒潘澡沐浴湔濯沬洒也

汏者、說文、汏、淅瀾也、衆經音義卷七引通俗文云、淅米謂之洮汏、淮南子要略、所以洮汏滌蕩至意、高誘注云、洮汏、瀾也、後漢書陳元傳、洮汏學者之累惑、李賢注云、洮汏、猶洗濯也、洗與洒同、瀾者、說文、瀾、淅也、淅者、說文、淅、汏米也、士喪禮、祝淅米于堂、鄭注云、淅、汏也、淅各本訛作浙、今訂正、潒與蕩通、字亦作盪、潘者、爾雅、潘潘、淅也、樊光注引大雅生民篇、釋之潘潘、今本潘作叜、毛傳云、釋、淅米也、叜叜、聲也、叜與溲通、澡者、說文、澡、洒手也、儒行云、澡身而浴德、喪服澡麻帶經、鄭注云、澡者、治去莩垢、義亦同也、湔者、說文、湔、手澣之也、楚策云、君獨無意湔祓僕、韓詩外傳云、污辱難湔灑、沬者、說文、沬、洒面也、漢書律歷志引顧命曰王乃洮沫水今本沫作頮馬融注云頮頮面也内則云面垢燂潘請靧沫頮靧竝同沫從午未之未音呼内反與涎沫之沫異沫從本末之末音亾曷反檀弓瓦不成味鄭注云味當作沫沫靧也案沫從午未之未與味聲相近故云味當作沫沫與靧同故云沫靧也釋文音亾曷反失之矣

劊切刌膾㓷割也

劊者說文劊楚人謂治魚也從刀魚讀若鍥方言刈鉤自關而西或謂之鉤或謂之鎌或謂之鍥鍥所以割草義與劊同也鍥又音苦結反定九年左傳盡借邑人之車鍥其軸杜預注云鍥刻也說文作契又作契爾雅契絕也郭璞注云今江東呼刻斷物爲契斷義與劊亦同也刌膾二字義見卷一劊刌斷也下㓷者說文㓷傷也

玉篇云傷割也

闌閑亢闑徼迣遮也

亢者說文抗扞也成十五年左傳顆見老人結草以亢杜回杜預注云亢禦也襄十四年傳云晉禦其上

戎亢其下。士喪禮下篇抗木橫三縮二、鄭注云、抗、禦也、所以禦止土者。皆遮之義也。抗與亢通。闗者、廣韻闗、隔也。徼與闗聲相近。襄十六年左傳孟孺子速徼之、杜預注云、徼、要也。字通作要、又作邀。遮者、說文、遮、遡也。晉趙日、遮、又云、遡、遮也。玉篇遮音之世切、又云、古文以爲遡字。遡、音刘。漢書鮑宣傳男女遮遡、晉灼注云、遮、古刘字也。葢遮遡聲相近、故古或通用。漢書武五子傳遡宫清中備盜賊、李奇注云、遡、遮也。玉藻山澤刘而不賦、鄭注云、刘之言遮刘也。刘與遡同。玉篇遡又音厲。周官山虞物爲之厲而爲之守禁、鄭衆注云、厲、遮刘守之。厲與遡古亦通用。

賃荼[illegible]且假貸借也

賃者、穆天子傳賃車受載、郭璞注云、賃、猶借也。今俗語猶謂以財租物曰賃矣。荼者、方言荼、借也。郭注云、荼、猶徒也。案荼蓋賒之借字。賒荼古聲相近。說文、賒、貰賣也。貰、貸也。賒貸同義、故俱訓爲借也。且與借聲相近。檀弓云、夫祖者、且也。且、胡爲其不可以反宿也。凡言且者、皆謂姑且如此、即假借之意也。曲禮有天

王某甫、鄭注云、某甫、且字也、何氏隱義云、且假借此字也、借各本譌作僣、今訂正、

鍲耤耡貢租賦徹稍稅征賨𧸘稅也

鍲者、史記平準書云、算軺車賈人緡錢皆有差、漢書武帝紀、初算緡錢、李斐注云、緡、絲也、以貫錢也、一貫千錢出算二十也、說文作鍲、義同、耤、耡、貢、徹者、耤、字亦作藉、大雅韓奕篇、實畝實藉、鄭箋云、藉、稅也、宣十六年左傳、穀出不過藉、杜預注云、周法民耕百畝、公田十畝、借民力而治之、稅不過此、王制、古者公田藉而不稅、鄭注云、藉之言借也、借民力治公田、美惡取於此、不稅民之所自治也、說文、殷人七十而耡、耡耤稅也、耡字亦作莇、又作助、助與藉古同聲、孟子公孫丑篇、耕者助而不稅、卽藉而不稅也、論語顏淵篇、盇徹乎、鄭注云、周法什一而稅、謂之徹、徹、通也、爲天下之通法、孟子滕文公篇、夏后氏五十而貢、殷人七十而助、周人百畝而徹、其實皆什一也、徹者徹也、助者藉也、趙岐注云、民耕五十畝者、貢上五畝、耕七十畝者、以七畝助公家、耕百畝者、徹取十畝以爲賦、雖異名而多少同、故曰皆什一也、徹、猶人徹取物也、藉者、

偕也、猶人相偕力助之也、鄭注匠人云、貢者、自治其所受田、貢其稅穀、莇者、借民之力以治公田、又使收其斂、𧶘徹者、通其率以什一爲正也、稽者、玉篇稽、稽稅也、秡者、玉篇秡、禾租也、賨者、說文、賨、南蠻賦也、後漢書南蠻傳云、歲令大人輸布一匹、小口二丈、是謂賨布、又云、歲入賨錢口四十、賨與賨同、發者、玉篇發、賦斂也、

⿰糸幼緤⿰糸旦繬彌縪縫也

⿰糸幼緤者、玉篇、⿰糸幼緤、續縫也、廣韻云、補衣也、方言、劋續也、秦晉繩索謂之劋、劋與緤義相近也、⿰糸旦、曹憲音直莧反、各本⿰糸旦訛作組、直莧反之直又訛作亘、惟影宋本不訛、說文、⿰糸旦、補縫也、字亦作袒、又作綻、䘺、急就篇鍼縷補縫綻紩緣、顏師古注云、脩破謂之補、縫解謂之綻、皇象本綻作袒、後漢書崔寔傳、期於補䘺決壞、䘺亦補也、李賢注引內則衣裳綻裂、失之、繬彌二字義見下文、繬彌合也、下繬、曹憲音色、各本色字誤入正文、惟影宋本皇甫本不誤、縪者、喪服冠六升外畢、鄭注云、外畢者、冠前後屈而出縫於武也、士喪禮記

畢作縪、注云、縪、謂縫著於武也、

縕𢇁紹緊緶也

縕者、衆經音義卷十四引通俗文云、合紩曰縕、說文云、紩、縫也、𢇁緶聲義並同、緶亦縫也、語之轉耳、燕策云、王身自削甲札、妻自組甲緶、蓋緶訓爲縫、因謂縫甲之組爲緶也、紹緊者、玉篇紹緊紩衣也、

絎紕純緣也

絎者、玉篇絎、行孟切、縫紩也、廣韻云、刺縫也、今俗語猶呼刺縫爲絎、音若行列之行、紕者、爾雅紕、飾也、郭璞注云、謂緣飾、玉藻、縞冠素紕、鄭注云、紕、緣邊也、讀如埤益之埤、雜記、紕以爵韋、純以素、鄭注云、在旁曰紕、在下曰純、士喪禮記、縓綼緆、緇純、鄭注云、飾裳在幅曰綼、在下曰緆、飾衣曰純、玉藻、天子素帶朱裏終辟、鄭注云、辟、讀如裨冕之裨、裨、謂以繒采飾其側、紕綼辟並通、純者、爾雅緣謂之純、郭璞注云、衣緣飾也、顧命云、敷重蔑席、黼純、各本純字誤入音内、今訂正、

眦䫌漢漫憫懣也

眦䫌者，方言，眦䫌，懣也，郭璞注云，謂憤懣也，漢漫者，方言，漢漫，懣也，朝鮮洌水之閒，煩懣謂之漢漫，各本漫字譌入音內，今訂正，憫音閔，懣音亾本反，又音滿，各本憫譌作憪，其懣字亾本反之音，又譌入憪字下，本字又譌作木，集韻類篇有憪字，音母本切，則宋時廣雅本已誤，考說文玉篇廣韻俱無憪字，問喪云，悲哀志懣氣盛，釋文，懣，亾本反，又音滿，則亾本反爲懣字之音甚明，又孟子公孫丑篇，阨窮而不憫，趙岐注云，憫，懣也，是憪字乃憫字之譌，今據以訂正，

貶損削黜豤撤秏退肆掊扒刮刖㢑攽𤸷奭爽劣減也

豤者，齧之減也，說文，豤，齧也，掊扒皆取之減也，謙象傳云，君子以裒多益寡，裒與掊通，說文，扒，從上挹也，衆經音義卷十五引通俗文云，從上取曰扒，刮者，摩之減也，考工記云，刮摩之工五，攽者，分之減也，說文，攽，分也，㢑通作降，𤸷通作衰，爽者，差之減也，爾雅，爽，差也，劣者，少之減也，說文，劣，弱也，從力少，卷三云，劣，

少也。

維紲縼縻紖係也

紲者，說文：紲，系也。系與係同，亦作縶。紲之言曳也。釋名云：紲，制也，牽制之也。玉篇云：凡繫縲牛馬皆曰紲。字亦作緤，又作韘。士喪禮記：乘車革靾。鄭注云：靾，韁也。僖二十四年左傳：臣負羈紲。杜預注云：紲，馬繮也。正義引服虔注云：一曰犬繮曰紲。少儀：犬則執緤，牛則執紖，馬則執靮。鄭注云：緤紖靮皆所以繫制之者。論語公冶長篇：雖在縲紲之中。孔傳云：縲，黑索也。紲，攣也。所以拘罪人。蓋紲爲係之通名，凡係人係物皆謂之紲，不專屬一物也。縼之言旋繞也。說文：縼，以長繩繫牛也。玉篇又作𢮁，云：長引也。馬融長笛賦云：植持縼纆。紖之言引也。說文：紖，牛系也。祭統：君執紖。鄭注云：紖，所以牽牲也。周官封人：置其絼。鄭衆注云：絼，著牛鼻繩，所以牽牛者。絼與紖同。紖，各本譌作紈，今訂正。

切直方義也

切直者、爾雅、丁丁嚶嚶、相切直也、郭璞注云、朋友切磋相正、史記田叔傳云、切直廉平、是切直皆義也、方者、坤文言云、直其正也、方其義也、論語先進篇、且知方也、何晏注云、方、義方也、隱三年左傳云、教之以義方、

懷就息隋罷還返遐免廷歸也

息者、方言、息、歸也、罷遐者、少儀云、朝廷曰退、燕遊曰歸、師役曰罷、襄三十年左傳云、皆自朝布路而罷、士冠禮、主人退、鄭注云、退、去也、歸也、廷、即往字也、莊三年穀梁傳云、王者、民之所歸往也、顏師古注漢書揚雄傳云、廷、古往字、各本廷訛作廷、今訂正、

拸盭乖違舛遃偭偝也

拸盭二字、義見卷四拸盭也下、盭、各本訛作盩、今訂正、遃、經傳通作錯、偭者、楚辭離騷、偭規矩而改錯、漢書賈誼傳、偭蟂獺以隱處兮、王逸應劭注竝云、偭、背也、漢書項籍傳、馬童面之、顏師古注云、面、謂背之、不

面向也、面縛、亦謂反背而縛之、杜元凱以爲但見其面非也、面與偭通、

幬幏幎幔帡幕莢葺蔓鬻幠賵弇冒覆也

幬者、爾雅、幬謂之帳、說文、幬、禪帳也、楚辭招魂、羅幬張些、幬與幬同、釋器篇云、幔、幬、幕、帳也、幔幬幕皆有下覆之義、故此皆訓爲覆也、召南小星篇、抱衾與裯、毛傳云、裯、禪被也、考工記輪人、欲其幬之廉也、鄭注云、幬幔轂之革也、史記禮書、大路之素幬也、索隱云、謂車蓋以素帷、是凡言幬者皆覆之義也、幏者、說文、冢、覆也、鄘風君子偕老篇、蒙彼縐絺、毛傳云、蒙、覆也、幏冢蒙竝通、今俗語猶謂覆物爲蒙、方言、幏、巾也、陳穎之閒大巾謂之幏、郭璞注云、巾、主覆者、故名幏也、書大傳、下刑墨幏、鄭注云、幏、巾也、說文、幏、蓋衣也、皆覆之義也、幏、各本訛作㡾、今訂正、幎者、說文、冖、覆也、幎、幔也、周官冪人、鄭注云、以巾覆物曰冪、鄉飲酒禮記、尊綌冪、鄭注云、冪覆尊巾也、禮器云、犧尊疏布鼏、幎冪鼏冖竝通、鼏覆謂之鼏、車覆軾謂之幦、義亦與幎同、士昏禮、設扃鼏、鄭注云、扃所以扛鼎、鼏、覆之也、大雅韓奕篇、鞹鞃淺幭、毛傳云、幭、覆式也、正義云、幭

字。禮記作幦，周禮作複，字異而義同。又云：此幭與天官冪人之字異，其義亦同。幔者，說文：幔，幕也。釋名云：幔，漫也，漫漫相連綴之言也。司馬相如長門賦云：張羅綺之幔帷兮。爾雅：鏝謂之杇。李巡注云：塗工之作具也。襄三十一年左傳：圬人以時塓館宮室。杜預注云：塓，塗也。塗塓與覆義相近，故塗謂之鏝，亦謂之塓；覆謂之幎，亦謂之幔。幔、幎語之轉耳。帲之言屏蔽也。法言吾子篇：然後知夏屋之爲帲幪也。李軌注云：帲幪，蓋覆也。幪與幏同。幕者，方言：幕，覆也。說文：帷在上曰幕。釋名云：幕，幕絡也，在表之稱也。井上六：井收勿幕。王弼注云：幕猶覆也。周官幕人掌帷幕幄帟綬之事。鄭注云：在旁曰帷，在上曰幕。茨者，說文：茨，以茅葦蓋屋也。釋名云：屋以草蓋曰茨。茨，次也，次比草爲之也。梓材云：惟其塗塈茨。周官圉師：茨牆則翦闔。鄭注云：茨，蓋也。葺者，說文：葺，茨也。考工記匠人云：葺屋參分，瓦屋四分。襄三十一年左傳：繕完葺牆。注云：葺，覆也。蔓者，說文：蔓，草覆地也。案各本蔓字音內有此寢去三字，文義不可曉。玉篇、廣韻蔓並音寢，則寢字乃蔓字之音。其此字當是庇字之誤。考工記輪人：弓長六尺謂之庇軹。表記：雖有庇民之大德。鄭注並云：庇，覆也去字當是盇字之誤盇俗書作蓋又訛脫而爲去說文云覆蓋也庇蓋皆係正文今本誤入音內又誤爲此去二字耳翿者說文翿溥覆照也方言翿覆也襄二十九年左傳如天之無不幬也史記吳世家作燾集解引賈逵注云燾覆也周官司几筵每敦一几鄭注云敦讀曰燾燾覆也並字異而義同今俗語猶謂覆物爲幬爾雅翿纛也注云今之羽葆幢又纛翳也注云舞者所以自蔽翳翿纛與翿聲義亦同翿各本訛作幬自宋時本已然故集韻類篇翿又作幬考說文玉篇廣韻俱無幬字今訂正幠者說文幠覆也士冠禮記周弁殷冔夏收鄭注云冔名出於幠幠覆也言所以自覆飾也士喪禮云幠用斂衾荀子禮論篇說喪禮云無帾絲歶縷翣其貌以象菲帷幬尉也楊倞注云無讀爲幠幠覆也所以覆尸者也士喪禮幠用斂衾夷衾是也案幠者柳車上覆即禮所謂荒也喪大記記棺飾云素錦褚加僞荒鄭注云荒蒙也在旁曰帷在上曰荒皆所以衣柳也僞當爲帷大夫以上有褚以襯覆棺乃加帷荒於其上荒幠一聲之轉皆謂覆也故柳車上覆謂之荒亦謂之幠帾即素錦褚之褚幠帾皆所以飾棺幠在上象幕帾在下象

幄、故云其須象幷帷幬尉也、周官縫人、掌縫棺飾、鄭注云、若存時居於帷幕而加文繡是也、若斂衾夷衾皆所以覆尸、不得言象非帷幬尉矣、詩公劉傳云、荒大也、閟宮傳云、荒、有也、爾雅、幠、大也、有也、是幠與荒同義、幠從無聲、荒從巟聲、巟從亾聲、荒之轉爲幠、猶亾之轉爲無、故詩遂荒大東、爾雅注引作遂幠大東禮記毋幠毋敖、大戴作無荒無傲矣、賵者、太平御覽引春秋說題辭云、賵之爲言覆也、隱元年、天王使宰咺來歸惠公仲子之賵、服虔注左傳云、賵、覆也、正義云、謂覆被亾者也、公羊傳、車馬曰賵、何休注亦云、賵、猶覆也、冒賵覆古聲竝相近、

惶怖𢧐懾猜忦嘽咺謾台脅鬩怵惕[illegible]供征伀怪㤘畏恐懅懼也

惶者、衆經音義卷三引倉頡篇云、惶、恐也、燕策云、卒惶急不知所爲、怖者、說文、悑、惶也、吳子料敵篇云、敵人心怖可擊、怖與悑同、今人或言怕者、怖聲之轉耳、𢧐、義見卷四𢧐恐也下、懾者、玉篇音尺涉切、恐也、集

韻又質涉切、樂記、柔氣不懾、鄭注云、懾、猶恐懼也、懾與攝通、衆經音義卷七卷十二、引廣雅竝作攝、猜者、疑之懼也、昭七年左傳云、雖吾子亦有猜焉、忦者、憂之懼也、說文、忦、憂也、嘽咺、謾台、脅鬩者、方言、謾台、脅鬩、懼也、燕代之間曰謾台、齊楚之間曰脅鬩、宋衛之間、凡恐而噎噫謂之脅鬩、南楚江湘之間謂之嘽咺、嘽、各本譌作嘽、今訂正、蛩烘、烘之爲言皆恐也、方言、蛩烘、戰慄也、荊吳曰蛩烘、蛩烘又恐也、荀子君道篇、故君子恭而不難、敬而不鞏、難卽不戁、不竦之戁、鞏與蛩同、說文、烘、戰慄也、伀伀者、方言、伀伀、遑遽也、江湘之閒、凡窘猝怖遽謂之伀伀、遑與惶同、釋訓篇云、屏營、伀伀也、漢書王莽傳人民正營、顏師古注云、正營、惶恐不安之意也、正與伀同、釋名、夫之兄曰兄公、俗間曰兄伀、言是己所敬、見之伀遽、自肅齊也、俗或謂舅曰公、亦如之也、王褒四子講德論云、百姓伀伀、無所措其手足、潛夫論救邊篇云、乃復怔伀如前、怔忪、與伀伀同、怔忪者、玉篇、怔忪、惶遽也、遽、謂惶遽也、楚辭九章云、衆駭遽以離心兮、大招云、魂乎歸徠、不遽惕只、

蕪菱薄荒瑕薉也

菱者、玉篇音亾乏切、草木蕪蔓也、集韻又亾咸切、菱字從艸叕聲、叕音亾范反、各本作葼、俗字也、廣韻、叕俗作𢓜、薄義見卷三薄聚也下、瑕者、惡之薉也、宣十五年左傳云、川澤納汚、山藪藏疾、瑾瑜匿瑕、國君含垢、

攊抆挸揤撨拭也

攊者、卷三云、攊、摩也、摩亦拭也、抆、字亦作抿、楚辭九章云、孤子唫而抆淚兮、呂氏春秋長見篇云、吳起抿泣而應之、挸者、玉篇與攦同、拭面也、

剴劌籤剡銳銛利也

劌者、說文、劌、利傷也、聘義云、廉而不劌、莊子在宥篇云、廉劌彫琢、方言、凡草木刺人者、自關而東或謂之劌、亦利之義也、籤之言鑯也、卷四云、鑯、銳也、說文籤銳也、貫也、釋器篇云、籤謂之鏟、皆利之義也、剡者、爾

雅、剡、利也。說文云、銳、利也。小雅大田篇、以我覃耜。毛傳云、覃、利也。繫辭傳、剡木爲楫、剡木爲矢。釋文竝作掞。剡、掞、覃古通用。銛者、說文、利、銛也。漢書賈誼傳、莫邪爲鈍兮、鉛刀爲銛。晉灼注云、世俗謂利爲銛徹。燕策云、強弩在前、銛戈在後。史記蘇秦傳作錟。錟與銛通。說文、銛、臿屬。亦利之義也。

抓掀搞搳擿搔也

抓者、玉篇、抓、抓痒也。文選枚乘諫吳王書、夫十圍之木、始生如蘖、足可搔而絕。李善注引莊子逸篇云、豫章初生、可抓而絕。抓、亦搔也。抓、各本訛作抓、今訂正。搞者、說文、搞、刮也。玉篇音公八口八二切。廣韻同。刮與搔同義。故說文云、搔、括也。刮括古通用。案搞擸二字音義各別。搞音公八口八二反。刮也。字從手萵聲。擸音臘、又音獵。說文、理持也。字從手巤聲。諸書中擸字或作搞者、皆俗書之誤。猶伏臘之臘俗作臈也。廣雅搞訓爲搔、當讀公八口八二反。曹憲讀與臘同、失之。集韻類篇擸搞二字竝音臘、即踵曹憲之誤。考玉篇廣韻搞字俱無臘音。今據以辨正。搳與搞聲相近。說文、搳、搞也。擿者、說文、擿、搔也。列子黃帝篇、指擿無痟癢，釋文云，擿，搔也，擿訓爲搔，故搔頭謂之擿，說文云，髖骨擿之可會髮者，鄘風君子偕老篇，象之揥也，毛傳云，揥所以摘髮也，釋文，摘本又作擿，正義云，以象骨搔首，因以爲飾，故云所以摘髮，擿、摘、揥聲近義同。

餋飵餂啖噬饐𩞄滄餔啜嘗餉饛茹嘰**食也**

餋、飵、餂、饐、𩞄者，方言，餋、飵，食也，陳楚之內，相謁而食麥饘謂之餋，楚曰飵，凡陳楚之郊，南楚之外，相謁而餐或曰飵，或曰餂，秦晉之際，河陰之間曰饐𩞄，此秦語也，說文與方言同，爾雅，餋，食也，飵各本訛作飵，今訂正，方言注云，今關西人呼食欲飽爲饐𩞄，𩞄各本訛作鐙，惟影宋本不訛，滄與餐同，饛者，論語爲政篇，有酒食先生饌，馬融注云，饌，飲食也，饌與饛同，茹者，方言，茹，食也，吳越之間凡貪飲食者謂之茹，郭璞注云，今俗呼能麤食者爲茹，案大雅烝民篇云，柔則茹之，剛則吐之，是食謂之茹也，禮運云，飲其血，茹其毛，孟子盡心篇云，飯糗茹草，是食麤食者謂之茹也，麤與疏義相近，食麤食者謂之茹，故食菜亦謂之茹，食菜謂之茹、故所食之菜亦謂之茹、莊子人閒世篇云不茹葷、漢書董仲舒傳云、食於舍而茹葵、是食菜謂之茹也、食貨志云、菜茹有畦、七發云、秋黃之蘇、白露之茹、是所食之菜亦謂之茹也、餕者、說文、餕、小食也、漢書司馬相如傳、咀噍芝英兮餕瓊華、張注云、餕食也、說文、既、小食也、論語曰、不使勝食既、既與餕古亦同聲、歸妹六五月幾望、荀爽本幾作既、是其例矣、各本俱脫餕字、酉陽雜俎酒食篇養、餡、餂、茹、餕、食也、以下十條、皆本廣雅、今據補、

儽疲勞懈惰怠謍嬾也

各本皆作儽疲勞也、懈惰怠謍嬾也、案疲或作罷、罷訓爲勞、已見卷一、此卷內不當重見、考說文王篇廣韻竝云、儽、嬾懈也、集韻云、或作儽、又唐釋湛然止觀輔行傳宏決卷二之一、引倉頡篇云、疲、嬾也、周官大司寇、以圜土聚教罷民、鄭注云、民不愍作勞、有似於罷、廣韻、罷、倦也、勞、倦也、倦與嬾同義、嬾勞儽又一聲之轉、是儽疲勞三字、皆與嬾同義、今訂正、謍者、說文、楚謂小兒嬾謍、

晻薆翳薈蘙薉障也

晻薆者、說文、晻、不明也、楚辭離騷、揚雲霓之晻藹兮、王逸注云、晻藹、猶蓊鬱蔭貌也、說文、薆、蔽不見也、爾雅、薆、隱也、郭璞注云、謂隱蔽、方言、掩、翳、薆也、郭璞注云、謂薆蔽也、引邶風靜女篇、薆而不見、說文、僾、仿佛也、引詩、僾而不見、今詩作愛、方言疏證云、薆而、猶隱然、而如若然一聲之轉也、楚辭離騷云、衆薆然而蔽之、張衡南都賦云、晻曖蓊蔚、思元賦云、繽連翩兮紛暗曖、晻晻暗古通用、薆薆僾曖愛古通用、月令、處必掩、鄭注云、掩、猶隱翳也、掩與晻古亦同聲、晻、各本訛作晻、今訂正、翳薈者、方言又云、翳、掩也、楚語、好縱過而翳諫、韋昭注云、翳、障也、說文、薈、草多皃、曹風候人篇、薈兮蔚兮、毛傳云、薈蔚、雲興貌、孫子行軍篇、軍行有險阻潢井葭葦山林翳薈者、魏武帝注云、翳薈者、可屏蔽之處也、

繬彌厲設沓縫灋際接稽交合也　連

繬彌者、上文云、繬彌、縫也、方言、繬彌、合也、枚乘七發云、中若結轖、繬轖嗇竝通、魏風伐檀傳云、穡之曰稼、

斂之、曰鞼。說文、鞼、車籍交革也。急就篇、革鞼髹漆油
黑蒼。顏師古注云、革鞼、車籍之交革也。廣韻、鞼、車馬
絡帶也。皆合之義也。方言又云、彌、縫也。繫辭傳云、故
能彌綸天地之道。昭二年左傳、敢拜子之彌縫敝邑。
杜預注云、彌縫、猶補合也。厲者、方言、厲、合也。厲與連
聲相近、故得訓爲合。周易正義序引世譜、神農一曰連
山氏、亦曰列山氏。祭法作厲山氏、是其例也。設者、
禮器云、夫禮者、合於天時、設於地財、順於鬼神、合於
人心。設亦合也。司馬法仁本篇亦云、先王之治、順天
之道、設地之宜。沓者、開元占經順逆略例篇引巫咸
云、諸舍精相沓爲合。楚辭天問、天何所沓。王逸注云、
沓、合也。王褒洞簫賦云、薄索合沓。又云、鶩合遝以詭
譎。遝與沓通。說文、遝、迨也。玉篇云、迨遝、行相及也。迨
遝與合沓、聲義亦同。稽者、呂刑、惟貌有稽。傳云、有所
考合。周官小宰、聽師田以簡稽。鄭衆注云、稽猶計也、
合也。儒行、古人與稽。鄭注云、稽猶合也。衆經音義卷
三、卷十四竝引廣雅、
連、合也。今本脫連字。

瀧涿露霑濡渰溺淪氾漫潤瀸漸溓漚澆灌潭沃淙溢、

淋灌灓湝瀀渥浞漬也 洽

瀧涿者說文瀧雨瀧瀧也論衡自紀篇云筆瀧漉而雨集言湑潙而泉出說文涿流下滴也方言瀧涿謂之霑漬郭璞注云瀧涿猶瀨滯也廣韻瀧涷霑漬也荀子議兵篇案角鹿埵隴種東籠而退耳楊倞注云東籠與涷瀧同霑溼貌瀧涿瀨滯瀧涷鹿埵隴種東籠皆語之轉也露者潤之漬也說文露潤澤也小雅白華篇云露彼菅茅晉語是先主覆露子也韋昭注云露潤也渰者玉篇音离冄力驗二切木華海賦南渰朱崖李善注引廣雅渰漬也氾者淹之漬也說文氾淹也王逸注九歎云淹漬也漢書武帝紀云河水決濮陽氾郡十六方言氾滂也自關而東或曰氾亦漬之義也湝與浸同瀸與下漸字同亦作湛瀸亦浸也說文瀸漬也莊十七年公羊傳齊人瀸于遂瀸者何瀸積也釋文積本又作漬曲禮四足死曰漬鄭注云漬謂相瀸污而死也內則說八珍之漬云湛諸美酒注云湛亦漬也考工記鍾氏以朱湛丹秫先鄭注云湛漬也後鄭云湛讀如漸車帷裳之漸瀀者說文瀀久漬也今俗語猶呼久漬曰瀀陳風東門之池篇

云、可以漚㡒、考工記㡛氏以涚水漚其絲、鄭注云、漚漸也、楚人曰漚、齊人曰湊、澆灌淳沃淙淋欒皆灌之漬也、說文、澆、沃也、漼、灌也、漼與灌同、淳讀若諄、士虞禮淳尸盥、內則淳熬淳母、考工記鍾氏淳而漬之、周語王乃淳濯饗醴、鄭韋注竝云、淳、沃也、淙、玉篇音在宗切、郭璞江賦云、淙大壑與沃焦、淙者、灌也、謂江水東流入海、灌大壑與沃焦也、李善注以淙爲水聲、失之、衆經音義卷二引三倉云、淋、漉水下也、說文、淋、以水沃也、一曰淋淋山水下也、玉篇云、雨淋淋下也、義竝相近、說文、欒、漏流也、漏欒淋一聲之轉、呂氏春秋開春篇云、昔王季葬於渦山之尾、欒水齧其墓、㴴者、玉篇、㴴、漬也、濡也、瀀渥者、說文、瀀、澤多也、引詩小雅信南山篇既瀀既渥、今本作優、說文、渥、霑也、邶風簡兮篇赫如渥赭、毛傳云、渥、厚漬也、浞者、說文、浞、水濡兒也、信南山篇云、既霑既足、優渥語之轉、霑足亦語之轉、足與浞聲相近也、洽者、說文、洽、霑也、華嚴經卷四十二音義引廣雅、洽、漬也、今本脫洽字、

跲蹠䠛𨁂踊躍蹳蹶竦䟓跳也

踣蹠踣踃踃者、方言、踣踣、踃、跳也、楚曰踃、陳鄭之間曰踣、楚曰蹠、自關而西秦晉之間曰跳、或曰踣、說文蹠踣踃三字、訓與方言同、張衡西京賦云、高掌遠蹠、踣亦躍也、楚辭九章云、願搖起而橫奔兮、王延壽夢賦云、羣行而奮搖、忽來到吾前、方言、遙、疾行也、搖遙搖義並相近、說文、趬、超特也、漢書禮樂志、體容與、迣萬里、如淳注云、迣、超踰也、史記樂書迣作泄、枚乘七發云、清升踰跇、揚雄羽獵賦云、亶觀夫剽禽之紲踰、趩迣跇紲並與踃同、王褒洞簫賦、超騰踰曳、曳與踃亦聲近義同、蹶者、說文、蹶、跳也、或作蹷、玉篇音渠月居月居衞三切、越語云、蹶而趨之、唯恐弗及、呂氏春秋貴直篇云、狐援聞而蹶往過之、皆謂跳也、晏子春秋外篇云、猶倮而訾高橛者也、橛與蹶通、曲禮足毋蹶、鄭注云、蹶、行遽貌、義亦相近也、竦之言竦踊也、釋名、竦、從也、體支皆從引也、淮南子道應訓云、若士舉臂而竦身、遂入雲中、漢書揚雄傳云、翠蚪絳螭之將登虖天、必聳身於蒼梧之淵、聳與竦通、

傺眙止待立逗也

傺眙者，方言：「傺、眙，逗也。南楚謂之傺，西秦謂之眙。逗，其通語也。」郭璞注云：「逗即今住字也。」楚辭離騷「忳鬱邑余侘傺兮」，王逸注云：「侘傺，失志貌。侘猶堂堂，立貌也。傺，住也。楚人名住曰傺。」九章「欲儃佪以干傺兮」，注云：「傺，住也。」方言注云：「眙謂住視也。」說文：「眙，直視也。」九章云：「思美人兮，擥涕而竚眙。」劉逵注吳都賦云：「佇眙，立視也。今市聚人謂之立眙。」張載注魯靈光殿賦云：「愕視曰眙。」義竝同也。說文：「佁，癡皃。」漢書司馬相如傳「沛艾赳螑仡以佁儗兮」，張注云：「佁儗，不前也。」玉篇、廣韻眙、佁竝音丑吏切，義亦相近也。莊子山木篇云：「侗乎其無識，儻乎其怠疑。」怠疑與佁儗，義亦相近。佁之言待也，止也。故不前謂之佁，不動亦謂之佁。呂氏春秋本生篇云：「出則以車，入則以輦，務以自佚，命之曰佁蹷之機。」高誘注云：「佁，至也。蹷機，門內之位也。乘輦於宮中遊翔，至於蹷機，故曰務以自佚也。」案：佁蹷，謂痿蹷不能行也。凡人過佚，則血脈凝滯，骨幹痿弱，故有佁蹷不能行之病。是出車入輦，即佁蹷之病所由來，故謂之佁蹷之機。枚乘七發云「出輿入輦，命曰蹷痿之機」是也。高注訓佁爲至，蹷機爲門內之位，皆失之。今本呂氏春秋作「招蹷之機」。案：李善注七發引作佁㒧、又引聲類佁、嗣理切、集韻類篇竝云、佁、象齒切、至也、呂氏春秋佁㒧之機、高誘讀、則舊本作佁明甚、今本作招者、後人不解佁字之義而妄改之耳、待之言跱也、義見下文崒離空稗臺待也下、說文、逗、止也、各本逗訛作逼、惟影宋本不訛、

𥖼裔䚢隸俗習也

𥖼裔者、方言、𥖼裔、習也、郭璞注云、謂玩習也、後漢書馮異傳、狃忕小利、李賢注云、狃忕、猶慣習也、謂慣習前事而復爲之、爾雅釋言、狃、復也、詩大叔于田正義引孫炎注云、狃忕前事復爲也、釋詁𤘍文云、忕、張揖雜字音曳、說文、怈、習也、左傳桓十三年正義引說文作忕、魯公山不狃字子洩、亦取慣習之義、怈洩忕裔、竝字異而義同、

崒離空稗臺待也

待者、止也、爾雅云、止、待也、上文云、止、待、逗也、論語微子篇、齊景公待孔子、史記孔子世家作止孔子、魯語

其誰云待之、說苑正諫篇作其誰能止之、是待與止同義、待之言時也、義見卷三時止也下、峙離者、方言、萃、離、時也、楚辭天問、北至回水萃何喜、王逸注云、萃止也、萃與峙通、時與待通、離讀爲麗、宣十二年左傳注云、麗、著也、著、亦止也、空者、方言、空、待也、鄭風大叔于田傳云、止馬曰控、義與空相近、稗讀爲脾、卷三云脾、止也、臺、亦待也、方俗語有輕重耳、

鬱悠慎靖[目朁]憛憮恁侖恖也

鬱悠者、方言、鬱悠、思也、晉宋衛魯之閒謂之鬱悠、鬱、猶鬱鬱也、悠、猶悠悠也、楚辭九辯云、馮鬱鬱其何極、鄭風子衿篇云、悠悠我思、合言之則曰鬱悠、方言注云、鬱悠、猶鬱陶也、凡經傳言鬱陶者、皆當讀如皋陶之陶、鬱陶、鬱悠古同聲、舊讀陶如陶冶之陶、失之也、閻氏百詩尚書古文疏證云、爾雅釋詁篇、鬱陶、繇、喜也、郭璞注引孟子曰、鬱陶思君、禮記曰、人喜則斯陶邢昺疏引孟子趙氏注云、象見舜正在牀鼓琴、愕然反辭曰、我鬱陶思君故來、爾辭也、忸怩而慙、是其情也、又引下檀弓鄭注云、陶、鬱陶也、據此則象曰鬱陶

思君爾乃喜而思見之辭故舜亦從而喜曰惟茲臣庶女其于予治孟子固已明言象喜亦喜蓋統括上二段情事其先言象憂亦憂特以引起下文非眞有象憂之事也因悉數諸書以鬱陶爲憂思之誤念孫案象曰鬱陶思君爾則鬱陶乃思之意非喜之意言我鬱陶思君是以來見非喜而思見之辭也孟子言象喜亦喜者象見舜而僞喜自述其鬱陶思舜之意故舜亦誠信而喜之非謂鬱陶爲喜也凡人相見而喜必自道其相思之切豈得卽謂其相思之切爲喜乎趙注云我鬱陶思君故來是趙意亦不以鬱陶爲喜史記五帝紀述象之言亦云我思舜正鬱陶又楚辭九辯云豈不鬱陶而思君兮則鬱陶爲思其義甚明與爾雅之訓爲喜者不同郭注以孟子證爾雅誤也閻氏必欲解鬱陶爲喜喜而思君爾甚爲不辭既不達於經義且以史記及各傳注爲非僞矣又案爾雅悠傷憂思也悠憂思三字同義故鬱悠既訓爲思又訓爲憂管子內業篇云憂鬱生疾是鬱爲憂也說文悠憂也小雅十月之交篇悠悠我里毛傳云悠悠憂也是悠爲憂也悠與陶古同聲小雅鼓鍾篇憂心且妯衆經音義卷十二引韓詩作憂心且陶是陶爲

憂也、故廣雅釋言云、陶、憂也、合言之則曰鬱陶、九辯
鬱陶而思君、王逸注云、憤念蓄積盈胷臆也、魏文帝
燕歌行云、憂來思君不敢忘、又云、鬱陶思君未敢言、
皆以鬱陶爲憂、凡一字兩訓而反覆旁通者、若亂之
爲治、故之爲今、擾之爲安、臭之爲香、不可悉數、爾雅
云、鬱陶、繇、喜也、又云、繇、憂也、則繇字即有憂喜二義、
鬱陶亦猶是也、是故喜意未暢謂之鬱陶、檀弓正義
引何氏隱義云、鬱陶懷喜未暢意是也、憂思憤盈亦
謂之鬱陶、孟子、楚辭、史記所云是也、暑氣蘊隆亦謂
之鬱陶、摯虞思游賦云、戚溽暑之陶鬱兮、余安能乎
酉斯、夏侯湛大暑賦云、何太陽之赫曦、乃鬱陶以興
熱是也、事雖不同而同爲鬱積之義、故命名亦同、閻
氏謂憂喜不同名、廣雅誤訓陶爲憂、亦非也、慎、靖者、
方言、靖、慎、思也、東齊海岱之間曰靖、秦晉或曰慎、凡
思之貌亦曰慎、王制云、凡聽五刑之訟、必意論輕重
之序、慎測淺深之量以別之、是慎爲思也、爾雅、靖、謀
也、謀與思義相近、微子云、自靖人自獻于先王、張衡
思元賦、潛服膺以永靖兮、李善注引方言、靖、思也、䁮
者、廣韻、䁮、閉目內思也、各本譌作䁮、今訂正、方言、慎、
䁮、憂也、廣雅釋訓云、悇憛、懷憂也、憂與思同義、故慎

瞀慱三字又訓爲思也恁者班固典引勤恁ナ力蔡邕注云恁思也後漢書班固傳注引說文云恁念也爾雅諗念也小雅四牡篇云將母來諗恁諗念聲近義同侖者說文侖思也集韻引廣雅作倫說文倫欲知之皃大雅靈臺傳云論思也揚雄荅劉歆書云方復論思詳悉班固兩都賦序云朝夕論思論倫並與侖通

仳倠娸婄儓䁗顡頷嗚朧睽頦顝䫏醜也

仳倠者說文仳倠醜面也高誘注淮南子脩務訓云仳倠古之醜女楚辭九歎仳倠倚於彌楹王逸注與高誘同說文婎醜也婎與倠亦同義娸與下䫏字同義說文引杜林說娸醜也漢書枚皋傳詆娸東方朔顏師古注云詆毀也娸醜也列子仲尼篇若欺魄焉而不可與接張湛注云欺魄土人也釋文云欺魄字書作欺頼人面醜也淮南子精神訓視毛嬙西施猶䫏魄也文選應璩與岑文瑜書注引此䫏作倛又引高誘注云倛魄請雨土人也說文䫏醜也今逐疫有䫏頭荀子非相篇面如蒙倛韓愈注云四目爲方相

兩目爲倛。鄭注周官方相氏云、冒熊皮者、以驚敺疫癘之鬼、如今魌頭也。娸、欺、䫏、倛、魌、五字竝同義。儓、䑋田者、方言、儓、䑋、農夫之醜稱也。南楚凡罵庸賤謂之田儓、或謂之䑋。郭璞注云、㑋儓、駑鈍貌。說文、嬯、遲鈍也。廣雅釋言篇云、駑、駘也。楚辭九辯云、策駑駘而取路。莊子德充符篇、衛有惡人焉、曰哀駘它。李頤注云、哀駘、駘、醜貌。儓、嬯、駘、義竝相近。昭七年左傳云、僕臣臺。孟子萬章篇、蓋自是臺無餽也。趙岐注云、臺、賤官、主使令者。賤與醜義亦相近、故南楚罵庸賤謂之田儓也。方言注云、䑋、丁健貌也。亦賤人之稱也。顡者、卷三云、俟、惡也。俟與顡同義。須、嗎、朧、脥者、淮南子脩務訓云、啳睽哆噅、籧篨戚施、雖粉白黛黑、弗能爲美者、嫫母仳倠也。高誘注云、啳睽哆噅、籧篨戚施、皆醜貌也。須哆朧啳竝通。顝者、說文、顝、大頭也。亦醜之義也。

問、詠、諱、訾、誹、詆、傷、譖、謗、訴、臯、訕、謓也。

問者、方言、問、非也。襄十五年左傳、且不敢問。正義云、問、非也。論語先進篇、人不問於其父母昆弟之言。陳羣注云、人不得有非間之言也。孟子離婁篇、政不足問也。趙岐注云、問、非也。詠者、方言、詠、愬也、楚以南謂之詠、郭璞注云、詠、譖、亦通語也、楚辭離騷、謠諑謂余以善淫、王逸注云、謠、謂毀也、諑、猶譖也、哀十七年左傳、大子又使椓之、杜預注云、椓、訴也、椓與諑通、毀、與涅通、諀呰也、玉篇、諀、呰也、莊子列御寇篇、呰其所不爲、郭象注云、呲、呰也、呲與諀同、衆經音義卷五引通俗文云、難可謂之諀呰、說文、敷、毀也、義亦與諀同、

鏊鐇鏟敤椓鍛椎也

鏊者、說文、鏊、羊箠也、端有鐵、鐇者、後漢書杜篤傳、鐇钁株林、李賢注引廣雅、鐇、椎也、鏟者、廣韻、椎鏟、田器也、敤者、說文、敤、研治也、椓者、說文、椓、擊也、又云、斀、擊也、殺、椎擊物也、鄭注周官壺涿氏云、涿、擊之也、周南兔罝篇云、椓之丁丁、丁、字竝與椓同、卷三云、敤、擊也、擊與椎同義、故敤椓二字又訓爲椎也、鍛者、說文、鍛、小冶也、徐鍇傳云、椎之而已、不銷、故曰小冶、李善注長笛賦引倉頡篇云、鍛、椎也、柴誓云、鍛乃戈矛、考工記攻金之工有段氏、段與鍛通、說文、段、椎物也、鄭注周官腊人云、薄析曰脯、棰之而施薑桂曰腶脩、鍛腶段義竝相近、

台既抎墜逸失也

台既者方言台既失也宋魯之閒曰台說文駘馬銜脫也後漢書崔寔傳馬駘其銜駘與台聲義相近抎者說文抎有所失也引成二年左傳抎子辱矣今本作隕墨子天志篇云抎失社稷齊策云唯恐失抎之抎與隕通抎之言損也損亦失也大戴禮曾子立事篇云戰戰唯恐失損之逸者縱之失也說文失縱也逸失也盤庚惟予一人有佚罰周語引作逸史記五帝本紀云其軼乃時時見於他說君奭遏佚前人光漢書王莽傳作過失周語云淫失其身逸佚軼失並通

行隊屎棘設鋪田神刻陳也肆

屎者爾雅矢陳也釋文作屎屎大雅卷阿篇以矢其音春秋隱五年公矢魚于棠矢與屎通棘者楚辭天問啟棘賓商王逸注云棘陳也田者說文田陳也古者田甸陳同聲小雅信南山篇云信彼南山維禹甸之畇畇原隰曾孫田之周官稍人注云甸讀與維禹敶之之敶同豳風東山釋文云案陳完奔齊以國爲氏

而史記謂之田氏，是古田陳聲同。信南山篇又云：我疆我理，南東其畝。此即說文訓田爲陳之義也。神者，卷一云：神，引也。爾雅：引，陳也。神、陳、引古聲亦相近。隸者，說文：隸，極陳也。大雅行葦篇：或隸之筵。鄉飲酒禮：設筵于禁南東隸。毛傳、鄭注竝云：隸，陳也。周官內宰云：佐后立市，正其隸。小胥云：凡縣鍾磬，半爲堵，全爲隸。皆陳列之義也。衆經音義卷六引廣雅：隸，陳也。今本脫隸字。

嫽、誂、透、揥，嬈也。

誂者，說文：嬥，嬈也。晉語云：公令韓簡挑戰。史記項羽紀集解引薛瓚云：挑戰，擿嬈敵求戰也。昭十九年左傳云：城州來以挑吳。說文：挑，撓也。一曰撓，爭也。誂、挑、嬥竝通。透者，方言：透，驚也。宋衛南楚凡相驚曰透。左思吳都賦云：驚透沸亂。是煩嬈之義也。揥讀爲擿。曹憲音帝，誤也。衆經音義卷六、卷二十三引廣雅竝作擿。擿即史記集解所云擿嬈也。亦通作摘。後漢書隗囂傳：西侵羌戎，東摘濊貊。李賢注云：摘，擾也。嬈者，說文：嬈，苛也。一曰擾戲弄也。一曰嬥也。衆經音義卷四引三倉云：嬈，弄也，煩也。淮南子原道訓：其魂不躁，其神不嬈、漢書鼂錯傳、除苛解嬈、高誘文穎注竝云、嬈、煩嬈也、魏策云、今韓受兵三年矣、秦撓之以講、韓知亡、猶弗聽、嵇康與山巨源絶交書、足下若嬲之不置、李善注云、嬲、擿嬈也、音義竝與嬈同、各本皆作嫽誂透掃嬈戲也、案戲字自在下條、與此各不相涉、蓋校書者以嬈字有擾戲之義、遂移入戲字耳、不知此條嫽誂透擿嬈五字、皆煩嬈之義、不得訓爲戲、考方言說文誂訓爲嬈、透訓爲驚、嬈訓爲苛、皆是煩嬈之義、故廣雅云、嫽、誂、透、擿、嬈也、卷三云、媱、愓、嬉、劮、遊、敖、契、戲也、戲義自見卷三、不當於此卷內重出、後人改訓爲戲、不思之甚也、集韻類篇掃戲也、又引廣雅透、戲也、則宋時廣雅本已然、然考衆經音義卷六卷二十三竝引廣雅、嫽、誂、擿、嬈也、卷二十又引廣雅、透、嬈也、則唐初本原無戲字、今據以訂正、餘見下條、

戲歊漏泄也

戲歊者、方言、戲、泄、歊也、楚謂之戲泄、說文、歊、氣越泄也、高誘注淮南子精神訓云、歇、讀精神歇越之歇、後人不知戲訓爲泄、本出方言、遂移戲字入上條、今訂正

譾極軋澀吃也

譾極軋澀者，方言：譾，極，吃也，楚語也，或謂之軋，或謂之澀。蹇象傳云：蹇，難也。說文：吃，言蹇難也。衆經音義卷一引通俗文云：言不通利謂之謇吃。列子力命篇：讓極淩誶。張湛注云：譾極，訥澀之貌。譾謇蹇古通用。極極古通用。澀與澀同。方言注云：軋，鞅軋，氣不利也。史記律書云：乙者，言萬物生軋軋也。說文云：乙，象春草木冤曲而出，陰氣尚彊，其出乙乙也。李善注文賦云：乙乙，難出之貌。乙與軋通。方言注云：澀，語澀難也。說文：澀，不滑也。楚辭七諫云：言語訥澀兮。難謂之蹇，亦謂之澀；口吃謂之澀，亦謂之譾，其義一也。

悲悠悼惄悴慭愍慼痛嘆殤傷也 愴

悠者，爾雅：悠，傷，憂，思也。郭璞注云：皆感思也。說文：悠，憂也。小雅十月之交篇：悠悠我里。毛傳云：悠悠，憂也。憂與傷義相近。傷與傷通。悼惄悴慭者，方言：悼，惄，悴，慭，傷也。自關而東汝潁陳楚之間通語也。汝謂之惄，秦謂之悼，宋謂之悴，楚潁之間謂之慭。又云：齊宋之間或謂痛爲惄。小雅小弁篇云：我心憂傷，惄焉如擣。

李善注歎逝賦引倉頡篇云、悴憂也、小雅雨無正篇云、憯憯日瘁、瘁與悴通、殤者、鄭注喪服云、殤者男女未冠笄而死、可傷者也、釋名云、殤傷也、可哀傷也、逸周書謚法解云、短折不成曰殤、愴者、說文、愴傷也、祭義云、必有悽愴之心、問喪云、心悵焉愴焉、衆經音義卷二十三引廣雅、愴傷也、今本脫愴字、

逞苦憭曉恔快也

逞苦憭曉恔者、方言、逞苦了快也、自山而東或曰逞、楚曰苦、秦曰了、又云、逞曉恔苦快也、自關而東或曰曉、或曰逞、江淮陳楚之閒曰逞、宋鄭周洛韓魏之閒曰苦、東齊海岱之閒曰恔、自關而西曰快、春秋桓公六年左傳今民餒而君逞欲、杜預注云、逞快也、逞訓爲快、又有急疾之意、方言云、逞疾也、楚曰逞、今俗語猶謂疾爲快矣、苦亦疾也、淮南子道應訓斲輪大疾則苦而不入、大徐則甘而不固、高誘注云、苦急意也、甘緩意也、憭曉皆明快之義、憭即方言了字也、說文、憭慧也、方言、南楚病愈者或謂之慧、或謂之憭、郭璞注云、慧憭皆意精明、是快之義也、各本俱脫憭字、集韻類篇竝云、憭快也、衆經音義卷二十引廣雅、逞憭、

曉、快也、今據以補正、說文、曉、明也、樂記、蟄蟲昭蘇、鄭注云、昭、曉也、蟄蟲以發出爲曉、更息曰蘇、是快之義也、玉篇、恔、胡交切、快也、廣韻又胡教切、孟子公孫丑篇、於人心獨無恔乎、趙岐注云、恔、快也、恔、與恔同、玉篇、廣韻恔音吉了切、說文、恔、憭也、亦明快之義也、

梗劌棘傷茦刺壯箴也

梗劌棘傷茦刺壯者、方言、凡草木刺人者、北燕朝鮮之閒謂之茦、或謂之壯、自關而東或謂之梗、或謂之劌、自關而西謂之刺、江湘之閒謂之棘、郭璞注云、梗今之梗榆也、說文、梗、山枌榆有朿、朿音刺、說文又云、鯁、魚骨也、骾、食骨留嗌中也、晉語云、小鯁可以小戕而不能喪國、梗鯁骾義竝相近、說文、劌、利傷也、聘義及老子竝云、廉而不劌、鄭王注云、劌、傷也、齊策云、今雖干將莫邪、非得人力、則不能割劌矣、說文、棘、小棗叢生者、從竝朿、爾雅云、終、牛棘、中山經、大苦之山有草焉、其狀葉如榆、方莖而蒼傷、其名曰牛傷、郭璞注云、猶言牛棘、西山經、浮山多盼木、枳葉而無傷、注云、傷、枳刺鍼也、能傷人、故名云、是古謂箴爲傷也、茦刺

聲相近。爾雅：茦，刺。郭璞注云：草刺針也。鍼、針，並與箴同。茦，各本譌作策，惟影宋本、皇甫本不譌。卷一云：鍼，刺也。說文：莿，茦也。朿，木芒也。刺，直傷也。並字異而義同。壯之言創也。義見卷四「壯，創傷也」下。

清⿱齊酉湑浚澆潷笮蔡灑釃盪也

清者，漉酒而清出其汁也。周官酒正辨四飲之物，一曰清。鄭注云：清，謂醴之泲者。內則：稻醴清糟。鄭注云：清，泲也。⿱齊酉與泲同，亦通作齊。鄒陽酒賦云：且筐且漉，載茜載齊。⿱齊酉之言擠也。玉篇：⿱齊酉，手出其汁也。廣韻云：手搦酒也。湑、浚者，說文：湑，莤酒也。一曰浚也。鄭興注周官甸師云：莤讀爲縮，束茅立之祭前，沃酒其上，酒滲下去，若神歆之，故謂之縮。縮，浚也。故齊桓公責楚不貢苞茅，王祭不共，無以縮酒。小雅伐木篇：有酒湑我。毛傳云：湑，莤之也。釋文云：莤與左傳縮酒同義，謂以茅泲之而去其糟也。大雅鳧鷖篇：爾酒既湑。鄭箋云：湑，酒之泲者也。士冠禮：旨酒既湑。鄭注云：湑，清也。說文：浚，抒也。大雅生民釋文引倉頡篇云：抒，取出也。襄二十四年左傳：毋寧使人謂子，子實生我，而謂子浚我以生乎。杜預注云：浚，取也。浚與浚酒之浚同義。

浚湑縮一聲之轉，皆謂漉取之也。漬者，說文：「漬，浚乾漬米也。」引孟子：「孔子去齊，漬淅而行。」今本漬作接，所見本異也。漬之言竟，謂漉乾之也。今俗語猶謂漉乾漬米爲漬乾矣。潷之言逼，謂逼取其汁也。玉篇：「潷，笮去汁也。」衆經音義卷五引通俗文云：「去汁曰潷。」又云：「江南言逼。」義同也。今俗語猶云潷米湯矣。笮者，壓笮出其汁也。玉篇音仄乍切，云：「笮，酒也。」廣韻云：「醡，壓酒具也。榨，打油具也。」竝出證俗文。後漢書耿恭傳：「笮馬糞汁而飲之。」李賢注云：「笮，謂壓笮也。」嵇康聲無哀樂論云：「猶簁酒之囊漉，雖笮具不同，而酒味不變也。」笮、醡、榨竝同義。今俗語猶云笮酒、笮油矣。漈者，說文：「漈，順流也。」爾雅：「漈，盝也。」郭璞注云：「漉漉出涎沫也。」盝、漉竝與盝同。灑者，說文：「灑，釃酒也。一曰浚也。」釃者，說文：「釃，下酒也。」徐鍇傳云：「釃猶籭也，籭取之也。」詩伐木篇：「釃酒有藇。」毛傳云：「以筐曰釃，以藪曰湑。」正義云：「筐，竹器也。藪，草也。」後漢書馬援傳：「擊牛釃酒。」李賢注云：「釃猶濾也。」濾、漉一聲之轉。釃與籭同。說文：「籭，竹器也，可以取粗去細。」義與籭亦相近。

佅、儒、婘、嫁、婢、妣、娷、癠、紫、痔、㾪、膔、𡡏、𦥭、孑、了、升，短也。屈侏儒者、晉語侏儒不可使援、韋昭注云、侏儒、短人也、襄四年左傳朱儒是使、朱與侏通、⿰矢卷⿰矢彖者、玉篇⿰矢卷⿰矢彖、短小皃、⿰矢卑⿰矢比、各本訛作⿰矢比⿰矢卑、玉篇廣韻竝云、⿰矢卑⿰矢比、短小皃、集韻引廣雅⿰矢卑⿰矢比、短也、今據以訂正、褚少孫續日者傳、卑疵而前、孅趨而言、謂自卑以諂人、義與⿰矢卑⿰矢比相近也、釋木篇云、木下枝謂之椑⿰木斯、椑⿰木斯與⿰矢卑⿰矢比聲義亦相近、矬者、衆經音義卷二引通俗文云、侏儒曰矬、釋言篇云、⿸疒奇、痤也、痤與矬同、曲禮介者不拜、爲其拜而蓌拜、釋文云、蓌、挫也、義與痤相近、凡短與小同義、故短謂之痤、小亦謂之痤、說文、痤、小腫也、一曰族累病、桓六年左傳、謂其不疾瘯蠡也、正義云、瘯蠡畜之小病、瘯蠡與族累同、急言之則爲痤矣、衆經音義卷十六引聲類云、銼鑹、小釜也、爾雅釋木、痤、接慮李、郭璞注云、今之麥李、齊民要術引廣志云、麥李細小、麥李細小、故有接慮之名、急言之亦近於痤、故又謂之痤、接慮、族累、銼鑹、皆語之轉耳、癠、⿱此黑、府、矲者、方言、⿱此黑、矲、短也、江湘之會謂之⿱此黑、凡物生而不長大亦謂之⿱此黑、又曰癠、桂林之中謂短矲、矲、通語也、東陽之間謂之府、郭璞注云、今俗呼小爲癠、音薺菜、案薺亦菜之小者、故又謂之靡草、月令靡草死、鄭引舊說云、靡草、薺亭歷之屬、正義云、以其枝葉靡細、故云靡草是也、⿸厂齊亦通作濟、襄二十八年左傳、濟澤之阿、行潦之蘋藻、寘諸宗室、季蘭尸之、敬也、濟澤、小澤也、若言澗谿沼沚之毛、蘋蘩薀藻之菜、可薦於鬼神、可羞於王公、耳、正義乃釋濟爲江淮河濟之濟、失其義矣、方言𦬁字或作呰、說文、呰、窳也、漢書地理志呰窳媮生、如淳注云、呰音紫、顏師古注云、呰、短也、窳、弱也、言短力弱材、不能勤作也、史記貨殖傳呰作呰、𦬁呰呰竝通、方言注云、府、言俯視之也、說文、府、俛病也、方言注云、𦬁言𦬁𤰈也、廣韻、𦬁𤰈、短也、說文、𤰈、短人立𤰈𤰈皃、周官典同陂聲散、鄭注云、陂讀爲人短罷之罷、司弓矢痹矢、鄭衆注云、痹讀爲人罷短之罷、罷𤰈罷竝與𦬁通、爾雅𦬁牛、注云、𦬁牛庳小、說文、猈、短脛狗也、義亦與𦬁同、𦬁𦬁與𤰈𤰈聲亦相近也、痔、即今矮字也、玉篇音於綺於解二切、釋言篇云、痔、痤也、𥇢者、方言、𥇢、短也、注云、便旋庳小貌也、爾雅、還味、棯棗、注云、還味、短味也、義與𥇢同、𪐀者、方言、𪐀、短也、注云、蹶𪐀、短小貌也、玉篇音知劣切、云吳人呼短物也、又云、䂌短也、莊子秋水篇遥而不悶、掇而不跂、郭象注云、遥、長也、掇、猶短也、淮南子人閒訓聖人之思脩、愚人之思叕、高誘注云、叕、短也、竝字異而義同、說文、㝮、短面也、廣韻、顡、頭短也、衆經音義卷四引聲類云、㪏、短氣貌、義亦與貀同、今俗語謂短見爲拙見、義亦同也、貀與侏儒語之轉也、故短謂之侏儒、又謂之貀、梁上短柱謂之棳、又謂之侏儒、又謂之棳儒、蜘蛛謂之蝃、又謂之蝃蝥、又謂之侏儒、爾雅、梁上楹謂之棳、釋文、棳本或作梲、雜記、山節而藻梲、鄭注云、梲、侏儒柱也、釋名云、棳儒、梁上短柱也、棳儒猶侏儒、短、故以名之也、方言云、鼅鼄、鼄蝥也、自關而西秦晉之閒謂之鼄蝥、自關而東趙魏之郊謂之鼅鼄、或謂之蠾蝓、蠾蝓者侏儒語之轉也、注云、今江東呼蝃蝥、音棳、玉篇云、蝃、鼅鼄也、蓋凡物形之短者、其命名即相似、故屢變其物而不易其名也、𥏒者、玉篇、𥏒、犬短尾也、字亦作刀、俗作刁、晉書張天錫傳、韓博嘲刁彝云、短尾者爲刁、是也、說文、褐、短衣也、玉篇音丁了切、廣韻又音貂、方言云、無緣之斗謂之刁斗、義竝與𥏒同、衛風河廣篇、曾不容刀、鄭箋云、小船曰刀、釋名、船三百斛曰䑠、䑠、貂也、貂短也、江南所名短而廣安不傾危者也、亦聲近而義同、初學記引論語摘衰聖云、鳳有九苞、六曰冠短周、七曰距銳鉤、周亦短也、周與𥏒聲近義同、宋

均注云周當作朱朱色也失之孑孑者說文孑無右
臂也孓無左臂也皆短之義也短與小同義故井中
小蟲亦謂之孑孓釋蟲篇云孑孑蜎也爾雅蜎蠉注
云井中小蛣蟩赤蟲一名孑孓孑孓與蛣蟩聲義並
同孑之言孑然小也釋名云盾狹而短者曰孑盾孑
小稱也孑之言蹷也漢書王莽傳莽爲人侈口蹷顄
顏師古注云蹷短也方言注云蹶𪘏短小貌也凡物
之直而短者謂之蹶或謂之𪘏列子黃帝篇吾處身
也若厥株駒張湛引崔譔莊子注云厥株駒斷樹也
釋文云厥說文作𣏟木本也株駒亦枯樹本也又爾
雅檅謂之杙注云橜也又橜謂之闑注云門閫也玉
藻正義云闑謂門之中央所豎短木也蹶厥橜𣏟並
同聲蹶與𪘏聲又相近木本謂之𣏟杙謂之橜門閫
謂之橜梁上柱謂之棳皆木形之直而短者也故蔡
邕短人賦云木門閫兮梁上柱視短人兮形如許矣
又案說文蟨鼠也一曰西方有獸前足短與蛩蛩巨
虛比其名謂之蟨字亦作蹷淮南子道應訓北方有
獸其名曰蹷鼠前而兔後趨則頓走則顚高誘注云
鼠前足短兔後足長故謂之蹶蹶與𪘏聲相近合之
則爲蹶𪘏轉之則爲孑孓故短貌謂之蹶𪘏獸前足

廣雅疏證卷第二下

短謂之蹶、頭短謂之頯、無左右臂謂之孑孓、其義竝相通也、屈音九勿渠勿二反、衆經音義十二引許愼淮南子注云、屈、短也、史記天官書、白虹屈短、集解引韋昭漢書注云、短而直也、屈與屈同、說文、屈、無尾也、玉篇云、短尾也、高誘注淮南子原道訓云、屈讀秋鷄無尾屈之屈、韓非子說林篇云、鳥有周周者、重首而屈尾、爾雅、鶌鳩、鶻鵃、郭璞注云、似山鵲而小、短尾、集韻引埤倉云、㞊、短尾犬也、屈、屈、㞊、鶌竝同義、今江淮閒猶呼鳥獸之短尾者爲屈尾、說文、崛、山短高也、廣韻、䄈、短衣也、方言云、自關而西秦晉之閒、無緣之衣謂之裗䄈、義亦與屈同、短尾犬謂之才、亦謂之屈、短衣謂之褐、亦謂之䄈、無緣之斗謂之才斗、無緣之衣謂之裗䄈、其義竝相通也、集韻類篇竝引廣雅、屈、短也、今本脫屈字、

拲拱鈵董固也

拲者、豳風破斧篇、四國是遒、毛傳云、遒、固也、廣韻、拲、遒竝卽由切、聲同義亦同也、拱者、爾雅、鞏、固也、革初九云、鞏用黃牛之革、大雅瞻卬篇云、無不克鞏、與拱通、爾雅、拱、執也、執與固義相近、故遯六二云、執之

用黃牛之革、傳云、執用黃牛、固志也、是革遯二卦之取象同、其義亦同矣、逸周書謚法解云、執事堅固曰恭、恭與拱亦聲近義同、

鞏、董者、方言、鞏、董、固也、

㦸朴盬雜趀屝造棐突暴暫猝也

㦸朴者、方言、㦸朴、猝也、郭璞注云、謂急速也、案今俗語狀聲響之急速者曰㦸朴、是其義也、盬雜者、方言、盬、雜、猝也、盬、且也、玉篇、盬、倉猝也、姑也、凡言姑且者、皆倉猝不及細審之意、故云猝也、盬、各本訛作監、今訂正、趀屝、一字也、說文、趀、倉卒也、卒、與猝同、趀之言造次也、玉藻云、造受命於君前、則書於笏、論語里仁篇、造次必於是、鄭注云、造次、倉卒也、倉卒造次語之轉、次趀古同聲、故廣雅趀造二字竝訓爲猝也、案趀從走朿聲、倉卒也、音七谷反、與趀字異、趀從走市聲、廣韻與跡同、行皃也、音步末反、廣雅趀訓爲猝、當音七谷反、曹憲又音步末反、失之、棐、突者、方言、棐、卒也、江湘之間、凡卒相見、謂之棐相見、或曰突、說文、突、犬從穴中暫出也、一曰匪突也、匪、與棐同、暴、義見卷一暴疾也下、

陫㬰頼倪菲佊㪘陂陀傾畸戲偏俄迤阿阪哨回哇㘒刺險阻頗隤徑夊蕭顥衺也

陫者、玉篇陫、衺也、宋玉神女賦晡夕之後、李善注云晡、日昳時也、亦衺之義也、㬰者、說文㬰、頭衺骫㬰態也、又云、骫、骨耑骫㬰也、頼倪者、衆經音義卷二云、俾倪、三倉作頼倪、玉篇匹米吾禮二切、集韻又匹計研計二切、衆經音義卷八引倉頡篇云、頼、不正也、說文、頼、傾首也、又云、睨、衺視也、中庸云、睨而視之、睨與倪同義、莊子天下篇云、日方中方睨、是日斜亦謂之睨也、爾雅、龜左倪不類、右倪不若、郭璞注云、左倪、行頭左庳、右倪、行頭右庳、庳與倪皆衺也、史記灌夫傳辟倪兩宮閒、索隱引埤倉云、睥睨、邪視也、釋名云、城上垣曰睥睨、言於其孔中睥睨非常也、古今注云、漢謂曲蓋爲轓輗蓋、是凡言頼倪者、皆衺之義也、邪、斜、竝與衺同、乖者、說文、乖、戾也、戾亦衺也、佊者、玉篇音陂髲切、廣韻又音彼、引埤倉云佊、邪也、又引論語子西佊哉、今論語作彼、馬融注云、彼哉彼哉、言無足稱也、與廣韻所引異義、案佊字讀偏佊之佊、於義爲長、廣顏所引當是鄭王虞諸人說也。方言：陂，邪也。陳楚荆揚曰陂。泰九三：无平不陂。虞翻注云：陂，傾也。詩序：無險詖私謁之心。崔靈恩注云：險詖，不正也。竝字異而義同。敧者，說文：敧，戾也。又云：𠁧，衺也。又云：韋，相背也。獸皮之韋可以束枉戾相違背，故借以爲皮韋。堯典說共工之行云：靜言庸違。史記五帝紀云：共工善言，其用僻。正義云：僻，邪也。文十八年左傳作靖譖庸回。杜預注云：回，邪也。大雅大明傳云：回，違也。義竝與敧同。爾雅：婦人之褘謂之縭。注云：褘，邪交落帶繫於體，因名爲褘。義亦與敧同。陂陀者，爾雅：陂者曰阪。注云：陂陀不平。漢書司馬相如傳：罷池陂陁，下屬江河。郭璞注云：言旁穨也。陁與陀同。畸者，周官宮正：奇衺之民。鄭注云：奇衺，譎觚非常也。曲禮：國君不乘奇車。盧植注云：奇車，不如法之車也。管子版法篇云：植固不動，倚邪乃恐。畸、奇、倚竝通。奇衺猶敧衺，語之轉耳。說文：畸，殘田也。亦田形之不正者也。戲讀爲險巇之巇。楚辭七諫：何周道之平易兮，然蕪穢而險戲。王逸注云：險戲，猶言傾危也。王襃洞簫賦云：又似流波，泡溲泛捷，趨巇道兮。巇與戲通。險戲一聲之轉，故俱訓爲衺也。俄頓，一字也。說文：俄，行頭也。頓與傾同。小雅賓之初筵篇、側弁之俄、鄭箋云、俄、傾貌、張衡歸田賦、曜靈俄景、李善注云、俄、斜也、古者俄義同聲、故俄或通作義、多方云、乃惟以爾多方之義民、不克永于多享、義與俄同、衺也、衺民、卽上文所云有夏之民叨懫也、以用也、言桀用傾衺之民、故不克永于多享、下二句云、惟夏之恭多士、大不克明保享于民、正謂此也、立政云、謀面用丕訓德、則乃宅人、玆乃三宅無義民、義亦與俄同、言謀面旣大順於德、然後居賢人於官、而任之、則三宅皆無傾衺之民也、呂刑云、鴟義姦宄、奪攘矯虔、義字亦是傾衺之意、解者皆失之、昭三十一年左傳、不爲利回、不爲義疚、義亦衺也、不爲義疚、猶言不爲利疚耳、解者亦失之、迆者、說文、迆、衺行也、玉篇音余紙切、禹貢東迆北會于匯、馬融注云、迆、靡也、考工記、戈柲六尺有六寸、旣建而迆、鄭衆注云、迆、讀爲倚移從風之移、謂著戈於車邪倚也、孟子離婁篇、施從良人之所之、趙岐注云、施者、邪施而行、丁公著音迆、爾雅、邐迆、沙邱、注云、旁行連延、子虛賦、登降陁靡、司馬彪注云、陁靡、邪靡也、竝字異而義同、玉藻、疾趨則欲發而手足毋移、鄭注云、移之言靡迆也、毋移、欲其直且正、孟子梁惠王篇、放辟邪侈、丁本作邪移、移與迆古亦同聲、故鄭衆讀迆爲移矣、阿者、商頌長發箋云、阿、倚也、爾雅云、偏高、阿邱、衞風考槃傳云、曲陵曰阿、皆衺之義也、阿與奇衺之奇、聲亦相近、阪者、說文、陂者曰阪、一曰澤障、一曰山脅也、呂氏春秋正月紀、善相邱陵阪險原隰高誘注云、阪險、傾危也、哨者、說文、哨、不容也、考工記梓人、大胷燿後、鄭注云、燿、讀爲哨、頎小也、馬融廣成頌作大大何哨後投壺某有枉矢哨壺、鄭注云、枉、哨、不正貌、大戴作峭、同、回者、小雅鼓鍾篇其德不回、毛傳云、回、邪也、哇者、法言吾子篇中正則雅、多哇則鄭、李善注東京賦引李軌注云、哇、邪也、漢書王莽傳贊紫色鼃聲、應劭注云、鼃、邪音也、敘傳云淫鼃而不可聽、鼃與哇通、差者、說文、差、貳也、差不相值也、是衺出之義也、大戴禮保傅篇云立而不跛、坐而不差、淮南子本經訓衣無隅差之削、高誘注云、隅角也、差邪也、皆全幅爲衣裳、無有邪角也、說文、槎、衺斫也、槎與差聲義亦相近、刺者、說文、刺、戾也、淮南子脩務訓琴或撥刺枉橈、高誘注云、撥刺、不正也、楚辭七諫吾獨乖刺而無當兮、注云、刺、邪也、鹽鐵論申韓篇云、若檃栝輔檠之正弧刺也、刺、各本訛作刺、今訂正、險之言險巇阻之言齟齬、隤之言摧隤

皆傾衺之義也、宋玉高唐賦云、傾崎崕隤、徑者、衺義
道而不徑、鄭注云、徑、步邪趨疾也、老子云、大道甚夷
而民好徑、夕者、呂氏春秋明理篇云、是正坐於夕室
也、其所謂正、乃不正矣、高誘注云、言其室邪夕不正、
晏子春秋雜篇云、景公新成柏寢之臺、使師開鼓琴、
師開左撫宮、右彈商、曰室夕、公曰、何以知之、對曰、東
方之聲薄、西方之聲揚、案此言室之偏向西也、西衺
夕一聲之轉、故日衺日西總謂之夕、周官大司徒云
日東則景夕多風、是也、神女賦云、晡夕之後、夕與晡
皆有衺義、晡與陠同聲、故廣雅陠夕二字俱訓爲衺
也、蕭之言蕭梢、衺出之皃也、曲禮、凡遺人弓者、右手
執簫、鄭注云、簫、弭頭也、謂之簫、簫、邪也、正義云、弓頭
稍剡差邪、似簫、故謂爲簫也、釋名云、弓末曰簫、言蕭
梢也、埶文類聚引作言簫邪也、說文、簫、參差管樂、象
鳳之翼、是凡言蕭
者、皆衺之義也、

詾讈詒諼謬遁嚜杘㥠𢗅謾譠猶譎詐僞譺膠誣詿詑
謅突虞欺也　詆詭

詒者，說文：詒，相欺詒也。列子黃帝篇云：既而狎侮欺詒，僖元年穀梁傳：惡公子之紿。范甯注云：紿，欺紿也。紿與詒通。諼者，說文：諼，詐也。文三年公羊傳：爲諼也。何休注云：諼，詐也。漢書藝文志云：尙詐諼而棄其信。謬者，爾雅序釋文引方言云：謬，詐也。列子天瑞篇云：向氏以國氏之謬己也，往而怨之。逭者，賈子過秦篇云：姦僞竝起，而上下相逭。淮南子脩務訓：審於形者不可逭以狀。高誘注云：逭，欺也。逭與逭同。𠻞㞘者，方言：𠻞㞘，獪也。江湘之閒凡小兒多詐而獪謂之𠻞㞘。列子力命篇云：墨㞘單至。墨與𠻞通。㞘，各本譌作屎，惟影宋本不譌。㥏忚、謾譠者，集韻類篇引此謾譠作譠謾。方言云：眠娗、脈蜴、賜施、茭媞、譠謾、㥏忚，皆欺謾之語也。楚郢以南東揚之郊通語也。郭璞注云：六者亦中國相輕易蚩弄之言也。廣雅釋訓篇云：㥏忚，欺慢也。忚與他同，慢與謾同。說文：謾，欺也。韓子守道篇云：所以使衆人不相謾也。賈子道術篇云：反信爲慢。譠之言誕也。合言之則曰譠謾，倒言之則曰謾譠。謾譠，猶謾誕。韓詩外傳云：謾誕者，趨禍之路，是也。倒之則曰誕謾。史記龜策傳云：人或忠信而不如誕謾，是也。眠娗，亦謾譠也。方俗語有侈弇耳。猶者，方言：猷，詐也、猷、與猶同、譎詐膠者、方言、膠、譎、詐也、涼州西南之閒曰膠、自關而東西、或曰譎、或曰膠、詐、通語也、左思魏都賦、牽膠言而踰侈、張載注引李尅書云、言語辯聰之說、而不度於義者、謂之膠言、李善注引廣雅、膠、欺也、譺者、玉篇、譺、欺也、廣韻、嗖、口嗖嗖無度也、嗖與譺義相近、詿者、說文、詿、誤也、誤亦欺也、韓策云、詿誤人主、漢書息夫躬傳云、虛造詐譺之策、欲以詿誤朝廷、詑者、說文、沇州謂欺曰詑、燕策云、寡人甚不喜訑者言也、訑與詑同、今江淮閒猶謂欺曰詑、是古之遺語也、詑、亦謾也、合言之則曰詑謾、楚辭九章云、或訑謾而不疑、是也、倒言之則曰謾詑、淮南子說山訓云、媒但者非學謾他、是也、他與訑通、謾詑與謾誕、又一聲之轉矣、調者、潛夫論浮侈篇云、事口舌而習調欺、突者、荀子榮辱篇云、陶誕突盜、惕悍憍暴、以偷生反側於亂世之閒、陶誕突盜、皆謂詐欺也、賈子時變篇云、欺突伯父、虞者、淮南子繆稱訓引屯六三、即鹿無虞、高誘注云、虞、欺也、魏志王粲傳、陳琳諫何進曰、易稱即鹿無虞、諺有掩目捕雀、夫微物尚不可欺以得志、況國之大事、其可以詐立乎、高誘陳琳皆以無虞爲無欺、蓋漢時師說如此、宣十五年左傳、我無爾詐爾無我虞、謂兩不相欺也、虞與誑誤之誤、古聲義竝同、逸周書官人解、營之以物而不誤、大戴禮作虞、是其證矣、詆者、衆經音義卷十二引倉頡篇云、詆、欺也、漢書哀帝紀、除誹謗詆欺法、刑法志、詆欺文致微細之法、顏師古注竝云、詆、誣也、詭者、衆經音義卷十四引三倉云、詭、譎也、又卷十一引廣雅、詆、欺也、卷十四十七二十一二十二二十三、竝引廣雅、詭、欺也、今本脫詆詭二字、

葴飭戒福晐具備也

葴飭戒者、方言、葴、敕、戒、備也、文十七年左傳、寡君又朝以葴陳事、賈逵注云、葴、敕也、說文、敕、誡也、誡、敕也、鄭注曾子問云、戒、猶備也、飭敕古通用、戒誡古通用、福者、說文、福、備也、祭統云、福者、備也、備者百順之名也、郊特牲云、富也者、福也、釋名云、福、富也、其中多品如富者也、曲禮注云、富之言備也、福富備古聲義竝同、晐與該通、各本譌作胲、釋言篇云、備、晐、咸也、說文、晐、兼晐也、吳語、一介嫡女、執箕箒以晐姓於王宮、韋昭注云、晐、備也、今據以訂正、

䏶枘隸枿也

䏶者、說文、歾、禽獸所食餘也、從歺從肉、又云、歺、𠟭骨之殘也、䏶歾殘竝通、歺與枿聲義亦同、枘、各本訛作抦、今訂正、枘隸枿、皆木之再生者也、衆經音義卷十一云、枘、乃困反、引通俗文云、枘、再生也、爾雅、枿、餘也、方言云、陳鄭之閒曰枿、秦晉之閒曰隸、周南汝墳篇伐其條隸、毛傳云隸、餘也、斬而復生曰隸、襄二十九年左傳、晉國不恤周宗之闕而夏隸是屏、杜預注云隸、餘也、字通作肄、玉藻、肄束及帶、鄭注云、肄、讀爲肄、隸、餘也、枿卽萌蘖之蘖、盤庚、若顛木之有由蘖、釋文、蘖、本又作枿、引馬融注云、顛木而肄生曰枿、枿肄語之轉耳、

甹侹遊挑俠也

甹者、說文、甹、俠也、三輔謂輕財者爲甹、又云、甹、俠也、甹與甹同、遊、卽所謂游俠也、漢紀游俠論云、立氣勢、作威福、結私交、以立強於世者、謂之游俠、游與遊同、挑者、廣韻、挑、輕也、輕與俠同義、高誘注淮南子說山

訓云、俠、輕也、漢書趙廣漢傳云、閭里輕俠、是也、

敢悍 惈敢武伔勇也

悍者、說文、悍、勇也、大戴禮易本命篇云、食肉者勇敢而悍、各本俱無悍字、此因悍惈二字相連、字形近似、故傳寫脫去悍字耳、李善注蜀都賦江賦竝引廣雅悍勇也、衆經音義卷二十二引廣雅、悍、惈、敢、勇也、今據以補正、惈、通作果、伔者、說文、伔、勇壯也、釋訓篇云、伔伔、武也、秦誓云、伔伔勇夫、宣六年公羊傳、伔然從乎趙盾而入、何休注云、伔然、壯勇貌、莊子讓王篇云、子路抗然執干而舞、抗、與伔通、說文、虓、虎兒、義與伔亦相近、

蹵蹪躦跐䟫䟣踏蹋也 踶

蹪者、列子說符篇云、足蹪株埳、頭抵植木、而不自知也、躦者、玉篇與䠋同、云、蹋聲也、跐者、卷一云、跐、履也、列子天瑞篇云、若躇步跐蹈、莊子秋水篇云、跐黃泉而登大皇、今俗語猶謂蹋曰跐矣、䟫者、以足距也、說

文、定、距也、踏、各本訛作𨂿、集韻類篇竝引廣雅、踏、蹋也、今據以訂正、踶者、莊子馬蹄篇、馬怒則分背相踶、釋文、踶、大計反、李云、踶、蹋也、廣雅字類聲類竝同、通俗文云、小蹋謂之踶、淮南子脩務訓云、夫馬之爲草駒之時、蹶躍足以破盧陷匈、月令、游牝別羣則縶騰駒、鄭注云、爲其壯氣有餘、相蹄齧也、釋文、蹄、大計反、蹋也、蹏蹄、竝與踶通、

今本廣雅脫踶字、

𪑰俺戀悆忽慌腆詄悚怵怠也

𪑰、各本譌作𪒹、惟影宋本皇甫本不譌、方言、𪑰、怠也、說文云、𪑰者、怠而息也、玉篇云、𪑰然怠也、悆者、說文、悆、怠也、忽者、說文、忽、怠也、墨子脩身篇云、怠名忽焉、慌者、玉篇、慌、㜩慌也、慌與慌同、合言之則曰忽慌、淮南子人閒訓、使忽怳而後能得之、高誘注云、忽怳、善忘之人、怳、亦與慌同、慌怠聲相近、忽慌、猶忽怠耳、腆者、方言、腆、怠也、詄者、說文、詄、忘也、徐鍇傳云、言失忘也、文選四子講德論、故美玉蘊於碔砆、凡人視之怢焉、李善注引廣倉云、怢、忽忘也、論衡別通篇云、不肖者輕慢佚忽、怢佚、竝與詄同、戀之言遺、慌之言荒、詄

之言失、荒、失、遺、皆忘也、楚語云、恐其荒失遺忘是也、怵者、玉篇音莫達切、忘也、字從本末之末、各本譌從午未之未、今訂正、

誦說精講論也

誦者、楚辭九章、惜誦以致愍兮、王逸注云、誦、論也、

註紀疏記學栞志識也

註者、衆經音義卷六引通俗文云、記物曰註、昭十一年穀梁傳、一事注乎志、范甯注云、一事輒注而志之也、注、與註通、疏者、漢書匈奴傳、中行說教單于左右疏記、以計識其人衆畜牧、顏師古注云、疏、分條之也、說文作疋、學者、太平御覽引論語讖云、學者、識也、何休注公羊傳、曰何休學、釋文云、學者、言爲此經之學、即注述之意也、栞者、說文、栞、槎識也、引夏書隨山栞木、今臯陶謨禹貢並作刊、史記夏本紀漢書地理志並作栞、顏師古注云、言刊斫其木以爲表記也、又九山刊旅、史記漢書亦作栞、栞栞刊並通、夏本紀又云、

禹行山表木、表、亦識也、今人謂刻木石作字曰刊、刊即表識之意、王儉褚淵碑文云、刊元石以表德是也、志與識聲義並同、周官保章氏、掌天星以志星辰日月之變動、鄭注云、志、古文識、識、記也、

塌𡐠鬌零零墜遺隨也

鬌者、說文、鬌髮墮也、鬌與墮聲近義同、零、通作落、遺者、楚辭九歎、目眇眇而遺泣、王逸注云、遺、墮也、

廣雅疏證卷第二下

廣雅疏證卷第三上

高郵王念孫學

釋詁

序倢蹔佴秩斑毕笓䆊第次也

倢者、說文、倢、次也、蹔之言漸也、字亦作摲、禮器、君子之於禮也、有摲而播也、鄭注云、摲之言芟也、謂芟殺有所與也、若祭者貴賤皆有所得、不使虛也、段氏若膺云、芟殺之殺所拜反、芟殺、謂由多漸少、皆有等衰、故廣雅訓蹔爲次也、佴者、爾雅、佴、貳也、郭璞注云、佴次爲副貳、說文、佴、次也、文選報任少卿書、佴之蠶室、李善引如淳注云、佴、次也、若人相次也、斑與班同、毕笓一字也、說文、毕、地相次毕也、字亦作玭、太元、陰陽玭參、范望注云、以陰陽相次而三三相乘也、賈子道術篇云、動靜攝次謂之比、毕笓比並通、差者、孟子滕文公篇、愛無差等、趙岐注云、差、次也、

惎恉意志也

恉、經傳通作旨指、各本皆作惎恉志意也、集韻類篇亦云惎意也、則宋時廣雅本已然、案衆經音義卷八云說文恉意也、廣雅恉志也、莊子刻意篇釋文云廣雅意志也、則德明元應所見本志字皆在意字下、今據以訂正、

⿰韋俞䠑⿰歺月𠜲燼孑贏䶲⿰巾祭遺餘也 緒

⿰韋俞者、廣韻云⿰韋俞餘也、出字林、說文⿰韋俞、正耑裂也、裂繒餘也、蘇林注漢書終軍傳云繻帛邊也、邊亦餘也、左氏春秋紀裂繻字子帛、公羊穀梁並作紀履緰、左傳申繻、管子作申俞、皆取帛邊之義、集韻⿰韋俞緰三字並音俞、其義同也、䠑之言櫱也、商頌長發傳云櫱餘也、⿰歺月者、說文⿰歺月、禽獸所食餘也、從歺從肉、又云歺、刏骨之殘也、殘與⿰歺月通、𠜲者、玉篇𠜲力制切、帛餘也、左思魏都賦秦餘徙𠜲、李善注云廣雅𠜲餘也、齊語戎車待游車之裂、韋昭注云裂殘也、舊音音例、引說文裂餘也、裂與𠜲同、即紀裂繻之裂也、小雅都人士篇

垂帶而厲毛傳云厲帶之垂者厲與㓝亦同義謂垂
帶之餘以爲飾故下文云匪伊垂之帶則有餘也爾
雅㓝餘也詩序云宣王承厲王之㓝㓝與㓝古亦同
聲燼孑者方言孑藎餘也周鄭之閒曰藎或曰孑青
徐楚之閒曰孑自關而西秦晉之閒炊薪不盡曰藎
說文㶳火餘木也大雅桑柔篇具禍以燼鄭箋云災
餘曰燼吳語安受其燼韋昭注云燼餘也馬融長笛
賦云藎滯抗絕㶳燼藎並通大雅雲漢篇周餘黎民
靡有孑遺正義云孑然孤獨之貌也㡜者說文㡜殘
帛也淮南子要畧篇箴縷縩緻之閒縩與㡜同緒者
說文緒絲耑也楚辭九章欸秋冬之緒風王逸注云
緒餘也莊子讓王篇其緒餘以爲國家司馬彪注云
緒者殘也謂殘餘也山木篇食不敢先嘗必取其緒
緒亦餘也釋文以爲次緒之緒失之衆經音義卷十
九引廣雅緒餘
也今本脫緒字

饘𥼶糒撽搏也

饘𥼶者玉篇饘乾麵餅也廣韻又作餰云黏也皆搏
著之意也說文𥼶粉也亦謂粉相搏著也廣韻䵒黏

綣也、絭與綣同、說文、𢍏、摶飯也、𢍏與綣亦聲近義同、饙綣也、猶繾綣也、昭二十五年左傳、繾綣從公、杜預注云、繾綣、不離散、是其義也、黐義見卷四黐黏也下、掇之言綑致也、唐風鴇羽箋云、根相迫迮綑致、亦不離散之意也、

粲彰虨辬璘𧆛彬彧朌純文也

彰、通作爛、虨者、說文、虨、虎文也、蒙九二、苞蒙、鄭注云、苞當作虨、虨、文也、案藝文類聚引漢胡廣徵士法高卿碑云、虨童蒙、作世師、蔡邕處士圈叔則碑云、童蒙來求、虨之用文、又司徒袁公夫人馬氏靈表云、俾我小子、蒙昧以虨、皆用蒙卦之辭、則九二之苞蒙、漢時諸家易說、必有作虨而訓爲文者、故鄭本之爲說也、法言君子篇、以其弸中而虨外也、李軌注亦云、虨、文也、辬者、說文、辬、駁文也、王制、斑白者不提挈、鄭注云、雜色爲斑、孟子梁惠王篇斑白作頒、周官內饔、馬黑脊而般臂、鄭注云、般臂、臂毛有文、賈釋文引傳氏云、賁古斑字、文章貌、並字異而義同、璘者、揚雄甘泉賦、璧馬犀之瞵㻞、李善注引埤倉云、璘㻞、文皃也、張

衡西京賦、璘珉璘彬、薛綜注云、璘彬、玉光色雜也。何晏景福殿賦云、文彩璘班、竝字異而義同。𧇼者、說文、彪、虎文彪也。𧇼與彪同、彬者、說文、份、文質備也、引論語文質份份、今本作彬、包咸注云、彬彬、文質相半之貌。史記儒林傳、斌斌多文學之士、竝字異而義同。𧇼𧇼彬、聲又相近也。彧者、說文、𢧊、有文章也、論語八佾篇、郁郁乎文哉、後漢荀彧字文若、彧𢧊郁竝通。昕者、方言、昕、文也。郭璞注云、昕昕、文采貌也。文選西京賦、赫昕昕以宏敞、李善注引埤倉云、昕、赤文也。司馬相如上林賦云、煌煌扈扈、照曜鉅野、淮南子俶眞訓、萑蔰炫煌、高誘注云、采色貌也。扈蔰、竝與昕通、亦通作戶、初學記引論語摘衰聖云、鳳有九苞、八曰音激揚、九曰腹文戶、戶、亦文采貌也。宋均注云、戶、所由出入也、失之。純者、方言、純、文也。漢書地理志云、織作冰紈綺繡純麗之物。

困胎㒓逃也

方言、困、胎、㒓、逃也、郭璞注云、皆謂逃叛也、

擷挺挻栭遂畺盻晲畢終猝竟也

此條竟字有二義、擷挺挻栭遂畢終猝爲究竟之竟、畺盻晲爲邊竟之竟、邊竟之竟、亦取究竟之義也、擷挺者、方言擷挺竟也、挺各本作挺、蓋因下挺字而誤今訂正、挻栭者、方言緪筵竟也、秦晉或曰緪、或曰竟楚曰筵、筵與挻通、說文栭竟也、考工記弓人恆角而短、鄭注云、恆讀爲栭、栭竟也、楚辭招魂姱容脩態絚洞房些、王逸注云、緪竟也、班固荅賓戲云、緪以年歲、西都賦云、北彌明光而亘長樂、並字異而義同、遂讀如遂事不諫之遂、畺與疆同、晲各本皆作眈、晲字俗書作眈、因譌而爲眈、惟影宋本不譌、說文晲竟也、晲疆竟古聲並相近、終猝、經傳通作終卒、

傳誰卽因度集從圍酉歸孝就也

誰者、邶風北門篇、室人交徧摧我、釋文、摧、韓詩作誰、就也、集、謂相依就也、大雅大明篇、天監在下、有命旣集、毛傳云、集、就也、鄭箋云、天命將有所依就、是也、一曰、集、謂成就也、小雅小旻篇、謀夫孔多、是用不集、毛

傳云集、就也、韓詩外傳作是用不就、就集一聲之轉、皆謂成就也、闓各本訛作附、方言玉篇竝云、闓、就也、今據以訂正、闓猶帀也、周官典瑞注云、一帀爲一就、是其義也、酉者、說文、酉、就也、八月黍成可爲酎酒、又云酒就也、所以就人性之善惡、酉酒就聲竝相近、孝者、孝經正義引孝經援神契云、天子行孝曰就、言德被天下、澤及萬物、始終成就、榮其祖考也、孝就聲亦相近、

梱務封剶屠也

諸書無訓梱爲屠者、方言、梱、就也、郭璞注云、梱梱成就貌、然則廣雅本訓梱爲就、在上條內、後人傳寫誤入此條耳、玉篇、𥝮、成熟也、廣韻、梱、成就也、義竝與梱同、務者、士喪禮、特豚四鬄、鄭注云、鬄、解也、周官小子羞羊肆、鄭注云、肆讀爲鬄、羊鬄者、所謂豚解也、墨子明鬼篇云、昔者殷王紂剶剔孕婦、竝字異而義同、封者、說文、封、刺也、歸妹上六、士封羊、馬融注與說文同、剶者、方言、剶、務也、說文、剶、判也、衆經音義卷九引倉頡篇云、剶、屠也、繫辭傳、剶木爲舟、九家本作挎、注云、挎、除也、周官掌戮殺王之親者辜之、鄭注云、辜之言

枯也、謂磔之、荀子正論篇云、斬斷枯磔、義並相近、封刳一聲之轉、皆空中之意也、故以手摳物謂之撻、亦謂之挎、玉篇、撻、苦攜切、中鉤也、鄉飲酒禮、挎越、釋文、挎口孤反、疏云、瑟下有孔越、以指深入謂之挎、此郎玉篇所謂中鉤也、兩股閒謂之奎、亦謂之胯、說文、奎、兩髀之閒也、莊子徐無鬼篇奎蹏曲隈、向秀注云、股閒也、廣雅釋言、胯、奎也、玉篇音口故切、是凡與封刳二字聲相近者、皆空中之意也、

翬鶱𦑡翥翯翧𦒆翃翁獩翴翾翋𦒁鴥𦒍嬌飛也

翬者、方言、翬、飛也、說文云、大飛也、釋訓篇云、翬翬、飛也、爾雅、鷹隼醜其飛也翬、舍人注云、翬翬、其飛疾羽聲也、春秋魯公子翬、鄭公孫揮、皆字羽、揮與翬通、翬之言揮也、說文云、揮、奮也、爾雅云、雉絕有力、奮、又云、魚有力者、徽、北山經、獄法之山有獸焉、其狀如犬而人面、其名曰山𤟹、其行如風、郭璞注云、言疾也、又歸山有獸焉、其狀如麢羊而四角、馬尾而有距、其名曰驒、善還、注云、還、旋旋舞也、是凡言揮者、其義皆與飛相近也、鶱者、說文、鶱、飛皃也、釋訓云、鶱鶱、飛也、楚辭遠遊篇云、鸞鳥軒翥而翔飛、張衡西京賦云、鳳鶱翥

於甍標、騫與軒通、騫之言軒也、軒軒然起也、各本訛作騫、今訂正、翾翥二字、義見卷一翾翥舉也下、翾亦騫也、玉篇、翾飛皃、又云、仚輕舉皃、翾仚並音許延反、義相近也、翓者、釋訓云、翓翓飛也、翻者、玉篇、翻飛皃、廣韻云、翻翁飛皃、翗者、玉篇、狘、蝆飛也、釋訓云、狘狘飛也、狘與翗同、翁者、玉篇、翁、呼橫切、羣鳥弄翅也、釋訓云、翁翁、飛也、䎖者、曹憲音呼麥反、各本脫去䎖字、其呼麥反之音遂誤入翁字下、玉篇、䎖、呼麥切、翁䎖、飛皃、廣韻云、䎖、飛聲、集韻、翁字注引廣雅、翁䎖、飛也、今據以補正、𦏻者、玉篇、𦏻、飛也、廣韻云、𦏻翩、飛相及皃、𦏻翩卽翂翁之轉也、翾亦翾也、說文、翾、小飛也、釋訓云、翾翾、飛也、楚辭九歌、翾飛兮翠曾、王逸注云、言身體翾然若飛、似翠鳥之舉也、鬼谷子揣篇云、蜎飛蝡動、韓詩外傳作蠉、淮南子原道訓作蠉、並字異而義同、翾之言儇也、方言、儇、疾也、荀子不苟篇、小人喜則輕而翾、楊倞注云、言輕佻如小鳥之翾、是翾與儇同義、狘獝者、玉篇云、翐、翐、飛皃、又云、鸐鶉、飛起皃、又云、翋、飛皃、又云、翐翐、飛皃、說文、翯、飛盛皃也、枚乘梁王菟園賦云、徐飛狘獝、左思吳都賦云、趫趠狘獝、並字異而義同、鴥者、說文、鴥、鸇飛皃、秦風晨風篇、鴥彼晨風毛傳云、鴥、疾飛貌、鴥與鴪同、䎘者、釋訓云、䎘䎘、飛也、唐風鴇羽篇、肅肅鴇羽、毛傳云、肅肅、鴇羽聲也、肅與䎘通、翹者、玉篇、翹、飛也、孫綽遊天台山賦、整輕翮而思矯、李善注引方言、矯、飛也、今方言作翹、同、

鑿、矞、欮、掘、扫、斛、抉、挑、竁、穿也

矞者、說文、矞、以錐有所穿也、欮者、玉篇、欮、掘也、隱元年左傳、闕地及泉、逸周書周祝解、豲有蚤而不敢以撅、字並與欮同、扫者、說文、扫、掘也、吳語云、狐埋之而狐扫之、列子說符篇云、扫其谷而得其鈇、扫與搰同、欮掘扫聲並相近、斛與下挑字通、說文、斛、穾也、穾與穿同義、爾雅、斛謂之疀、鄭注少牢下篇作挑、謂之歃、疀歃並與鍤同、所以穿地者也、故釋名云、鍤、插也、插地起土也、或曰銷、銷、削也、能有所穿削也、抉者、說文、抉、挑也、襄十七年左傳云、以杙抉其傷而死、說文、穾、穿也、𥦗、深抉也、義並與抉同、衆經音義卷二引廣雅、作決、周語云、決汨九川、決亦抉也、汨亦扫也、竁者、說文、竁、穿地也、小爾雅云、壙謂之竁、周官小宗伯、甫竁、鄭注云、鄭大夫讀竁爲穿、杜子春讀竁爲毳、皆謂葬穿壙也、今南陽名穿地爲竁、聲如腐脃之脃、

搒撅㛄擿投也 扻

搒者、下文云、搒擊也、擊與投同義、搒各本訛作梈、今訂正、㛄字音義未詳、曹憲音內有本作郊未詳弋音七字、考字書韻書皆無㛄郊二字、卷三云、投提擿也、釋言云、磓磓也、此云、㛄擿投也、則㛄與提擿同意、玉篇砙竹格切、磓也、廣韻又都盇切、擲地聲、又竹亞切、亦作砙、砙與㛄字相似、又說文𢱦擊踝也、讀若踝、𢱦與郊字亦相似、未知誰是廣雅原文、姑竝記之、以俟考正、擿、郎今擲字也、說文、擿投也、莊子胠篋篇擿玉毀珠、崔譔注云、擿猶投弃之也、徐無鬼篇齊人蹢子於宋、釋文云、蹢投也、擿擲蹢竝通、扻者、玉篇扻揘擊也、集韻類篇竝引廣雅、扻投也、今本脫扻字、

苦翁烄煜熺熾也 烄

苦翁者、方言、苦翁熾也、又云、煬翁炙也、揚雄甘泉賦翕赫曶霍、李善注云、翁赫盛皃、卷二云、熻熱也、義竝相近、烄者、卷二云、烄熱也、煜者、說文、煜燿也、衆經音義卷五引埤倉云、煜盛皃也、淮南子本經訓云、焜昱

鎔眩、照燿煇煌、漢書敘傳、焱焱飛景附、煜霅其閒、顏師古注云、煜霅、光貌也、說文、昱、日明也、煜昱義相近、熺者、說文、熹、炙也、鄭注樂記云、熹、猶蒸也、傳毅舞賦云、朱火曄其延起兮、燿華屋而熺洞房、襄三十年左傳、譆譆出出、杜預注云、譆譆、熱也、熺熹譆義並相近、烗者、玉篇廣韻並云、烗、熾也、釋言云、烄、烗也、衆經音義卷七引廣雅、烗、熾也、今本脫烗字、

悲愵悢悁悵也

悲愵者、方言、悲、愵、悵也、郭璞注云、謂惋悁也、方言又云、愵、傷也、又云、愵、憂也、自關而西秦晉之閒、凡志而不得、欲而不獲、高而有墜、得而中亾、謂之愵、皆悁悵之意也、詳見卷一愵憂也下、悢者、楚辭九辯、愴怳懭悢兮、王逸注云、中情悵悁、意不得也、班彪北征賦云、心愴悢以傷懷、重言之則曰悢悢、義見釋訓、悁者、說文、悁、失意也、餘見卷二悁悵痛也下、

怤愉皃解說也

怤愉者，方言：怤愉，悅也。郭璞注云：怤愉，猶呴喻也。悅與說同。說，貌謂之怤愉，故容貌可說者，亦謂之怤愉。漢琵琶調曲隴西行云：好婦出迎客，顏色正敷愉，是也。敷與怤通。兌者，兌象傳云：兌，說也。兌說古同聲，故禮記引說命皆作兌。兌，解者，說文：說，說釋也。徐鍇通論云：悅猶說也，解脫也。人心有鬱結，能解釋之也。學記云：相說以解。僖二十八年左傳：衞人出其君以說于晉。公懼於晉，殺子叢以說焉。皆解之義也。

僄、毛、媥、娍、狎、傷、嵩、侮、佻、儀、忽，輕也。傲

僄佻者，方言：佻、僄，輕也。楚凡相輕薄謂之相佻，或謂之僄也。郭璞注：僄，音飄零之飄。玉篇音匹妙切。僄之言飄也。說文：僄，輕也。又云：嫖，輕也。周官草人云：輕票用犬。考工記弓人云：則其爲獸必剽。荀子議兵篇云：輕利僄遬。史記賈誼傳云：鳳漂漂其高逝。漢書作縹。司馬相如傳云：飄飄有凌雲之氣。並字異而義同。佻之言汎汎也。方言注：佻，音汎。說文：汎，浮皃。左思魏都賦過以汎剽之單慧。張載注引方言：汎，剽，輕也。汎與佻通。玉篇：佻，又音凡。又玉篇凡字注，及衆經音義卷二十三並引廣雅：凡，輕也。衆經音義云：謂輕微之稱也。

孟子盡心篇云、待文王而後興者、凡民也、凡亦與佩通、媥之言翩也、說文、媥、輕皃也、泰六四、翩翩、釋文引向秀注云、輕舉皃、翩與媥通、㜬之言越也、說文、㜬、輕也、爾雅、越、揚也、是㜬與越同義、荀子非相篇、筋力越勁、越者、輕也、說文云、赳、輕勁有材力也、楊倞注以越爲過人失之、說文、䟔、輕足也、義亦與越同、狎者、昭二十年左傳、民狎而翫之、杜預注云、狎、輕也、傷、經傳通作易、嵔者、李善注西京賦引倉頡篇云、嵔、侮也、𢘆者、說文、𢘆、輕易也、大雅桑柔篇、國步蔑資、鄭箋云、蔑、猶輕也、周語云、鄭未失周典、王而蔑之、是不明賢也、蔑、與𢘆同、今人猶謂輕視人爲蔑視矣、傲者、說文、嫯、侮易也、嫯與傲通、呂氏春秋士容論注云、傲、輕也、衆經音義卷二十二、引廣雅、傲、輕也、今本脫傲字、

窴、䈴、關、括、墺、充、實、斂、閉、昏、絜、𢿱、瞀、堙、塞也

窴與塡同、關括者、方言、括、關、閉也、說文、括、絜也、鄭注大學云、絜、猶結也、坤六四、括囊、虞翻注云、括、結也、閉結、皆塞也、墺斂者、說文、㪟、閉也、或作㓷、斂、塞也、大雅緜篇、度之薨薨、韓詩云、度、塡也、晉語、狐突杜門不出、

衆經音義卷五引賈逵注云杜、塞也、字並與坡通、柒誓杜乃擭、斂乃穽、王肅注與說文同、昏者、說文昏、塞口也、古文作昏、昏與括聲相近也、綮者、玉篇音女於切、字或作袽茹絮、絮、說文絮、絜緼也、引既濟六四繻有衣絮、今本作繻有衣袽、王弼注云、衣袽、所以塞舟漏也、子夏作茹、京房作絮、考工記弓人厚其帑則木堅、鄭衆注云、帑讀爲襦有衣絮之絮、絮謂弓中裨也、呂氏春秋功名篇以茹魚去蠅、高誘注云、茹讀茹船漏之茹、並字異而義同、絮各本訛作絮、既濟釋文云、袽、說文作絮、廣雅云、絮、塞也、子夏作茹、京作絮、是廣雅本作絮、與京房作絮者異、今據以訂正、寂者、說文寂、塞也、讀若虞書寂三苗之寂、今書作竄、古今字異也、寂各本訛作竄、今訂正、暗從目取聲、取暗並音一活反、各本訛作暗、集韻類篇並云、暗、塞也、今據以訂正、堙者、說文垔、塞也、引洪範鯀垔洪水、今本作陻、周官掌屬作闉、襄二十五年左傳作堙、昭二十九年傳作湮、並字異而義同、

礲礪希鑠𤮐𤮐剴扢差礜鍇鑢指揮硐攡鑿𥗞㧞砥磋

磨也

礱者，說文：「礱，䃺也。」晉語：「斲其椽而礱之。」文選枚乘諫吳王書注引賈逵注云：「礱，磨也。」荀子性惡篇云：「鈍金必將待礱厲然後利。」礱與礲同，磨與䃺同，字通作劘，又作摩。礪者，粊誓云：「礪乃鋒刃。」昭十二年左傳云：「摩厲以須。」厲與礪同。希、鑠者，方言：「希、鑠，摩也。燕齊摩鋁謂之希。」周語：「衆口鑠金。」史記鄒陽傳索隱引賈逵注云：「鑠，消也。」消亦磨也。考工記云：「爍金以爲刃。」爍與鑠通。甈者，廣韻：「甈，甈屑瓦洗器也。」方言：「磑或謂之硬。」郭璞注云：「即磨也。」硬與甄聲近義同。甈，玉篇音所兩切，廣韻又初兩切。說文：「甈，磋垢瓦石也。」徐鍇傳云：「以碎瓦石甈去瓶內垢也。」西山經：「錢來之山，其下多洗石。」郭璞注云：「澡洗可以磢體去垢圿。」木華海賦：「飛澇相磢。」李善引方言注云：「漺，錯也。」甈、甈、磢、漺竝通。剴者，說文：「剴，摩也。」玉篇音公哀、五哀二切。爾雅：「饑，汔也。」郭璞注云：「謂相摩近。」釋文：「饑，郭音剴。」京房注繫辭傳云：「磨，相磑切也。」說文：「磑，䃺也。」剴、饑、磑竝通。今俗語猶謂相摩近爲剴。說文：「𪗉，齰牙也。」義亦與剴同。扢者，玉篇音柯礙、何代二切，廣韻又古忽、戶骨二切。淮南子要畧篇濡不暇扢高誘注云扢拭也漢書禮樂志扢嘉壇孟康注云扢摩也後漢書杜篤傳漂槩朱崖李賢注云漂槩謂摩近之也周官世婦帥女宮而濯摡鄭注云摡拭也檜風匪風篇云溉之釜鬵爾雅溉沆也釋文沆古愛反說文槩杚斗斛也杚平也徐鍇傳云杚卽槩也摩之使平也月令正權概鄭注云概平斗斛者說文刉字注云刀不利於瓦石上刉之義與扢竝相近差之言磋也說文䶗齒差也謂齒相摩切也𤻅差錯一聲之轉故皆訓爲磨爾雅爽差也爽忒也郭注云皆謂用心差錯不專一爽與差錯同義故𤻅與差錯亦同義也礱者說文研䃺也礱摩也呂氏春秋精通篇云刃若新劘研研與礱同錯者說文厝厲石也引小雅鶴鳴篇佗山之石可以爲厝今本作錯禹貢錫貢磬錯傳云治玉石曰錯衞風淇奧篇如琢如磨太平御覽引韓詩作如錯如磨東晳補亡詩粲粲門子如磨如錯用韓詩也說卦傳八卦相錯李鼎祚注云錯摩也剛柔相摩八卦相蕩也錯各本譌作錯文選江賦𢍰瀰之所礦錯李善注引廣雅錯摩也今據以訂正鑢者說文鑢錯銅鐵也太元大次二云大其慮躬自鑢大雅抑箋云玉之缺可磨鑢而平鄭

鄭注考工記云摩鐧之器方言云燕齊摩鋁謂之希鑢鐧鋁並同指揮者衆經音義卷十八揮女皆反引韻集云指揮摩也廣韻指揮摩拭也文選西京賦指枳落李善注引字林云指摩也各本俱脫揮字集韻類篇並引廣雅指揮摩也今據以補正硐者文選長笛賦總硐隤墜李善注引廣雅硐磨也摧者卷二云摧拭也摧亦指也方俗語轉耳鋻者玉篇音余傾烏定二切左思招隱詩聊可瑩心神李善注引廣雅瑩磨也瑩與鋻通磨者廣韻磨磨磨也又云鐁平木器名釋名云鐁斯彌也斤有高下之跡以此斯彌其上而平之也鐁與磨同義斯彌斯磨語之轉耳捌者集韻引字林云捌摩也魏策云莫不日夜搤腕瞋目切齒切與捌通砥者儒行云砥厲廉隅漢書枚乘傳云磨礲底厲底與砥同磋者衛風淇奧篇如切如磋如琢如磨爾雅云骨謂之切象謂之磋玉謂之琢石謂之磨鄭注學記云摩相切磋也盍切磋磨三字對文則異散文則通矣

訋設賢惹讙諵拳也

此釋紛挐之義也。說文，拏，牽引也。文選吳都賦注引許慎淮南子注云，挐，亂也。方言，讕哰，謰謱，挐也。拏，揚州會稽之語也。郭璞注云，言諸挐也。玉篇云，諸詉，言不可解也。廣韻云，諸詉，語不正也。淮南子本經訓云，芒繁紛挐，以相交持。挐挐詉並通。賢各本訛作覽。玉篇，賢，婘，挐也。廣韻云，賢，婘也。婘與謰同，挐與挐同。今據以訂正。惹謰者，方言，挐，揚州會稽或謂之惹，或謂之謰。郭注云，惹言情惹也。謰，言誣謰也。玉篇，惹音人者切，云，亂也。廣韻又而灼切，云，謰，惹也。謰字又作婘。說文，婘，誣挐也。

嫙愓嬉劮遊敖契戲也

嫙愓嬉者，方言，嫙，愓，遊也。江沅之間謂戲爲嫙，或謂之愓，或謂之嬉。嫙之言逍遙，愓之言放蕩也。說文，愓，放也。玉篇音杜朗切。莊子大宗師篇，女將何以遊夫遙蕩恣睢轉徙之塗乎。遙蕩與嫙愓通。方言注，愓，音羊。言彷徉也。彷徉，猶放蕩耳。劮，經傳通作佚，又作逸。

踉蹬跪搩也

踞跧跪者，方言：東齊海岱北燕之郊，跪謂之踞跧。郭璞注云：今東郡人亦呼長跽爲踞跧。衆經音義卷二十四云：今江南謂屈膝立爲踞跪。說文：跪，拜也。拜與𢷎同。

傑㑳詾剔馬詈駡也

傑㑳者，方言：傑㑳，駡也。燕之北郊曰傑㑳。郭璞注云：羸小可憎之名也。方言：南楚凡駡庸賤謂之田儓。又云：庸謂之㑳，轉語也。義與傑㑳亦相近。詾，郎詬字也。襄十七年左傳：重丘人閉門而詾之。杜預注云：詾，駡也。馬亦駡也。方俗語有輕重耳。

攍旅何 揭 **⿰扌希擔也**

攍旅何⿰扌希者，方言：攍、膂、賀、𦝫，儋也。齊楚陳宋之閒曰攍，燕之北郊、越之垂甌、吳之外鄙謂之膂，南楚或謂之攍。自關而西隴冀以往謂之賀，凡以驢馬馲駝載物者謂之負佗，亦謂之賀。儋與擔同。釋言云：攍，負也。莊子胠篋篇：攍糧而趨之。攍與攍通。攍⿰扌希二字並從手，各本訛從木，今訂正。旅，各本訛作挔，自宋時本已然故集韻類篇拸字注竝云一曰擔也考玉篇廣韻拸字俱不訓爲擔又脅字注古通作旅秦誓旅力既愆小雅北山篇旅力方剛竝以旅爲脅廣韻旅俗作旅旅與拸字形相近方言攍脅貿賸儋也此云攍拸何揭擔也拸字明是俗旅字之訛郭璞注云儋者用脅力因名云今據以訂正何與貿通亦通作荷說文賸囊也方言注云今江東呼儋兩頭有物爲賸後漢書儒林傳云制爲賸囊賸賸竝通揭者說文竭負舉也禮運五行之動迭相竭也鄭注云竭猶負戴也成二年左傳桀石以投人杜預注云桀擔也莊子胠篋篇負匱揭篋擔囊而趨釋文引三倉云揭舉也擔也負也揭竭桀竝通衆經音義卷三引廣雅何揭擔也今本脫揭字

爢爤䰞胹飪饎䊑酋羞礪㯜䎲也

爢爤䰞胹飪饎䊑酋者說文爢爤也爤孰也爢通作糜爤亦作爛孰亦作熟方言胹飪亨爛糦酋酷孰也自關而西秦晉之郊曰胹徐揚之間曰飪嵩嶽以南陳潁之間曰亨自河以北趙魏之間火熟曰爛氣熟

曰糦、久熟曰酋、穀熟曰酷、熟、其通語也、亨、與亯通、說
文、胹、爛也、宣二年左傳、宰夫胹熊蹯不熟、正義引字
書云、過熟曰胹、內則、濡豚、鄭注云、濡、謂亨之以汁和
也、楚辭招魂、肥牛之腱、臑若芳些、王逸注云、臑若、熟
爛也、胹、臑、濡竝通、說文、胹、丸之孰也、義與胹亦相近、
說文、飪、大孰也、古文作肝、又作恁、士昏禮、皆飪、鄭注
云、飪、熟也、郊特牲、腥肆爓腍祭、鄭注云、腍、孰也、爾雅
饙、餾、稔也、竝字異而義同、說文、稔、穀孰也、引昭元年
左傳、鮮不五稔、義亦與飪同、爾雅釋訓釋文引字林
云、饎、熟食也、士虞禮、饎爨在東壁、鄭注云、炊黍稷曰
饎、周官饎人、鄭衆注云、主炊官也、故書饎作𩟍、𩟍、饎、
糦竝同、玉篇、秙、禾大熟也、秙與酷通、周官酒正、二曰
昔酒、鄭注云、昔酒、今之酋久白酒、月令、乃命大酋、鄭
注云、酒熟曰酋、大酋者、酒官之長也、高誘注呂氏春
秋仲冬紀云、醖釀米麴、使之化熟、故謂之酋、鄭語、毒
之酋腊者、其殺也滋速、韋昭注云、精熟爲酋、腊、極也、
腊與昔酒之昔同義、說文、酋、繹酒也、釋名云、酒、酉也、
釀之米麴酉澤、久而味美也、酉澤與酋繹通、月令、麥
秋至、太平御覽引蔡邕章句云、百穀各以其初生爲
春、熟爲秋、故麥以孟夏爲秋、說文、秋、穀孰也、秋與酋

亦聲近義同。羞者，方言：羞，熟也。郭璞注云：熟食爲羞。聘禮：燕與羞，假獻無常數。鄭注云：羞，謂禽羞，鴈鶩之屬，成熟煎和也。爾雅：饙、餾，稔也。郭璞注云：今呼餐飯爲饙。釋文：餐，音脩，義亦與羞同。䊧者，方言：䊧，熟也。䊧與䊧同。

愋、諒、㥌、䚄、惼、覺、叡、忓、諝、黨、聞、曉、哲、𥏼也

愋諒者，方言：愋、諒，知也。知與𥏼通。𥏼，即今智字也。說文：𥏼，識詞也。隸省作智。各本𥏼字分爲于智二字，雙行並刻。今訂正。㥌之言𨗨也。說文：㥌，㳄也。玉篇云：意思㳄也。䚄者，王制：西方曰狄䚄。鄭注云：䚄之言知也。正義云：謂通傳言語，與中國相知。古知智同聲同義。故荀子正名篇云：知有所合謂之智。白虎通義云：智者，知也。獨見前聞，不惑於事，見微知著也。釋名云：智，知也。無所不知也。惼者，卷一云：諞，慧也。諞與惼聲義並同。叡與睿同。忓諝者，衆經音義卷十二引字林云：忓㥠，知也。又引通俗文云：多意謂之忓㥠。說文：諝，知也。又云：㥠，知也。周官大宰：胥十有二人。鄭注云：胥，讀如諝，謂其有才知爲什長。又闔胥大胥小胥注並云：

胥、有才知之稱。陸機辨亾論云：謀無遺諝。諝、悄、胥並通。黨、曉、哲者，方言：黨、曉、哲，知也。楚謂之黨，或曰曉，齊宋之間謂之哲。郭璞注云：黨，黨朗也，解寤貌。廣韻：爣朗，火光寬明也。爣與黨義相近。聞者，說文：聞，知聲也。

封垤坻塲也

封、垤者，方言：垤、封，塲也。楚郢以南蟻土謂之垤。垤亦中齊語也。易林震之蹇云：蟻封穴戶。周官封人注：聚土曰封。故蟻塲亦謂之封也。豳風東山篇：鸛鳴于垤。毛傳云：垤，螘冢也。韓非子姦劫弒臣篇云：猶螘垤之比大陵也。螘與蟻同。坻者，方言：坻，塲也。梁宋之閒蚍蜉犁鼠之塲謂之坻。揚雄荅劉歆書云：由鼠坻之與牛塲也。潘岳藉田賦云：坻塲染屨。案天將雨則蟻聚土爲封以禦溼，如水中之坻，故謂之坻。秦風蒹葭篇云：宛在水中坻。是也。塲者，郭璞方言注音傷。衆經音義卷十一引埤倉云：塲，鼠垤也。字通作壤。隱三年穀梁傳疏引麋信注云：齊魯之閒謂鑿地出土、鼠作穴出土，皆曰壤。莊子天道篇云：鼠壤有餘蔬。

杜蹻遳[illegible]也

杜蹻者、方言、杜、蹻、澀也、趙曰杜、山之東西或曰蹻、郭璞注云、今俗語通言澀如杜、杜棃子澀、因名云、郤蹻、燥澀貌、遴者、說文、遴、行難也、經傳通作吝、說文澀、不滑也、從四止、各本訛作澀、今訂正、

絓挈㒓介孤寡索唯特獨也

絓挈㒓介特者、方言、絓、挈、㒓、介、特也、楚曰㒓、晉曰絓、秦曰挈、物無耦曰特、獸無耦曰介、挈亦介也、語之轉耳、說文、㓞、㡀一耑也、聲與挈近而義同、鄭注大司寇云、無兄弟曰惸、洪範云、無虐煢獨、小雅正月篇云、哀此惸獨、唐風杕杜篇云、獨行睘睘、周頌閔予小子篇云、嬛嬛在疚、說文、赹、獨行也、竝字異而義同、㒓、各本訛作傑、今訂正、昭十四年左傳、收介特、杜預注云、介特、單身民也、哀十四年傳云、逢澤有介麇焉、集韻類篇引廣雅竝作夰、孤寡索者、孟子梁惠王篇、老而無妻曰鰥、老而無夫曰寡、老而無子曰獨、幼而無父曰孤、襄二十七年左傳、齊崔杼生成及彊而寡、則無妻亦謂之寡、鰥寡孤一聲之轉、皆與獨同義、因事而異名耳、周南桃夭正義引小爾雅云、無夫無婦竝謂之寡、丈夫曰索、婦人曰嫠、索與索同、檀弓、吾離羣而索

居、亦謂獨居也、鄭注訓索爲散、則與離意相複、失之矣、

惃憝頓愍眠眩惑嵩愮擾撓慁攪猾紛緼惷妄㤝

憒叛殽逆亂也

擾

惃憝頓愍眠眩者、方言、惃、憝、頓、愍、惽也、楚揚謂之惃、或謂之憝、江湘之間謂之頓、愍、南楚飲藥毒懣謂之頓愍、猶中齊言眠眩也、說文、誖、亂也、或作悖、玉篇、憝迷亂也、憝悖誖竝同、憝、曹憲音勃、各本憝作愨、惎因音內勃字而誤、考說文玉篇廣韻集韻類篇俱無愨字、衆經音義卷十三引廣雅、憝、亂也、今據以訂正、淮南子要略云、終身顛頓乎混溟之中、而不知覺寤乎昭明之術、是頓爲惽亂也、爾雅、訰訰、亂也、訰與頓聲近義同、頓各本皆作損、頓隸省作頓、因譌而爲損、今訂正、愍字本作忞、或作暋、又作泯、其義竝同、說文引立政云、在受德忞、今本作暋、康誥云、天惟與我民彝大泯亂、泯泯亦亂也、呂刑云、泯泯棼棼是也、傳訓泯爲滅失之、莊子外物篇慰暋沈屯、屯與頓通、暋與愍通、合言之則曰頓愍、方言注云、頓愍猶頓悶也、淮南子

偕務訓、精神曉泠、鈍聞條達、高誘注云、鈍聞、猶鈍惛
也、文子精誠篇作屯閔、義並與頓愍同、眠字或作瞑、然
王篇瞑音眉田切、又音麵、荀子非十二子篇、瞑瞑然
楊倞注云、瞑瞑、視不審之貌、淮南子覽冥訓云、其視
瞑瞑、並與眠同、王篇眩音胡徧胡蠲二切、周語、觀美
而眩、李善注景福殿賦引賈逵注云、眩、惑也、合言之
則曰眠眩、方言又云、凡飲藥傅藥而毒、東齊海岱之
閒謂之瞑、或謂之眩、楚語及孟子滕文公篇並引書
若藥不瞑眩、趙岐注云、瞑眩、憒亂也、韋昭注云、頓晉
也、史記司馬相如傳、視眩眠而無見、漢書作眩泯、揚
雄傳、目冥眴而亾見、並與眠眩同、恅怓者、方言恅怓、
悖也、注云、謂悖惑也、法言重黎篇云、六國恅恅、張衡
西京賦云、恅眩邊鄙、皆惑亂之義也、爾雅、灌灌愮愮、
憂無告也、釋文引廣雅、愮、亂也、王風黍離篇云、中心
搖搖、楚策云、心搖搖如懸旌而無所終薄、搖與愮通、
攖者、莊子庚桑楚篇、不以人物利害相攖、釋文引廣
雅、攖、亂也、撓者、說文、撓、擾也、成十三年左傳云、撓亂
我同盟、莊子天道篇云、萬物無足以鐃心者、鐃與撓
通、慁者、說文、慁、擾也、又云、溷、亂也、溷與慁通、秦策云、
此天以寡人慁先生、史記范雎傳同、索隱云、慁、猶汩

亂之意楚辭離騷世溷濁而不分兮王逸注云溷亂也攪者小雅何人斯篇祇攪我心毛傳云攪亂也莊子天道篇膠膠擾擾乎釋文膠交邪反膠膠擾擾動亂之貌膠與攪通今俗語猶謂亂爲攪矣猾者僖二十一年左傳注及史記五帝紀集解引鄭氏堯典注並訓猾爲亂周語滑夫二川之神韋昭注云滑亂也滑與猾通洪範汩陳其五行汩與猾亦聲近義同紛字下影宋本皇甫本畢本吳本皆缺二字其上一字當是貦字其下一字則貦字之音也說文貦物數紛貦亂也徐鍇傳云卽今紛紜字孫子兵勢篇云紛紛紜紜漢郊祀歌云紛云六幕浮大海又云亦鴈集六紛員長楊賦云汾沄沸渭並與紛貦同緼者法言孝至篇齊桓之時緼李軌注云緼亂也漢書蒯通傳束緼請火顏師古注云緼亂麻也義亦同惷者說文惷亂也引昭二十四年左傳王室日惷惷焉今本作蠢杜預注云蠢蠢動擾貌蠢與惷通爾雅蠢不遜也郭璞注云蠢動爲惡不謙遜也亦亂之義也怓者說文怓亂也大雅民勞篇以謹惛怓毛傳云惛怓大亂也鄭箋云猶讙譊也小雅賓之初筵篇載號載呶毛傳云號呼讙呶也呶與怓亦同義憒者說文憒亂也楚

辭九思云心煩憒兮意無聊重言之則曰憒憒義見釋訓擾者說文擾煩也重言之則曰擾擾亦見釋訓衆經音義卷八卷九卷二十三竝引廣雅擾亂也今本脫擾字

蹇妯㺒騷獪躁煩擾也

蹇妯者方言蹇妯擾也人不動曰妯秦晉曰蹇齊宋曰妯爾雅妯動也動亦擾也小雅鼓鍾篇云憂心且妯楚辭九章有抽思篇抽與妯通㺒者說文㺒犬獿獿咳吠也玉篇云犬擾駭也莊子天道篇云膠膠擾擾乎太元元攡云㚘生相㺒萬物乃纏范望注㺒謂相擾也竝與㺒聲近義同騷者說文騷擾也大雅常武篇云徐方繹騷

逴綦騷聚趪𧼮踦䞁蹇也

逴騷趪者方言逴騷趪蹇也吳楚偏蹇曰騷齊晉曰逴郭璞注云趪跛者行跣踔也逴行略逴也逴與趪踔竝同方言又云自關而西秦晉之間凡蹇者或謂之逴體而偏長短亦謂之逴莊子秋水篇云夔謂蚿

曰吾以一足趻踔而行趻踔與踸踔同亦作踸踔文選文賦故踸踔於短垣李善注云廣雅曰踸踔無常也今人以不定爲踸踔不定亦無常也海賦踸踔湛濼注云波前卻之貌案前卻卽不定之意跛者行一前一卻故謂之踸踔矣騷之言蕭也卷二云蕭衰也故謂偏蹇曰騷棊聚者聚當作輒或當作𨁂考諸書無訓聚爲蹇者昭二十年穀梁傳云兩足不能相過齊謂之棊楚謂之𨁂衞謂之輒釋文劉兆云棊連併也𨁂聚合不解也輒本亦作縶劉兆云如見縶絆也士喪禮注云棊讀如馬絆縶之棊棊𨁂輒三字皆有蹇義廣雅棊訓爲蹇義本穀梁其聚字與𨁂輒二字形竝相近未審何字之訛也書大傳禹其跳湯扁其跳者踦也鄭注云其發聲也踦步足不能相過也案其棊古字通卽穀梁傳所云兩足不能相過齊謂之棊也鄭以其爲發聲失之尳踦皆衰貌也尳之言偏頗也說文尳蹇也經傳通作跛踦之言傾攲也玉篇音居綺卻奇二切說文踦一足也方言踦奇也梁楚之間凡全物而體不具謂之踦雍梁之西郊凡嘼支體不具者謂之踦魯語踦跂畢行韋昭注云踦跂跰蹇也跰蹇卽大傳所云其跳也廣韻掎牽一腳也襄

十四年左傳云、譬如捕鹿、晉人角之、諸戎掎之、爾雅云、牛角一俯一仰、觭、成二年公羊傳、相與踦閭而語、何休注云、門閉一扇開一扇、一人在外、一人在內、曰踦閭、義竝相近也、

糶酤衙賣詷詥賬賺賣也

糶者、說文、糶、出穀也、管子國蓄篇云、市糶無予、酤者、論語子罕篇、求善賈而沽諸、馬融注云、沽、賣也、沽與酤通、衙者、說文、衙、行且賣也、或作衒、內則奔則爲妾、鄭注云、奔或爲衒、賣音育、說文、賣、衙也、周官胥師察其詐僞飾行價慝者、鄭衆注云、價、賣也、價與賣同、字或作鬻、又作粥、詥者、釋言云、詥、衙也、賬者、玉篇、賬、賣也、廣韻云、貯也、謂貯貨而賣之也、皋陶謨云、懋遷有無化居、史記呂不韋傳云、此奇貨可居、居與賬通、賺者、玉篇、賺、重賣也、

糴市買也

糴者、說文、糴、市穀也、春秋莊二十八年、臧孫辰告糴于齊、

彙種方朋肖似醜類也

彙者、泰初九、拔茅茹、以其彙、虞翻注云、彙類也。種、經傳皆作種、方者、孟子萬章篇、故君子可欺以其方、趙岐注云、方、類也。醜之言儔也、離上九云、獲匪其醜、

疙騃僮惛狂誖胥眦瘍癡也

疙者、衆經音義卷十六引通俗文云、小癡曰疙。說文氣、癡皃。氣與疙聲近義同。馬融注秦誓云、訖訖、無所省録之貌。義與疙亦相近也。騃者、方言、癡、騃也。衆經音義卷六引倉頡篇云、騃、無知也。漢書息夫躬傳云、騃不曉政事。僮者、賈子道術篇云、反慧爲童。蒙彖辭匪我求童蒙、釋文引廣雅、僮、癡也。晉語、僮昏不可使謀、韋昭注云、僮、無知、昏、闇亂也。大戴禮千乘篇、欺惑憧愚。憧、童、竝與僮通。春秋晉胥童字之昧、是其義也。狂、誖者、韓非子解老篇云、心不能審得失之地、則謂之狂。周語云、於是乎有狂悖之言、有眩惑之明。悖、與誖通。胥者、說文、胥、騃也。眦、與眠同、亦通作萌。賈子大政篇云、夫民之爲言也、冥也、萌之爲言也、盲也。周官

遂人注云、吡、猶憒憒、無知貌也、瘍者、說文、瘍、脈瘍也、脈瘍、猶辟易也、吳語、稱疾辟易、韋昭注云、辟易、狂疾、韓非子內儲說云、公惑易也、漢書王子侯表云、樂平侯訢病狂易、易與瘍通、

伸惕矯揉展侹繩矢當直也

惕、曹憲音揚、玉藻、凡行容惕惕、鄭注云、惕惕、直疾貌也、釋文、惕音傷、又音陽、曹憲又云、惕、一本作傷、玉篇、傷、他莽切、直也、傷與惕聲異而義同、矯揉者、正曲而使之直也、說文、矯、揉箭箝也、楚辭離騷、矯菌桂以紉蕙兮、王逸注云、矯、直也、漢書諸侯王表云、可謂撟枉過其正矣、考工記輪人、揉輻必齊、文選長笛賦注引鄭注云、揉、謂以火撟也、說卦傳云、坎爲矯輮、矯撟揉輮竝通、侹者、玉篇音他頂切、爾雅、頲、直也、襄五年左傳、周道挺挺、杜預注云、挺挺、正直也、曲禮、鮮魚曰脡祭、鄭注云、脡、直也、竝字異而義同、繩者、漢書律歷志云、繩者、上下端直、經緯相通也、說卦傳云、巽爲繩直、淮南子繆稱訓云、行險者不得履繩、出林者不得直道、繩與直同義、故準繩亦謂之準直、月令云、先定準直、農乃不惑、是也、矢者、盤庚、出矢言、傳云、出正直之

言、噬嗑九四、得金矢、王弼注云、矢、直也、當者、說文、當、田相直也、

溫煖𤑔炳曣𤎣暍㬮燠燂煗也

煖、與煗同、又讀爲暄、樂記煖之以日月是也、𤑔者、玉篇、𤑔、煗也、或作㬮、又云、㬮、小煗也、炳者、玉篇、炳、乃困切、熱也、呂氏春秋必己篇云、不食穀實、不衣芮溫、芮與炳聲近義同、曣𤎣者、說文、暜、姓無雲暫見也、暜與曣同、亦通作晏、說文、晏、天清也、小爾雅、晏、陽也、史記封禪書至中山曣𥇶、續孝武紀及漢書郊祀志並作晏溫、如淳注云、三輔謂日出清濟爲晏、晏而溫、淮南子繆稱訓、暉日知晏、文選羽獵賦注引許慎注云、晏無雲也、說文、晛、日見也、玉篇音奴見切、與曣同、小雅角弓篇、見晛日消、毛傳云、晛、日氣也、韓詩作曣晛聿消、云曣晛、日出也、荀子非相篇引詩作晏然聿消、並字異而義同、暍者、說文、暍、傷熱暑也、大戴禮千乘篇云、夏服君事不及暍暍之言暍暍然也、素問刺瘧篇云、熱熇熇暍暍然、是也、㬮者、說文云、安㬮、溫也、又㬮字注云、讀若水溫𩁶、𩁶與㬮同、說文、㬎、溫溼也、讀與赧同、㬎與㬮聲相近、說文、渜、湯也、湪、渜水也、湪與安

𤅢之安聲相近、安𤅢與燃燃聲亦相近也、燂者、玉篇音似廉似林二切、說文、燂、火熱也、內則、五日則燂湯請浴、釋文、燂、溫也、說文、𤎩、於湯中爚肉也、少牢下篇乃𤎩尸俎、鄭注云、𤎩、溫也、古文𤎩皆作尋、記或作燖、春秋傳曰、若可燖也、亦可寒也、今左傳作尋、中庸正義引賈逵注云、尋、溫也、禮器、三獻爓、鄭注云、爓、沈肉於湯也、義並與燂同、

庸比侹佽更跆遞迭代也

庸比侹佽更迭者、方言、庸、次、比、侹、更、佚、代也、齊曰佚、江淮陳楚之閒曰侹、餘四方之通語也、說文、庸、用也、從用庚、庚、更事也、漢書食貨志、教民相與庸輓犂、顏師古注云、言換功共作也、義與庸賃同、說文、侹、代也、佽、遞也、方言注云、今俗名更代作爲次作、次與佽通、庸佽比皆更代作之意、昭十六年左傳云、昔我先君桓公與商人、庸次比耦以艾殺此地斬其蓬蒿藜藋而共處之、是也、迭、與佚佚通、各本譌作迭、今訂正、凡更代作必以其次、故代謂之比、猶次謂之坒也、代謂之遞、猶次謂之第也、代謂之迭、猶次謂之秩也、跆者、鄉

射禮、取弓矢拾、士喪禮下篇及丈夫拾踊三、投壺、請拾投、鄭注並云、拾、更也、拾與踊通、

鋡堪龕受盛也

鋡堪龕受者、方言、鋡、龕、受也、齊楚曰鋡、揚越曰龕、受盛也、猶秦晉言容盛也、鋡、通作含、凡言堪受者、即是容盛之義、昭二十一年左傳、鍾窕則不咸、摦則不容、今鍾摦矣、王心弗堪、是也、龕與堪聲義亦同、方言龕字注云、今云龕囊、依此名也、說文、堪、地突也、淮南子天文訓、堪輿徐行、雄以音知雌、文選甘泉賦注引許慎注云、堪、天道也、輿、地道也、皆容盛之義也、

氾浼洼染潤濩辱點汚也 塗

氾浼洼潤諸字爲汚穢之汚、洼爲汚下之汚、而其義又相通、氾浼洼潤者、方言、氾、浼、潤、洼、洿也、自關而東或曰洼、或曰氾、東齊海岱之間或曰浼、或曰潤、洿與汚同、漢書王褒傳云、水斷蛟龍、陸剸犀革、忽若篲氾畫塗、如淳注云、若以篲埽於氾灑之處也、顏師古注云、篲、帚也、氾、氾灑地也、塗、泥也、如以帚埽氾灑之地、

以刀畫泥中、言其易也、案彗者、埽也、後漢書光武紀注云、彗、埽也、班固東都賦云、戈鋋彗雲、羽旄埽霓、是也、汜者、汚也、謂如以帚埽穢、以刀畫泥耳、如淳顏師古以汜爲汜灑地失之、漢博陵太守孔彪碑云、浮游塵埃之外、皭然汜而不俗、是汜爲汚也、汜爲汚穢之汚、亦爲汚下之汚、管子山國軌篇云、汜下漸澤之壤、汜下、謂汚下也、汜、各本譌作汜、今訂正、孟子公孫丑篇若將浼焉、趙岐注云、浼、汚也、丁公著音漫、玉篇及方言注並同、莊子讓王篇云、欲以其辱行漫我、呂氏春秋離俗覽、不漫於利、高誘注云、漫、汚也、漫浼並與䤽通、說文、洼、深池也、莊子齊物論篇、似洼者、似汚者、是洼爲汚下也、卷一云、窪、下也、窪與洼亦同義、濩者、下文云、濩、辱也、濩與濩義相近、楚辭漁父、又安能以皓皓之白、而蒙世之溫蠖乎、蠖與濩義亦相近、陳氏觀樓云、溫蠖卽汚之反語也、點者、楚辭七諫、唐虞點灼而毀議、王逸注云、點、汚也、塗者、莊子讓王篇云、其並乎周以塗吾身也、不如避之以絜吾行、呂氏春秋誠廉篇塗作漫、漢書王尊傳云、塗汚宰相、摧辱公卿、是塗爲汚也、汚塗漫義相同、故汚謂之漫、亦謂之塗、塗牆謂之墁、亦謂之圬矣、文選西都賦注引廣雅、塗、

汚也、今本脫塗字、

匋質流䨼譁蔿涅仙卦變匕也

匋者、管子地數篇云、吾欲陶天下而以爲一家、淮南子本經訓云、天地之合和、陰陽之陶化萬物、皆乘一氣者也、是陶爲化也、匋陶匕化竝通、衆經音義卷五引韓詩云、上帝甚陶、陶變也、變亦化也、毛詩作上帝甚蹈、云蹈動也、義亦相近、諸書無訓質爲化者、質當爲貨、字之誤也、說文、貨財也、從貝化聲、徐鍇傳云、可以交易曰貨、貨化也、引臯陶謨懋遷有無化居、廣韻引蔡氏化清經云、貨者化也、變化交易之物、故字從化也、是貨化二字古同聲同義、流者、莊子逍遙遊篇云、大旱金石流、楚辭招魂篇云、十日代出、流金鑠石、皆化之義也、䨼者、方言、䨼化也、譁蔿涅者、方言、蔿譌譁涅化也、北燕朝鮮洌水之閒曰涅、或曰譁、雞伏卵而未孚、始化之時謂之涅、郭璞注云、蔿譌、譁、皆化聲之轉也、釋言云、蔿譌譁也、風俗通義云、西方舉山舉者華也、萬物滋然變華於西方也、華與譁聲近義同、爾雅云、訛化也、堯典平秩南僞、史記五帝紀作南爲、幽風破斧篇、四國是吪、毛傳云、吪、化也、訛吪爲僞、竝與譌通、楚辭九歎、若青蠅之僞質兮、王逸注云、僞、猶變也、義亦與譌同、爲、亦譌也、方俗語有輕重耳、方言又云、楚鄭謂猾曰爲、凡狡猾之人多變詐、故亦謂之爲也、卦、化、古聲亦相近、故卦有化義、繫辭傳云、剛柔相推而生變化、是也、

釐孳僆顫匹耦孿也

釐孳僆孿者、方言、陳楚之間、凡人嘼乳而雙產謂之釐孳、秦晉之間謂之僆子、自關而東趙魏之間謂之孿生、堯典傳云、乳化曰孳釐連語之轉、釐孳、猶言連生、方言、娌、耦也、娌與釐亦聲近義同、僆、亦連也、衆經音義卷十七引倉頡篇云、孿、一生兩子也、說文作孿、徐鍇傳云、孿、猶連也、呂氏春秋疑似篇云、夫孿子之相似者、其母常識之、太元元掜兄弟不孿、范望注云、重生爲孿、孿、亦雙也、語之轉耳、顫之言聯緜也、方言、顫、雙也、南楚江淮之閒曰顫、

撊梗爽猛也

撊梗爽者、方言、撊、梗、爽、猛也、晉魏之閒曰撊、韓趙之閒曰梗、齊晉曰爽、小爾雅、撊、忿也、昭十八年左傳、今執事撊然授兵登陴、服虔注云、撊然、猛貌也、說文、僩、武皃、引衛風淇奧篇、瑟兮僩兮、義亦與撊同、梗之言剛也、漢書王莽傳云、絳侯杖朱虛之鯁、鯁與梗通、梗各本訛作㮶、今訂正、昭三年左傳、二惠競爽、杜預注云、競、彊也、爽、明也、七年傳云、用物精多則魂魄強、是以有精爽至於神明、義與猛竝相近、爽訓爲猛、故鷹謂之爽鳩、昭十七年左傳、爽鳩氏、司寇也、杜注云、爽鳩、鷹也、鷙、故爲司寇、主盜賊、是其義也、

媵庇寓羈餬侂寄也

媵庇寓餬侂者、方言、餬、託、庇、寓、媵、寄也、齊衛宋魯陳晉汝潁荆州江淮之閒曰庇、或曰寓、寄食爲餬、凡寄爲託、寄物爲媵、又云、媵、託也、爾雅、庇、庥、廕也、高誘注呂氏春秋懷寵篇云、庇、依廕也、依廕即寄託之義、襄三十一年左傳云、大官大邑、身之所庇也、說文、餬、寄食也、隱十一年左傳云、使餬其口於四方、侂與託同、

害曷胡盇何也

皆一聲之轉也害曷一字也周南葛覃篇害澣害否毛傳云害何也釋文害與曷同盍者爾雅盍曷也管子戒篇云盍不出從乎小稱篇云闔不起爲寡人壽乎秦策云蓋可忽乎哉竝字異而義同

薄怒文農勉也

薄怒者方言薄勉也秦晉曰薄故其鄙語曰薄努猶勉努也南楚之外曰薄努郭璞注云如今人言努力也李陵與蘇武詩云努力崇明德努與怒通故方言云努猶怒也文讀爲忞說文忞彊也玉篇云自勉彊也爾雅亹亹勉也大戴禮五帝德篇云亹亹穆穆爲綱爲紀司馬相如封禪文云旼旼穆穆君子之能旼旼卽亹亹也旼與忞亦同義農猶努也語之轉耳洪範云農用八政謂勉用八政也呂刑云稷降播種農殖嘉穀謂勉殖嘉穀也五帝德篇云使后稷播種務勤嘉穀義本呂刑也襄十三年左傳云君子尚能而讓其下小人農力以事其上管子大匡篇云耕者用力不農有罪無赦此皆古人謂勉爲農之證解者多失之

歸餉饋襚問遺也

歸、亦饋也、聘禮、君使卿韋弁歸饔餼五牢、鄭注云、今文歸或爲饋、襚者、說文、贈終者衣被曰襚、士喪禮、君使人襚、襚、與稅同、漢書朱建傳作稅、荀子大略篇云、貨財曰賻、輿馬曰賵、衣服曰襚、玩好曰贈、玉貝曰唅、賻賵所以佐生也、贈襚所以送死也、太平御覽引春秋說題辭云、襚之爲言遺也、公羊傳隱元年注及士喪禮注同、檀弓、未仕者不敢稅人、注云、稅、謂遺人物、義亦與襚同、歸、饋、遺、襚、聲並相近、遺、問、語之轉耳、問者、鄭風女曰雞鳴篇、雜佩以問之、曲禮、以弓劍苞苴簞笥問人、毛傳、鄭注並云、問、遺也、

刊剟剝剽劖劙削也 刷

刊者、說文、刊、剟也、雜記、刊其柄與末、鄭注云、刊、猶削也、刊、各本訛作刋、惟影宋本不訛、剟者、說文、剟、刊也、商子定分篇云、有敢剟定法令、損益一字以上、罪死不赦、逸周書和寤解云、豪末不掇、將成斧柯、掇、與剟通、剽者、衆經音義卷十引倉頡篇云、剽、截也、劖者、韋昭注漢書敘傳云、劖、削也、李善注蕪城賦引倉頡篇

云鏟削平也說文鏟平鐵也召南甘棠篇勿翦勿伐韓詩翦作剗齊策云剗而類破吾家木華海賦云鏟臨崖之阜陸剗鏟聲義竝同劖者卷一云劖斷也斷與削義相近刷者說文刷刮也刮亦削也爾雅釋詁釋文引廣雅刷削也今本脫刷字

䀏親僝譯覿形覢儀見見也　較

䀏者說文䀏見也僝者堯典共工方鳩僝功傳云僝見也譯者方言譯傳也譯見也郭璞注云傳宣語卽相見案見者著見之義謂傳宣言語使相通曉也齊風載驅箋云圛明也義與譯相近形者鄭注樂記云形猶見也覢之言閃也廣韻引倉頡篇云覢覢視見說文覢暫見也引哀六年公羊傳覢然公子陽生今本覢作闖何休注云闖出頭貌釋文云闖見貌說文闖馬出門見又云睒暫視見覢私出頭視也閃闚頭門中也太元昔初一昔復睒天不覿其軫范望注云睒窺也劇次三鬼睒其室注云睒見也禮運龍以爲畜故魚鮪不淰鄭注云淰之言閃也正義云閃或見或不見也大戴禮誥志篇云龍至不閃鳳降忘翼是

凡言閃者、皆暫見之義也、儀皃皆見於外者、故爲見也、形儀皃三字同義、較者、卷四云、較、明也、曹憲音角、明、亦見也、太元元攡云、君子小人之道、較然見矣、衆經音義卷十一引廣雅、較、見也、今本脫較字、

寥坈穵豂崝嵤淵洿瀰邃幽暗窈窱藏井掊深也 坑

寥與繆同義、文選高唐賦、窐寥窈冥、李善注云、窐寥、空深貌、魯靈光殿賦、宂寥窲以崢嶸、注云、寥窲崢嶸、皆幽深之貌、釋名、尻、廖也、尻所在廖牢深也、說文、廫、空虛也、豂、空谷也、漻、清深也、義竝相近、穵者、說文、穵、空大也、從穴乙聲、今人謂挨穴爲穵、義取諸此也、崝嵤者、說文、崝、嶸也、嶸、崝嶸也、釋訓云、崢嶸、深冥也、楚辭遠遊篇云、下崢嶸而無地兮、高唐賦云、俯視崝嶸、窐寥窈冥、漢書西域傳云、臨崢嶸不測之深、竝字異而義同、洿者、說文、洿、窊下也、檀弓云、洿其宮而豬焉、楚辭天問、川谷何洿、王逸注云、洿、深也、周語云、陂唐汙庳以鍾其美、汙與洿通、說文、小池爲汙、隱三年左傳、潢汙行潦之水、義亦同也、瀰者、商頌殷武篇、罙入其阻、毛傳云、罙、深也、罙與彌通、邶風匏有苦葉篇、有瀰濟盈、傳云、瀰、深水也、瀰與彌亦聲近義同、邃者、說

文遂、深遠也、玉藻云、前後遂延、幽者、爾雅、幽、深也、小雅伐木篇云、出自幽谷、暗亦幽也、語之轉耳、文選甘泉賦、稍暗暗而靚深、李善注云、暗暗、深空之貌、說文、黯、深黑也、義與暗亦相近、窈者、說文、窈、深遠也、列子力命篇云、窈然無際、莊子知北遊篇云、窅然空然、楚辭九歌、杳冥冥兮羌晝晦、注云、杳、深也、窈窅杳竝通、寮者、說文、窲、深肆極也、窲與寮通、合言之則曰窈寮、又說文、寮、杳寮也、釋訓云、寮寮、窈窈、深也、西都賦云、又杳寮而不見陽、魯靈光殿賦云、旋室㛹娟以窈窲、續漢書祭祀志注引封禪儀記云、石壁窅寮、如無道徑、竝字異而義同、藏者、韓詩外傳云、窺其戶、不入其中、安知其奧藏之所在、藏猶深也、故考工記梓人必深其爪、鄭注云、深猶藏也、井者、雜卦傳云、井通也、通與深義相近、掊者、方言、掊、深也、郭璞注云、掊克、深能大雅蕩篇、曾是掊克、釋文云、掊克、聚斂也、漢書郊祀志見地如鉤狀、掊視得鼎、顏師古注云、掊、謂手把土也、說文云、今鹽官入水取鹽曰掊、皆深之義也、坑者、玉篇坑、呼決切、深也、空也、亦作窬、說文、窬、空兒、坑窬竝與穴同義、集韻類篇竝引廣雅、坑、深也、今本脫坑字、

叔季幼稚孩𪇰少也

叔少一聲之轉爾雅云父之罤弟先生爲世父後生爲叔父又云婦謂夫之弟爲叔白虎通義云叔者少也釋名云仲父之弟曰叔父叔少也又云嫂叟也老者稱也叔少也幼者稱也爾雅釋魚鮥鮛鮪陸機毛詩疏鮛作叔云大者爲王鮪小者爲叔鮪召南采蘋傳云季少也白虎通義云季者幼也釋名云叔父之弟曰季父季癸也甲乙之次癸最在下季亦然也月令季春之月鄭注云季少也周官山虞斬季材鄭注云季猶穉也特牲饋食禮挂于季指鄭注云季小也是凡言叔季者皆少之義也𪇰者爾雅雉之暮子爲鷚郭璞注云晚生者今呼少雞爲鷚說文作𪇰釋言云雛雞也玉篇云雛鷚雞也揚雄蜀都賦云鷚鴳初乳左思吳都賦云巖穴無豜豵翳薈無麢鷚麛鹿子也鷚與𪇰同麛與雛聲義亦相近

稀秝闊遠疏也

秝者說文秝稀疏適秝也適音滴玉篇秝稀疏秝秝然也周官遂師抱磨鄭注云磨者適歷執綍者名也

疏云、謂千人分布於六綍之上、稀疏得所、名爲適歷也、適歷疊韻字、故因以爲地名、春秋昭三十一年、季孫意如會晉荀躒于適歷是也、文選登徒子好色賦、䣊脣歷齒、李善注云、歷猶疏也、古詩云、衆星何歷歷義竝與秝同、

擐麗歷摶飾纗著也

擐者、貫之著也、說文、擐、貫也、成二年左傳、擐甲執兵、吳語、服兵擐甲、韋昭杜預注竝與說文同、衆經音義卷十七引賈逵注云、擐衣甲也、高誘注淮南子要略云、擐、貫著也、麗者、附之著也、說文、麗、草木相附麗土而生也、字通作麗、亦作離、宣十二年左傳、射麋麗龜、杜預注云、麗、著也、小雅小弁篇、不屬于毛、不離于裏、屬、離、皆著也、歷者、楚辭七諫、厤自玉以爲面兮、王逸注云、厤、著也、厤與歷通、摶者、聚之著也、曲禮云、毋摶飯、纗亦附之著也、爾雅釋草、蔨、䔲、纗衣、齊民要術引孫炎注云、似芹、實如麥、兩兩相合、有毛著人衣、故曰纗衣、

顈圓圜梋圖圖也

各本俱脫圓字，莊子庚桑楚篇釋文引廣雅，環，圓也，環與圓同，又顈圓梋圖四字，諸書並訓為圓，今據以補正。顈者，開元占經歲星占篇引淮南子天文訓注云，規者，員也，規顈圓員並通。圓，曹憲音還，說文，圓，圜全也。圜者，說文，圜，規也。玉篇音似沿切。圜之言旋也。司馬彪注莊子達生篇云，旋，圜也。說文，檈，圜案也。鏇，圜鑪也。方言，炊簞謂之匠。郭璞注云，漉米簞也。漉米簞亦器之圜者，旋圜檈鏇匠五字並音似沿反，其義一也。圜，曹憲音旋，各本脫去圜字，其音內旋字遂誤入圓字下。考玉篇廣韻集韻顈篇圓字並與旋同音，今據以補正。梋者，玉篇音涓，云，椀謂之梋，盂屬也。方言云，椀謂之梋，梋柍亦器之圜者也。曹憲音沿，爾雅環謂之捐。捐與梋亦同義。圖者，玉篇圖，圜也。論衡變動篇云，果蓏之細員圖易轉。說文，篅，判竹圜以盛穀也。衆經音義卷四引倉頡篇云，篅，圓倉也。釋名云，圖以草作之團團然也。圖與篅同。說文，輇，蕃車下庳輪也。輪亦器之圜者，圖輇並音市緣反，其義一也。孟子告子篇，性猶湍水也。趙岐注云，湍者，圜也，謂湍湍瀠水

也、滿與圖亦聲近義同、

壤堁埃堅坌塺垛坺塵也埻

堁者、宋玉風賦云、堀堁揚塵、淮南子主術訓、譬猶揚堁而弭塵、高誘注云、堁、塵塺也、楚人謂之堁、堁、動塵之貌、崔譔注莊子大宗師篇云、齊人以風塵塵爲塳堁、堅者、說文、堅、塵埃也、坌者、說文、坋、塵也、高誘注淮南子齊俗訓云、堁、坋塵也、坋與坌同、論語公冶長篇糞土之牆不可杇也、鹽鐵論非鞅篇、糞土之基、雖良匠不能成其高、竝與坌聲近義同、衆經音義卷二引通俗文云、埻土曰坌、周官草人、勃壤用狐、鄭注云、勃壤粉解者、勃與埻、粉與坌、義亦相近、塺者、說文、塺、塵也、楚辭九懷云、霾土忽兮塺塺、九歎云、愈氛霧其如塺、垛者、玉篇、垛、塵壤也、坺者、說文、坺塵皃、埻者、玉篇、埻、蒲忽切、塵皃、廣韻云、塵起也、揚雄蜀都賦、埃敦塵拂、敦與埻通、集韻類篇竝引廣雅、埻、塵也、今本脫埻字、

訣諛號謦誋訴風諭告也

諛與告聲相近、卷一云、諛、語也、語亦告也、號者、白虎通義云、號者、功之表也、所以表功明德、號令臣下者也、是告之義也、⿱殸曰者、謂之告也、字從曰殸聲、亦通作寧、漢書高祖紀、嘗告歸之田、李斐注云、告者、休謁之名、吉曰告、凶曰寧、哀帝紀云、博士弟子父母死、予寧三年、後漢書陳忠傳云、絕告寧之典、誋者、誡之告也、說文、誋、誡也、徐鍇傳云、今人言誡誋是也、淮南子繆稱訓、目之精者、可以消澤而不可以昭誋、高誘注云、昭、導、誋、誡也、不可以教導誡人也、鹽鐵論相刺篇云、天設三光以照記、照記與昭誋同、風者、詩序云、風、風也、教也、上以風化下、下以風刺上、鄭箋云、風化、風刺皆謂譬喻不斥言也、白虎通義云、諷諫者、知患禍之萌、睹其未然而諷告也、諷與風通、

撠、敵、⿰貝匽、⿱艹兩、衡、稽、⿰黑壹、配、亢、對、貞、當也

撠者、說文、撠、當也、⿰貝匽、各本譌作⿰目匽、玉篇、⿰貝匽、於獻切、物相當也、廣韻集韻類篇竝同、今據以訂正、廣韻又云、⿰貝匽、引與爲價也、與傿同、說文、傿、引爲賈也、引爲賈、謂引此物以爲彼物之値、卽相當之意也、⿱艹兩者、說文、芇、

相當也、芇與兩同義、玉篇芇兩竝亾彡亾安二切、義亦同、衡者、說文、衡、通道也、徐鍇傳云、謂南北東西各有道相衡也、相衡、卽相當、海外北經云、首衡南方、是也、衡或作衡、同稽者、玉篇、稽、計當也、周官小宰聽師田以簡稽、鄭衆注云、稽猶計也、合也、合卽計當之意褚少孫續三王世家云、維稽古、稽者、當也、當順古之道也、儓者、方言、臺、匹也、東齊海岱之閒曰臺、自關而西秦晉之閒物力同者謂之臺、亦相當之意也、臺與儓通、亢者、襄十四年左傳、晉禦其上、戎亢其下、杜預注云、亢、猶當也、秦策、天下莫之能伉、高誘注云、伉、當也、伉與亢通、亦通作抗、貞之言丁也、爾雅云、丁、當也洛誥、我二人共貞、馬融注云、貞、當也、楚辭離騷、攝提貞于孟陬兮、戴先生注亦云、

聳聹𦗼耾聵聾也

聳聹者、方言、聳、聹、聾也、半聾、梁益之閒謂之聹、秦晉之閒聽而不聰、聞而不達、謂之聹、生而聾、陳楚江淮之閒謂之聳、荆揚之閒、及山之東西、雙聾者謂之聳、郭璞注云、聹、言胎聹煩憒也、聳、言無所聞常聳耳也、

馬融廣成頌云、子野聽聳、離朱目眩、漢繁陽令楊君碑云、有司聳昧、莫能識察、⿰耳闕者、方言、聾之甚者、秦晉之閒謂之⿰耳闕、吳楚之外郊、凡無耳者亦謂之⿰耳闕、其言⿰耳闕者、若秦晉中土謂墮耳者明也、注云、⿰耳闕、言聉無所聞知也、說文、聉、墮耳也、聉、無知意也、⿰耳闕明聉聲義竝相近、耾者、集韻、耾、耳中聲也、凡聽而不聰聞而不達者、耳中常耾耾然、故謂之耾也、耾、各本訛作⿰耳玄、今訂正、聵、猶⿰耳闕也、語之轉耳、說文、聵、生聾也、晉語、聾聵不可使聽、衆經音義卷一引賈逵注云、生聾曰聵、法言問明篇云、吾不見震風之能動聾聵也、說文、顡、癡顡不聰明也、此即郭璞所云聉顡無所聞知、聵顡竝音五怪反、其義同也、聛⿰耳闕聵三字竝從耳、各本訛從目、今訂正、

約縛紐緯韣稛檀綳緷摞團摎輹紳紘帶笿纏纏絯棸徽束也

縛者、周官羽人、十羽爲審、百羽爲摶、十摶爲縛、鄭注云、審摶縛、羽數束名也、爾雅曰、一羽謂之箴、十羽謂

之縛百羽謂之縳其名音相近也一羽則有名葢一失之矣孫炎注爾雅與鄭意同此是記束羽之數故一失羽不得有名而郭璞乃云凡物數無不從一爲始爾雅不失周官未爲得失其義矣襄二十五年左傳云閭邱嬰以帷縳其妻而載之昭二十六年傳以幣錦二兩縳一如瑱杜預注云縳卷也考工記鮑人卷而摶之鄭衆注云摶讀爲縳一如瑱之縳謂卷縳韋革也摶與縳通輪人陳篆必正鄭注云篆轂約也義亦與縳同紐者說文紐系也一曰結而可解王逸注九歎云紐結束也管子樞言篇云先王不約束不結紐緯者夏小正農緯厥耒傳云緯束也釋名云緯圍也反覆圍繞以成經緯也圍與束同義故說文束從口木口亦圍也韣束聲相近故韣訓爲束玉篇韣韜也韜亦束也內則斂簟而襡之鄭注云襡韜也襡與韣通稇與下圍字同說文稇絭束也齊語稛載而歸韋昭注云稛絭也管子小匡篇作攟哀二年左傳羅無勇麇之杜預注云麇束縳也釋文麇邱隕反稇圍麇聲近義同今俗語猶謂束物爲稇矣稛猶纏也語之轉耳玉篇稛禾束也繃者說文繃束也引墨子節葬篇云禹葬會稽桐棺三寸葛以繃之顏師古注漢書宣

帝紀云、襁、即今之小兒緥也、今俗語猶云緥小兒矣、緷者、玉篇音古本切、廣韻又胡本切、說文、橐、橐也、從束圂聲、徐鍇傳云、束縛囊橐之名、爾雅、百羽謂之緷、釋文引埤倉云、緷、大束也、穆天子傳云、天子於是載羽百緷、漢書揚雄傳、捆申椒與菌桂兮、顏師古注云、捆、大束也、緷橐捆竝通、又與稛聲相近也、擨者、衆經音義卷十三引埤倉云、擨、圍係也、又引通俗文云、束縛謂之擨、莊子人閒世篇、絜之百圍、文選過秦論注引司馬彪注云、絜、帀也、漢書陳勝傳、度長絜大、顏師古注云、絜、謂圍束之也、荀子非相篇云、不揣長、不揳大、擨揳絜竝通、邶風擊鼓篇、死生契闊、韓詩云、契闊、約束也、契猶擨也、闊猶括也、故小雅車舝篇、德音來括、韓詩云、括、約束也、摎者、衆經音義卷五引倉頡篇云、摎、束也、喪服傳、殤之絰不摎垂、鄭注云、不絞其帶之垂者、檀弓、衣衰而繆絰、鄭注云、繆當爲不摎垂之摎、說文、摎、縛殺也、漢書外戚傳、即自繆死、鄭氏注云、繆、自縊也、繆與摎通、說文、丩、相糾繚也、莽草之相糾者也、義亦與摎同、輹者、說文、輹、車軸縛也、小畜九三、輿說輹、僖十五年左傳、車說其輹、馬融杜預注竝云、輹、車下縛也、紳者、韓子外儲說篇云、書曰、紳之束之、宋人有治者因重帶自紳束也鄭注內則云紳大帶所以自紳約也玉藻釋文云紳本亦作申紳之言申也衛風有狐傳云帶所以申束衣淮南子道應訓約車申轅高誘注云申束也說文云申七月陰氣成體自申束也是紳與申同義紘者士冠禮賛者卒紘鄭注云卒紘謂繫屬之說文紘冠卷也周官弁師玉笄朱紘鄭注云朱紘以朱組爲紘也紘一條屬兩端於武大射儀鼗倚于頌磬西紘鄭注云紘編磬繩也淮南子原道訓紘宇宙而章三光高注云紘維也若小車葢四維謂之紘繩之類考工記輪人云良葢弗冒弗紘是凡言紘者皆系束之義也帶者釋名帶帶也著於衣如物之繫帶也是束之義也帶與紳同義故白虎通義云所以必有紳帶者示敬謹自約整也答者楚辭招魂秦篝齊縷鄭綿絡些王逸注云絡縛也絡與答通纏者釋器云纏條也周官屨人爲赤纏黃纏士冠禮青絇纏純鄭注並云纏縫中紃也疏云謂牙底相接之縫綴條於其中亦系束之義也纏與纏同絯者玉篇絯挂也中約也莊子天地篇方且爲物絯釋文引廣雅絯束也說文該軍中約也義與絯亦相近葉者說文葉小束也從束幵聲齊民要術云刈

麻、蘖欲小、縛欲薄、玉篇云、禾十把曰稇、稇蘖稇聲義並同、徽者、說文、徽、衺幅也、文選思元賦、揚雜錯之袿徽、李善注引爾雅、婦人之徽謂之縭、今本作褘、郭璞注云、即今之香纓也、褘邪交落、帶繫於體、因名爲褘、是束之義也、說文又云、徽、三糾繩也、坎上六、係用徽纆、馬融注云、徽纆、索也、劉表注云、三股爲徽、兩股爲纆、文選解嘲、徽以糾纆、李善注引服虔云、徽、縛束也、徽與褘聲亦相近、

鑑鏡光景暟臨燿照也

暟臨者、方言、暟臨、照也、說文、臨、監臨也、大雅皇矣篇云、臨下有赫、

帝禘祥審諟諦地諟也

帝者、鄭風君子偕老傳、審諦如帝、正義引春秋運斗樞云、帝之言諦也、說文獨斷、白虎通義、風俗通義及後漢書李雲傳並云、帝、諦也、獨斷云、能行天道、事天審諦也、諦與諟同、禘者、說文、禘、諦祭也、文二年公羊傳注云、禘猶諦也、審諦無所遺失、說苑脩文篇云、禘者、諦也、諦其德而差優劣也、後漢書張純傳云、禮說

禘之爲言諦、諦定昭穆尊卑之義也、諟與詳通、證諦者、方言、瘱諦審也、齊楚曰瘱、秦晉曰諦、又云、諟諦、諟也、吳越曰諟諦、地者、爾雅釋地釋文引禮統云、地、施也、諦也、應變施化、審諦不誤也、白虎通義與禮統同、釋名云、地、諦也、五土所生、莫不審諦也、

緍緜羲麗設布張爲戲施也

緍緜一聲之轉、方言、緍、緜、施也、秦曰緍、趙曰緜、吳越之間、脫衣相被謂之緍緜、郭璞注云、相覆及之名也、說文亦云、吳人解衣相被謂之緍、大雅抑篇言緍之絲、毛傳云、緍、被也、義竝同、麗者、多方、不克開于民之麗、顧命、眞麗陳敎則肄、傳竝云、麗、施也、士喪禮、設決麗于掔、鄭注與傳同、呂氏春秋貴卒篇云、荊國之法、麗兵於王尸者、盡加重罪、羲戲施聲竝相近、

遲晏後旰稺晚也

旰、亦晏也、說文、旰、日晚也、襄十四年左傳、日旰不召、史記衛世家集解引服虔注云、旰、晏也、稺、亦遲也、說

文、穛、幼禾也、

晚穜後孰者、

担笪搥扑搯抣打伐抛拂抰扶擊撻揹掍摬拍摠搋摽

㩧扵挀簸揚挨敂批𢮬摣擑挏揊敺攸𢹍敵搏攕數掛

擊撼捭撻𢷾攷擊攩弢敂擽摷𢹮掔摧應剝擊也

担者、說文、笪、笞也、玉篇廣韻竝音丁但切、笪與担同、集韻引廣雅作笪、抣者、說文、抣、疾擊也、打者、衆經音義卷二引倉頡篇云、椎、打也、王延壽夢賦云、撞縱目打三顱、後漢書杜篤傳云、椎鳴鏑、釘鹿蠡、釘與打通、說文、朾、撞也、朾與打亦聲近義同、伐者、牧誓不愆于四伐五伐六伐七伐、曲禮正義引鄭注云、伐、謂擊刺也、小雅采芑篇、鉦人伐鼓、毛傳云、伐、擊也、抛者、衆經音義卷二十引埤倉云、抛、擊也、扑搯抣抛四字竝從手、各本譌從木、今訂正、抰者、說文、抰、擊也、抰訓爲擊、故杖或謂之柍、說見釋器柍杖也下、扶者、說文、扶、笞擊也、文十年左傳云、無畏扶其僕以徇、擊者、說文、擊撆也、又云、漱、於水中擊絮也、撆漱竝音芳滅反、其義同也揞亦揞也方俗語轉耳捥與下批字同說文捥反手擊也莊十二年左傳批而殺之莊子養生主篇批大郤道大窾釋文竝音迷蒲穴二反嵇康琴賦云觸捥如志捥批批聲義竝同攙者說文攙中擊也拍者說文拍拊也釋名云拍搏也以手搏其上也莊子天下篇云椎拍輐斷韓子功名篇云一手獨拍雖疾無聲捴捴者方言捴抌椎也南楚凡相椎搏曰捴或曰捴列子黃帝篇云攩捴挨抌張衡西京賦云徒搏之所撞捴標者說文標擊也玉篇音匹叫孚堯怖交三切哀十三年左傳長木之斃無不標也杜預注與說文同史記莊子傳剽剝儒墨正義云剽猶攻擊也剽與標同漢書韓信傳有一漂母哀之韋昭注云以水擊絮曰漂義亦與標同文選洞簫賦聯緜漂擊李善注云漂擊餘響飛騰相擊之貌漂擊一聲之轉故擊謂之標亦謂之擊水中擊絮謂之潎亦謂之漂矣擽者廣韻擽擊聲也西京賦流鏑擂擽薛綜注云擂擽中聲也爾雅虣虎徒搏也虣與擽聲近義同拍者釋言云拍搏也搏拍拍竝聲近義同𣪊者說文𣪊搒也玉篇音大昆切集韻類篇引廣雅作搬急就篇盜賊繫囚搒笞臀臀亦𣪊字也顏師古注以臀爲腓失之

說文、殸、擊聲也。義亦與殸同。搦者、後漢書陳寵傳注引聲類云、搦、笞也。史記李斯傳云、搦掠千餘。後漢書注虞延傳云、加篣二百。戴就傳云、每上彭考。李賢注、彭即篣也。搒篣彭竝通。挨者、說文、挨、擊背也。列子、攩拯挨抌、釋文云、挨、推也。敓者、說文、挌、擊也。逸周書武稱解云、窮寇不挌。挌與敓同。掭者、說文、掭、衣上擊也。搒者、玉篇、搒、拳擊也。敤音口果反、各本敤訛作敤、口果訛作口杲。考說文、玉篇、廣韻、集韻、類篇俱無敤字。玉篇敤、口果切。卷二云、敤、椎也。椎與擊同義。說文、敤、研治也。研治、猶言窮治。亦謂擊問罪人也。集韻、類篇竝云、敤、擊也。今據以訂正。敂者、說文、敂、擊也。學記云、叩之以小者則小鳴、叩之以大者則大鳴。墨子公孟篇云、扣則鳴、不扣則不鳴。敂叩扣竝通。敵者、玉篇、敵、敵擊也。定八年公羊傳、臨南駷馬。何休注云、捶馬銜走也。敵駷竝音索董反。其義同也。搏、各本訛作摶、文選羽獵賦注、長楊賦注、長笛賦注、及衆經音義卷六卷十四竝引廣雅、搏、擊也。今據以訂正。㪔者、玉篇音口大切、伐也、擊也。廣韻同。衆經音義卷五引三倉云、㪔㪔、相擊也。拊者、堯典、予擊石拊石。傳云、拊、亦擊也。士喪禮云、婦人拊心、不哭。㪔本無㪔拊二字。有對字、各本有拊字無敳字蓋各本則脫去敳字吳本則敳拊二字合譌爲一尌字也今訂正上文已有擊字此擊字當作摮字之誤也玉篇摮擊兒也宣二年公羊傳以斗摮而殺之何休注云摮猶擊也摮謂旁擊頭項廣韻引倉頡篇云敲擊也摮敲竝音五交反其義同也撼者廣韻云撼拂着也又揹撼也出通俗文捭者說文捭兩手擊也上文已有揵字此揵字當作擿亦字之誤也擿卽今擲字也說文擿投也史記荊軻傳引其匕首以擿秦王燕策擿作提漢書吳王濞傳皇太子引博局提吳太子顏師古注云提擲也音徒計反提與擿聲近義同㩻者說文㩻敂也唐風山有樞篇弗鼓弗考毛傳云考擊也考與㩻通莊子天地篇金石有聲不考不鳴淮南子詮言訓作弗叩弗鳴考叩語之轉耳擊者說文擊旁擊也莊子至樂篇云撽以馬捶撽與擊同攩者方言沅涌澆幽之語相椎搏曰攩郭璞注云今江東人亦名椎爲攩音晃刻子攩㧻挨抌釋文云攩揘打也西京賦竿殳之所揘畢薛綜注云揘畢謂揰㧻也揘與攩聲近義同弦之言拂也說文拂過擊也攩者臯陶謨戛擊鳴球馬鄭注竝云戛攩也漢書司馬相如傳射游梟攩蜚遽張注云攩

捎也、摷者、說文、摷、拘擊也、玉篇音側交切、撨與撼聲相近、玉篇音所育切、廣韻又音蕭、字通作蕭、楚辭九歌、蕭鍾兮瑤簴、蕭、擊也、瑤、與搖通、動也、招魂、鏗鍾搖簴、王逸注云、鏗、撞也、搖、動也、是其證矣、擊、讀如鏗鍾搖簴之鏗、說文、𢯱、擣頭也、𢯱、擊、鏗聲義竝同、搉者、說文、推、敲擊也、漢書五行志推其眼、顏師古注云、推、謂敲擊去其精也、說文、敲、擊頭也、玉篇音口交口卓二切、說文、敲、橫撾也、定二年左傳奪之杖以敲之、釋文音苦孝苦學二反、推、敲、敲聲義竝同、又與擊聲相近也、應者、當之擊也、呂氏春秋察微篇鄭公子歸生率師代宋、宋華元率師應之大棘、高誘注云、應、擊也、孟子滕文公篇周公方且膺之、趙岐注云、膺、擊也、音義云、膺、丁本作應、膺、應、古聲義竝同、鷙鳥謂之鷹、義亦同也、剝者、豳風七月篇八月剝棗、毛傳云、剝、擊也、釋文、剝、普卜反、剝與扑聲義同、

澒涊浼涹[illegible]汙洿淖[illegible]澳濊淰溷濁也

澒涊浼涹者、枚乘七發云、輸寫澒濁、楚辭九歎云、撥諂諛而匡邪兮、切澒涊之流俗、盪渨浼涹之姦咎兮、平

蠢蠢之溷濁、王逸注、澳、涊、垢濁也、渨涹、汚薉也、渨與溷同、漢書揚雄傳紛纍以其澳涊兮、後漢書張衡傳澂澳涊而爲清、應劭李賢注竝與王逸同、洿與汚同、淖者、說文、淖、泥也、史記屈原傳云、濯淖汚泥之中、涵者、說文、涵、濁也、一曰涵泥也、呂氏春秋本生篇、夫水之性清、土者扫之、故不得清、高誘注云、扫讀曰骨、涵也、淮南子俶眞訓云、水之性眞清而土汩之、涵汩扫竝通、涵各本訛作渥、今據曹憲音訂正、澳曹憲音於六反、漢書王褒傳去卑辱奥渫而升本朝、張晏注云、奥、幽也、如淳音郁、案奥者、濁也、渫、汚也、言去卑辱汚濁之中而升於朝廷也、奥與澳同、故班固典引有沈而奥、有浮而清、蔡邕注云、奥、濁也、淰者、玉篇音奴感切、說文、淰、濁也、

匍匐跧北攻伏也

匍者、釋言云、匍、匐也、匐與伏通、說文、匍、手行也、匐、伏地也、釋名云、匍匐、小兒時也、匍、猶捕也、藉索可執取之言也、匐、伏也、伏地行也、人雖長大、及其求事盡力之勤、猶亦稱之、詩曰、凡民有喪、匍匐救之、是也、大雅

生民篇、誕實匍匐、左傳昭十三年、以蒲伏焉、二十一年、扶伏而擊之、檀弓引詩扶服救之、並字異而義同。竣者、齊語有司已於事而竣、韋昭注云、竣、退伏也、張衡東京賦作踆、爾雅釋言注引齊語作逡、竣、踆、逡並同。跧者、廣雅釋言云、跧、匐也、王逸機賦云、兔耳跧伏、王延壽魯靈光殿賦云、狡兔跧伏於柎側、北伏聲相近、太平御覽引尸子云、北方為冬、北方、伏方也、萬物冬皆伏、書大傳同、漢書律歷志云、太陰者北方、北、伏也、陽氣伏於下也。

材寶綸理魯膞命裕道也

材者、學記教人不盡其材、鄭注云、材、道也、易曰、兼三材而兩之、謂天地人之道也。寶者、論語陽貨篇懷其寶而迷其邦、皇侃疏云、寶猶道也、寶與道同義、故書傳多並舉之、禮運云、天不愛其道、地不愛其寶、呂氏春秋知度篇云、以不知為道、以奈何為寶、太元元衍云、晬、君道也、馴、臣保也、保與寶同。綸亦倫字也、故管子幼官圖篇倫理字作綸。諸書無訓魯為道者、說文、魯、鈍詞也、引論語參也魯、蓋廣雅本訓魯為鈍、在下文鈍也一條內後人傳寫誤入此條耳牖者顧命誕受羑若馬融注云羑道也正義云羑聲近猷故訓爲道老子釋文云羑與牖同道謂之牖故道引亦謂之牖大雅板篇天之牖民是也命各本譌作令下文命名也命字譌作令正與此同廣韻命道也周頌維天之命箋云命猶道也今據以訂正臨象傳云大亨以正天之道也无妄彖傳云大亨以正天之命也昭二十六年左傳云天道不謟二十七年傳云天命不慆是命即道也裕者方言裕猷道也東齊曰裕或曰猷猷裕牖聲竝相近引之云康誥篇用康乃心顧乃德遠乃猷裕乃以民寧不女瑕殄舊以裕字屬下讀裕乃以民寧甚爲不辭三復經文當以遠乃猷裕爲句謂遠乃道也君奭篇云告君乃猷裕與此同下文云乃以民寧不女瑕殄猶云乃以殷民世享耳猷由古字通道謂之猷裕道民亦謂之由裕上文云乃由裕民惟文王之敬忌乃裕民曰我惟有及皆是也解者失其義久矣

厭愿喊哿侻可也

厭讀當爲厭足之厭。說文：猒，飽也。經傳通作厭。厭與懕同義，故皆訓爲可。曹憲音於甲反，失之。懕者，說文：懕，快也。燕策云：先王以爲慊其志。慊與懕同。哿、可聲相近。小雅正月篇：哿矣富人。雨無正篇：哿矣能言。毛傳竝云：哿，可也。俔者，文選神女賦：俔薄裝。李善注云：俔，好也，又可也。言薄裝正相堪可。法言君子篇：荀卿非數家之書，俔也；至于子思孟軻，詭哉。音義云：俔，可也。

錭、鈯、伹、拙、頑、銖，鈍也

錭者，說文：錭，鈍也。鈯，猶拙也，方俗語轉耳。伹音癰疽之疽。各本作但，音度滿反，後人改之也。說文：伹，拙也。從人，且聲。玉篇音七閭、祥閭二切，引廣雅：伹，鈍也。是廣雅本作伹，不作但。集韻、類篇：伹音疽，引廣雅：伹，鈍也。其音卽本於曹憲，是曹憲本音疽，不音度滿反。今訂正。頑者，如淳注漢書陳平傳云：頑頑頓，謂無廉隅也。頓與鈍同。孟子萬章篇云：頑夫廉。銖者，淮南子齊俗訓：其兵戈銖而無刃。高誘注云：楚人謂刃頓爲銖。莊子庚桑楚篇：人謂我朱愚。朱與銖通。

歔欷哓唴惻愴愁慼悲也

歔者、說文、歔、欷也、欷者、說文、欷、歔也、方言、唏、痛也、凡哀而不泣曰唏、於方則楚言哀曰唏、成十六年公羊傳悕矣、何休注云、悕、悲也、楚辭九辯云、憯悽增欷、淮南子說山訓云、紂爲象箸而箕子唏、欷唏悕竝通、合言之則曰歔欷、衆經音義卷五引倉頡篇云、歔欷、泣餘聲也、楚辭離騷云、曾歔欷余鬱邑兮、枚乘七發云、噓唏煩酲、歔與噓亦通、歔、各本訛作𡻕、惟影宋本不訛、哓唴者、方言、自關而西秦晉之閒、凡大人少兒泣而不止謂之哓、哭極音絕亦謂之哓、平原謂啼極無聲謂之哓哴、哴與唴同、

剝絕𩯁落也

剝者、馬融注剝卦云、剝、落也、鄭注云、陰氣侵陽、上至於五、萬物零落、故謂之剝也、漢書五行志說剝卦之義亦云、剝落萬物、絕者、楚辭離騷、雖萎絕其亦何傷兮、王逸注云、絕、落也、列子仲尼篇云、前矢造準而無絕落、𩯁之言墮落也、說文、𩯁、髮墮也、

胺餧𪉳伐黲黴露漫淹穮殃䏽腐殆俙倈斯𡢃爽敗也始

胺者，玉篇胺，一曷切，肉敗也。胺之言壅遏也。今俗語猶謂食物壅滯臭敗爲遏矣。餧者，玉篇鯘，魚敗也。論語鄉黨篇食饐而餲，魚餒而肉敗。爾雅，食饐謂之餲，郭璞注云，飯饖臭也。又肉謂之敗，魚謂之餒，注云，敗臭壞也。餒，肉爛也。釋文，餲，又音遏。遏餲與胺，餒與鯘，竝字異而義同。𪉳者，說文，𪉳，僵也。莊子人閒世篇云，爲顛爲滅，爲崩爲蹶。蹶與𪉳同。伐者，說文，伐，敗也。藝文類聚引春秋說題辭云，伐者，涉人國內，行威有所斬壞。伐之爲言敗也。召南甘棠篇云，勿翦勿伐，勿翦勿敗。伐，亦敗也。小雅賓之初筵篇云，醉而不出，是謂伐德。黲者，說文，黲，淺青黑色也。玉篇云，今謂物將敗時顏色黲黲也。黴者，玉篇音明飢莫佩二切，說文，黴，物中久雨青黑也。淮南子脩務訓云，堯瘦臞，舜黴黑。楚辭九歎云，顏黴黧以沮敗兮。衆經音義卷十五引通俗文云，物傷濕曰黴，音無悲反。黴與黴亦同義。露之言落也。方言，露，敗也。昭元年左傳云，勿使有所壅閉湫底以露其體、逸周書皇門解云、自露厥家、管子四時篇云、國家乃路、呂氏春秋不屈篇云、士民罷潞、露潞路並通、今俗語猶云敗露矣、莊子天地篇、夫子闔行邪、無落吾事、謂無敗吾事也、落與露亦聲近義同、漫淹者、方言、漫、淹、敗也、溼敝爲漫、水敝爲淹、郭璞注云、皆謂水潦漫澇壞物也、荀子榮辱篇、汙侵突盜、楊倞注云、侵當爲漫、漫、亦汙也、水冒物謂之漫、儒行、淹之以樂好、鄭注云、淹、謂浸漬之、今俗語猶謂水漬物爲淹、又謂以鹽漬魚肉爲醃、義並相近也、穤者、列子黃帝篇、肌色皯黣、釋文云、黣音毎、埤倉作穤、謂禾傷雨而生黑斑也、穤與黣同、今人猶謂物傷溼生斑爲穤、聲如梅、物傷溼則敗、故穤又訓爲敗、釋名云、葬不如禮曰埋、埋、痗也、趨使腐朽而已也、痗與穤聲義相近、昭十四年左傳云、貪以敗官爲墨、墨與穤聲義亦相近也、殃者、晉語云、吾主以不賄聞於諸侯、今以梗陽之賄殃之、不可、是殃爲敗也、月令云、冬藏殃敗、婄之言腐也、玉篇音方九切、衆經音義卷十六引埤倉云、婄、腐也、廣韻又芳武切、云、皀上生白毛也、皆敗之義也、玉篇婄又音步北切、云、斃也、襄十一年左傳、踣其國家、亦敗之義也、踣、與婄通、殁與朽同、㡀與敝同術、各本訛作㣼、今訂正。俠斯者、方言俠斯、敗也、南楚凡人貧衣被醜敝、或謂之挾斯、器物敝亦謂之挾斯、挾、與俠通、㛊、與爛通、爽者、老子云、五色令人目盲、五音令人耳聾、五味令人口爽、列子仲尼篇云、口將爽者、先辨淄澠、楚辭招魂、露雞臛蠵厲而不爽些、王逸注云、爽、敗也、楚人名羹敗曰爽、始者、卷一云、始、壞也、壞與敗同義、賈子道術篇云、志操精果謂之誠、反誠爲始、衆經音義卷十五引廣雅、始、敗也、今本脫始字、

詮錄贊撰訛效僃餪具也

詮者、論之具也、說文、詮、具也、淮南子要畧云、詮言者、所以譬類人事之指、解喻治亂之體、差擇微言之眇、詮以至理之文、而補縫過失之闕者也、字亦通作譔、漢書揚雄傳、譔以爲十三卷、蕭該音義云、字林譔音詮、錄者、記之具也、隱十年公羊傳云、春秋錄內而畧外、贊者、聚之具也、說見下文贊聚也下、撰者、爲之具也、說文、僎、具也、論語先進篇、異乎三子者之撰、孔傳云、撰、具也、楚辭大招、聽歌譔只、王逸注云、譔、具也、撰僎譔並通、堯典、共工方鳩僝功、釋文、僝、徐音撰、馬云、具也、僝、亦與撰通、說文、頭、選具也、顨、巽也、巽、具也、竝

與撰聲近義同。訿者，玉篇、廣韻並讀與庀同。庀，治之具也。周官遂師「庀其委積」，襄五年左傳「宰庀家器」，鄭衆、杜預注並云：「庀，具也。」魯語「夜庀其家事」，韋昭注云：「庀，治也。」饌亦撰也。說文：「籑，具食也。或作饌。」

⿱臤牛、牭、狼、戾、恎、愎、鷙、忮，很也。

⿱臤牛者，說文：「⿱臤牛，牛很不從引也。」牭者，玉篇：「牭，牛很也。」狼戾者，說文：「很，盭也。」卷四云：「狼、很，盭也。」盭與戾同。狼與戾一聲之轉。燕策云：「趙王狼戾無親。」漢書嚴助傳云：「今閩越王狼戾不仁。」恎者，玉篇：「恎，惡性也。」論語陽貨篇「惡果敢而窒者」，窒與恎通，言很戾也。馬融訓窒爲塞，失之。下文云：「痓，惡也。」義與恎亦相近。愎鷙者，宣十二年左傳「剛愎不仁」，杜預注云：「愎，很也。」鷙亦恎也。漢書匈奴傳「天性忿鷙」，顏師古注云：「鷙，很也。」管子五輔篇云：「下愈覆鷙而不聽從。」趙策云：「夫知伯之爲人也，好利而鷙復。」史記酷吏傳贊云：「馮翊殷周蝮鷙。」覆、復、蝮，皆愎之俗字耳。解者失之。忮者，說文：「忮，很也。」莊子齊物論篇云：「大勇不忮。」

韜、含、裕、容、寃、窳，寬也。

韜者、南宮韜字容、是韜爲寬也、淮南子本經訓云、小而行大、則滔窕而不親、大而行小、則陿隘而不容、韜縚滔竝通、含者、坤象傳云、含宏光大、是含爲寬也、容亦裕也、卷四云、裕、容也、洪範思曰睿、漢書五行志作思心曰容、說云、容、寬也、窕𥨪者、𥨪或作㧟、昭二十一年左傳、鍾小者不窕、大者不㧟、窕則不咸、㧟則不容、杜預注云、窕、細不滿也、㧟、橫大不入也、不咸、不充滿人心也、不容、心不堪容也、窕與𥨪義正相反、而此俱訓爲寬者、窕爲不滿之寬、𥨪爲橫大之寬、大戴禮王言篇云、布諸天下而不窕、內諸尋常之室而不塞、管子宙合篇云、其處大也不窕、其入小也不塞、墨子尚賢篇云、大用之天下則不窕、小用之則不困、荀子賦篇云、充盈大宇而不窕、入郤穴而不偪、呂氏春秋適音篇云、音太鉅則志蕩、以蕩聽鉅則耳不容、不容則橫塞、橫塞則振、太小則志嫌、以嫌聽小則耳不充、不充則不詹、不詹則窕、高誘注云、窕、不滿密也、是窕爲不滿之寬也、莊子逍遙遊篇、瓠落無所容、梁簡文帝注云、瓠落、猶廓落也、瓠𥨪聲相近、是𥨪瓠爲橫大之寬也、

親傶傍附切摩鄰比厲局阿侍夾㕛迺迫促近也

傶、通作戚、摩者、宣十二年左傳、摩壘而還、杜預注云、摩、近也、淮南子人間訓云、物類之相磨近而異門戶者、衆而難識也、磨、與摩同、馬融注繫辭傳云、摩、切也、鄭注樂記云、摩、猶迫也、義並相近、厲者、文選西都賦營厲天、李善注引韓詩翰飛厲天、又引薛君章句云、厲、附也、莊子大宗師篇云、女夢爲鳥而厲乎天、局者、小爾雅、局、近也、夾者、梓材懷爲夾、多方爾曷不夾介乂我周王、傳並云、夾、近也、迺、義見卷一迺急也下、迺、與道同、

排擠摧攘抵㧐斥𨂡推也

排者、說文、排、擠也、又云、推、排也、少儀云、排闔說屨於戶內、擠者、說文、擠、排也、荀子解蔽篇云、不好辭讓、不敬禮節、而好相推擠、摧推聲相近、說文、摧、擠也、楚辭九思云、魁壘擠摧兮常困辱、攘者、說文、攘、推也、楚辭七諫、反離謗而見攘、王逸注云、攘、排也、抵者、說文、抵、擠也、夏小正、抵蚳、傳云、抵、猶推也、㧐者、玉篇、㧐、如勇

切、推車也。說文、軵、反推車令有所付也。呂氏春秋精通篇云、樹相近而靡、或軵之也。淮南子覽冥訓、軵車奉饟。高誘注云、軵、推也。氾論訓、相戲以刃者、太祖軵其肘。注云、軵、擠也。說文、搑、推擣也。搣搑軵竝音如勇反。其義一也。斥者、衆經音義卷十四引三倉云、斥、推也。說文、斥、卻屋也。卻與推同義。昭十六年左傳云、大國之求、無禮以斥之、其何饜之有。舜者、白虎通義云、謂之舜者何。舜、猶僢僢也。言能推信堯道而行之。風俗通義云、舜者推也、循也。言其推行道德循堯緒也。

廣雅疏證卷第三上

廣雅疏證卷第三下

高郵王念孫學

釋詁

穜豐蓐臧醇醲渥陸䫋厚也

穜、通作重、蓐臧者、方言、蓐臧、厚也、說文、蓐、陳草復生也、又云、縟、繁采飾也、張衡西京賦云、采飾纖縟、縟與蓐同義、引之云、文七年左傳、訓卒利兵、秣馬蓐食、杜預注云、蓐食、早食於寢蓐也、漢書韓信傳、亭長妻晨炊蓐食、張晏注云、未起而牀蓐中食、案訓卒利兵秣馬、非寢之時矣、亭長妻晨炊、則固已起矣、而云早食於寢蓐、云未起而牀蓐中食、義無取也、蓐者、厚也、食之豐厚於常、因謂之蓐食、訓卒利兵秣馬蓐食者、商子兵守篇云、壯男之軍、使盛食厲兵、陳而待敵、壯女之軍、使盛食負壘、陳而待令、是其類也、兩軍相攻、或竟日未已、故必厚食乃不飢、亭長妻欲至食時不具食以絕韓信、故亦必厚食乃不飢也、成十六年傳、蓐倉申禱、襄二十六年傳、秣馬蓐倉、竝與此同、凡厚與大義相近、厚謂之敦、猶大謂之敦也、厚謂之醇、猶大謂之純也、厚謂之臧、猶大謂之將也、陸者、爾雅、高平曰陸、李巡注云、謂土地豐正、是厚之義也、左思蜀都賦、灑滮池而爲陸澤、劉逵注云、蔡邕曰、凝雨曰陸、爾雅釋魚、魁陸、郭璞注云、本草云、魁狀如海蛤、員而厚義竝同也、坊記、睦於父母之黨、鄭注云、睦、厚也、睦與陸古亦同聲、故漢碑和睦字多通作陸、顡者、莊子大宗師篇、其顡顡、郭象注云、顡、大朴之貌、天道篇、而顡顡然、注云、高露發美之貌、皆厚之義也、說文、馗、九達道也、佀龜背、故謂之馗、馗、高也、義與顡亦相近、

龍利芬尼調膚和也

龍者、商頌長發篇、何天之龍、周頌酌篇、我龍受之、毛傳竝云、龍、和也、利者、說文、利、銛也、從刀、和然後利、從和省、引乾文言、利者義之和也、荀爽注云、陰陽相和、各得其宜、然後利、乾彖傳又云、保合大和、乃利貞、周語云、人民龢利、表記、有忠利之敎、後漢書章帝紀、利作和、是利與和同義、和龢古通用、芬者方言、芬、和也、

郭璞注云、芬香和調、周官鬯人注云、鬯、釀秬爲酒、芬香條暢於上下也、大雅鳧鷖篇云、旨酒欣欣、燔炙芬芬、皆芬香和調之意也、凡人相和好亦謂之芬、荀子議兵篇云、其民之親我歡若父母、其好我芬若椒蘭、非相篇云、驩欣芬薌以送之、皆是也、方言、紛怡、喜也、紛與芬義亦相近、尼、各本譌作𡱁、隸書尼或作𡰥、因譌而爲𡱁、今據玉篇廣韻訂正、廣雅訓尼爲和、蓋本孝經說、邢昺孝經正義云、劉瓛述張禹之義、以爲仲者中也、尼者和也、言孔子有中和之德、蓋曲說也、庸、各本譌作膚、廣韻、庸、和也、衆經音義卷二十三二十五並引廣雅、庸、和也、今據以訂正、

⿰車軍、軏、轎、⿰車卬也

軏者、玉篇、軏、軏⿰車卬也、轎者、漢書嚴助傳、輿轎而隃領、薛瓚注云、今竹輿車也、江表作竹輿以行是也、⿰車卬者、集韻引字林云、⿰車卬、轎也、廣韻、⿰車軍、音魂、又音軒、⿰車軍之言軒、軏之言亢、轎之言喬、⿰車卬之言卬、皆上舉之意也、

獲、戮、羞、恥、𣪠、辱也

獲者、史記屈原傳云、不獲世之滋垢、皭然泥而不滓者也、獲、猶辱也、士昏禮注云、以白造緇曰辱、是也、方言、荆淮海岱雜齊之閒、罵奴曰臧、罵婢曰獲、齊之北鄙、燕之北郊、凡民男而壻婢謂之臧、女而婦奴謂之獲、亦辱之義也、上文云、濩、辱、汙也、濩與獲古亦同聲、

屑姘圭潔也

屑者、方言、屑、潔也、邶風谷風篇、不我屑以、鄘風君子偕老篇、不屑髢也、毛傳並云、屑、絜也、絜與潔通、姘者、說文、姘、靜也、廣韻云、女貞絜也、邶風靜女傳云、靜、貞靜也、靜、與姘通、圭、與蠲通、士虞禮記、圭爲而哀薦之、鄭注云、圭、絜也、引小雅天保篇吉圭爲饎、今本圭作蠲、周官蜡氏、令州里除不蠲、鄭注云、蠲讀如吉圭惟饎之圭、

讒嫉殺瘮賊也

讒者、荀子脩身篇云、傷良曰讒、害良曰賊、嫉者、王逸注離騷云、害賢爲嫉、殺者、昭十四年左傳云、殺人不

、忌爲賊、獠者、說文、獠、賊疾也、方言、慘、殺也、慘與獠聲義相近、

涂娉妨猛害也　如

娉妨一聲之轉、釋言云、妨、娉也、說文、妨、害也、周語云害於政、而妨於後嗣、妒者、王逸注離騷云、害色曰妒、文選潘岳馬汧督誄注引廣雅、妒、害也、今本脫妒字、

伸舒勃展也

舒勃者、方言、舒、勃、展也、東齊之間、凡展物謂之舒勃、

禦禁拔閣坐沈宿蹟矣竣挂礙鋪脾綝処咹跱棖拘渟

懫[illegible]蹐抳騺駤躇券止也　凝懲已

拔者、說文、拔、止馬也、閣者、說文、各、異詞也、從口夊、夊者、有行而止之、不相聽意、漢書梁孝王傳、太后議格、蘇林音閣、張晏注云、格、止也、史記集解引如淳注云、鼓閣不得下也、鼓、或作皮、內則大夫七十而有閣、鄭

注云，閣以板爲之，庋食物也。爾雅，所以止扉謂之閣。郭璞注云，門辟旁長橛也。徐鍇說文繫傳云，閣，門扇所附著也。是凡言閣者，皆止之義也。凡止與至義相近，止謂之閣，猶至謂之格也；止謂之底，猶至謂之抵也；止謂之訖，猶至謂之迄也。沇者，坎六三險且枕，虞翻注云，枕，止也。釋文云，古文作沇。諸書無訓矣爲止者矣，疑當作竢。爾雅，竢，止，待也。是竢與止同義。竣者，退之止也。齊語有司已於事而竣，韋昭注云，竣，退伏也。張衡東京賦作踆。爾雅釋言注引齊語作逡。逡、踆、逡竝同。周語其有悛乎，韋昭注云，悛，止也。悛與竣亦聲近義同。拄與礙同。義說文，礙，止也。鋪脾者，方言，鋪脾，止也。疏證云，詩大雅，匪安匪舒，淮夷來鋪，言爲淮夷之故來止，與上匪安匪遊，淮夷來求，文義適合。舊說讀鋪爲痡，謂爲淮夷而來，當討而病之，失於迂曲。鋪脾一聲之轉，方俗或云鋪，或云脾耳。漢書天文志，晷長爲潦，短爲旱，奢爲扶。鄭氏注云，扶當爲蟠，齊魯之閒聲如酺。酺扶聲近。蟠，止不行也。案齊魯言蟠聲如酺，與鋪聲亦相近也。綝之言禁也。說文，綝，止也。止有安善之意，故字之訓爲止者，亦訓爲善。卷一云，休、戾，善也。此云，綝，止也。爾雅云，綝、徽，善也。徽、戾，止也。休、屍也、皆其證矣。処、與處同。㗁、音遏。爾雅、遏、止也。遏、與㗁同。㗁、又音案。爾雅、按、止也。按、與㗁亦同。跱者、說文峙、躇也。玉篇云、爾雅、室中謂之時。時、止也。列子湯問篇、五山常隨潮波上下往還、不得蹔峙。峙、與跱同。引之云、玉篇引爾雅、室中謂之跱。今本作時。時與跱聲近而義同。大雅緜篇曰止曰時、箋云、時、是也。曰可止居於是。正義曰、如箋之言、則上曰爲辭、下曰爲於也、案經文疊用曰字、不當上下異訓。二曰字皆語辭。時、亦止也。古人自有複語耳。爾雅、爰、曰也。曰止曰時、猶言爰居爰處。爾雅又云、雞棲于弋爲榤、鑿垣而棲爲塒。王風君子于役篇釋文、塒作時。棲止謂之時、居止謂之時、其義一也。莊子逍遙遊篇、猶時女也。司馬彪注云、時女猶處女也。處亦止也。爾雅、止、待也。廣雅、止、待、逗也。待與跱亦聲近而義同。待又通作時。廣雅、䇎、離、待也。方言、䇎作萃、待作時、皆古字假借。或以時爲待之譌、非也。棖者、距之止也。說文、歫、止也。說見釋言棖、距也。下棖棖距歫竝同。拘者、說文、拘、止也。渟、通作停。懫者、損象傳君子以懲忿窒欲。釋文云、窒、鄭、劉作懫。懫、止也。懫、與窒通。趩之言畢也。說文、趩、止行也。周官隸僕掌蹕宮中之事。鄭衆注云、蹕、謂止行者清道、若今時儆蹕、史記梁孝王世家、出言趩、入言警、警趩、與儆蹕同、說文、繹、止也、繹與趩亦同義、柅者、姤初六繫于金柅、釋文、柅、說文作檷、云、絡絲柎也、王肅作抳、子夏作鑈、蜀才作尼、止也、正義引馬融注云、柅者、在車之下、所以止輪令不動者也、爾雅、尼、止也、竝聲近而義同、騳者、說文、㼱、驁不行也、㼱與騳同、駐者、說文、驁、馬重皃、史記晉世家云、惠公馬驁不行、驁與駐同、淮南子脩務訓、人謂之駤、高誘注云、駤、不通達也、說文、疐、礙不行也、豳風狼跋篇、載疐其尾、義竝與駤同、駤與懫聲亦相近也、躇者、說文、峙躇、不前也、玉篇音陳如切、楚辭九思云、握佩玖兮中路躇、躇與躇同、亭水謂之潴、義與躇亦相近也、凝者、大雅桑柔篇、靡所止疑、毛傳云、疑、定也、正義音凝、王逸注九歎云、凝、止也、凝與疑通、懲者、小雅沔水篇、寧莫之懲、毛傳云、懲、止也、文選遊天台山賦注、別賦注、張協雜詩注、竝引廣雅、凝、止也、衆經音義卷十三引廣雅、懲、止也、華嚴經卷七音義引廣雅、已、止也、今本脫凝懲已三字、

⿰多卷⿰多農⿰多果⿰多委⿰多亥⿰多吉⿰多冉⿰多辛⿰多予⿰多支⿰多尤⿱敝多盛饒僉怒與植多也 夠⿰其多

緫繷者，緫之言攡，繷之言濃，皆盛多之意也。方言：緫、繷、㖃，多也。南楚凡大而多謂之緫，或謂之繷。凡人語言過度及妄施行，亦謂之繷。後漢書崔駰傳「紛繷塞路」，李賢注云：「方言：繷，盛多也。」繷與繷通，盛與㖃通。綶者，方言：「凡物㖃而多，齊宋之郊、楚魏之際曰夥。」史記陳涉世家云：「夥頤，涉之爲王沈沈者。」楚人謂多爲夥。夥與綶同。今人問物幾許曰幾多，吳人曰幾夥，語之轉也。緌之言委積也。玉篇音於果切，廣韻又烏禾切，燕人云多也。緌與綶聲亦相近。絯之言兼該也。玉篇：絯，多也，大也。亦作奓。絣者，爾雅：郱，多也。釋文郱本或作絣。商頌那篇「猗與那與」，小雅桑扈篇「受福不那」，毛傳竝云：「那，多也。」那與絣通。絣者，周南螽斯篇「螽斯羽詵詵兮」，毛傳云：「詵詵，衆多也。」釋文：詵，說文作辡。又說文：駪駪，馬衆多皃。小雅皇皇者華篇「駪駪征夫」，毛傳云：「駪駪，衆多之貌。」晉語引詩作莘莘，楚辭招魂注引作侁侁。莊子徐無鬼篇「禍之長也茲萃」，李頤注云：「萃，多也。」說文：甡，衆生竝立之皃。大雅桑柔篇「甡甡其鹿」，毛傳云：「甡甡，衆多也。」說文：𡔝，衆盛也。引逸周書「𡔝疑沮事」。竝字異而義同。辡古通作浮。大雅江漢篇「江漢浮浮」，毛傳云：「浮浮，衆彊皃。」小雅角弓篇「雨雪浮浮」，大雅生民篇、烝之浮浮，爾雅作烰烰，郭璞注云：氣出盛。義竝相近也。爾雅、裒，多也。裒與𢾺亦聲近義同。𢾺者，玉篇音章移之豉二切。復初九、无祇悔，九家本作𢾺。文選西京賦清酤𢾺，李善注引廣雅𢾺，多也。𢾺，玉篇音丁含切。漢書陳勝傳夥涉之爲王沈沈者，應劭音長含反。聲與𢾺相近也。僉、怒者，方言：僉，夥也。又云：自關而西秦晉之間，凡人語而過曰僉，東齊謂之劒，或謂之弩。弩，猶怒也。皆盛多之意也。爾雅：僉，皆也。義與多亦相近。輿者，周官輿司馬注云：輿，衆也。植，謂蕃植也。字通作殖，義見卷一殖積也下。夠者，玉篇夠，苦候切，多也。廣韻同。方言：凡物盛而多謂之寇。寇與夠聲近義同。文選魏都賦繁富夥夠，李善注引廣雅夠，多也。廣韻䵝，去其切，引廣雅䵝，多也。集韻類篇竝同。今本脫夠䵝二字。

蓴、榮、蓴、萃、欑、叜、寯、㶒、叢、蓄、都、薄、蘊、崇、灌、雜、芙、贊、榛、林、屯、集、宗、族、洿、緫、翕、葉、輸、會、積，聚也。府

蓴之言欑聚也。說文：蓴，叢草也。玉篇作緄切，云：茻蓴，草叢生也。張衡西京賦云：苯蓴蓬茸。南都賦云：森蓴

蕁而刺天。楚辭離騷「紛總總其離合兮」，王逸注云：「總總猶僔僔，聚貌也。」揚雄甘泉賦云：「齊總總撙撙，其相膠輵兮。」說文：「僔，聚也。」「噂，聚語也。」小雅十月之交篇「噂沓背憎」，毛傳云：「噂猶噂噂，沓猶沓沓。」是凡言蕁者，皆聚之義也。成十六年左傳「蹲甲而射之」，杜預注云：「蹲，聚也。」蹲與蕁亦聲近義同。檕者，文選藉田賦注引倉頡篇云：「檕，聚也。」哀十三年左傳「佩玉檕兮」，杜預注云：「檕然服飾備也。」廣韻：「蕊，草木叢生皃。」楚辭離騷「貫薜荔之落蘂」，劉逵注蜀都賦云：「蘂者，或謂之華，或謂之實，一曰華鬚頭點。」皆聚之義也。蕁者，大雅行葦篇「敦彼行葦」，毛傳云：「敦，聚貌。」特牲饋食禮「佐食摶黍授祝」，蕁、摶、敦並通，亦通作團。說文：「蕁，蒲叢也。」亦聚之義也。蕁，各本訛作蕁，惟影宋本不訛。欑者，文選西都賦注引倉頡篇云：「欑，聚也。」喪大記「君殯用輴，欑至于上」，鄭注云：「欑猶菆也。」菆與叢同。史記司馬相如傳云：「鑽羅列聚叢以蘢茸兮。」鑽與欑通。說文：「欑，積竹杖。一曰叢木。」皆聚之義也。又云：「儹，聚也。」亦與欑聲近義同。欑，各本訛作揩，欑俗作欑，遂譌而爲揩。文選顏延之應詔觀北湖田收詩注引廣雅：「欑，聚也。」今據以訂正。㚇之言總也，叢也。說文：「㚇，斂足也。雝䳯醜其飛也㚇。」爾雅作䅜，郭璞注云：竦翅上下也。陳風東門之枌篇越以鬷邁，鄭箋云：鬷，總也。周官掌客注云：聘禮曰四秉曰筥，十筥曰稯。稯，猶束也。說文：稯，布之八十縷也。字亦作緵。史記孝景紀云：令徒隸衣七緵布。西京雜記云：五絲爲䊅，倍䊅爲升，倍升爲緎，倍緎爲紀，倍紀爲緵。爾雅：緵罟謂之九罭。九罭，魚罔也。郭注云：今之百囊罟是也。玉篇：騣，馬鬣也。鬉，毛亂也。漢書司馬相如傳淩三嵕之危，顏師古注云：三嵕，三峯聚之山也。爾雅云：豕生三豵，犬生三猣。說文：豵，生六月豚也。一曰一歲曰豵，尚叢聚也。是凡言㚇者，皆聚之義也。都之言豬也。禹貢大野既豬，彭蠡既豬，滎波既豬，史記夏本紀竝作都。都、豬，皆聚也。僖十六年穀梁傳云：民所聚曰都。薄者，釋草云：草藂生爲薄。藂與叢同。楚辭九章露申辛夷死林薄兮，王逸注云：叢木曰林，草木交錯曰薄。淮南子原道訓隱于榛薄之中，高誘注云：藂木曰榛，深草曰薄。皆聚之義也。蘊崇者，蘊，說文作薀，積也。酒誥矧曰其敢崇飲，傳云：崇，聚也。義見卷一薀崇積也下。崇、宗聲相近，故皆訓爲聚也。灌者，爾雅云：灌木，叢木。又云：木族生爲灌。族、叢一聲之轉。周南葛覃篇集于灌木，大雅皇矣篇其灌其栵，毛義竝與爾雅同夏小正五月啟灌藍蓼傳云灌也者聚生者也芠義見卷一芠積也下贅者說文贅最也隱元年公羊傳會猶最也何休注云最聚也漢書武帝紀毋贅聚如淳注云贅會也會最聚竝同義大雅桑柔篇具贅卒荒毛傳云贅屬也正義云贅猶綴也謂繫綴而屬之長發云爲下國綴旒襄十六年公羊傳曰君若贅旒然是贅綴同也孟子曰太王屬其耆老書傳曰贅其耆老是贅爲屬也屬與聚亦同義榛者說文榛菆也淮南子原道訓木處榛巢高注云聚木曰榛莊子徐無鬼篇逃乎深蓁蓁與榛通漢書揚雄傳枳棘之榛榛兮顏師古注云榛榛梗穢貌說文蓁草盛皃周南桃夭篇其葉蓁蓁毛傳云蓁蓁至盛貌楚辭招魂蝮蛇蓁蓁王逸注云蓁蓁積聚之貌義竝同也榛各本譌作搸今訂正林者說文平土有叢木曰林周語林鍾和展百事俾莫不任肅純恪也韋昭注云林衆也言萬物衆盛也皆聚之義也宗者衆之所主故爲聚也喪服傳云大宗者尊之統也大宗者收族者也族者白虎通義云族者湊也聚也謂恩愛相流湊也上湊高祖下至元孫一家有吉百家聚之生相親愛死相哀痛有會聚之道故謂之族族湊聚聲竝相近

凡聚與衆義相近，故衆謂之宗，亦謂之林；聚謂之林，亦謂之宗；聚謂之蒐，猶衆謂之捘也；聚謂之都，猶衆謂之諸也；聚謂之裒，猶多謂之裒也；聚謂之灌，猶多謂之觀也。洿者，水所聚也。衆經音義卷八引三倉云：亭水曰洿。隱三年左傳「潢汙行潦之水」，服虔注云：畜小水謂之潢，水不流謂之汙。汙與洿通。諸書無訓總爲聚者，總當作緫。說文：緫，聚束也。緫本作總，與總字相似，故緫訛作總。曹憲音思，失之也。翕、葉者，方言：撲、翕、葉，聚也。楚謂之撲，或謂之翕。葉，楚通語也。爾雅：翕，合也。合亦聚也。淮南子原道訓云：大渾而爲一，葉累而無根。是葉爲聚也。說文：葉，草木之葉也。亦叢聚之義也。又說文：鍱，鏶也。徐鍇傳云：今言鐵葉是也。案今人猶謂鐵片爲鐵葉，亦取叢集之義。鍱與葉同音，鏶與集同音，集、葉皆聚也，故鍱又謂之鏶矣。卷一云：揲，積也。揲與葉亦聲近義同。輸者，說文：輸，委輸也。史記平準書云：置平準于京師，都受天下委輸。木華海賦云：於廓靈海，長爲委輸。皆聚之義也。府者，呂刑「惟府辜功」，傳云：聚罪之事。魯語「皆怨府也」，韋昭注云：怨之所聚，故曰府。隱七年左傳正義引風俗通義云：府，聚也。公卿牧守府，道德之所聚也；藏府、私府，財貨之所

聚也、衆經音義卷二十卷二十三、竝引廣雅、府聚也、各本皆脫府字、今補、又藴字重出、今刪、

主戍門獸守也

主者、序卦傳云、主器者莫若長子、獸守聲相近、說文、獸、守備也、

餘凡總同皆也

餘者、昭二十八年左傳、謂知徐吾趙朝韓固魏戊餘子之不失職能守業者也、杜預注云、卿之庶子爲餘子、逸周書糴匡解、餘子務藝、孔晁注云、餘、衆也、論語雍也篇云、其餘則日月至焉而已矣、是餘爲皆共之詞也、成十五年公羊傳、魯人徐傷歸父之無後也、何休注云、徐者、皆共之辭也、徐與餘亦聲近義同、總、各本訛作総、文選顏延之車駕幸京口侍遊蒜山詩注、引廣雅、總、皆也、衆經音義卷二十二引廣雅、凡、總、皆也、今據以訂正、

修歛略道旬越抑截撤撥劀繕傳刈疏竘貌攻捲荆搖

療亂理漅治也 墾

𥷚各本訛作執𥷚隸或作𥷚故訛而爲執說文𥷚窮治辠人也從㚔人言竹聲或省作𥷚玉篇廣韻竝同今據以訂正文王世子告于甸人鄭注云告讀爲鞫讀書用法曰鞫史記李斯傳云令鞫治之酷吏傳云訊鞫論報竝字異而義同略者說文略經略土地也禹貢嵎夷既略是其義也傳云用功少曰略失之道者論語學而篇道千乘之國包咸注云道治也旬者大雅桑柔篇其下矦旬毛傳云旬均也字通作洵爾雅洵均也郭璞注云謂調均是治之義也周官均人凡均力政以歲上下豐年則公旬用三日焉中年則公旬用二日焉無年則公旬用一日焉鄭注云旬均也讀如𤲬𤲬原隰之𤲬易坤爲均今書亦有作旬者旬均聲義竝同故小爾雅亦云旬治也越者周語汩越九原宅居九隩汩越皆治也說文汩治水也越與汩聲相近故同訓爲治猶越與曰之同訓爲于也說苑指武篇云城郭不脩溝池不越是越爲治也韋昭注訓越爲揚失之抑者孟子滕文公篇禹抑洪水而天下平趙岐注云抑治也荀子成相篇云禹有功抑

下鴻截者，衆經音義卷十三引廣雅作截。大雅常武篇「截彼淮浦」，毛傳云：「截，治也。」商頌長發篇「海外有截」，鄭箋云：「截，整齊也。」王肅注云：「四海之外截然整齊。」而治撤者，大雅公劉篇「徹田爲糧」，崧高篇「徹申伯土田」，毛傳並云：「徹，治也。」徹與撤通。撥者，商頌長發篇「元王桓撥」，哀十四年公羊傳「撥亂世，反諸正」，楚辭九章「執察其撥正」，毛傳、何注、王注並云：「撥，治也。」諸書無訓對爲治者，對當爲討。隸書言字或從篆文作言，與對字左畔相似，故討訛作對。說文：「討，治也。」玉篇、廣韻並同。繕者，衆經音義卷七引三倉云：「繕，治也。」隱元年左傳云「繕甲兵」。傳者，孟子滕文公篇「堯獨憂之，舉舜而敷焉」，趙岐注云：「敷，治也。」引禹貢「禹敷土」。敷與傳同，故史記夏本紀作「傳土」。今本孟子敷下有治字，後人取注義加之也。疏與理同義，謂分治之也。孟子滕文公篇云「禹疏九河」。詢貌者，方言：「詢貌，治也。吴越飾貌爲詢，或謂之巧。」郭璞注云：「謂治作也。」說文：「詢，匠也。」小爾雅：「匠，治也。」淮南子人閒訓云：「室始成，詢然善也。」說文：「皃，頌儀也。貓文作貌。」是詢貌皆爲治也。貌各本作貌，乃隸書之譌，今訂正。攻者，鄭注周官瘍醫云：「攻，治也。」甘誓云：「左不攻于左。」搖療者，方言：「愮療，治也。江湘郊會謂醫治之曰愮或曰療注云俗云厭愮病愮與搖通說文藥治也陳風衡門篇可以樂飢鄭箋樂作藥韓詩外傳作療並字異而義同說文藥治病草也大雅板篇云不可救藥襄二十六年左傳云不可救療療搖藥並同義搖療之同訓爲治猶遙遠之同訓爲遠燿療之同訓爲照聲相近故義相同也搖曹憲音亦咲反各本亦咲反三字誤入正文內咲字又誤作唆方言愮療治也注愮音曜正與亦咲反相合今據以訂正亂者爾雅亂治也臯陶謨云亂而敬澡者治去垢也說文澡洒手也儒行云澡身而浴德惡服澡麻帶絰鄭注云澡者治去莩垢惡服小記帶澡麻鄭注云澡率治麻爲之正義云謂戛率其麻使潔白也墾者玉篇廣韻並云墾耕也治也周語云土不備墾爾雅釋訓釋文及文選海賦注並引廣雅墾治也今本脫墾字

側匿蹙𧝑𤷍瘯縮摍縩縮也

側匿者說文朒而月見東方謂之縮朒漢書五行志云晦而月見西方謂之朓朔而月見東方謂之仄慝

仄慝則侯王其肅朓則侯王其舒劉向以爲朓者疾也君舒緩則臣驕慢故日行遲而月行疾也仄慝者不進之意君肅急則臣恐懼故日行疾而月行遲不敢迫近君也劉歆以爲舒者侯王展意顓事臣下促急故月行疾也肅者侯王縮朒不任事臣下弛縱故月行遲也周官保章氏疏後漢書蔡邕傳注文選月賦注引書大傳竝作側匿太平御覽引鄭注云側匿猶縮縮行遲貌縮朒側匿仄慝竝聲近而義同太元禮次八云冠戚冊戚音子六反戚冊與側匿亦聲近而義同蹴卽戚冊之戚說文縮蹴也小雅節南山篇蹙蹙靡所騁鄭箋云蹙蹙縮小之貌成十六年左傳云南國蹴哀公問云孔子蹴然辟席而對論語鄉黨篇云踧踖如也竝字異而義同蹙與縮古亦同聲故儀禮古文縮皆作蹙蹴各本譌作踧或譌作蹴今訂正緩者司馬相如子虛賦襞積褰縐張注云褰縮也漢書董仲舒傳曰朘月削孟康注云朘謂轉褰踧也褰與緩通瘷者衆經音義卷十五引通俗文云縮小曰瘷淮南子天文訓月狐而嬴蛖膲高誘注云膲肉不滿也太平御覽引此膲作瘷又引許慎注云瘷減瘷也今俗語猶謂物不伸曰瘷矣膲亦瘷也樂記其

哀心感者其聲噍以殺鄭注云噍踧也史記樂書索隱云鄒誕生音將妙反又樂記志微噍殺之音樂書噍殺作焦衰漢書禮樂志作㾗瘁顔師古注云㾗瘁謂減縮也音子笑反魏策云衣焦不申頭塵不浴並字異而義同揂讀如抽絲之抽謂縮取之也說文揂蹴引也摍引也或作抽揂是揂與摍同義摍縮古通用緅曹憲音而兖反說文緅衣戚也戚讀與蹙同素問生氣通天論云大筋緅短小筋弛長史記天官書云其已出三日而復有微入入三日乃復盛出是謂耎太元耎云陽氣能剛能柔能作能休見難而縮范望注云耎而自縮故謂之耎義與緅同考工記弓人薄其帤則需鄭注云需謂不充滿釋文需人兖反義亦與緅同

贇受人獲德營得也

德者樂記云禮樂皆得謂之有德德者得也鄉飲酒義云德也者得於身也大戴禮盛德篇云能得德法者爲有德說文作悳同營者楚辭天問何往營班祿不但還來王逸注云營得也

𧸖苗憍怚倨傲侮慢傷也

𧸖之言慢易也史記夏紀集解引馬融禹貢注云𧸖慢也禮簡怠慢來不距去不禁也王制正義引風俗通義云君臣同川而浴極爲簡慢𧸖者慢也憍古通作驕怚者說文怚驕也又云嫭驕也呂氏春秋審應覽使人戰者嚴駔也高誘注云嚴尊也駔驕也淮南子繆稱訓云矜怚生於不足嵇康幽憤詩云恃愛肆姐並字異而義同傷古通作易

樹莖榦宗祖⿰貝勺猴吳素條科本也　原樞

樹莖榦諸字爲根本之本條科爲本蓴叢生之本莖幹皆枝之本也漢書禮樂志云五英英華茂也六莖及根莖也文選魏都賦注引宋衷樂動聲儀注云五莖能爲五行之道立根本也是莖爲本也考工記謂劍本爲莖義亦同也榦各本譌作幹白虎通義云榦者本也文選文賦注及衆經音義卷二卷十七並引廣雅榦本也今據以訂正宗祖者晉語禮之宗也韋昭注云宗本也管子戒篇云孝弟者仁之祖也高誘

注淮南子原道訓云、祖、宗、皆本也、貯者、業也、若今人所謂本錢也、玉篇云、貯、本作鐠、說文、鐠、業也、史記平準書云、筭軺車賈人緡錢皆有差、漢書武帝紀、初筭緡錢、李斐注云、緡、絲也、以貫錢也、一貫千錢、出筭二十也、貯鐠緡竝通、翭、曹憲音侯、各本翭作⿰貝侯、因上貯字而誤、音內侯字又譌作候、集韻類篇、⿰貝侯、下遘切、引廣雅、⿰貝侯、本也、則宋時廣雅本已然、考玉篇云、⿰貝侯、龍貝出南海、廣韻云、⿰貝侯、貪財之皃、皆不訓爲本、方言、翭、本也、郭璞音侯、云、今以鳥羽本爲翭、說文、翭、羽本也、玉篇廣韻竝音侯、九章算術粟米章、買羽二千一百翭、劉徽注云、翭、羽本也、數羽稱其本、猶數草木稱其根株、今據以訂正、素者、列子天瑞篇云、太素者、質之始也、易乾鑿度同、鄭注云、地質之所本始也、蓀、訓爲本、謂草木叢生本蓴然也、玉篇、蓴字注云、本蓴、草叢生也、本或作苯、張衡西京賦云、苯蓴蓬茸、釋言云、菽蓀也、釋訓云、蓀蓀、茂也、說文、蓀、草盛皃、呂氏春秋審時篇云、得時之稻、大本而莖蓀、漢書武五子傳頭如蓬蓀、顏師古注云、草叢生曰蓀、蓀本一聲之轉、皆是叢生之名、蓀猶苞也、小雅斯干篇、如竹苞矣、毛傳云、苞、本也、鄭箋云、時民殷衆、如竹之本生矣、本生即叢生、故以叚衆言之、爾雅云、苞、蕪、茂、豐也、又云、苞、稹也、孫炎注云物叢生曰苞、齊人名曰稹、是苞與稹同義、科者、釋言云、科、藂也、藂與叢同、樞者、淮南子原道訓還反於樞、高誘注云、樞、本也、文選洞簫賦注引廣雅、原、本也、衆經音義卷四、卷十四、十七、十八、並引廣雅、樞、本也、今本脫原樞二字、

庱索略䜣讂詗乞匄𢪥藪𥾯請募摳求也

庱略者、庱與挍同、方言、挍、略、求也、秦晉之閒曰挍、就室曰挍、於道曰略、略、強取也、襄四年左傳、季孫曰略、杜預注云、不以道取曰略、索者、說文、索、入家挍也、經傳通作索、讂詗者、說文、讂、流言也、廣韻云、流言有所求也、說文、敻、營求也、敻與讂同義、說文、詗、知處告言之也、史記淮南王安傳爲中詗長安、徐廣注云、詗、伺候采察之名也、急就篇云、乏與猥逮詗讂求、詗讂聲相近、詗與讂之同訓爲求、猶迥與敻之同訓爲遠也、募者、說文、募、廣求也、吳子圖國篇云、簡募良材以備不虞、

揣蠲陶城糞埽寫雪擊摒𢾈掀耘撥祓除也辟

揣者、說文、揣、剟也、剟、刊也、刊與除同義、說文揣字注
云、一曰揣度也、集韻類篇、揣、𢱢竝楚委丁果二切、是
揣與𢱢聲義同也、拂者、曲禮、進几杖者拂之、鄭注云、
拂去塵、大雅生民篇、茀厥豐草、韓詩作拂、拂、弗也、
茀弗竝與拂通、糞埽者、糞猶拂也、語之轉耳、昭三年
左傳云、小人糞除先人之敝廬、說文、糞、棄除也、叁、埽
除也、埽、叁也、周官隸僕、掌五寢之埽除糞灑之事、少
儀云、汜埽曰埽、埽席前曰拚、糞、叁、拚竝通、寫之言瀉
也、邶風泉水篇、以寫我憂、毛傳云、寫、除也、小雅蓼
蕭篇、我心寫兮、毛傳云、輸寫其心也、周官稻人、以澮
寫水、皆除去之意也、雪者、呂氏春秋不苟論、雪殷之
恥、高誘注云、雪、除也、雪之言刷也、春秋諫篇、景
公刷涕而顧晏子、列子力命篇作雪涕、晏子諫篇音
步波步丹二切、潘岳射雉賦、擊場拄翳、徐爰注云、擊
者、開除之名、謂除地爲場也、摒、音必政必郢二反、字
通作屏、大雅皇矣篇云、作之屏之、拼者、說文、薅、拔田
草也、籀文作薅、或作茠、引周頌良耜篇、既茠荼蓼、今
詩作以薅荼蓼、又說文𦗅字注、引漢律𦗅田茠草、竝
字異而義同、今俗語猶云拚草矣、耘者、小雅甫田篇、
或耘或耔、毛傳云、耘、除草也、撥者、史記太史公自序

云秦撥去古文焚滅詩書說文𤼵以足蹋夷草也又云鏺兩刃有木柄可以刈草讀若撥義竝相近也祓者說文祓除惡祭也周官女巫掌歲時祓除釁浴大雅生民篇以弗無子鄭箋云弗之言祓也祓除其無子之疾而得福也檀弓云巫先拂柩祓與拂弗亦通祓畢本吳本訛作枝胡文煥本又訛作拔惟影宋本皇甫本不訛辟者文選上林賦注引薛君韓詩章句云辟除也大雅皇矣篇云啟之辟之衆經音義卷二十一引廣雅辟除也今本脫辟字

蹲跠屍啟肆踞也

蹲跠者說文蹲踞也淮南子說山訓云蹲踞而誦詩書南山經箕尾之山其尾踆于東海郭璞注云踆古蹲字說文又云𡕒倨也蹲踆𡕒竝同字倨與踞通跠與下屍字同亦通作夷論語憲問篇原壤夷俟馬融注云夷踞也賈子等齊篇云織履蹲夷王延壽魯靈光殿賦云卻負載而蹲跠啟者爾雅啟跪也小雅四牡篇不遑啟處毛傳訓與爾雅同跪與踞皆有安處之義故啟訓爲跪又訓爲踞采薇篇又云不遑啟居

居踞聲亦相近、説文、居、蹲也、踞、蹲也、跽、長跪也、曩、長踞也、居、踞、跽、曩、啟、跪、一聲之轉、其義並相近也、肆者、説文、肆、極陳也、義與踞相近、法言五百篇云、夷俟倨肆、漢書敘傳云、何有踞肆於朝、

歛欽匃貸誣掩授施禆稟付載埤分越以乞遺予與也

各本予下皆無與字、此因予與二字同聲、故傳寫脱去與字耳、集韻引廣雅、歛、予也、則宋時廣雅本已脱去與字、案此條與字有二義、一爲取與之與、歛、欽、匃、貸、授、施諸字是也、一爲與共之與、誣、掩、越、以四字是也、義雖不同、而皆得訓爲與、若予字、則但有取與之義、無與共之義、故誣、掩、越、以四字可訓爲與、不可訓爲予、又衆經音義卷十一、十八並引廣雅、稟、與也、卷十二引廣雅、分、與也、卷一、卷三、卷九、卷十四並引廣雅、遺、與也、皆作與、不作予、今據以補正、或謂予與二字同聲、不當並見、案爾雅云、輔、俌也、嗟、𨻳也、迺、乃也、廣雅云、壹、弌也、𤆀、爇也、㷇、熛也、若斯之類、皆同聲而並見、蓋古今異字、必以此釋彼、而其義始明、予之訓與、亦猶是也、説文、與、本作与、云、賜予也、鄭衆注周官大卜云、與、謂予人物也、郭璞注爾雅云、與、猶予也、注

方言云、予、猶與也、此又予與二字互訓之證矣、歛者、卷一云、歛、欲也、歛爲欲而又爲與、乞匄爲求而又爲與、貸爲僃而又爲與、稟爲受而又爲與義有相反而實相因者、皆此類也、饮與乞聲相近、故亦訓爲與、匄者、漢書西域傳我匄若馬、顏師古注云、匄、乞與也、後漢書竇武傳云、匄施貧民、貸者、說文、貸、施也、文十六年左傳云、宋饑、竭其粟而貸之、誣譎謂相阿與也、方言、誣、譎、與也、吳越曰誣、荆齊曰譎、與猶秦晉言阿與也、玉篇、譎、匿也、匿卽阿與之意、裨與下埤字同義、方言、埤、予也、說文、裨、接益也、稟者、說文、稟、賜穀也、漢書文帝紀、吏稟當受鬻者、顏師古注云、稟、給也、分者、韋昭魯語注云、分、予也、越、猶及也、爾雅、及、與也、大誥云、大誥爾多邦越爾御事、是也、以者、召南江有汜篇云、不我以、又云、不我與、鄭箋云、以、猶與也、乞者、漢書朱買臣傳云、糧用乏、上計吏卒更乞匄之、各本匄字重出、今刪、

闕霝孚罙窶竇繆豁坰邱窾廓虗甹窱科空也

闕者、缺之空也、玉篇云、闕、闋、無門戶也、釋言云、契、缺也、契與闕聲近義同、霝之言瓏玲也、說文、櫺、楯間子

也徐鍇傳云即今人闌楯下爲橫欞也說文軨車轖
間橫木也楚辭九辯倚結軨兮長太息字亦作笭釋
名笭橫在車前織竹作之孔笭笭也定九年左傳載
葱靈賈逵注云葱靈衣車也有葱有靈葱與窻同靈
與欞同楚辭九章乘舲船余上沅兮王逸注云舲船
船有牕牖者說文籠笭也是凡言霝者皆中空之義
也霝各本作𩆜玉篇廣韻並云𩆜古文靈字夏竦古
文四聲韻云靈古尚書作鼺崔希裕纂古作霛霝霛
案鼺即篆文霝字譌而爲𩆜又譌而爲霝爲霛皆俗
書也當從霝爲正罒罘者玉篇罒罘小空兒廣韻云
罒罘小網也義並相近罘與霝義亦相近也窔者說
文窔穿也玉篇云穿也空也或爲㚇閲又云閲閲無
門戶也說文㚇孔也廣韻㚇窻裏空也義並相近寮
者說文寮穿也衆經音義卷一引倉頡篇云寮小空
也張衡西京賦云交綺豁以疏寮玉篇遼草木莖葉
疏也廣韻鐐有孔鑪也義並相近鏐者說文廫空虛
也鏐空谷也老子寂兮寥兮河上公注云寥空無形
也楚辭遠遊篇云上寥廓而無天漢書司馬相如傳
寥作嵺九辯云泬寥兮天高而氣清寂漻兮收潦而
水清義並相近也豁者說文䜭通谷也司馬相如哀

二世賦、通谷𧮫乎谽谺、𧮫與豁同、說文、䆷、空大也、讀若詩施罛濊濊、今詩作施罛濊濊、馬融注云、大魚网目大豁豁也、廣韻、䆷、大開目也、義並相近、㘨者、上文云、㘨、繆、深也、深與空義相近、故深謂之㘨、亦謂之繆、空謂之繆、亦謂之㘨矣、邱者、昭十二年左傳、是能讀三墳五典八索九邱、邱、延篤注引張平子說云、九邱、周禮之九刑、邱、空也、空設之也、漢書息夫躬傳、寄居邱亭、顏師古注云、邱、空也、公孫宏傳云、客館邱虛而已、賈逵說九邱云、九州亾國之戒、孟康注楚元王傳云、邱方謂亾女壻爲邱壻、義並相近也、窾者、莊子養生主篇、道大窾、崔譔注云、窾、空也、漢書司馬遷傳、實不中其聲者謂之窾、服虔注云、款、空也、款與窾通、爾雅鼎款足者謂之鬲、郭璞注云、鼎曲腳也、案款足猶空足也、漢書郊祀志、鼎空足曰鬲、蘇林注云、足中空不實者名曰鬲、是其證矣、空窾一聲之轉、空之轉爲款、猶悾之轉爲款、論語泰伯篇云、悾悾而不信、楚辭卜居篇云、吾寧悃悃款款、朴以忠乎、款款亦悾悾也、廓者、高誘注淮南子精神訓云、廓、虛也、管子輕重乙篇云、廓然虛、素者、魏風伐檀篇、不素餐兮、毛傳云、素、空也、科者、說卦傳、其於木也、爲科上槁、釋文云、科、空也、史記張儀傳、虎賁之士、跿跔科頭、集解云、科頭、謂不著兜鍪入敵也、亦空之義也、說文、窠、空也、一曰鳥巢也、穴中曰窠、樹上曰巢、孟子離婁篇、盈科而後進、趙岐注云、科、坎也、義竝相近、科與窾聲亦相近、高誘注淮南子原道訓云、窾、空也、讀科條之科、

移賈慅施夷誃狄假變奪敭也

此條敭字有二義、移賈諸字爲變易之易、夷誃爲平易之易、易與敭通、施讀當如施于中谷之施、周南葛覃傳云、施、移也、大雅皇矣篇、施于孫子、鄭箋云、施、猶易也、延也、喪服傳、絕族無施服、鄭注云、在旁而及曰施、義竝相同、爾雅、弛、易也、郭璞注云、相延易、弛與施亦聲近義同、夷者、說文、徒、行平易也、通作夷、爾雅、夷、易也、周頌天作篇、岐有夷之行、有客篇、降福孔夷、毛傳竝與爾雅同、誃亦謂平易也、字通作侈、春秋莊十三年冬、公會齊侯盟于柯、公羊傳云、何以不日、易也、何休注云、易、猶侈易也、相親信無後患之辭、天作箋云、岐邦之君、有侈易之道、是侈與夷同義、奪者、堯典云、八音克諧、無相奪倫、

祭殷員宗旅摟卉林苗風邱諸衆也猥

殷者，夏小正浮游有殷，鄭風溱洧篇殷其盈矣，傳並云殷衆也。員讀若云。說文，員物數也。春秋楚伍員字子胥，爾雅，僉、咸、胥，皆也，是衆之義也。說文，䝂物數紛䝂亂也。孫子兵勢篇云紛紛紜紜，釋名云，雲猶云云，衆盛意也，義並與員同。說文，䝂外博衆多視也，讀若運。䝂與員亦聲近義同。宗者，同人六二同人于宗，楚辭招魂室家遂宗，荀爽、王逸注並云，宗衆也。爾雅，道八達謂之崇期，文選蜀都賦注引孫炎注云，崇多也，多道會期於此。崇與宗亦聲近義同。旅者，爾雅，旅衆也。摟者，魯頌泮水篇束矢其摟，毛傳云，摟衆意也。說文同。爾雅，蒐聚也，義亦與摟同。卉之言彙也。爾雅，卉草。夏書禹貢正義引舍人注云，凡百草一名卉，是衆之義也。林者，說文，平土有叢木曰林。周語林鍾和展百事，俾莫不任肅純恪也，韋昭注云，林衆也，言萬物衆盛也。白虎通義云，六月謂之林鍾何，林者衆也，萬物成熟，種類衆多也。苗者，法言重黎篇云，秦楚播其虐於黎苗。後漢書和熹鄧皇后紀以贍黎苗，李賢注引廣雅，苗衆也。漢成陽靈臺碑云，躬行聖政，以育苗萌、邱者、孟子盡心篇云、得乎邱民而爲天子、莊子則陽篇云、邱里者、合十姓百名而以爲風俗也、釋名云、四邑爲邱、邱、聚也、皆衆之義也、猥者、文選盧諶贈劉琨詩注、引許慎淮南子注云、猥、總凡也、管子八觀篇以人猥計其野、尹知章注云、猥、衆也、漢書溝洫志、水猥盛則放溢、顏師古注云、猥、多也、長笛賦、山水猥至、注引廣雅、猥、衆也、又魏都賦注、盧諶贈劉琨詩注、及後漢書馮異傳注引廣雅竝同、今本脫猥字、

有常泚沚性質也

常者、說苑脩文篇云、常者、質也、性者、莊子庚桑楚篇云、性者、生之質也、春秋繁露深察名號篇云、性者、質也、漢書董仲舒傳云、質樸之謂性、禮器、增美質、鄭注云、質、猶性也、資質謂之性、形質亦謂之性、楚語云、若體性勞、有首領股肱、至於手拇毛脈、

司典尚質魁敵掌攙阼主也

尚之言掌也、高誘注淮南子覽冥訓云、尚、主也、質者、曲禮、行脩言道、禮之質也、鄭注云、質、猶本也、本與主

義相近、凡物之本、卽物之主也、襄九年左傳、要盟無質、杜預注云、質、主也、魁者、檀弓、不爲魁、鄭注云、魁猶首也、天文、北斗魁爲首、杓爲末、漢書游俠傳、閭里之俠、原涉爲魁、顏師古注云、魁者、斗之本也、故言根本者皆云魁、敵讀爲適、衞風伯兮篇誰適爲容、毛傳云、適、主也、敵適古多通用、

𨖠遒薄𩐕迫也

𨖠遒二字、義見卷一迫遒𨖠急也下、遒、與遒同、薄迫古同聲、高誘注淮南子本經訓云、薄、迫也、莊十一年左傳云、宋師未陳而薄之、𩐕者、說文、𩐕、迫也、爾雅、逮逮𨖠𨖠、惟逑鞫也、郭璞音義云、逑、迫也、逑𩐕聲近義同、

齰齺齮齕𪗨𪗾𪗲𪗬𪘏齧𪘚噬咥𪙂啄齧也

齰者、說文、齰、齧也、或作齚、衆經音義卷二引通俗文云、齰唊曰齚、宋玉風賦云、啗齰嗽獲、史記灌夫傳云、杜門齚舌自殺、佞幸傳云、鄧通常爲帝唶吮之、淮南子脩務訓云、齕咋足以噆肌碎骨、竝字異而義同、齺

者、說文、齺、齰也、管子輕重戊篇、車轂齺、尹知章注云、言車轂相齧也、齺、與齺同、齮者、說文、齮、齧也、衆經音義卷七引倉頡篇云、齊人謂齧咋為齮、史記田儋傳云、秦復得志於天下、則齮齕用事者墳墓矣、齕者、說文、齕、齧也、曲禮云、庶人齕之、齝者、說文、齝、齚齒也、齦者、說文、齦、齧也、玉篇音口很切、今俗語猶然、齣者、集韻引字林云、齣、大齧也、䶇者、玉篇、䶇、噍齧聲也、齹者、玉篇、䶇齹、大齧也、齚者、說文、齚、齰也、咥者、履象辭、履虎尾、不咥人、馬融注云、咥、齕也、說文、齰、齧堅聲也、義與咥同、齩者、說文、齩、齧骨也、漢書食貨志云、易子而齩其骨、齩、與𪘲同、今俗語猶云齩骨矣、啄者、楚辭招魂、虎豹九關、啄害下人些、王逸注云、啄、齧也、

疆埸限畔界也

埸、各本訛作場、後漢書班固傳注引廣雅、埸、界也、衆經音義卷十三引廣雅、畺、埸、界也、今據以訂正、畺、與疆同、

搴抽挬摳擢拂戎蹫拼拔也

搴者，說文：擭，拔取也。引離騷朝搴阰之木蘭。今本作搴。爾雅：芼，搴也。樊光注云：搴猶拔也。管子四時篇：毋蹇華絕芽。莊子至樂篇：攓蓬而指之。司馬彪、尹知章注竝云：拔也。搴、擭、攓、蹇，古通用。天者，管子禁藏篇云：毋夭英，毋折芽。天英即四時篇所云蹇華也。拵者，淮南子俶眞訓云：疾風敎木而不能拔毛髮。高誘注云：敎亦拔也。覽冥訓云：拵拔其根。拵與敎通。揠、擢、拂、戎者，方言：揠、擢、拂、戎，拔也。自關而西或曰拔，或曰擢；自關而東江淮南楚之閒或曰戎；東齊海岱之閒曰揠。郭璞注云：今呼拔草心爲揠。孟子公孫丑篇：宋人有閔其苗之不長而揠之者。趙岐注云：揠，挺拔之也。拂猶拵也，方俗語有輕重耳。大雅生民篇：茀厥豐草。韓詩作拂。是拂爲拔也。韓子難篇云：拔拂今日之死不及。踰之言躍，抍之言升，皆上出之義也。方言：踰、抍，拔也。出休爲抍，出火爲踰。說文：抍，上舉也。引易：抍馬壯吉。今易明夷六二及渙初六抍竝作拯。王肅注云：拯，拔也。子夏作抍。艮六二：不拯其隨。釋文作承。淮南子齊俗訓云：子路撜溺而受牛謝。揚雄羽獵賦云：丞民乎農桑。竝字異而義同。抍，各本訛作枡，今訂正。

鋪敷敺抪敶𠛱播莫班賦布也

敺者、廣韻音盧啟呂支二切、布也、陳也、昭元年左傳楚公子圍設服離衞、杜預注云、離、陳也、離與敺通、抪與上鋪字同、漢書中山靖王傳、塵埃抪覆、顏師古注云、抪、亦布散也、敶者、說文、敶、𠛱也、經傳通作陳、賦者、爾雅、班、賦也、堯典正義引孫炎注云、謂布與也、大雅烝民篇、明命使賦、毛傳云、賦、布也、周官大師注云、賦之言鋪、直鋪陳今之政教善惡、釋名云、敷布其義謂之賦、賦布敷鋪並聲近而義同、

抑挼擪攤據按也

挼者、文選長笛賦、挼拏捘臧、李善注引廣雅、挼、按也、又云、臧、猶抑也、擪之言壓也、說文、擪、一指按也、莊子外物篇、壓其顪、釋文、壓、本亦作擪、楚辭九辯、自壓按而學誦、壓、一作厭、韓子外儲說右篇云、田連成竅、天下善鼓琴者也、然而田連鼓上、成竅擫下、而不能成曲、共故也、淮南子說林訓云、使但吹竽、使氏厭竅、雖中節而不可聽、泰族訓云、所以貴扁鵲者、貴其擪息脈血、知病之所從生也、擪擫壓厭並通、攤、玉篇音奴

旦切。廣韻云：按，攤也。凡抑之使不得起曰攤。堯典「惇德允元而難任人」，難猶抑也，謂進君子而退小人也。據者，玉藻「君賜稽首據掌致諸地」，鄭注云：據掌，以左手覆案右手也。案與按通。

掫、質、已、𤼷、集、爲、備、刑、立、平、構、名、絃，成也。 造

質者，爾雅：質，成也。小雅天保篇「民之質矣」，曲禮「疑事毋質」，毛傳、鄭注並與爾雅同。已者，終事之辭，故爲成事也。然者，大戴禮武王踐阼篇云：毋曰胡殘，其禍將然；毋曰胡害，其禍將大。淮南子泰族訓云：天地正其道而物自然。是然爲成也。集者，小雅黍苗篇「我行既集」，鄭箋云：集猶成也。爲者，晉語「黍不爲黍」，韋昭注云：爲，成也。備者，書大傳云：備者，成也。管子宙合篇云：多備規軸者，成軸也。刑、成聲相近。王制云：刑者，侀也；侀者，成也。一成而不可變，故君子盡心焉。大傳「財用足故百志成，百志成故禮俗刑」，鄭注云：刑猶成也。立者，莊子天地篇云：德成之謂立。平者，爾雅：平，成也。公羊氏春秋隱六年「鄭人來輸平」，傳云：輸平猶墮成也。構者，結成也。小雅四月篇「我日構禍」，毛傳云：構，成也。史記黥布傳云：事已構。名者，廣韻引春秋說題辭云：名，成

也、紘、即絇字也、聘禮記、絇組、鄭注云、采成文曰絇、論語八佾篇、素以爲絢兮、鄭注云、文成章曰絢、廣韻云、紘與絢同、絢之或作紘、猶眴之或作眩矣、造者、大雅思齊篇、小子有造、王制曰造士、箋注竝云、造、成也、衆經音義卷二十二引廣雅、造、成也、今本脫造字、

歉墐儉約媠減屆尼頗劣虔虧少也 匱

歉者、說文、歉、食不滿也、襄二十四年穀梁傳、一穀不升謂之嗛、范甯注云、嗛、不足貌、韓詩外傳作鎌、廣雅釋天作歉、孟子公孫丑篇、吾何慊乎哉、趙岐注云、慊、少也、逸周書武稱解云、爵位不謙、田宅不虧、竝字異而義同、墐讀爲僅、說文、僅、才能也、徐鍇傳云、僅、能、如此、是才能如此也、又說文、廑、少劣之居也、周語、余一人僅亦守府、韋昭注云、僅、猶劣也、定八年公羊傳云、僅然後得免、射義云、蓋勴有存者、呂氏春秋長見篇魯公以削、至於覲存、高誘注云、覲、裁也、鹽鐵論通有篇云、多者不獨衍、少者不獨饉、漢書董仲舒傳、廑能勿失耳、顏師古注云、廑、少也、地理志、堇堇物之所有、應劭注云、堇堇、少也、竝字異而義同、穀梁傳、三穀不

升謂之鍾亦是少劣之意猶一穀不升謂之歉也曹憲讀菫爲謹失之媮經傳通作省頗者略之少也史記叔孫通傳云臣願頗采古禮與秦儀雜就之劣者說文劣弱也從力少卷二云劣減也虘虧者小雅天保篇不騫不崩毛傳云騫虧也魯頌閟宮篇云不虧不崩是騫虧皆少也虘與騫聲近而義同虧與虧同匱者鄭注月令云匱乏也墨子七患篇云四穀不收謂之餽餽與匱通華嚴經卷四十三音義引廣雅匱少也今本脫匱字

屯驙蹇展訒赿悄懷畏憚𤼵遴病難也

屯者說文屯難也象草木之初生屯然而難引屯象傳云屯剛柔始交而難生驙者說文驙駗馬載重難行也驙駗驙也又云邅趁也屯六二屯如邅如馬融注云邅難行不進之貌漢書敘傳紛屯亶與蹇連兮並字異而義同蹇展聲相近蹇彖傳云蹇難也方言蹇展難也齊晉曰蹇山之東西凡難貌曰展荆吳之人相難謂之展若秦晉言相憚矣蹇與蹇同訒者說文訒頓也頓與鈍同論語顏淵篇仁者其言也訒孔傳

云、訒、難也、釋文、訒、字或作仞、管子制分篇云、凡用兵者、攻堅則軔、乘瑕則神、荀子正名篇外是者謂之訒楊倞注云、訒難也、並字異而義同、說文、軔、礙車木也、楚辭離騷、朝發軔於蒼梧兮、王逸注云、軔、楮輪木也、義與訒亦相近、赿者、說文、赿、行難也、玉篇音邱謹切、云、行謹兒、廣韻云、跛行兒、義並相近、憎懹畏憚者、方言、憎懹、憚也、陳曰懹、郭璞注云、相畏憚也、說文、憚、忌難也、屯釋文引賈逵周語注云、難、畏憚也、澀者、說文澀、不滑也、方言、譾吃也、或謂之澀、郭璞注云、語澀難也、楚辭七諫、言語訥澀兮、注云、澀者、難也、風俗通十反篇云、冷澀比如寒蜒、澀與澀同、澀、各本訛作澀、今訂正、遴者、說文、遴、行難也、引象初六以往遴、今本作吝、同、病者、論語憲問篇、堯舜其猶病諸、孔傳云、病、猶難也、僖十年左傳、爲子君者、不亦難乎、公羊傳作不亦病乎、

畏諄訧[illegible][illegible]戮辠也

諄者、方言、諄、罪也、郭璞注云、謂罪惡也、罪、與辠同、康誥云、元惡大憝、憝與諄古聲亦相近、訧者、說文、訧、辠

也。引呂刑報以庶訧，今本作尤。王制云：郵罰麗於事。訧、尤、郵並通。檗通作孽。緇衣引大甲曰：天作孼。孟子公孫丑篇作孼。今俗語猶云辠孼矣。

揖、枚、斂、扱、拼、叢、擔，收也。

諸書無訓枚爲收者，枚當爲救字之誤也。救讀若鳩。鳩、斂、扱、叢、擔，皆謂收聚也。爾雅：斂、收、鳩，聚也。堯典：共工方鳩僝功。說文僝字注引作旁救僝功。是鳩、救古通用。扱者，說文：扱，收也。曲禮：以箕自鄉而扱之。鄭注云：扱讀曰吸，謂收糞時也。拼者，取之收也，字亦作拯。周官職幣注云：振猶拼也。中庸注云：振猶收也。是拼與收同義。卷一云：扱、收、斂、拼，取也。取與收同義，故斂、扱、拼又爲收也。叢者，說文：叢，聚也。擔之言會也。周官弁師：王之皮弁，會五采玉璂。鄭注云：故書會作膾。鄭司農云：謂以五采束髮也。士喪禮曰：擔用組，乃笄。擔讀與膾同。說曰：以組束髮乃箸笄，謂之擔。今士喪禮作髻用組。鄭注云：用組，組束髮也。是擔爲收束之義也。擔、膾、髻、會並通。

餅餌餧食也

此條食字讀如上農夫食九人之食、字本作飤、與卷二內啖噬飡餔啜食也、讀如飲食之食者不同、衆經音義卷二卷四卷十三、並引廣雅、餧、飤也、是其證、餅舊本作餅、曹憲音必井反、案餅與飯同、讀如飯牛之飯、謂飤之也、玉篇廣韻餅或作餅、餅與餅字形相近傳寫往往譌溷、韓子外儲說、糲餅菜羹、爾雅釋言釋文引字林云、餅、扶晚反、飤也、方言、筬、南楚謂之筲、郭璞注云、盛餅筥也、今本餅字並譌作餅、正與此同、餅與餧飤之義不相近、曹憲音必井反非是、今訂正、餌亦謂飤之也、秦策云、伍子胥無以餌其口、中山策云、臣有父嘗餓且死、君下壺飡餌之、餧者、說文、萎、飤牛也、昭二十五年公羊傳、且夫牛馬維婁、委已者也、而柔焉、何休注云、委、食已者、楚辭九辯云、鳳不貪餧而妄食、餧萎委並通、

佐望覘䫵候開覗也

覘者、後漢書清河孝王傳、使御者偵伺得失、李賢注云、偵、候也、音丑政反、偵與覘同、伺與覗同、亦通作司、

詵、各本訛作詵、案玉篇有詵字、無詵字、自廣韻始訛作詵、集韻類篇遂詵詵並收、玉篇云、詵、視也、譯也、卷四云、詵、驛也、字並從光、今據以訂正、聧者、說文、聧、司也、廣韻音武悲無非二切、字通作微、大戴禮曾子立事篇、君子行自微也、不微人、人謂自察而不察人也、史記廉頗藺相如傳云、趙使人微捕得李牧、斬之、漢書游俠傳、使人微知賊處、顏師古注云、微、伺問之也、間者、莊八年左傳使間公、杜預注云、伺公之間隙、孟子離婁篇、王使人瞯夫子、瞯與間聲義相近、

粊耦和諧也

矇瞍瞽䀎也

矇瞍瞽者、說文、矇、童矇也、瞍、無目也、瞽、目但有眹也、大雅靈臺篇、矇瞍奏公、毛傳云、有眸子而無見曰矇、無眸子曰瞍、周官瞽矇、鄭衆注云、無目眹謂之瞽、有目眹而無見謂之矇、有目無眸子謂之瞍、釋名云、䀎、茫也、茫茫無所見也、瞽、鼓也、瞑瞑然目平合如鼓皮也、矇、有眸子而失明、蒙蒙無所別也、瞍、縮壞也、

蔚縟劬驟數也

蔚者，衆經音義卷七云：「蔚，文采繁數也。」革象傳「其文蔚也」，虞翻注云：「蔚，蔚也。」說文云：「蔚，草多皃。」曹風候人篇「薈兮蔚兮」，毛傳云：「薈蔚，雲興皃。」爾雅釋草云：「蒿蔚，牡蔚。」釋蟲云：「蟁飛蝗。」王制「鳩化爲鷹，然後設罻羅」，鄭注云：「罻，小網也。」皆繁數之意也。縟者，說文：「縟，繁采飾也。」逸服傳「逸逸成人者，其文縟」，鄭注云：「縟，猶數也。」鹽鐵論散不足篇云：「富者縟繡羅紈。」劬者，小雅鴻雁篇「劬勞于野」，韓傳云：「劬，數也。」驟者，周語云：「留吾驟諫王。」

媁婾聊苟且也

媁，通作姑；婾，通作偷。表記「安肆日偷」，鄭注云：「偷，苟且也。」聊者，邶風泉水箋云：「聊，且略之辭。」

秉握攬捉把撮搤擁操捦搹拈拼揶搜扣攕接撫齎奉持也　擎

攬者，說文：「擥，撮持也。」管子弟子職篇云：「飯必捧擥。」釋名：「攬，斂也，斂置手中也。」攬與擥同。捉者，說文：「捉，搤也。」

一曰握也。僖二十八年左傳云、捉髮走出。釋名、捉、促也、使相促及也。撮者、應劭注律歷志云、撮、三指撮之也。中庸云、一撮土之多。釋名、撮、卒也、暫卒取之也。案撮之言最也、謂聚持之也。隱元年公羊傳注云、最、聚也。莊子秋水篇、鴟鵂夜撮蚤。釋文云、撮、崔本作最。引淮南子主術訓、鴟夜聚蚤。是最撮皆聚也。搤與下搹字同。說文、搤、捉也、搹、把也。喪服傳、苴絰大搹、鄭注云、盈手曰搹。魏策云、日夜搤腕瞋目切齒。燕策云、樊於期偏袒扼腕而進、並字異而義同。捦者、說文、欽、持也、捦、急持衣衿也。衆經音義卷十三引三倉云、捦、手捉物也。今作擒、並字異而義同。拈者、說文、拈、掫也。玉篇云、指取也。今俗語猶謂兩指取物爲拈矣。掫者、說文、掫、并持也。掫當作⿰扌耴、讀若專輒之輒、字從耴、不從取。耴讀與⿰扌耴同。曹憲音鄒之上聲、則所見本已訛作掫。廣韻、掫、則九切、持物相著也。即踵曹憲之誤。說文、掫、夜戒守有所擊也、義與持不相近。玉篇掫字亦不訓爲持。又說文玉篇並云、掫、拈也。釋名、拈、黏也、兩指翕之、黏著不放也。此即廣韻持物相著之義。今據以辨正。玉篇、捦、乃協切、指捦也。今俗語猶謂兩指取物爲捦。拈與捦、一聲之轉。捦與掫、聲相近也。說文、鉆、鐵銸也、䤚、鉆也、後漢書陳寵傳絕鉆鑽諸慘酷之科、李賢注引倉頡篇云、鉆、持也、鉆與拈、䤚與掫、聲亦相近、蒦者、說文、蒦、規蒦、商也、從又持萑、衆經音義卷十二十三十六、引廣雅竝作擭、說文、擭、握也、一曰搤也、張衡西京賦、擭獑猢、薛綜注云、擭謂握取之也、徐爰注射雉賦引埤倉云、擭、爪持也、擭與蒦通、扣者、牽持之也、說文、扣、牽馬也、襄十八年左傳云、大子與郭榮扣馬、呂氏春秋愛士篇、扣繆公之左驂、高誘注云、扣、持也、史記伯夷傳、叩馬而諫、叩與扣通、攕者、說文、攕、理持也、褚少孫續日者傳、攕纓正襟危坐、後漢書崔駰傳作蹤、攕蹤攕竝通、後漢書注引史記作攝纓整襟、說文、攝、引持也、士喪禮、左執組、橫攝之、鄭注云、攝、持也、攝與攕亦聲近義同、撫亦把也、方俗語有侈弇耳、襄二十六年左傳云、撫劍從之、楚辭九歌、撫長劍兮玉珥、王逸注云、撫、持也、齎者、說文、齎、持遺也、爾雅云、將資也、廣雅釋言云、資、操也、資與齎通、挈者、說文、挈、縣持也、周官有挈壺氏、莊子在宥篇釋文引廣雅、挈、持也、今本脫挈字、

啜嚌啐試嘗也 嚵嗪[illegible]

啜者、說文、啜、嘗也、檀弓云、啜菽飲水、嚌啐者、說文、嚌、嘗也、顧命云、太保受同、祭、嚌、鄉飲酒禮云、嚌肺、啐酒、鄉飲酒義云、嚌肺、嘗禮也、啐酒、成禮也、雜記云、小祥之祭、主人之酢也、嚌之、衆賓兄弟則皆啐之、鄭注云、嚌、啐、皆嘗也、嚌至齒、啐入口、嚵啐者、說文、嚵、小啐也、啐、小飲也、張載注魏都賦云、𠲿、小嘗也、引司馬相如梨賦、𠲿嗽其漿、𠲿與啐通、啐、亦啜也、方俗語轉耳、集韻類篇竝引廣雅、嚵、嘗也、啐、嘗也、又集韻、㰤、迄洽切、引廣雅、㰤、嘗也、今本脫嚵啐㰤三字、

批括[illegible]摵捎捽也

批者、說文、批、捽也、張衡西京賦、摣狒猬、批窳狻、薛綜注云、摣、批、皆謂戟撮之、摵者、說文、摵、批也、捽者、說文、捽、持頭髮也、

某命鳴名也

某者、金縢云、惟爾元孫某、凡言某者、皆所以代名也、命者、說文、名、自命也、桓二年左傳、命之曰仇、命之曰

成師、命、即名也、史記天官書、免七命、索隱云、謂免星凡有七名也、閔元年左傳、今名之大以從盈數、史記魏世家作命、祭法、黃帝正名百物、魯語作成命百物、是名命古同聲同義、命、各本訛作今、文選上林賦注、西征賦注、蕪城賦注、陸機挽歌注、劉琨勸進表注、袁宏三國名臣序贊注、王褒四子講德論注、蔡邕陳仲弓碑文注、並引廣雅、命、名也、今據以訂正、鳴者、夏小正傳云、鳴者、相命也、春秋繁露深察名號篇云、古之聖人鳴而命施謂之名、名之爲言鳴與命也、名鳴命、古亦同聲同義、

挅斞㪷程斠量也 槩

挅者、說文、挅、量也、又云、揣、量也、度高下曰揣、昭三十二年左傳、揣高卑、釋文音丁果反、莊子知北遊篇、大馬之捶鉤者、年八十矣、而不失豪芒、司馬彪注云、捶者、玷捶鐵之輕重也、釋文、玷、丁恬反、捶、丁果反、挅挅揣捶、並字異而義同、玷捶、或作敁挅、集韻、敁挅、以手稱物也、轉之則爲敁掇、玉篇、敁掇、稱量也、今俗語猶謂稱量輕重曰敁挅、或曰敁掇矣、斞者、說文、斞、量也、說見釋器鍾十曰斞下、斞、各本訛作斢、今訂正、程者、

儒行鷙蟲攫搏不程勇者、鄭注云、程猶量也、斠者、說文、斠、平斗斛量也、月令角斗甬、鄭注云、角謂平之也、管子七法篇云、斗斛也、角量也、孫子虛實篇角之而知有餘不足之處、魏武帝注云、角量也、角與斠通、槩者、說文、槩、杚斗斛也、徐鍇傳云、此卽斗斛量槩也、考工記栗氏爲量槩而不稅、曲禮會饗不爲槩、注云、槩量也、衆經音義卷九引廣雅、槩量也、今本脫槩字

爻象放視教學效也

爻者、繫辭傳云、爻也者、效此者也、又云、爻也者、效天下之動者也、又效法之謂坤、古本皆作爻、是爻效同聲同義、象者、說文、效象也、繫辭傳云、象也者、像此者也、象像聲義亦同、教者、太平御覽引春秋元命包云、天垂文象、人行其事、謂之教、教之爲言效也、言上爲而下效也、說文、教、上所施、下所效也、從攴孝聲、孝、效也、從子爻聲、爻亦效也、諸字義並相通、學者、書大傳云、學、效也、

蠱緯職幹故士事也

蠱者、序卦傳云、蠱者、事也、蠱之言故也、周官小行人云、周知天下之故、蠱故同聲、故皆訓爲事也、縡者、堯典、有能奮庸熙帝之載、史記五帝紀載作事、大雅文王篇、上天之載、毛傳云、載事也、漢書揚雄傳上天之縡、縡與載通、榦者、多士、爾厥有榦有年于茲洛、王肅注云、榦事也、士者、康誥、見士于周、周頌敬之篇、陟降厥士、傳並云、士、事也、白虎通義云、士者、事也、任事之稱也、事士載聲並相近、

棲載棚閣樺碊攱也

皆謂庋閣也、棲者、人物所棲止、即庋閣之意也、孟子萬章篇、二嫂使治朕棲、趙岐注云、棲、牀也、秦策云、猶連雞之不能俱止於棲、棲各本譌作捿、今訂正、載者、卷二云、攱載也、棚碊二字、義見釋宮棚棧閣也下、衆經音義卷十七云、棧三倉作碊、閣者、卷二云、閣載也、史記梁孝王世家索隱引周成雜字云、攱、閣也、又引通俗文云、高置立攱棚曰攱閣、檀弓、始死之奠、其餘閣也與、鄭注云、閣庋藏食物、內則、大夫七十而有閣、注云、閣以板爲之、庪食物也、庋庪並與攱同、爾雅、支、載也、支與攱亦聲近義同、

濘湼塗泥也

濘者、僖十五年左傳、晉戎馬還濘而止、杜預注云、濘、泥也、湼者、說文、湼、黑土在水中也、論語陽貨篇云、湼而不緇、

遻納妠入也

遻納者、納、古通作內、堯典云、內于百揆、賓于四門、內于大麓、列女傳云、內于百揆、賓于四門、遻于林木、史記五帝紀云、堯使舜入山林川澤、遻、內、皆入也、遻于林木、即內于大麓也、今本列女傳遻于林木下、又有入于大麓四字、蓋後人不通古訓而妄加之、妠、亦納也、方俗語轉耳、

取厲役靡僞印方爲也

厲印者、方言、厲、印、爲也、甌越曰印、吳曰厲、郭璞注云、爾雅曰、厲、作也、作亦爲也、皋陶謨、庶明厲翼、鄭注云、厲、作也、役者、表記、君子恭儉以求役仁、信讓以求役禮、鄭注云、役之言爲也、役訓作、爲之爲、又訓夫子爲

衛君之爲牧誓以役西土、少儀謂之社稷之役、馬鄭注竝云、役爲也、釋文爲于僞反、僞者、荀子性惡篇云、不可學不可事而在人者、謂之性、可學而能可事而成之在人者、謂之僞、僞卽爲也、堯典、平秩南僞、史記、五帝紀作南爲、月令作爲淫巧、鄭注云、今月令作爲爲詐僞、是爲僞古同聲同義、

朋黨㤁右頻比也

朋黨右頻爲親比之比、㤁爲比密之比、說文、㤁愼也、從比必聲、引大誥無㤁于卹、又云、比密也、密與愼同義、故繫辭傳云、君子愼密而不出也、釋言篇云、祕密也、祕與㤁通、右者、說文、右手口相助也、助與比義相近、襄十年左傳云、王右伯輿、頻者、釋訓云、頻頻比也、法言學行篇、頻頻之黨、甚於鷃斯、亦賊夫糧食而已矣、李軌注云、鷃斯羣行啄穀、喻人黨比游晏、賊害糧食、楚語、羣神頻行、韋昭注云、頻竝也、說文、顰匹也、皆比之意也、黨謂之比、亦謂之頻、數謂之頻、亦謂之比、義相因也、學記、比年入學、比年猶頻年也、

賴仰怙依負恃也

仰者、荀子議兵篇、上足卬、則下可用也、楊倞注云、卬、古仰字、下託上曰仰、各本俱脫負字、衆經音義卷六引廣雅、賴、仰、依、負、恃也、今據以補正、

嫛婘因友愛親也

婘、通作幸、因者、大雅皇矣篇、因心則友、喪服傳、繼母之配父、與因母同、毛傳鄭注竝云、因、親也、周官大司徒、孝友睦婣任恤、鄭注云、婣、親於外親也、婣、與因通、愛、各本訛作受、衆經音義卷十四引廣雅、友、愛、親也、今據以訂正、

爽曉牟騰軼渡嬴邁徑歷更過也 咎

爽者、爾雅、爽、差也、爽、忒也、郭璞注云、皆謂用心差錯不專一、方言、爽、過也、郭璞注云、謂過差也、衛風氓篇云、女也不爽、曉嬴者、方言、曉、過也、曉嬴也、開元占經順逆略例篇引七曜云、超舍而前、過其所當舍之宿以上一舍二舍三舍、謂之嬴、退舍以下一舍二舍三舍、謂之縮、項岱注幽通賦亦云、嬴、過也、縮、不及也、考

工記弓人、撟幹欲孰於火而無贏、鄭注云、贏過孰也、逸周書常訓解云、六極不嬴、八政和平、嬴與贏通、牟者、楚辭招魂、成梟而牟、呼五白些、王逸注云、倍勝曰牟、是過之義也、牟、影宋本皇甫本譌作侔、各本又譌作眸、玉篇廣韻竝云、牟、過也、衆經音義卷二引廣雅、牟、過也、今據以訂正、騰者、楚辭離騷、騰衆車使徑待、注云、騰、過也、軼、曹憲音逸、各本逸字誤入正文、今訂正、邐者、淮南子俶眞訓、夫貴賤之於身也、猶條風之時麗也、高誘注云、麗、過也、麗與邐通、大射儀、中離維綱、鄭注云、離、猶過也、獵也、離與邐古亦同聲、俓、與徑同、衆經音義卷六卷十八、竝引廣雅、咎、過也、今本脫咎字、

悛懌諽唌改庚輸更也

悛懌者、方言、悛懌、改也、自山而東或曰悛、或曰懌、郭璞注引論語悅而不懌、成十三年左傳、康猶不悛、杜預注與方言同、諽、通作革、庚者、漢書律歷志云、斂更於庚、白虎通義云、庚者、物更也、鄭注月令云、庚之言更也、秋時萬物皆肅然改更、輸、讀爲渝、左氏春秋隱六年、鄭人來渝平、傳云、更成也、公羊穀梁傳竝作輸、

輸渝古通用、爾雅、
渝、變也、變亦更也、

遁逃腓眺迗亾佡移徙諱避也

逃、各本訛作兆、今訂正、腓者、廣韻音符非扶沸二切、
大雅生民傳云、腓、辟也、班固幽通賦、安慆慆而不萉
兮、曹大家注云、萉、避也、顏師古漢書敘傳注云、萉字
本作腓、腓萉避辟竝通、張衡東京賦、設三乏、厞司旗、
薛綜注引爾雅、厞、隱也、隱與避義亦相近、眺、各本訛
作晀、今訂正、亾者、說文、亾、逃也、諸書無訓佡爲避者、
當是遷字之訛、遷、或書作佡、故訛而爲佡、廣韻遷與
遷同、說文、遁、遷也、是遷與避同義、爾雅、遷、徙也、遷與
移徙亦同義、故遁遷移徙四字、俱訓
爲避也、諱者、鄭注曲禮云、諱、辟也、

剝脫膳皾𤿭微膚朴皮菲違畔涣攜向避離也

皾者、內則、去其皾、鄭注云、皾、謂皮肉之上魄莫也、廣
韻、皾、皮寬也、是離之義也、𤿭者、玉篇、𤿭、皮脫也、膚朴
皮者、釋言云、皮、膚、剝也、說文云、剝取獸革者謂之皮、
韓策云、因自皮面抉眼、自屠出腸、鄭注內則云、膚、切

肉也、是皮膚皆離之義也、朴與皮膚一聲之轉、說文、朴、木皮也、又云、柿、削木札朴也、亦離之義也、說文、卜灼剝龜也、剝朴卜聲近而義同、爤與攡通、遺者、棄之離也、楚辭九歌、遺余佩兮澧浦、王逸注云、遺、離也、莊子田子方篇云、遺物離人而立於獨、

守恆彌就迡餘腒腆長壽曠久也

守者、墨子經篇云、久、彌異時也、守、彌異所也、守與久、所與時、竝同義、故文十三年公羊傳注云、所、猶時也、彌就者、爾雅、就、終也、郭璞注云、成就、亦終也、又彌終也、注云、終、竟也、終與久義相近、故彌就又爲久也、說文、镾、久長也、大雅卷阿篇云、俾爾彌爾性、彌與镾通、迡者、說文、遲、或作迡、從辵尼聲、尼、古文夷字、各本迡訛作迟、今訂正、餘者、老子云、脩之於家、其德乃餘、脩之於鄉、其德乃長、長、餘、皆久也、腒者、說文、北方謂鳥腊爲腒、周官庖人、夏行腒鱐、鄭衆注云、腒、乾雉也、乾雉謂之腒、猶乾肉謂之腊、腒之言居、腊之言昔、皆久之義也、壽者、說文、釋名竝云、壽、久也、曠者、漢書五行志引京房易傳云、師出過時、茲謂廣、廣與曠同、

畏仇憝患慝凶虞誹謗訧辱咎懟讟悄鉗憚瘕痓㾓嫉毒貉傜俙惛愶辱惡也屬

此條惡字有二義一為美惡之惡一為愛惡之惡昭七年左傳魯衛惡之杜預注云受其凶惡爾雅居居究究惡也郭璞注云皆相憎惡是美惡之惡與愛惡之惡義本相通也憝者說文憝怨也康誥罔不憝傳云人無不惡之者孟子萬章篇引書作譈荀子議兵篇云百姓莫不敦惡法言重黎篇楚憞羣策而自屈其力李軌注云憞惡也譈憞敦竝與憝同凡人凶惡亦謂之憝康誥云元惡大憝逸周書銓法解云近憝自惡是也方言諄憎所疾也宋魯凡相疾惡謂之諄憎若秦晉言可惡矣諄與憝聲亦相近誹各本訛作訓今訂正訧通作尤懟者方言懟惡也郭璞注云懟怚急性也列子力命篇云嘽咺憋懯後漢書董卓傳敝腸狗態李賢注云言心腸敝惡也續漢書敝作憋漢司隸校尉楊孟文石門頌云惡虫蔽狩蔽狩與憋鷩同釋名云鷩雉山雉也鷩憋也性急憋不可生服必自殺也潘岳射雉賦云山鷩悍害南山經基山有

鳥焉其狀如鷄而三首六目六足三翼其名曰䳜鴩
郭璞注云䳜鴩急性廣韻䳜鴩鷩也鴩鷩亦鳥之惡
者是凡言憋者皆惡之義也周官司弓矢句者謂之
獘弓鄭注云獘猶惡也徐邈音扶滅反獘與憋聲義
亦同故大司寇以邦成獘之故書獘爲憋矣讟者方
言讟咎謗也又云讟痛也說文讟痛怨也宣十二年
左傳云君無怨讟方言讟惛也惛惡也注云慘
悴惡事也玉篇惛悋也義並相近鉗疲痓者方言鉗
疲惡也南楚凡人殘駡謂之鉗又謂之疲注云鉗害
口惡也荀子解蔽篇云彊鉗而利口後漢書梁冀傳
性鉗忌注云言性忌害如鉗之鈲物也說文拑脅持
也皆惡之義也方言注云疲恎惡腹也玉篇疲惡也
恢惡心也急性也恢與疲同定三年左傳莊公卞急
而好絜卞與疲亦聲近義同玉篇痓惡也恎惡性也
恎與痓同恎又音大結反說文蛈蛇惡毒長也爾雅
蛈蠆注云蠆屬大眼最有毒今淮南人呼蠆子釋文
蛈大結反字亦作蛭楊孟文石門頌云惡虫𢿃狩蛇
蛭毒蟃毒蟃謂毒長也蛈與蛭蠆與惡聲義亦同巘
者劣之惡也大戴禮千乘篇云巘醜以齒毒者昭四
年左傳云天或者欲逞其心以厚其毒而降之罰毒

猶惡也、凡相憎惡亦謂之毒、緇衣云、唯君子能好其正、小人毒其正、是也、倄者、玉篇、偒倄、惡也、又引字書云、嗁嗁、醜也、倄嗁聲義竝同、僟者、卷二云、䫉、醜也、僟䫉聲義亦同、憎者、玉篇、憎、惡也、憎也、說文、嬒、女黑色也、引曹風候人篇、嬒兮蔚兮、太平御覽引通俗文云、可惡曰嬒、憎嬒聲義亦同、孱者、劣之惡也、漢書張耳傳、吾王孱王也、孟康注云、冀州人謂懦弱爲孱、厲者大雅桑柔篇、誰生厲階、毛傳云、厲、惡也、逸周書謚法解云、殺戮無辜曰厲、襄十七年左傳、爾父爲厲、杜預注云、厲、惡鬼也、昭四年傳、癘疾不降、注云、癘、惡氣也、莊子天地篇、厲之人夜半生其子、郭象注云、厲、惡人也、是凡言厲者皆惡之義也、文選潘岳關中詩注引廣雅、厲、惡也、今本脫厲字、

譻論詄挩**過謬詸誑詿迷誤也**

譻者、玉篇引聲類云、譻、誤也、論者、玉篇、論、誤言也、說文、譣、視誤也、義與論相近、詄者、說文、詄、忘也、徐鍇傳云、言失忘也、玉篇廣韻竝音跌、莊二十五年公羊傳注云、跌、過度也、漢書朱博傳云、常戰栗不敢蹉跌、皆

謂失誤也。挩、曹憲音奪、各本遺去挩字、其音內奪字又誤入正文。玉篇廣韻挩字並徒活他括二切、徒活切正與奪同音。廣韻、挩、誤也、遺也。後漢書劉寬傳云、事容脫誤、文選李康運命論、棄之如脫遺、李善注引廣雅、脫、誤也。脫即挩之俗字、今據以補正。或云、據文選注所引、則廣雅本作脫、非作挩。案文選注所引諸書、凡與本書字異而聲義同者、多改從本書以便省覽。此引廣雅挩字作脫、亦是改從本書也。挩字經傳不多見、故須音釋。若脫字則不須音釋。上文、脫、離也、釋言篇、脫、遺也、曹憲俱無音、而此獨有音、明是挩字、非脫字也。詿者、玉篇必奚切、廣韻又匹夷切、大傳五者一物紕繆、鄭注云、紕繆猶錯也。文選解嘲云、故有造蕭何之律於唐虞之世、則悂矣。詿悂紕並通。詿者說文、詿、誤也。韓策云、詿誤人主。史記吳王濞傳云、詿亂天下。凡見欺於人謂之誤、欺人亦謂之誤、故自誤謂之詿、亦謂之謬、誤人謂之謬、亦謂之詿矣。

評、訂、準、廷、枰、平也。 槩中

評者、玉篇、評、平言也。淮南子時則訓、是故上帝以爲物平、高誘注云、平、正也。讀評議之評、評與平通。訂者

說文訂平議也玉篇音他丁唐項二切周頌天作箋
云以此訂大王文王之道卓爾與天地合其德釋文
訂謂平比之也引字詁云訂平也周官司弓矢注云
恆矢痹矢前後訂其行平也楚辭九歌搴汀洲兮杜
若王逸注云汀平也說文田踐處曰町徐鍇傳云言
平町町也鄭風東門之墠傳云墠除地町町者皆平
之義也周官小宰以聽官府之六計鄭注云聽平治
也聽與訂聲義亦相近廷者廣韻引風俗通云廷者
平也漢書百官表廷尉顏師古注云廷平也治獄貴
平故以爲號張釋之傳云廷尉天下之平也案廷之
言亭也淮南子原道訓甘立而五味亭高誘注云亭
平也曹憲音于放反則是讀爲子無我廷之廷其失
甚矣枰者說文枰平也方言所以投簙謂之枰或謂
之廣平初學記引通俗文云牀三尺五曰榻板獨坐
曰枰釋名云枰平也以板作之其體平正也枰各本
譌作抨集韻類篇並引廣雅枰平也今據以訂正槩
者說文槩杚斗斛也杚平也徐鍇傳云杚即槩也摩
之使平也韓子外儲說云槩者平量者也月令云角
斗甬正權概管子樞言篇云釜鼓滿則人概之荀子
宥坐篇云水盈不求概概與槩同衆經音義卷九引

廣雅、槩、平也、卷二十五引廣雅、中、平也、今本脫槩中二字、

捭發張闓衸搘坼啟闢闟礫閤苦閜開也

捭之言擘也、鬼谷子捭闔篇云、捭之者開也、闔之者閉也、張衡西京賦、置互擺牲、薛綜注云、擺、謂破磔懸之、後漢書馬融傳注引字書云、擺、亦捭字也、周官大宗伯、以疈辜祭四方百物、故書疈爲罷、鄭衆注云、罷辜、披磔牲以祭、捭擺罷聲義並同、方言、箄、析也、箄與捭亦聲近義同、闓者、說文、闓、開也、引繫辭傳闓幽、衸、各本訛作裕、卷二內、衸、去也、衸字訛作裕、正與此同、漢書兒寬傳、合衸於天地神祇、李奇注云、衸、開散也、今據以訂正、莊子胠篋篇、胠篋探囊發匱之盜、司馬彪注云、從旁開爲胠、秋水篇、公孫龍口呿而不合、呂氏春秋重言篇、君呿而不唫、高誘司馬彪注並云、呿、開也、衸胠呿古通用、袖口謂之衸、義亦同也、搘者、玉篇音充野切、云、搘、開也、廣韻云、裂開也、今俗語猶謂裂帛爲搘矣、闟者、說文、闟、闟門也、衆經音義卷七引三倉云、闟、小開門也、又引字詁云、闟、今作闟、魯語、闟門與之言、韋昭注云、闟、闢也、案闟之言擕也、說文、擕、

裂也、撝與闟聲近義同、闟闟苦者、方言、闟苦、開也、東齊開戶謂之闟苦、楚謂之闓、漢書兒寬傳云、發祉闓門、苦、各本譌作苦、惟影宋本皇甫本不譌、磔、亦𢊓也、說文、磔、辜也、爾雅、祭風曰磔、僖三十一年公羊傳疏引孫炎注云、旣祭披磔其牲、似風散也、磔、各本訛作礫、今訂正、閜者、說文、閜、大開也、司馬相如上林賦云、谽呀豁閜、方言、杯大者謂之閜、廣韻、喝、大笑也、義竝相近、

嫡婡嬖㜮婚嬪攴姒**也**

各本俱脫姒字、集韻類篇嫡婡嬖嬪四字注、竝引廣雅、攴也、則宋時廣雅本已脫去姒字、考廣韻云、嫡婡、姒兒、出廣雅、又嫡婡嬖㜮婚五字、諸書竝訓爲姒、今據以補正、嫡婡者、玉篇、嫡婡、姒兒、孟子梁惠王篇、吾不忍其觳觫、若無罪而就死地、義與嫡婡同、嬖㜮者、玉篇廣韻竝云、嬖㜮、欲姒兒、匡謬正俗云、屈伸欲姒之兒、嬖、各本訛作嬖、考玉篇廣韻集韻類篇俱作嬖、不作嬖、今訂正、婚、古通作昏、昭十九年左傳、寡君之二三臣、札瘥夭昏、賈逵注云、短折曰夭、未名曰昏、案昏、猶沒也、皋陶謨、下民昏墊、鄭注云、昏、沒也、傳曰寡

君之二三臣、若未名而𡰥、不得謂之臣矣、晉語云、君子失心、鮮不夭昏、亦謂晉侯將𡰥也、殨者、玉篇、殨、殨也、說文、殨、爛也、歺者、說文、歺、𠛪骨之殘也、又云、𡰥、澌也、人所離也、從歺人、

儐贊唱引道也

儐者、說文、儐、導也、字或作擯、又作賓、導與道通、贊者、周語大史贊王、韋昭注云、贊、導也、唱與倡通、引、各本譌作弘、今訂正、

貌竘妖佞工媮巧也

貌竘二字、義見上文竘貌治也下、媮者、說文、媮、巧黠也、爾雅、佻、偷也、楚辭離騷、余猶惡其佻巧、佻偷一聲之轉、偷、與媮通、

躔踈解迒𨆄蹤軌武行徑轍迹也

躔踈解迒者、爾雅、麋跡、躔、鹿跡、速、麕跡、解、兔跡、迒、跡、與迹同、說文、躔、踐也、䴥、鹿迹也、䴥踈速竝通、踈從足

束聲、當音桑谷反、曹憲音四迹反、所未詳也、方言、迒迹也、說文、迒、獸迹也、或作蹥、釋名云、鹿兔之道曰亢、行不由正、亢陌山谷草野而過也、太元居次四云、見豕在堂、狗縶之迒、張衡東京賦云、軌塵掩迒、亢蹥、竝與迒同、迒各本皆作亢、惟影宋本作迒、踵者、說文、踵、追也、徐鍇傳云、猶言繼踵也、昭二十四年左傳云、吳踵楚、踵、與歱同、蹤者、說文、蹤、車迹也、釋名云、蹤、從也、人形從之也、史記張湯傳、言變事蹤跡安起、漢書作從、竝字異而義同、軌者、說文、軌、車徹也、徹、與轍同、考工記匠人云、涂度以軌、軌、各本訛作軋、文選遊天台山賦注、閒居賦注、曹植贈白馬王彪詩注、陸機豫章行注、演連珠注、傳亮爲宋公脩張良廟敎注、劉琨勸進表注、及衆經音義卷二十、竝引廣雅、軌、迹也、今據以訂正、武者、爾雅云、履帝武敏、武、迹也、

追駟末隨逐也

追末者、方言、追、末、隨也、諸書無訓駟爲逐者、駟蓋馳字之誤、史記貨殖傳云、博戲馳逐、漢書東方朔傳云設戲車、教馳逐、是馳與逐同義、凡隸書從也從四之字、或以相近而譌、水經洙水注云、地理志曰、洙水西

北至菼入泗水、或作池字、菼字誤也、是其證、

權錘𨱔銕鎮珍瑋重也

權者、漢書律歷志云、衡、平也、權、重也、韓子說難篇與之論細人、則以爲賣重、史記韓非傳賣重作鬻權、錘銕者、方言、銕、錘、重也、東齊之閒曰銕、宋魯曰錘、釋器云、錘謂之權、錘之言垂也、下垂、故重也、銕之言腆也、方言、腆、厚也、厚與重同義、說文云、重、厚也、鎮者、周官大司樂注云、四鎮、山之重大者、周語爲摯幣瑞節以鎮之、韋昭注云、鎮、重也、

紉紆紖繩索也

紉者、方言、擘、楚謂之紉、說文、紉、繟繩也、楚辭離騷、紉秋蘭以爲佩、王逸注云、紉、索也、紆者、說文、紆、縈也、紉之言切也、謂切撚之使緊也、亦通作切、淮南子氾論訓、緂麻索縷、高誘注云、索、切也、

離解㾷披碎布𢿱也

厮披者、方言、𤻖披、散也、東齊聲散曰𤻖、器破曰披、秦晉聲變曰𤻖、器破而不殊、其音亦謂之𤻖、集韻引字林云、㽋、甕破也、漢書王莽傳、莽爲人大聲而嘶、顏師古注云、嘶、聲破也、厮𤻖嘶㽋竝通、爾雅斯、離也、春秋繁露度制篇云、是大亂人倫而靡斯財用也、王逸注九歌云、斯、解氷也、義竝與厮同、成十八年左傳、今將崇諸矦之姦而披其地、杜預注云、披、猶分也、

廣雅疏證卷第三下

廣雅疏證卷第四上

高郵王念孫學

釋詁

廢掐弛縱寘眞隸捨蕩逸放恣毅銋署置也

廢者、爾雅、廢、舍也、郭璞注云、舍、放置也、宣八年公羊傳注云、廢、置也、方言、發、舍車也、發與廢聲近而義同、隸者、堯典、眚災肆赦、春秋莊二十二年、肆大眚、皆謂放赦罪人、與置同意、故說文云、赦、置也、捨與赦聲義亦同、故爾雅云、赦、舍也、舍、與捨通、蕩逸放恣竝同義、論語微子篇、隱居放言、包咸注云、放、置也、毅者、曹憲云、即古文置、銋者、韓詩外傳、於此有絺綌五兩、故置之水浦、列女傳作願注之水旁、是注爲置也、注、與銋通、莊子達生篇、以瓦注者巧、淮南子說林訓作銋、是其證也、署者、說文、署、部署也、謂部分而署置之也、楚辭遠遊篇云、選署衆神以竝轂、

斡摑運還追道讙喘移敓捖轉也

斡者、楚辭天問篇、斡維焉繫、漢書賈誼傳、斡棄周鼎王逸如淳注竝云、斡、轉也、天問斡字一作筦、匡謬正俗云、斡、聲類及字林竝音管、摑者、玉篇、摑、轉籰也、還之言纏繞也、楚辭離騷還吾道夫崑崙兮、注云、楚人名轉曰還、九章云、欲儃佪以干傺兮、儃與還通、追道者、方言、追、道、轉也、郭璞注、追、音換、亦音管、追、猶斡也、淮南子時則訓、員而不垸、高誘注云、垸、轉也、垸與追通、讙喘者、方言、讙喘、轉也、注云、讙喘、猶宛轉也、讙、各本訛作讚、今訂正、敓、通作易、

甾拎專職端緒紬業也

甾者、爾雅、田一歲曰甾、郭璞注云、今江東呼初耕地反草爲甾、釋文、甾、本或作㽕、鄭衆注考工記輪人云、泰山平原所樹立物爲甾、漢書溝洫志、隤林竹兮揵石菑、顏師古注云、石菑、謂臿石立之、然後以土就塡塞之也、是凡言甾者、皆始立基業之意、甾之言哉也、爾雅、哉、基、始也、卷一云、業、始也、此云、甾、業也、義竝相

遒、拎者、方言、拎、業也、郭璞注云、謂基業也、專職皆主其事之名、故爲業也、晉語云、恃二先君之所職業、端緒者、爾雅、業、緒也、注云、謂端緒、紬者、史記歷書紬續日分索隱云、紬、音宙、又如字、紬績者女工紬緝之意、言造歷算運者、若女工緝而織之、是紬爲業也、

交贅凝戾㩲質撫嗼保隱據刊定也

凝者、皋陶謨、庶績其凝、馬融注云、凝、定也、戾者、爾雅、戾、定、止也、康誥、未戾厥心、大雅桑柔篇、民之未戾、襄二十九年左傳、乃猶可以戾、傳注並云、戾、定也、質者、爾雅、質、成也、鄭注小司徒云、成、猶定也、是質與定同義、大雅抑篇云、質爾人民、曲禮云、疑事毋質、皆是也、洪範、惟天陰隲下民、史記宋世家隲作定、孔穎達正義云、隲、即質也、撫者、說文、撫、安也、安亦定也、嗼者、爾雅、貉、嗼、安、定也、郭璞注云、皆靜定、大雅皇矣篇、求民之莫、板篇、民之莫矣、毛傳並云、莫、定也、嗼莫貉並通、字又作貊、說見卷一嗼安也下、保者、小雅楚茨傳云、保、安也、隱據者、方言、隱據、定也、隱、又音於靳反、說文㥯、所依據也、讀與隱同、檀弓、其高可隱也、鄭注云、隱

據也、孟子公孫丑篇隱几而臥、皆安定之意也、僖五年左傳、神必據我、杜預注云、據、猶安也、釋名云、據、居也、居亦定也、刊者、削而定之、今人言刊定是也、

餛餓餧飢也

餛者、說文、餛、飢也、

戔瘌廁㓐爽痍壯創痒傷也

戔與殘通、瘌音力達反、方言、凡飲藥傅藥而毒、南楚之外謂之瘌、瘌、痛也、郭璞注云、謂辛螫也、方言又云刺、痛也、左思魏都賦云、蔡莽螫刺、昆蟲毒噬、是刺爲傷也、刺與瘌通、今俗語猶謂刀傷曰刺矣、廁者、銳傷也、說文以爲籀文銳字、廣韻又此芮切、云、小割也、皆傷之意也、㓐者、說文、㓐、半傷也、昭八年左傳云、民力彫盡、彫與㓐通、爽者、逸周書謚法解云、爽、傷也、老子云、五味令人口爽、淮南子精神訓云、五味亂口、使口爽傷、張衡南都賦云、其甘不爽、醉而不酲、痍者、序卦傳云、夷者、傷也、夷與痍通、痍、各本訛作庚、今訂正、爽與

創壯聲竝相近、故壯亦爲傷、方言、凡草木刺人者、北燕朝鮮之閒謂之壯、注云、今淮南人亦呼壯、壯、傷也、馬融虞翻注易大壯竝云、壯、傷也、淮南子俶眞訓、形苑而神壯、高誘注與馬虞同、創者、刃傷也、說文、刅、傷也、或作創、月令云、命理瞻傷察創、是也、其創瘍之創亦同義、釋名釋疾病篇云、創、戕也、戕毀體使傷也、曲禮云、頭有創則沐、是也、痒者、周禮瘍醫注云、瘍、創癰也、曲禮釋文云、瘍、本或作痒、是痒爲傷也、小雅正月篇、癙憂以痒、毛傳云、痒、病也、病亦傷也、

投敥石揓㨖擿也

敥者、說文、敥、擊也、又云、椓、擊也、豛、椎擊物也、鄭注周官壺涿氏云、涿、擊之也、案涿、謂投擊之也、其職云、掌除水蟲、以焚石投之、是也、敥椓涿竝通、石者、新書連語篇云、提石之者猶未肯止、是石爲擿也、揓音都回反、法言問道篇、揓提仁義、音義云、揓、擲也、邶風北門篇、王事敦我、鄭箋云、敦、猶投擲也、敦與揓同、擲與擿同、釋言篇云、碣、沰、磓也、碣擿、沰、石、磓、揓、聲義竝相近、

黔首㲻民也

黔首者，說文：「秦謂民爲黔首，謂黑色也。周謂之黎民。」史記秦始皇帝紀：「更名民曰黔首。」案：祭義云：「明命鬼神，以爲黔首則。」鄭注：「黔首，謂民也。」魏策云：「撫社稷，安黔首。」呂氏春秋大樂篇云：「和遠近，說黔首。」韓非子忠孝篇云：「古者黔首悗密惷愚。」諸書皆在六國未滅之前，蓋舊有此稱，而至秦遂以爲定名，非始皇創爲之也。堯典云：「黎民於變時雍。」則黎民之稱，又不自周始矣。

詼啁譀話諴謎𧬊周調也

詼、啁、諴爲調戲之調，譀、話、謎爲調欺之調，周爲調和之調。詼者，說文：「悝，啁也。」悝與詼同。漢書枚皋傳：「詼笑類俳倡。」李奇注云：「詼，謿也。」文選東京賦「悝繆公於宮室」，李善注云：「悝，猶嘲也。」啁者，文選任昉出郡傳舍哭范僕射詩注引倉頡篇云：「啁，調也。」漢書東方朔傳云：「詼啁而已。」揚雄傳解謿，文選作嘲。啁、嘲、謿竝通。啁與調聲亦相近也。譀者，相欺調也。卷二云：「調，欺也。」釋言云：「調，譀也。」說文：「譀，誕也。」謂相欺誕也。義竝相通。話者，衆經音義卷十七引聲類云話訛言也小雅沔水箋云訛僞也哀二十四年左傳是僞言也服虔注云僞僞不信言也話僞並音戶快反其義同也誠者釋言云誠謷也謷與敖通爾雅謔浪笑敖戲謔也郭璞注云謂調戲也史記天官書箕爲敖客曰口舌索隱宋均云敖調弄也箕以簸揚調弄爲象謔者衆經音義卷十二引倉頡篇云謔欺也又引通俗文云大調曰謔周者淮南子原道訓貴其周於數而合於時也高誘注云周調也

周調聲亦相近

縊經鬮絞也

縊經者說文縊經也絞縊也昭元年左傳縊而弑之杜預注云縊絞也晉語申生雉經於新城之廟韋昭注云雉經頭搶而縣死也釋名云縣繩曰縊縊阨也阨其頸也屈頸閉氣曰雉經如雉之爲也鬮者說文鬮經繆殺也又云摎縛殺也玉篇摎音力周居由二切絞也漢書外戚傳即自繆死鄭氏注云繆自縊也鬮摎繆並通喪服傳殤之絰不摎垂鄭注云不絞其帶之垂者義與鬮亦相近

𪏁𪏿䵖黐𪏰䵑黏也　䊓

𪏁者，說文：堇，黏土也。徐鍇傳云：今人謂水中泥黏者爲堇。𪏁、堇竝音居隱反，其義同也。內則：塗之以謹塗。鄭注云：謹當爲墐，墐塗，塗有穰草也。正義云：用之炮豚，須相黏著，故知塗有穰草也。墐與𪏁亦聲近義同。䵖、䵑者，方言：䵖、䵑，黏也。齊魯青徐自關而東或曰䵖，或曰䵑。爾雅：䵑，膠也。郭璞注云：膠黏䵑也。說文：䵑，黏也。引隱元年左傳：不義不䵑。今本䵑作暱。考工記弓人：凡昵之類不能方。杜子春注云：昵或爲䵑。䵑，黏也。趙策云：膠漆至䵑也。釋名云：䵖，䵑也，相黏䵖也。䵑、暱、昵竝通。䵑、黏、䵖，一聲之轉也。𪏰者，玉篇：𪏰，黏也。廣韻云：黏𪏰也。卷三云：𥽖，摶也。𥽖與𪏰同音，摶與黏同義。說文：𥺇，飯剛柔不調相箸也。讀若適。𥺇與𪏰亦聲近義同。黐者，廣韻云：黐膠所以黏鳥。今俗語猶然矣。說文：黍，禾屬而黏者也。故自𪏁以下七字竝從黍。䊓者，玉篇、廣韻竝云：䊓，黏也。音泥、爾是義二切。集韻引廣雅：䊓，黏也。今本脫䊓字。

賁產資財𢿟貝貨也

令琴敔㪇制禁也

令者、鄭注月令云、令、謂時禁也、琴者、白虎通義云、琴者、禁也、所以禁止淫邪、正人心也、文選長門賦注引七略云、雅琴者、琴之言禁也、雅之言正也、君子守正以自禁也、説文、㪇、持也、讀若琴、捦、急持衣衿也、李鼎祚周易集解引白虎通義云、禽者何、鳥獸之總名、明爲人所禽制也、是凡與琴同聲者、皆有禁義也、敔者、説文、敔、禁也、爾雅、禦、圉、禁也、敔禦圉竝通、亦通作御、㪇者、玉篇音玉今竹甚二切、制也、廣韻云、禁也、㪇與琴同聲、㪇、各本訛作㪇、集韻㪇、都感反、引廣雅、㪇、禁也、今據以訂正、

僷壘襞𧝓袿韏結詘也

僷壘襞𧝓韏結者、玉篇引楚辭哀時命、衣攝僷以儲與兮、今本僷作葉、王逸注云、攝葉儲與、不舒展貌、攝音之涉反、與𧝓通、説文、詘、詰詘也、一曰屈襞、又云、襞、韏衣也、徐鍇傳云、韏、猶卷也、襞、摺疊衣也、故禮注謂裙摺爲襞積也、漢書揚雄傳注云、襞、疊衣也、司馬相如子虛賦云、襞積褰縐、紆徐委曲、襞字亦作辟、士喪

禮記、裳不辟、鄭注云、不辟積也、大射儀注云、爲冪蓋卷辟綴於篠橫之、莊子田子方篇、口辟焉而不能言、司馬彪注云、辟、卷不開也、皆詰屈之意也、屈、與詘通、跛者足屈而不伸、故亦謂之躄、吳志孫峻傳注引吳書云、留贊與吳桓戰、一足被創、遂屈不伸、曰我屈躄在閭巷之閒、存亾無以異、是也、衆經音義卷十四引埤倉云、襵、韏衣也、又引通俗文云、綖縫曰襵、廣韻、摺、摺疊也、士昏禮記、執皮攝之、鄭注云、攝、猶辟也、襵攝摺竝通、今俗語猶云摺衣、或云疊衣矣、呂氏春秋下賢篇、卑爲布衣而不瘁攝、高誘注云、攝、猶屈也、凡物申則長、詘則短、故詘謂之攝辟、短亦謂之攝辟、素問調經論篇云、虛者聶辟氣不足、是也、甲乙經作攝辟、韏之言卷曲、結之言詰屈也、卷一云、韏、結、詘、曲也、引之云、爾雅、革中絕謂之辨、郭璞注云、中斷皮也、革中辨謂之韏、注云、復半分也、案革中辨之辨、當爲辟字形相近、又蒙上文辨字而誤也、據儀禮莊子子虛賦說文廣雅諸書、則凡卷者謂之辟、故革中辟謂之韏、若辨乃中分之名、與韏屈之義姝無涉也、說文、革中辨謂之韏、辨字恐是後人以誤本爾雅改之、

複袷增絫積疊襲成仍鄭緟重也

袷者急就篇襜褕袷複褶袴褌顏師古注云衣裳施裏曰袷增者說文層重屋也玉篇音自登子登二切周頌維天之命篇曾孫篤之鄭箋云曾猶重也老子云九層之臺起於累土楚辭天問篇云增城九重增曾層竝通絫者說文貤重次弟物也漢書武帝紀注云今俗謂凡物一重爲一貤左思魏都賦兼重悂以貤繆李善注云言既重其悂而又累其繆也悂與紕通貤貤竝與絫通襲者哀十年左傳卜不襲吉杜預注云襲重也金縢作習吉坎象傳云習坎重險也習與襲通成亦襲也故爾雅云山三襲陟再成英一成坯周官司儀爲壇三成鄭衆注云三成三重也引爾雅邱一成爲敦邱再成爲陶邱三成爲昆侖邱南山經成山四方而三壇郭璞注云形如人築壇相累也成亦重耳士喪禮下篇俎二以成鄭注云成猶併也併與重義亦相近仍者晉語晉仍無道韋昭注云仍重也鄭者漢書王莽傳非皇天所以鄭重降符命之意顏師古注云鄭重猶言頻煩亦重複之意也緟亦複也說文緟重也緟曹憲音復各本脫去緟字其音

內復字又誤入正文。集韻引廣雅、復、重也。今據以訂正。

胡曙昕昞較發卓離炗晫炤燿囧烜晝光顯耿晃僤皎彰彬𧢲曉睪𢤱覞晰昱曠昭晤昀旭徵煒闓陽杲粲烓堂著明也

胡者、說文、朏、月未盛之明也。朏、與胡同。召誥、惟丙午朏。傳云、朏、明也。月三日明生之名。漢書律歷志引古文月采篇云、三日曰朏。淮南子天文訓曰登于扶桑、爰始將行、是謂朏明。高誘注云、朏明、將明也。楚辭九思、時朏朏兮且旦。注云、日始出光明未盛爲朏。朏聲義並同也。曙者、說文、曙、旦明也。文選魏都賦注引說文作曙。管子形勢篇云、曙戒勿怠。曙之言明著也。昭十一年左傳、朝有著定。杜預注云、著定、朝內列位常處、謂之表著。魯語云、署、位之表也。曙署著三字聲相近、皆明著之意也。昕者、說文、昕、旦明也、日將出也。士昏禮記云、必用昏昕。昕之言炘炘也。漢書揚雄傳、垂景炎之炘炘。顔師古注云、炘炘、光盛貌。說文、昕、讀若希。

齊風東方未晞毛傳云晞明之始升也晞與昕聲近而義同昞者文選兩都賦序注引倉頡篇云昞著明也革象傳云其文炳也炳與昞同較之言晈晈也史記伯夷傳云此其尤大彰明較著者也發者齊風載驅篇齊子發夕韓詩云發旦也楚辭招魂娛酒不廢沈日夜些王逸注云不廢或曰不發發旦也引小雅小宛篇明發不寐明旦亦明也商頌長發篇元王桓撥韓詩撥作發云發明也下文云明發也是發與明同義卓與下晫字通卓之言灼灼也說文倬箸大也大雅棫樸篇云倬彼雲漢爲章于天韓奕篇有倬其道韓詩作晫法言吾子篇云多見則守之以卓卓倬晫竝通離者說卦傳云離也者明也萬物皆相見南方之卦也聖人南面而聽天下嚮明而治蓋取諸此也炅之言炎炎也說文引小雅節南山篇憂心炅炅今本作憂心如惔韓詩作如炎說文炎火光上也方言炅明也憂心如火之炎故與明同義凡詩言憂心烈烈憂心奕奕憂心怲怲耿耿不寐如有隱憂之類皆其義也說文覝察視也讀若鎌覝與炅亦聲近義同炤與照同囧者說文囧窻牖麗廔闓明也象形文選江淹雜體詩注引倉頡篇云囧大明也烜之言宣明

也衛風淇澳篇赫兮咺兮毛傳云咺威儀宣著也韓詩作宣云宣顯也大學作喧爾雅作烜竝字異而義同晝者晉象傳云明出地上晉雜卦傳云晉晝也是晝爲明也耿者王逸注離騷云耿明也立政云以覲文王之耿光晃之言煌煌也釋言云晃暉也說文晄明也釋名云光晃也晃晃然也晃與洸同小雅皇皇者華傳云皇皇猶煌煌也釋文煌又音晃秦策云炫熿於道漢書揚雄傳云北熿幽都竝字異而義同僤讀爲闡衆經音義卷二十三引廣雅正作闡繫辭傳而微顯闡幽韓伯注云闡明也呂氏春秋決勝篇云隱則勝闡矣微則勝顯矣公羊氏春秋哀八年齊人取讙及僤左氏穀梁氏竝作闡是闡與僤通皎者王風大車篇云有如曒日陳風月出篇云月出皎兮與皎曒竝通彰者鄭風女曰雞鳴篇云明星有爛爛與彰通皉曉者方言皉曉明也曎之言奕奕也方言曎明也譯見也小爾雅斁明也洪範曰圛史記宋世家圛作涕集解引鄭氏書注云圛者色澤而光明也齊風載驅篇齊子豈弟鄭箋云此豈弟猶言發夕也豈讀當爲闓弟古文尚書以弟爲圛圛明也爾雅愷悌發也發亦明也司馬相如封禪文昆蟲闓懌亦是發

明之意猶言警𥛚昭蘇耳王延壽魯靈光殿賦赫燡燡而燭坤李善注云燡燡光明貌何晏景福殿賦云鎬鎬鑠鑠赫奕章灼集韻引字林云焥火光也是凡與曎同聲者皆光明之意也曎各本訛作曎今訂正愢者衆經音義卷十二引倉頡篇云愢明也漢書王莽傳云憒眊不渫說文厂明也厂渫竝與愢通晰之言明哲也說文昭晰明也洪範明作哲大傳及漢書五行志竝作悊小雅小旻篇作哲大有象傳明辨晢也鄭本作遰云讀如明星哲哲祭法瘞埋於泰折鄭注云折炤晢也張衡思元賦雖司命其不晣竝字異而義同昱之言燿燿也釋訓云昱昱明也說文昱日明也太元元告篇云日以昱乎晝月以昱乎夜淮南子本經訓云焜昱錯眩照燿煇煌說文煜燿也義與昱同曠者說文曠明也鄒陽獄中上梁王書云獨觀於昭曠之道莊子天地篇云上神乘光與形滅亡此之謂照曠照曠與昭曠同晤之言寤也說文晤欲明也引邶風柏舟篇晤辟有摽今本作寤關雎傳云寤覺也寤與晤通的之言灼灼也說文的明也中庸云小人之道的然而日亡的與旳同旭之言皓皓也說文旭日旦出皃讀若好一曰明也邶風匏有苦葉篇

旭日始旦，毛傳云：旭日始出，謂大昕之時。周頌載見篇：休有烈光。鄭箋云：休者，休然盛壯。休與旭亦聲近義同。徵之言證明也。各本訛作徵，考諸書無訓徵爲明者。廣韻集韻竝云：徵，明也。中庸：杞不足徵也。昭三十年左傳：且徵過也。鄭杜注竝云：徵，明也。今據以訂正。焞者，說文：焞，明也。引鄭語：焞燿天地。今本作淳，假借字也。楚辭九歌：暾將出兮東方。注云：謂日始出，其容暾暾而盛大也。義亦與燉同。揚雄羽獵賦：光純天地。純與焞亦聲近義同。闓之言開明也。說文：闓，開也。爾雅：愷悌，發也。舍人李巡孫炎郭璞皆訓愷爲明。詩作豈弟。封禪文作闓懌。竝字異而義同。說文：塏，高燥也。昭三年左傳：請更諸爽塏者。方言：噎，照也。義與闓竝相近。陽者，說文：陽，高明也。豳風七月篇：我朱孔陽。毛傳云：陽，明也。堯典：曰暘谷。字與陽通。杲之言皎皎也。說文：杲，明也。衛風伯兮篇云：杲杲出日。管子內業篇云：杲乎如登於天。孟子滕文公篇：皜皜乎不可尚已。趙岐注云：皜皜，甚白也。義與杲相近。粲者，小雅伐木篇：於粲洒埽。毛傳云：粲，鮮明貌。大東篇：粲粲衣服。傳云：粲粲，鮮盛貌。烓者，方言：烓，明也。說文云：烓，讀若同。又云：炯，光也。小雅無將大車篇：不出于熲。毛傳云：

熲、光也。烓、烱、熲竝聲近而義同。說文：「烓，從火，圭聲。」玉篇音口迥、烏圭二切。爾雅：「燭，明也。」燭，古讀若圭，亦與烓聲近義同。堂之言堂堂也。論語子張篇「堂堂乎張也」，鄭注云：「言容儀盛也。」廣韻引白虎通義云：「堂之爲言明也，所以明禮義也。」釋名云：「堂猶堂堂，高顯貌也。」爽者，說文：「爽，明也。」篆文作爽。大誥云：「爽邦由哲。」說文又云：「昧爽，旦明也。」牧誓言昧爽，鄭風言昧旦，吳語言昧明，其義一也。衆經音義卷九引廣雅：「爽，明也。」今本脫爽字。

滄、瀙、冷、洞、凊、涇、凍、淬，寒也

滄者，說文：「滄，寒也。」又云：「滄，寒也。」逸周書周祝解云：「天地之間有滄熱。」列子湯問篇云：「滄滄涼涼。」靈樞經師傳篇云：「衣服者，寒無悽愴，暑無出汗；食飲者，熱無灼灼，寒無滄滄。」竝字異而義同。寒謂之滄，亦謂之淒；悲謂之悽，亦謂之愴，義相近也。故祭義云：「霜露既降，君子履之，必有悽愴之心，非其寒之謂也。」瀙與下凊字通。說文：「瀙，冷寒也。」又云：「凊，寒也。」曲禮云：「冬溫而夏凊。」莊子人閒世篇云：「爨無欲清之人。」瀙、凊、凊竝通。冷，各本訛作泠，今訂正。洞者，說文：「洞，滄也。」卒者，方言：「淬，寒也。」郭璞注云：「淬，猶淨也。」淬與卒通。

惟圖誧議慮憚計聽媒謀也

惟、圖、慮者，爾雅：「惟、圖、慮，謀也。」圖，各本訛作國。衆經音義卷二十五引廣雅：「圖，議也，計也。」今據以訂正。憚者，方言：「憚，謀也。」媒者，說文：「媒，謀也，謀合二姓也。」周官媒氏注云：「媒之言謀也，謀合異類使和成者。」

㝷緣遵邐迻揗循也

此釋遵循之義也。各本循下脫去也字，遂與下㯻、裔、方、外、旌，表也，合爲一條。集韻、類篇並引廣雅：「㝷，表也。」則宋時廣雅本已脫去也字。考㝷、緣以下六字，諸書皆訓爲循，無訓爲表者，今據以補正。㝷者，玉篇：「㝷，循也。」緣者，玉篇：「緣，緍也。」緍與循通。莊子養生主篇「緣督以爲經」，李頤注云：「緣，順也。」釋名云：「順，循也。」急就篇「鍼縷補縫綻紩緣」，皇象本作「箴縷補袒縫緣循」。邐、迻者，方言：「邐、迻，循也。日運爲邐，月運爲迻。」呂氏春秋圜道篇云：「月躔二十八宿，迻亦遵也。」哀三年左傳「外內以悛」，杜預注云：「悛，次也。」漢書公孫宏傳「有功者上，無功者下、則羣臣逡、李奇注云、言有次第也、王莽傳云、後儉隆約以矯世俗、史記游俠傳、逡逡有退讓君子之風、漢書作循循、揚雄傳、穆穆肅肅蹲蹲如也、顏師古注云、蹲蹲、行有節也、竝字異而義同、揗者、卷一云揗、順也、說文、揗、撫也、又云、撫、循也、

㯱裔方外旌表也

㯱者、呂氏春秋忠廉篇、臣請為㯱、班固幽通賦、張脩㯱而內逼、曹大家及高誘注竝云、㯱、表也、襄三十一年左傳、不敢暴露、暴與㯱聲近而義同、唐風揚之水篇、素衣朱㯱、毛傳云、㯱、領也、易林否之師云、揚水潛鑿、使石絜白、衣素表朱、遊戲皋沃、皆約舉詩辭、則三家詩必有訓㯱為表者矣、裔方者、文十八年左傳、投諸四裔、四裔猶言四方、四方猶言四表、是裔方皆表也、旌者、莊二十八年左傳云、且旌君伐、

疆繹困苦終竟𠙶窮也

疆之言竟也、豳風七月篇、萬壽無疆、毛傳云、疆、竟也、繹者、說文、斁、終也、斁與繹通、疆繹皆終窮之名、故曾

頌駉篇云、思無疆、思無斁、廣雅疆繹竝訓爲窮、義本諸此也、餘見下文繹終也下、然者、大戴禮易本命篇云、化窮數盡謂之然、

𣧑餘盈也

各本皆作𣧑餘盈匪勿非也、案𣧑餘盈三字、義與非不相近、各本盈下脫也字、故與下匪勿非也混爲一條、今補正、徧考諸書、𣧑盈二字無訓爲非者、惟玉篇云、餘非也、而經傳皆無此訓、葢後人依誤本廣雅增入、不可引以爲據、𣧑讀當如歸奇于扐之奇、𣧑者、殘餘之數、故殘𣧑二字竝從歺、說文、歺、列骨之殘也、又云、畸、殘田也、廣韻畸𣧑奇三字竝居宜切、其義同也、盈亦餘也、語之轉耳、漢書食貨志云、蓄積餘贏、後漢書馬援傳云、致有盈餘、盈與贏通、食貨志云、操其奇贏、日游都市、太元有𣧑贊贏贊、義亦與𣧑盈同、𣧑餘盈三字同義、故云、𣧑餘盈也、

匪勿非也

大雅靈臺篇經始勿亟鄭箋訓勿爲非匪勿非一聲之轉

臝裎徒裼袒也

臝者說文臝袒也僖二十三年左傳欲觀其裸王制臝股肱釋文臝本又作臝大戴禮天圓篇唯人爲倮匈而生也史記陳丞相世家臝而佐刺船竝字異而義同臝之言露也月令中央土其蟲倮鄭注云象物露見不隱藏虎豹之屬恆淺毛荀子賦篇有物於此儀儀兮其狀樣倮注云儀儀無毛羽之貌義竝與臝同臝各本譌作臝今訂正裎者說文裎袒也孟子公孫丑篇云雖袒裼裸裎於我側裎之言呈也方言襌衣無褎者趙魏之閒謂之裎衣義亦相近也徒與袒一聲之轉也韓非子初見秦篇云頓足徒裼韓策云秦人捐甲徒裎以趨敵裼者說文裼袒也凡去上衣見裼衣謂之裼或謂之袒裼玉藻裘之裼也見美也內則不有敬事不敢袒裼是也其去衣見體亦謂之袒裼鄭風大叔于田篇襢裼暴虎爾雅云襢裼肉袒是也襢與袒同

葬、𧂍、窖、窌、都、墊、伏、竄、屒、庰、宗、匿、揞、揜、鏳、摩、寑、與、寥，藏也。

祕 韜 韞

葬者，檀弓及呂氏春秋節喪篇竝云：葬也者，藏也。白虎通義云：葬之爲言下藏之也。𧂍，字或作埋，同。窖、窌者，說文：窖，地藏也。窌，窖也。𧂍與藏同。考工記匠人囷窌倉城，劉昌宗音古孝反。月令穿竇窖，呂氏春秋作窌。窖、窌聲相近，古多通用。窖之言奧也。莊子齊物論篇縵者窖者密者，司馬彪注云：窖，深也。窌之言寥寥深也。廣韻窌又音力嘲切。文選長笛賦：庨窌巧老。李善注云：深空之貌。墊者，下之藏也。方言：埋，墊，下也。凡柱而下曰埋，屋而下曰墊。皋陶謨：下民昏墊。鄭注云：昏沒也。墊，陷也。竄者，爾雅：竄，微也。郭璞注云：微，謂逃藏也。襄二十一年左傳云：無所伏竄。屒之言隱也。義見卷一㞸隱翳也下。㞸與屒通。庰者，金縢：我乃屛璧與珪。傳云：屛，藏也。王襃洞簫賦云：處幽隱而奧庰兮。庰與屛通。小雅桑扈傳云：屛，蔽也。爾雅：屛謂之樹。李巡注云：以垣當門自蔽，名曰樹。義亦同也。宗者，說文：宗，藏也。引顧命陳宗赤刀。今本作寶。禮器云：家不寶

寵、不藏、主、襄十一年左傳云、毋保姦、毋留慝、宗保寶
竝通、揞揜、錔摩者、方言、揞揜、錔摩、藏也、荆楚曰揞、吳
揚曰揜、周秦曰錔、陳之東鄙曰摩、揞猶揜也、方俗語
有侈斂耳、廣韻、揞手覆也、覆亦藏也、今俗語猶謂手
覆物爲揞矣、大戴禮曾子制言篇云、君子錔在高山
之上、深澤之汙、聚橡栗藜藿而食之、生耕稼以老十
室之邑、是錔爲藏也、考工記弓人、強者在内而摩其
筋、鄭注云、摩猶隱也、隱亦藏也、寑今通作寢、寢者人
所寢息、故爲藏也、宫有寢廟有寢、其義一也、奥之言
幽也、爾雅、西南隅謂之奥、孫炎注云、室中隱奥之處
堯典云、厥民奥、韓詩外傳云、窺其戸、不入其中、安知
其奥、奥藏之所在、文選蕪城賦注引倉頡篇云、隩藏也、
隩與奥通、寥者、莊子知北遊篇云、油然漻然、莫不入
焉、漻與寥通、韜者、玉篇廣韻竝云、韜藏也、周頌時邁
篇載櫜弓矢、毛傳云、櫜韜也、字亦作縚、南宫縚字容、
是其義也、韞者、論語子罕篇韞匵而藏諸、馬融注云、
韞藏也、玉篇引廣雅、祕藏也、莊子天地篇釋文及文
選潘岳寡婦賦注、顔延之五君詠注、謝朓齊敬皇后
哀策文注竝引廣雅、韜藏也、文賦注
引廣雅、韞藏也、今本脱祕韜韞三字、

𪏭紽揲閱數也

𪏭者，方言、說文竝云：𪏭，數也。郭璞云：偶物爲麗，故云數也。大雅文王篇其麗不億，毛傳云：麗，數也。麗與𪏭通。紽者，引之云：召南羔羊篇素絲五紽，素絲五緎，素絲五總，毛傳云：紽，數也；緎，縫也；總，數也。緎訓爲縫，本於爾雅，蓋取界域之義。今案三章文義，寔不當如爾雅所訓。紽、緎、總，皆數也。五絲爲紽，四紽爲緎，四緎爲總。五紽二十五絲，五緎一百絲，五總四百絲，故詩先言五紽，次言五緎，次言五總也。西京雜記載鄒長倩遺公孫宏書曰：五絲爲𦃇，倍𦃇爲升，倍升爲緎，倍緎爲紀，倍紀爲緵，倍緵爲襚。豳風九罭釋文云：緵字又作總。然則緎者，二十絲；總者，八十絲也。孟康注漢書王莽傳云：緵，八十縷也。史記孝景紀令徒隸衣七緵布，正義與孟康注同。晏子春秋雜篇云：十總之布，一豆之食。說文作稯，云：布之八十縷爲稯。正與倍紀爲緵之數相合。紽之數，今失其傳。案釋文云：紽，本又作佗。春秋時陳公子佗字五父，則知五絲爲紽，即西京雜記之𦃇矣。揲、閱，皆謂數之也。揲讀爲揲蓍之揲。繫辭傳：揲之以四，以象四時。釋文云：揲，猶數也。漢書揚雄傳、揲之以三策、擛與揲同、逸周書世俘解、世、亦與揲同、謂數俘也、襄二十五年左傳云、數俘而出、是也、與桓六年左傳云、大閱簡車馬也、襄九年傳、商人閱其禍敗之𠷎、杜預注云、閱猶數也、史記高祖功臣侯表云、明其等曰伐、積日曰閱、說文、揲、閱持也、閱、具數於門中也、徐鍇傳云、具數、一一數之也、是閱與揲皆具數之意、集韻、揲、或作抴、故抴閱皆訓爲數也、抴、各本訛作枻、今訂正、

占讖檢證譣也

譣、經傳通作驗、占者、繫辭傳云、極數知來之謂占、讖者、說文、讖、驗也、賈誼鵩鳥賦云、讖言其度、檢、亦譣也、漢書食貨志云、考檢厥實、檢與譣通、

締䋁總括結也

締者、說文、締、結不解也、楚辭九章云、氣繚轉而自締、䋁者、說文、䋁、結也、釋訓云、結䋁、不解也、漢書息夫躬傳、心結愲兮傷肝、楚辭九思、心結䋁兮折摧、愲與䋁通、莊子徐無鬼篇、頡滑有實、向秀注云、頡滑、錯亂也

頍滑與結縎義亦相近。總者、衞風氓篇、總角之宴、毛傳云、總角結髮也。楚辭離騷總余轡乎扶桑、王逸注云、總、結也。括者、坤六四括囊、虞翻注云、括、結也。禮言括髮、亦是也。

嫿赳彖材也

嫿者、說文、嫿、竦身也。又云、婧、竦立也。一曰有才。嫿婧二字相承、訓亦相近。是嫿得爲才也。才、與材通。說文、嫿、讀若詩曰糾糾葛屨。嫿與赳聲義竝同。赳者、說文、赳、輕勁有才力也。周南兔罝篇云、赳赳武夫。赳、曹憲音糾、各本脫去赳字、其音內糾字又誤入正文。今補正。彖者、繫辭傳、彖者、材也。韓伯注云、材、才德也。彖言成卦之材以統卦義也。僑者、說文、僑、高也。春秋鄭公孫僑字子產、一字子美、皆才之意也。說文、趫、善緣木之才也。左思吳都賦、趫材悍壯。義與僑亦相近。僑嫿赳、一聲之轉也。衆經音義卷四卷十四竝引廣雅、僑、才也。今本脫僑字。

雙耦娌匹孿息曰貳棄牄再兩二也

娌者、方言、築、娌、匹也、娌、耦也、郭璞注云、今關西兄弟婦相呼爲築娌、孿、亦雙也、説見卷三釐孳健顩匹耦孿也、下、乘者、方言、飛鳥曰雙、鴈曰乘、周官校人、乘馬、鄭注云、二耦爲乘、凡經言乘禽乘矢乘壺乘韋之屬、義與此同也、賸者、方言、賸、雙也、南楚江淮之閒曰賸、郭璞音滕、月令、乃合累牛騰馬、鄭注云、累騰、皆乘匹之名、騰與賸通、玉篇賸又音以證切、説文、賸、物相增加也、一曰送也、副也、徐鍇傳云、古者一國嫁女、二國往媵之、媵之言送也、副貳也、義出於此、賸賸媵聲義亦同、賸與乘聲又相近也、賸、各本譌作勝、今訂正、

賵襚賻賵遺齎送也

賵襚賻賵者、士喪禮云、君使人襚、又云、公賵、又云、知死者贈、知生者賻、鄭注云、襚之言遺也、賵所以助主人送葬也、贈、送也、賻之言補也、助也、荀子大略篇云、貨財曰賻、輿馬曰賵、衣服曰襚、玩好曰贈、玉貝曰唅、賻賵、所以佐生也、贈襚、所以送死也、太平御覽引春秋説題辭云、賻之爲言助也、賵之爲言覆也、贈之爲言稱也、襚之爲言遺也、齎者、説文、齎、持遺也、周官小祝、設道齎之奠、鄭注云、齎猶送也、

攄展奮摛初禹鬻緩舒也

攄舒聲相近、淮南子俶務訓注云、攄舒也、楚辭九章云、據青冥而攄虹兮、史記司馬相如傳攄之無窮、徐廣音義云、攄一作臚、爾雅云、舒敘也、臚敘也、義竝相通、奮者、豫象傳云、雷出地奮豫、豫亦舒也、洪範曰豫恆燠若、鄭王本及史記漢書竝作舒、摛者、說文摛舒也、揚雄劇秦美新云、摛之罔極、大元元攡云、元者幽攡萬類而不見其形者也、漢書揚雄傳有首衝錯測攡攡瑩數文掜圖告十一篇、蕭該音義云、劉向別錄攡作舒、字林云、攡舒也、音丑支反、義與摛同、史記老子韓非傳善屬書離辭指事類情、離亦與摛同、謂舒辭也、正義云、猶分析其辭句、失之、禹舒聲相近、說文踽疏行皃、張衡西京賦奎踽盤桓、薛綜注云、奎踽開足也、踽與禹聲近而義同、白虎通義云、冬音羽、羽之爲言舒、萬物始孳也、釋名云、雨羽也、如鳥羽動則散也、義與禹竝相近、鬻猶雨也、集韻引呂靜說云、北方謂雨曰鬻、緩者、安之舒也、說文、夊行遲曳夊夊也、義與緩相近、緩舒又一聲之轉

儗捉擬也 攄

儗者、說文、儗、僭也、儗與擬通、捉之言儀象也、太元元捉云、捉、擬也、攄者、玉篇、攄、虛偃切、擬也、廣韻云、手約物也、集韻類篇竝引廣雅攄擬也、今本脫攄字、

獪猾獿獶擾也

猾者、卷三云、猾、亂也、亂亦擾也、獿獶擾聲竝相近、說文、獿、獿獶也、獶、犬獿獿咳吠也、

媥儕恇㤓怯也

媥者、說文、媥、疾言失次也、讀若懾、儕者、方言、脅鬩、懼也、齊楚之閒曰脅鬩、郊特牲云、大夫强、諸侯脅、脅與儕通、儕與怯亦聲近義同、故釋名云、怯、脅也、見敵恐脅也、儕、曹憲音脅、各本儕訛作儹、儹音內脅字又訛作賓、今訂正、恇者、說文、恇、怯也、素問通評虛實論云、尺虛者行步恇然、禮器、衆不匡懼、鄭注云、匡、猶恐也、匡、與恇通、

嬗娙㛊侮獲婢也

㛊者、說文、㛊、卑賤名也、廣韻引倉頡篇云、婦人賤稱也、侮獲者、方言、臧、甬、侮、獲、奴婢賤稱也、荆淮海岱雜齊之間、罵奴曰臧、罵婢曰獲、齊之北鄙、燕之北郊、凡民男而壻婢謂之臧、女而婦奴謂之獲、亾奴謂之臧、亾婢謂之獲、皆異方罵奴婢之醜稱也、秦晉之間罵奴婢曰侮、郭璞注云、侮、言爲人所輕弄也、案獲者辱也、卷三云、獲、辱也、墨子小取篇云、獲、人也、愛獲、愛人也、臧、人也、愛臧、愛人也、

縣聯㬎綴及瑣系牽連也

㬎義見下文㬎纏也下、各本譌作㬎、今訂正、

掍粹兼幷集合稽醜共同也

掍粹醜者、方言、醜、掍、綷、同也、宋衛之間曰綷、或曰掍、東齊曰醜、周語、混厚民人、韋昭注云、混、同也、混與掍通、王襃洞簫賦云、掍其會合、粹之言萃也、說文、綷、會五采繒也、漢書司馬相如傳、綷雲蓋而樹華旗、顏師

古注云、綷、合也、合五采雲以爲蓋也、王逸注離騷云至美曰純、齊同曰粹、粹綷粹竝通、醇之言儔也、孟子公孫丑篇云、今天下地醜德齊、稽者、堯典曰若稽古帝堯、鄭注云、稽、同也、儒行、古人與稽、鄭注云、稽、猶合也、韓非子主道篇云、保吾所以往而稽同之、

了闋已訖也

闋者、文選七命注引倉頡篇云、闋、訖也、燕禮云、主人荅拜而樂闋、

黮黕竊姦私也

黮黕者、方言、黮黕、私也、郭璞注云、皆冥闇、故爲陰私也、竊者、王逸注離騷云、竊愛爲私、莊十年左傳、自雩門竊出、謂私出也、論語述而篇、竊比於我老彭、謂私比也、衞靈公篇、臧文仲其竊位者與、亦謂私爲已有、非盜竊之謂也、姦者、說文、姦、私也、

聰聆瞟瞭瞑許聽也

聰聆聽聯瞑爲視聽之聽，許爲聽從之聽。堯典云「明四目，達四聰」，王風兔爰篇云「尚寐無聰」，毛傳「聰，聞也」。噬嗑象傳云「聰不明也」，是聰爲聽也。文選長笛賦注引倉頡篇云「聆，聽也」。法言五百篇云「聆聽前世」。聰之言通，聆之言靈也。牖謂之窻，窻欄謂之櫺，義取諸此也。瞟之言剽取也。玉篇引字林云「瞟，聽裁聞也」，又「行聽也」。今俗語猶然矣。聯之言察也。文選顏延之贈王太常詩「聆龍睽九淵」，李善注引說文云「睽，察也」。睽與聯通。瞑者，玉篇引埤倉云「瞑，注意聽也」。許者，說文「許，聽言也」。

抐搵搙　擩也

擩，曹憲音而主反。各本皆作「抐搵搙捓，拄也」。集韻、類篇搵搙捓三字注竝引廣雅「拄也」，則宋時廣雅本已然。今案抐搵搙捓四字，諸書無訓爲拄者。拄是掌拄之義，與抐搵搙三字之義各不相涉；玉篇「捓，拏也」，義與拄亦不相涉。此因正文脫去擩字，其音內「而主」二字又誤入正文，校書者不得其解，遂改「而」爲「捓」，改「主」爲「拄」耳。釋言云「搵、抐，擩也」，是搵抐本訓爲擩。又說文、玉篇、廣韻擩字竝音而主反，今據以訂正。抐搵者，集頭引字林云、搵抐、沒也、廣韻云、搵抐、按物水中也、說文、搵沒也、廣韻音烏困烏沒二切、今俗語謂內物水中爲搵、正與烏沒之音相合、說文、頭內頭水中也、音烏沒切、義與搵同、擩者、玉篇、擩、搵也、擩音而主而誰而專而劣四反、說文、擩、染也、周官大祝、六曰擩祭、鄭衆注云、擩祭、以肝肺菹擩鹽醢中以祭也、公食大夫禮取韭菹以辯擩于醢、鄭注云、擩猶染也、特牲饋食禮作挭、義同、漢書司馬相如傳、割鮮染輪、李奇注云、染、擩也、顏師古注云、擩、搵也、

謨詬羞媿纇鄙恥也

謨詬者、昭二十年左傳、余不忍其詢、定八年左傳、公以晉詬語之、杜預注並云、恥也、大戴禮武王踐阼篇云、口生听、詢听並與詬同、說文、謨詬、恥也、荀子非十二子篇云、無廉恥而忍謨詢、呂氏春秋誣徒篇云、不可謨詬遇之、漢書賈誼傳云、奊詬亡節、並字異而義同、詬、各本訛作詬、今訂正、纇者、恆九三云、不恆其德、或承之羞、貞吝、吝與纇通、鄙者、楚辭九章、君子所鄙、王逸注云、鄙、恥也、

諺譯膚禪傳也

諺者、說文、諺、傳言也、譯者、王制云、五方之民言語不通、嗜欲不同、達其志、通其欲、東方曰寄、南方曰象、西方曰狄鞮、北方曰譯、方言、譯、傳也、說文云、傳譯四夷之語者、膚者、說文、膚、籒文臚字、晉語、風聽臚言於市、韋昭注云、臚、傳也、莊子外物篇云、大儒臚傳、漢書叔孫通傳、大行設九賓臚句傳、蘇林注云、上傳語告下爲臚、下告上爲句、韋昭注云、大行掌賓客之禮、今之鴻臚也、應劭注百官表云、鴻臚者、郊廟行禮讚九賓、鴻聲臚傳之也、周官司儀、旅擯、鄭衆注云、旅、謂九人傳辭、旅臚古通用、廣韻、䮫、力居切、傳馬也、䮫與臚同聲、傳車驛馬、皆取傳遽之義、故傳宣謂之臚、亦謂之譯、傳遽謂之驛、亦謂之䮫、傳舍謂之廬、亦謂之旅、亦謂之驛、其義竝相通也、

誦誶語議話詁吪曰言也

誦者、孟子公孫丑篇、爲王誦之、趙岐注云、誦、言也、誶之言悖悖也、玉篇、誶、𧫂語也、詁者、說文、詁、故言也、吪

者、爾雅、訛、言也、訛與吪通、

誧証譏諍諭誶諫也

証者、說文、証、諫也、呂氏春秋誣徒篇、愎過自用、不可証移、高誘注與說文同、鄭注周官司諫云、諫、猶正也、正、與証通、譏者、楚辭天問、殷有惑婦何所譏、王逸注云、譏、諫也、誶者、陳風墓門篇、歌以訊止、釋文、訊、本又作誶、徐息悴反、韓詩云、訊、諫也、楚辭離騷、謇朝誶而夕替、王逸注與韓詩同、小雅雨無正篇莫肯用訊、訊亦與誶同、訊字古讀若誶、故經傳多以二字通用、或以訊爲誶之訛、失之、

訓誨諷誥誤校勸學敎也

諷者、詩序云、風、風也、敎也、風以動之、敎以化之、風與諷通、誤者、說文、誤、專敎也、校者、孟子滕文公篇、設爲庠序學校以敎之、校者、敎也、學與斆同、盤庚云、盤庚斆于民、學記引兌命云、學學半、

崩頓僵仆踣蹷臥僵也

崩者、鄭注曲禮云、自上顛壞曰崩、白虎通義云崩之爲言、惝然伏僵、頓之言委頓也、淮南子道應訓云、趨則頓、走則顛、偃仆者、說文、偃、僵也、仆、頓也、踣、僵也、踣與仆同、爾雅云、疐、仆也、又云、斃、踣也、僨、僵也、郭璞注云、踣、前覆也、僵、卻偃也、定八年左傳、顏高奪人弱弓、籍邱子鉏擊之、與一人俱斃、偃、且射子鉏中頰、殪、杜預注云、斃、仆也、正義云、吳越春秋云、迎風則偃、背風則仆、仆是前覆、偃是卻倒、此顏高被擊而仆、轉而仰且射子鉏、故言其善射也、案對文則偃訓爲僵、仆訓爲斃、散文則仆亦訓爲僵、故說文又云、踣、僵也、秦策云、頭顱僵仆是也、趦者、爾雅、棧木、干木、注云、殭木也、江東呼木船船與趦聲近義同、臥之言委也、今俗語猶云僵臥矣、

怳㾒瘨姰瘍僑狾獟倀狂也

怳之言怳忽也、說文、怳、狂之皃也、㾒之言忽也、說文、㾒、狂走也、讀若欻、桓五年公羊傳、怴也、何休注云、怴者、狂也、齊人語、義與㾒同、瘨之言顛也、素問腹中論、石藥發瘨、芳草發狂、王冰注云、多喜曰瘨、多怒曰狂、

字通作顛急就篇疝瘕顛疾狂失響顏師古注云顛疾性理顛倒失常也婻之言眴也揚雄劇秦美新云臣嘗有顛眴病義與瘨婻相近瘸者廣韻云瘸狂病也僑者急就篇注云顛疾亦謂之狂獢安動作也說文趫狂走也漢書揚雄傳捎夔魖而抶獝狂孟康注云獝狂惡鬼也僑趫獝竝同義又與痳聲相近也狾者說文狾狂犬也引襄十七年左傳狾犬入華臣氏之門今本作瘈呂氏春秋胥時篇云鄭子陽之難猘狗潰之馬融廣成頌云獄䝤熊抾封豨北山經云可以已猘竝字異而義同獟者說文獟犴犬也徐鍇傳云獟猶驍也玉篇獟狾狗也倀倀者說文倀狂也仲尼燕居云譬猶瞽之無相與倀倀乎其何之

訂評圖謀慮議也

否弗倗粃不也

皆一聲之轉也倗者廣韻倗不肯也粃者方言粃不知也郭璞注云今淮楚閒語呼聲如非也曹憲云彼比倶得方語有輕重耳倗即不肯之合聲粃即不知之合聲說文秠不成粟也義亦與粃同

姦宄竊盜也

說文、姦、私也、宄、姦也、外爲盜、內爲宄、盜自中出曰竊、文十八年左傳云、竊賄爲盜、盜器爲姦、魯語云、竊寶者爲軌、用軌之財者爲姦、成十七年左傳及晉語並云、亂在外爲姦、在內爲軌、軌與宄通、姦宄竊盜、訓雖不同、理實相貫、學者不以辭害意可也、

䰯愼忌畏恐也

䰯者、卷二云、惶、䰯、恐、懼也、說文、㦗、惶也、旣濟象傳云、終日戒、有所疑也、雜記五十不致毀、六十不毀、七十飲酒食肉、皆爲疑死、鄭注云、疑、猶恐也、大戴禮曾子立事篇云、君子見善、恐不得與焉、見不善者、恐其及己也、是故君子疑以終身、䰯㦗疑三字聲近義同、

㬥繞繚繞綢繆紿絡縏纏也

㬥者、說文、㬥、約也、上文云、㬥、連也、廣韻云、靴㬥子纏連者、㬥之言拘也、今俗語云鍋㧑、是其義也、玉篇、鍋

以鐵縛物也說文𨍏直轅車韇縛也義並與㬥同㬥各本訛作㬥今訂正綄之言綰也各本訛作綄集韻類篇並引廣雅綄纏也今據以訂正綢繆者說文綢繆也繆枲之十絜也一曰綢繆楚辭九歌薜荔拍兮蕙綢王逸注云綢縛束也莊子庚桑楚篇內韄者不可繆而捉崔譔注云繆綢繆也唐風綢繆篇綢繆束薪豳風鴟鴞篇綢繆牖戶毛傳鄭箋並云綢繆猶纏緜也紿者說文云絲勞即紿紿繁音古了反漢書司馬相如傳名家苛察繳繞如淳注云繳繞猶纏繞也繳與繁同

駕陵載棄也

駕載者眾經音義卷二十二引三倉云載曰乘馬曰駕

惠愛恕利人仁也

愛利者莊子天地篇云愛人利物之謂仁昭二十年左傳古之遺愛也遺愛猶言遺仁恕者賈子道術篇云以己量人謂之恕說文恕仁也眾經音義卷二引聲類云仁心度物曰恕大戴禮衛將軍文子篇云方

二二

長不折、恕也、漢書匡衡傳云、太王躬仁而邠國貴恕
是恕與仁同義、人者、釋名、人、仁也、仁生物也、開元占
經人占篇引春秋說題辭云、人者、仁也、以心合也、又
引宋均注云、與他人相偶合也、中庸、仁者、人也、鄭注
云、人、讀如相人偶之人、以人意相存問之言、表記仁
者人也、注云、人謂施以人恩也、引成十六年公羊傳
曰、執未有言舍之者、此其言舍之何、人之也、今本作
仁、仁與人同義、故古書以二字通用、又案公羊傳此
其言舍之何、仁之也、曰在招丘悕矣、何休注云、悕、悲
也、仁之者、若曰在招丘可悲矣、閔錄之辭、是傳言仁
之、即悲閔之意也、呂氏春秋論人篇哀之以驗其人
人、即仁也、仁與恕同義、故哀閔人謂之仁、亦謂之恕
孔子閒居云、無服之
喪、內恕孔悲、是也、

邌、徐、舒、逋、訥、疏、鈍、遲也

邌者、文選舞賦黎收而拜、李善注引倉頡篇云、邌、徐
也、邌、與黎通、凡言黎者、皆遲緩之意、史記高祖紀、沛
公乃夜引兵還、黎明、圍宛城三帀、漢書作遲明、顏師
古注云、圍城事畢、然後天明、明遲於事、故曰遲明、案

遲明猶比明也、言高祖夜引軍還至城下、比及天明已圍城三帀耳、非謂圍城事畢、然後天明也、史記衞將軍傳遲明行二百餘里、漢書作會明、會即比及之意、遲黎古同聲、字亦作犂、徐廣注呂后紀以犂明爲比明、其說是也、僖二十三年左傳待我二十五年不來而後嫁、史記晉世家待作犂、義相近也、說文、黎怠也、怠與待、黎與遲義亦相近、遲與遟同、徐各本皆作徐、惟影宋本皇甫本作徐、案說文、徐、安行也、徐緩也今從影宋本皇甫本、遁者、郭璞注南山經引記曰、條風至、出輕繫、督逋留、淮南子天文訓作去稽留、是逋爲遲也、訥者、論語里仁篇君子欲訥於言而敏於行、包咸注云、訥遲鈍也、疏者、高誘注淮南子說林訓云、疏、猶遲也、數、猶疾也、祭義云、祭不欲數、數則煩、煩則不敬、祭不欲疏、疏則怠、怠則忘、楚辭九歌云、疏緩節兮安歌、

𡖵晉闇暮夜也

凡日入以後、日出以前、通謂之夜、故夕時亦謂之夜、堯典云、夙夜出內朕命、是也、𡖵者、玉篇、𡖵、夜也、引鄘

風牆有茨篇中冓之言、今本作冓、釋文引韓詩云、中冓、中夜、謂淫僻之言也、漢書文三王傳、聽聞中冓之言、晉灼注云、冓、魯詩以爲夜也、昔之言夕也、哀四年左傳、爲一昔之期、襲梁及霍、杜預注云、夜結期明日便襲梁霍也、列子周穆王篇、昔昔夢爲國君、張湛注云、昔昔、夜夜也、莊子天運篇、通昔不寐、釋文云、昔、夜也、其夕時亦謂之昔、故夕昔古通用、左氏春秋莊七年夏四月辛卯夜、恆星不見、穀梁夜作昔、云、日入至於星出謂之昔、楚辭大招注引小雅頍弁篇樂酒今昔、今本作夕、皆是也、周官腊人掌乾肉、鄭注云、腊之言夕也、義亦相近、闇者、祭義夏后氏祭其闇、鄭注云、闇昏時也、又禮器逮闇而祭、謂未明時也、呂氏春秋具備篇、使民闇行若有嚴刑於旁、高誘注云、闇夜也、暮之言冥漠也、字本作莫、說文、莫、日且冥也、從日在丼中、夕、莫也、從月半見、夜、舍也、天下休舍也、從夕亦省聲、召南行露箋云、夜莫也、是夕夜莫三字同義、

昒昧晻鼆冥也

昒之言荒忽也、說文、昒、尚冥也、漢書郊祀志昒爽、顏師古注云、未明之時也、司馬相如傳、昒爽闇昧、昒與

昒同。說文昒目冥遠視也，義亦相近。晻之言暗也。說文晻不明也。爾雅暗闇也。郭璞注云：暗然冥貌。中庸云闇然而日章。荀子不苟篇云：是姦人將以盜名於晻世者也。晻暗闇並通。䨿之言瞢瞢也。說文䨿冥也。

學⿱髟心寣⿱宀吾梗覺也

學⿱髟心寣⿱宀吾爲覺悟之覺，梗爲覺然正直之覺。學者，說文斅覺悟也。篆文作學。白虎通義云：學之爲言覺也，以覺悟所不知也。淮南子說山訓人不小學，不大迷。文子上德篇學作覺。⿱髟心寣聲義並同。說文寣臥驚也。廣韻云：⿰目歷一覺也。⿱宀吾與寣同，亦通作悟。梗之言剛也。爾雅梏、梗，直也。方言梗，覺也。緇衣引詩有梏德行，今詩作覺。毛傳云：覺，直也。覺與梏通。梗、覺一聲之轉。今俗語猶云梗直矣。

倚豎建封殖蒔置隑企起立也

倚者，說卦傳參天兩地而倚數。虞翻注云：倚，立也。蜀才作奇，義同。楚辭九辯云：澹容與而獨倚。封與建殖同意。傳言封建、封殖是也。殖、蒔、置聲近而義同。方言樹、植，立也。燕之外郊朝鮮洌水之間凡言置立者謂之樹植、又云、蒔殖立也、殖、與植通、跂企者、方言、跂、企、立也、東齊海岱北燕之郊、委痿謂之跂企、郭璞注云、脚躄不能行也、方言又云、隑、陭也、陭與倚聲相近、故倚隑俱訓爲立也、說文、企、舉踵也、古文作企、衛風河廣篇、跂予望之、企、企跂並同字、企、各本譌作企、今訂正、

侼怨愇像㥒忦悔吝懟憾很恨也

侼者、方言、侼、懟也、荀子不苟篇云、身之所長、上雖不知、不以侼君、侼、與侼通、愇者、班固幽通賦、違世業之可懷、曹大家注云、違、恨也、漢書敘傳作愇、無逸云、民否則厥心違怨、義亦與愇同、邶風谷風篇、中心有違、韓詩云、違、很也、很亦恨也、像者、說文、像、怨恨也、㥒忦者、方言、猜、忦、恨也、衆經音義卷十三云、猜、今作㥒、同、吝者、說文、吝、恨惜也、很、亦恨也、爾雅、閱、恨也、孫炎本作很、

品隁耕伻摶等㨫砡嫥嬪斷斑洒齊也

品者、檀弓云、品節斯、斯之謂禮、是品爲齊也、伻者、墨子小取篇云、侔也者、比辭而俱行也、說文、侔、齊等也

考工記輪人云、權之以眡其輕重之侔也、漢書司馬相如傳通作牟、竱者、說文竱、等也、齊語竱本肇末韋昭注與說文同、說文又云、劑、齊也、釋言云、專、齊也、義並與竱同、堌砡、婞婧者、玉篇堌、齊也、堌之言捆也、大射儀既拾取矢、捆之、鄭注云、捆、齊等之也、廣韻砡、齊頭皃、方言、婞婧、鮮好也、南楚之外通語也、鮮絜即整齊之意、故說卦傳云、齊也者、言萬物之絜齊也、列子力命篇釋文引字林云、婞、齊也、說文婧、齊也、荀子君道篇云、斗斛敦槩者、所以爲嘖也、嘖與婧通、說文又云、齻、齒相值也、字通作幘、定九年左傳晳幘而衣貍製、杜預注云、幘、齒上下相值也、釋名云、幘、嘖也、下齊眉嘖然也、又云、柵、嘖也、以木作之上平嘖然也、又云、冊、嘖也、敕使整嘖不犯之也、並聲近而義同、文選長笛賦重巘增石簡積頵砡、李善注引字林云、砡、齊也、李周翰注云、頵砡、石齊頭貌、頵砡與堌砡同、簡積與婞婧聲亦相近、斷者、說文斷、截也、斷與劑聲近而義同、今人狀物之齊曰斬齊、是其義也、𤤺音初六初角二反、玉篇𤤺、等也、齊也、漢書中屠嘉傳踧踖廉謹、顏師古注云、踧踖、持整之貌、後漢書中山簡王傳官騎百人稱娖前行、李賢注云、稱娖、猶齊整也、義並與垷同。今俗語猶謂整齊爲整垷，聲如捉。洒，音蘇典反。玉藻「受一爵而色洒如也」，鄭注云：「洒如，肅敬貌。」周語云：「姑洗，所以脩絜百物。」堯典「鳥獸毛毨」，傳云：「毨，理也，毛更生整理。」洒、洗、毨義並相近。

稟奉稟祿也

稟者，說文「稟，賜穀也」。中庸云：「既稟稱事。」粟者，史記伯夷傳云：「義不食周粟。」

諄憎誒毒病恀患勤癉苦也

諄憎誒毒者，方言「諄憎，所疾也。宋魯凡相疾惡謂之諄憎，若秦晉言可惡矣」。康誥「罔不憝」，傳云「人無不惡之者」，憝與諄聲近而義同。方言「㥦，憚也」，郭璞注云：「相畏憚也。」相畏憚，即相患苦，故諄憎又爲苦也。說文「俟，妎也，一曰毒也」，或作嫉。秦誓云「冒疾以惡之」，玉篇「誒，毒苦也」。誒、俟、嫉、疾並通，故疾又爲疾苦矣。周官醫師「聚毒藥以共醫事」，鄭注云：「毒藥，藥之辛苦者。」小雅小明篇云：「心之憂矣，其毒大苦。」病與疾同義，故爲苦也。呂刑云：「人極于病。」卷三云：「憎、畏、憚、病，難也。」又云：「畏、憝、患、憚、嫉、毒、憎，惡也。」釋言云：「毒，憎也。」此云諄、憎、誒、毒、病，忠、苦也，義竝相通。悏者，說文：悏，苦也。衆經音義卷十二引通俗文云：患愁曰悏。韓非子存韓篇云：秦之有韓，若人之有心腹之病也，虛處則悏然，若居濕地，著而不去，以極走則發矣。說文誃字注云：讀若心中滿該。義與苦竝相近。勩、瘽者，爾雅：勩、瘽，勞也。邶風谷風篇：既詒我肄。小雅雨無正篇：莫知我勩。毛傳竝訓爲勞。勞與苦同義。肄與勩通。勩各本作勩，乃隸書之譌，今訂正。說文：瘽，勞病也。小雅大東篇：哀我憚人。小明篇：憚我不暇。毛傳竝云：憚，勞也。釋文：憚，丁佐反。大雅雲漢篇：我心憚暑。釋文：憚，毛丁佐反，韓詩云：憚，苦也。憚與癉通，轉音則爲畏憚之憚，故鄭箋以憚暑爲畏暑，義得兩通也。

礦、梗、鞼、丁、亢、姜、羌，強也。

礦者，說文：獷，犬獷獷不可附也。文選齊故安陸昭王碑文：彊民獷俗。李善注引韓詩云：獷彼淮夷。漢書敘傳云：獷獷亾秦，滅我聖文。獷與礦通。大雅江漢篇：武夫洸洸。聲義亦相近也。梗之言剛也。方言：梗，猛也。韓趙之閒曰梗。楚辭九章：梗其有理兮。王逸注云：梗，強也。漢書王莽傳云：絳侯杖朱虛之鯁。鯁與梗通。丁者，史記律書云、丁者言萬物之丁壯也、白虎通義云、丁者強也、月令其日丙丁、鄭注云、夏時萬物皆炳然著見而強大、亢者、說文、健伉也、漢書宣帝紀、伉健習騎射、顏師古注云、伉、強也、史記秦始皇紀、適戍之衆、非抗於九國之師、漢書陳勝傳作亢、亢伉抗並通、亢與梗聲亦相近也、

眷顧對陽面首卬嚮也

面嚮爲面、首嚮爲首、禮言東西面南北面及北首東首皆是也、卬與仰通、

恮悈忦**慤質慬也**

恮者、說文、恮、謹也、謹與慬通、卷一云、悛、敬也、義與恮同、悈者、說文、悈、飾也、古通作戒、忦、曹憲音五介反、各本脫去忦字、其五介反之音遂誤入悈字下、考說文玉篇廣韻集韻類篇悈字俱不音五介反、說文、忦、五介切、玉篇五拜切、集韻類篇牛戒切、云、忦、慬也、五拜牛戒並與五介同音、今據以補正、慤者、說文、慤、謹也、質者、後漢書吳漢傳云、斤斤謹質、質形於體貌、

勑劼勃勖仂勤也 勑

勑者、下篇、勑、勤也、小雅小明篇、睠睠懷顧、亦殷勤之意也。劼者、廣韻、劼、用力也、玉篇引倉頡篇云、㚖仡仡也、㚖與劼聲近而義同。勖者、衆經音義卷一引埤倉云、勖、力作也、莊子天地篇云、搰搰然用力甚多、晏子春秋雜篇云、仡仡然不知厭、王襃聖主得賢臣頌云、勞筋苦骨、終日矻矻、竝字異而義同。仂者、衆經音義卷七引字書云、仂、勤也、古通作力、各本勤字誤在仂字之上、衆經音義卷一引廣雅、勖、勤也、集韻類篇竝引廣雅、勑、勤也、劼、勤也、勖、勤也、今據以訂正。勑者、說文、勑、勞勑也、爾雅、勞、來、勤也、大雅下武篇、昭茲來許、鄭箋云、來、勤也、史記周紀、武王曰、日夜勞來定我西土、墨子尚賢篇云、垂其股肱之力而不相勞來、皆謂勤也、孟子滕文公篇、放勳曰、勞之來之、亦謂聖人之勤民也、來與勑通、凡相恩勤亦謂之勑、小雅大東篇、職勞不來、毛傳云、來、勤也、正義云、以不被勞來爲不見勤、故采薇序云、杕杜以勤歸、即是勞來也、衆經音義卷十二、卷二十二竝引廣雅、勑、勤也、今本脫勑字

𥜽禳祰禱賕謝也、

𥜽者、說文、𥜽、數祭也、各本譌作橐、今訂正、禳者、說文、禳、磔禳祀除癘殃也、祰者、說文、祰、告祭也、禱者、說文、禱、告事求福也、賕者、衆經音義卷二十一引倉頡篇云、載請曰賕、字亦作作求、呂刑、惟貨惟來、釋文、來、馬本作求、云、有請賕也、漢書薛宣傳、賕客楊明、蕭該音義引韋昭注云、行貨財以有求於人曰賕、說文、賕、以財枉法相謝也、謝亦告也、晉灼注漢書張耳陳餘傳云、以辭相告曰謝、

廣雅疏證卷第四上

廣雅疏證卷第四下

高郵王念孫學

釋詁

砰磅硡磕㱿硠砏磤鍧鎗鍠錚玲瓏嘈啐聲也

砰者、文選潘岳藉田賦注引字書云、砰、大聲也、列子湯問篇云、砰然聞之若雷霆之聲、揚雄羽獵賦云、應駍聲、擊流光、張衡西京賦云、沸卉軿訇、思元賦云、豐隆軯其震霆兮、砰駍軯軿義同、磅者、玉篇、磅、石聲也、宋玉風賦云、飄忽淜滂、西京賦云、磅磕象乎天威、磅滂義同、硡者、玉篇、硡、石聲也、說文、宏、屋深響也、谷中響也、玉篇引字書云、吰、耳語也、又云、噌吰、市人聲也、颯、大風也、𧌒、蟲飛也、廣韻、鈜、金聲也、考工記梓人云、其聲大而宏、風賦云、耾耾雷聲、司馬相如長門賦云、聲噌吰而似鐘音、藉田賦云、鼓鞞硡隱以砰磕、竑字異而義同、磕者、說文、磕、石聲也、宋玉高唐賦云、巆震天之磕磕、司馬相如子虛賦云、礧石相擊、硠硠磕磕磕揚雄甘泉賦云登長平兮雷鼓磕磕與磕同合言之則曰研磑曰磕磕上林賦研磑訇磕司馬彪注云皆水聲也訇與磕聲近義同㲉者說文㲉擊空聲也徐鍇傳云謂器外無隙而內空擊之聲㲉然也玉篇鼛鼓聲也義與㲉同硠者說文硠石聲也思元賦云伐河鼓之磅硠釋名云雷如轉物有所硠雷之聲也砏者張衡南都賦砏汃輣軋李善注云波相激之聲也磤者釋訓云轠轠聲也衆經音義卷八引通俗文云雷聲曰磤召南云殷其靁枚乘七發云訇隱匈磕何晏景福殿賦云聲訇磤其若震並字異而義同合言之則曰砏磤衆經音義卷八引埤倉云砏磤大聲也楚辭九懷云鉅寶遷兮砏磤鍧者樂記云鐘聲鏗論語先進篇鏗爾舍瑟而作孔傳云鏗者投瑟之聲論衡說日篇云石質輕然說文䡩車䡩鍧聲也讀若論語鏗爾舍瑟而作鍧鏗䡩輕義同鎗者玉篇音楚庚切集韻又七羊切說文鎗鐘聲也瑲玉聲也小雅采芑篇八鸞瑲瑲釋文瑲本亦作鎗庭燎篇作將大雅烝民篇作鏘商頌烈祖篇作鶬並字異而義同合言之則曰鎗鎗樂記非聽其鏗鏘而已也史記樂書作鏗鎗聲義並同錥者玉篇胡觥切集韻又胡光切

說文、鍠、鐘聲也、瑝、玉聲也、喤、小兒聲也、爾雅、龤龤、樂也、方言、諻、音也、周頌執競篇云、鍾鼓喤喤、小雅斯干篇云、其泣喤喤、呂氏春秋自知篇云、鍾況然有音、馬融廣成頌云、鍠鍠鎗鎗、長笛賦云、錚鐄營嗃、並字異而義同、錚者、說文、錚、金聲也、琤、玉聲也、說苑雜言篇云、干將鏌鋣、拂鐘不錚、錚琤義同、玲瓏者、說文、玲、玉聲也、玲與瓏一聲之轉、說文、籠、笭也、笭之轉爲籠、猶玲之轉爲瓏、合言之則曰玲瓏、倒言之則曰瓏玲、班固東都賦、龢鑾玲瓏、李善注引埤倉云、玲瓏、玉聲也、范望注太元唐次三云、瓏玲、金玉之聲也、法言五百篇云、瓏玲其聲者、其質玉乎、釋訓云、鈴鈴、聲也、齊風盧令令、毛傳云、令令、纓環聲也、漢書天文志云、地大風動鈴鈴然、廣韻、𧮯、大聲也、義與玲瓏並相近、嘈者、王延壽夢賦云、雞知天曙而奮羽、忽嘈然而自鳴、又魯靈光殿賦、耳嘈嘈以失聽、李善注引埤倉云、嘈嘈、衆聲也、玉篇引埤倉云、嘈、耳鳴也、義與嘈同、哳者、嘈之轉也、荀子勸學篇云、問一而告二謂之囋、囋與哳同、合言之則曰嘈哳、長笛賦注引埤倉云、嘈哳、聲貌、張衡東京賦云、奏嚴鼓之嘈囐、周天大象賦云、河鼓進軍以嘈囋、長笛賦云、啾咋嘈啐、並字異而義同、

䬋䬐飂飆𩗴䬗䬄飍𩙣颸颺𩗯風也

䬋者、爾雅、北風謂之涼風、說文作䬋、同、邶風北風其涼、是也、又史記律書、涼風居西南維、月令孟秋之月涼風至、是也、䬐者、說文、䬐大風也、韓詩外傳云、天喟然而風、喟與䬐通、䬐之言喟喟也、說文、飂高風也、莊子齊物論篇、而獨不聞之翏翏乎、郭象注云、長風之聲也、呂氏春秋有始篇云、西方曰飂風、楚辭九歎云、秋風瀏以蕭蕭、左思吳都賦云、颲瀏颼飀、又云、覽飂風之颲瀏、並字異而義同、飆者、扶搖之合聲也、爾雅扶搖謂之猋、李巡注云、扶搖、暴風從下升上、故曰猋、猋、上也、月令云、猋風暴雨總至、吳子論將篇云、風飆數至、飆與猋通、𩗴之言忽也、說文、𩗴疾風也、宋玉風賦云、飄忽淜滂、淮南子覽冥訓云、縱矢躡風、追猋歸忽、張衡思元賦云、乘猋忽兮馳虛無、𩗴忽並通、䬗讀如鳥不獝之獝、說文、䬗小風也、䬄與䬗同、䬄讀如獸不狘之狘、廣韻、䬄小風也、飍之言肅肅也、楚辭七諫、商風肅而害生兮、王逸注云、肅急貌、思元賦云、迅猋潚其勝我兮、潚肅並與飍通、燕策云、風蕭蕭兮易水寒、蕭與肅古亦同聲也、飍亦飂也、語之轉耳、初學記引通俗文云、微風曰飈飀。劉逵蜀都賦注引離騷、溘飀風兮上征、又引班固注云、飀、疾也。馬融廣成頌云、靡飀風、陵迅流、飀者、廣韻作飀、直由切、風飀也、又徒刀切、大風也、颩者、玉篇、颩、小風也。

繕緻衲鞔靪絧茵鞲鞔襞補也　著

繕者、說文、繕、補也。月令云、繕囹圄。緻者、方言云、楚謂紩衣爲褸、秦謂之緻。又云、褸謂之緻。郭璞注云、襤褸緻結也。又云、襜褕以布而無緣、敝而紩之、謂之襤褸。自關而西謂之秖裯。其敝者謂之緻。注云、緻、縫納敝故之名。是緻爲補也。衲者、釋言云、紩、納也。納與衲通。亦作內。今俗語猶謂破布相連處爲衲頭。論衡程材篇云、納縷之工、不能織錦。漢書路溫舒傳上奏畏卻則鍛練而周內之。周內、謂密補其罅隙也。晉灼注以內爲致之法中、失之。鞔者、廣韻、鞔、鞔履也。又云、鞔連也。鞔與鞔同。靪者、廣韻音當經、都挺二切。說文、靪、補履下也。徐鍇傳云、今履底下以線爲結、謂之釘底、是也。案靪之言相丁著也。今俗語猶云補丁矣。茵者、說文、茵、以艸補缺也。各本茵訛作茵、集韻類篇竝有茵字、云以竹補缺也。則宋時廣雅本已訛作茵。凡從艸從竹之字、隸書往往訛溷、撰集韻者不知是正、因文生訓、而類篇已下諸書遂仍其誤、今據說文玉篇廣韻訂正、鞝者、廣韻、鞝、補履也、鞔者、玉篇、鞔、履具飾也、廣韻云、補鞔也、爾雅釋草釋文引字苑云、鞔苴履底著之言相丁著也、釋言云、著、納也、士喪禮記、冠六升、外縪、鄭注云、縪、謂縫著於武也、衆經音義卷二引廣雅、著、補也、今本脫著字、

擣溘倚放寄任附依也

擣者、方言、擣、依也、郭璞注云、謂可依倚之也、說文、海中往往有山可依止曰㠀、義與擣相近也、溘者、廣韻音口荅切、至也、依也、又苦盍切、船著沙也、義與依亦相近、溘、各本作溢、乃隸書之訛、衆經音義卷十九引廣雅、溘、依也、今據以訂正、

幾尼總紗糸紑絅麽微也

幾之言幾幾希也、繫辭傳云、幾者動之微、皋陶謨云、惟幾惟康、說文、僟、精詳也、嘰、小食也、司馬相如大人賦

云咀噍芝英兮嘰瓊華衆經音義卷九引字林云璣小珠也玉篇鐖鉤逆鋩也淮南子說林訓云無鐖之鉤不可以得魚方言云鉤自關而西或謂之鐖郭璞音微是凡言幾者皆微之義也尾者說文尾微也釋名與說文同云承脊之末稍微殺也史記律書云南至於尾言萬物始生如尾也堯典鳥獸孳尾史記五帝紀作微論語微生高漢書古今人表作尾尾微聲義竝同故古書以二字通用總紗糸絅細皆絲之微也總之言恍惚紗之言眇小也孫子算經云蠶所吐絲爲忽十忽爲秒總忽紗秒竝通說文秒禾芒也史記太史公自序間不容翲忽正義云翲當作秒秒禾芒表也忽一蠶口出絲也漢書敘傳造計秒忽劉德注云秒禾芒也忽蜘蛛網細者也皆微之義也顧命云眇眇予末小子僖九年左傳云以是藐諸孤方言眇小也又云杪小也凡木細枝謂之杪郭璞注云言杪梢也爾雅管小者謂之篎說文眇一目小也又云鷦鷯桃蟲也爾雅釋鳥注作鷦鷯周頌小毖篇肇允彼桃蟲拚飛維鳥毛傳云桃蟲鷦也鳥之始小終大者陸機疏云今鷦鷯是也鷦之[illegible]顛爲鷦鷯又爲鷦鷯皆小貌也文選長笛賦僬眇睢維李善注以僬眇

爲合目、睢維爲開目、是凡言眇者皆微之義也、糸者
說文、糸、細絲也、又云、覭、小見也、玉篇、糸覭並音亾狄
切、其義同也、紉之言蔑也、廣韻引倉頡篇云、紉、細也、
君奭、茲迪彝教文王蔑德、鄭注云、蔑、小也、正義云、小
謂精微也、逸周書祭公解、追學於文武之蔑、孔晁注
云、言追學文武之微德也、法言學行篇云、視日月而
知衆星之蔑也、仰聖人而知衆說之小也、卷二云、懱
小也、周語、鄭未失周典、王而蔑之、是不明賢也、韋昭
注云、蔑、小也、蔑與懱同、今人謂小視人爲蔑視、或曰
眇視、或曰忽視、義與總紗紉並同、法言先知篇云、知
其道者其如視忽眇緜作眪、忽眇緜卽總紗紉、故漢
書嚴助傳越人緜力薄材、孟康曰、緜、音滅、玉篇、瀎、面
小也、說文、䊳、麩也、方言、江淮陳楚之內謂木細枝爲
蔑、注云、蔑、小貌也、衆經音義卷十引埤倉云、篾、析竹
膚也、字通作蔑、顧命敷重蔑席、鄭注云、蔑、析竹之次
青者、玉篇、鸋、鸋雀也、亦通作懱、方言、桑飛自關而西
或謂之懱爵、注云、卽鷦鷯也、又名鷦鶯、懱言懱截也、
廣韻、礣尐、小也、礣尐與懱截同、卽鷦鷯之轉也、荀子
勸學篇、南方有鳥焉、名曰蒙鳩、楊倞注云、蒙鳩、鷦鷯
也、蒙亦蔑之轉、蒙鳩猶言蔑雀、爾雅、蠓、蠛蠓、文選甘

泉賦注引孫炎注云、蟲小於蚑、是凡言蔑者、皆微之義也、麼之言靡也、衆經音義卷七引三倉云、麼、微也、列子湯問篇、江浦之閒有麼蟲、張湛注云、麼、細也、鶡冠子道端篇云、任用幺麼、漢書敘傳、又況幺麼尚不及數子、鄭氏注云、麼、小也、文選作麼、李善注引通俗文云、不長曰幺、細小曰麼、方言、秦晉謂布帛之細者曰靡、靡與麼聲近而義同、

𩬤𩯭𩬂髽鶵斯䰋髻也

𩬤者、說文、𩬤、髻也、𩯭䯰者、說文、𩯭、屈髮也、方言云、幧頭偏者謂之𩯭帶、或謂之䯰帶、又云、覆結謂之幘巾、或謂之覆䯰、郭璞注云、䯰、亦結也、結與髻通、字或作䯰、又作紒、䯰、各本訛作𩬂、今訂正、髽者、說文、髽、喪髻也、士喪禮、婦人髽于室、鄭注云、髽者、去笄纚而紒也、髽之異於髻髮者、既去纚而以髮爲大紒、如今婦人露紒、其象也、太平御覽引禮記外傳云、髽者、開散之名也、鶵斯者、問喪、親始死、雞斯、鄭注云、雞斯、當爲笄纚、聲之誤也、親始死、去冠、三日、乃去笄纚括髮也、今時始喪者、邪巾貊頭、笄纚之存象也、士喪禮注云、始

縱、將斬衰者、笄纚、將齊衰者、素冠、婦人將斬衰者、去笄而纚、將齊衰者、骨笄而纚、士冠禮注云、纚今之幘梁、廣一幅、長六尺、以韜髮而結之、髼與髻同、二徐本說文皆有髼字、無髻字、髼字注云、簪結也、古拜切、徐鉉本髻字收入新附、云古通作結、此字後人所加、案曹憲云、說文髼即籀文髻字、太平御覽引說文云、髻結髮也、則是說文原有髻字、而髼即髻之重文、士冠禮將冠者采衣紒、鄭注云、紒結髮也、古文紒爲結、紒之或作結、猶髻之或作髼、今本說文髼字訓爲簪結、乃後人所改、徐鉉不察、反以髻字爲後人所加、誤矣、玉篇髻字注云、結髮也、髼字注云、同上、此皆本於說文、其下文云、說文古拜切、簪結也、則陳彭年等以誤本說文竄入者耳、髻各本譌作髺、今訂正、

𢿽、軭、𤗈、紉、咈、抮、狼、很、盭也

𢿽者、說文、𢿽、戾也、戾與盭通、𢿽與違通、餘見釋訓𢿽𢿽乖剌也下、軭者、說文、軭、車戾也、字通作匡、考工記輪人則輪雖敝不匡、鄭衆注云、匡、枉也、枉亦戾也、說文云、獸皮之韋、可以束枉戾、相違背、是也、管子輕重

甲篇云：「弓弩多匡輆者。」枉謂之匡，故正枉亦謂之匡。孟子滕文公篇云「匡之直之」，義有相反而實相因者，匡皆此類也。說文：「尢，尪，曲脛也。古文作尪。」尪與匡亦聲近義同。弧者，考工記輈人云：「輈欲弧而無折。」楚辭七諫云：「邪說飾而多曲兮，正法弧而不公。」王逸注云：「弧，戾也。」鹽鐵論非鞅篇云：「弧刺之鑿，雖公輸子不能善其枘。」漢書五行志注云：「睽孤，乖剌之意也。」孤與弧聲近義同。紉者，說文：「紉，繟繩也。」楚辭離騷「紉秋蘭以爲佩」，注云：「紉，索也。」顏師古注急就篇云：「索謂切撚之令緊也。」是抮戾之意也。咈者，說文：「咈，違也。」引微子「咈其耇長」。六二云「拂經于邱」。學記云「其求之也佛」。漢書五行志引京房易傳云「君臣故弼，茲謂悖」，亦字異而義同。抮者，玉篇音火典切，「引戾也」。方言：「軫，戾也。」郭璞注云：「相了戾也。江東音善。」考工記弓人「老牛之角紾而昔」，鄭眾注云：「紾讀爲抮縛之抮。」釋文：「紾，劉徒展反，許愼尙展反。」角絞縛之意也。孟子告子篇「紾兄之臂而奪之食」，趙岐注云：「紾，戾也。」音義：「紾，張音軫，又徒展切。」淮南子原道訓「扶搖抮抱羊角而上」，高誘注云：「抮抱，了戾也。抮讀與左傳『感而能眕』者同。」釋訓云：「軫、軳，轉戾也。」竝聲近而義同。狼戾，語之轉，說見卷三「狼、戾，很也」下。

也、

下、

肖似類鼎象也

鼎者、鼎象傳、鼎、象也、虞翻注云、六十四卦皆觀象繫辭、而獨於鼎言象何也、象事知器、故獨言象也、

繆㹻狡訬㲣獪也

繆者、方言、江湘之間謂獪爲繆、郭璞注云、恐㤘多智也、俗交反、刻子力命篇、繆㤘情露、釋文引阮孝緒文字集略云、恐㤘伏態貌、恐、與繆同、方言、膠詐也、涼州西南之間曰膠、義與繆亦相近、狡者、衆經音義卷三引方言云、凡小兒多詐而獪謂之狡猾、昭二十六年左傳云、無助狡猾、訬者、說文、訬、訬獪也、淮南子脩務訓、越人有重遲者而人謂之訬、高誘注云、訬、輕秒急疾也、漢書敘傳、江都訬輕、顔師古注云、訬謂輕狡也、㲣者、小雅巧言篇、躍躍㲣兔、毛傳云、㲣兔、狡兔也、

剖辟片胖半也

皆一聲之轉也。剖者，襄十四年左傳與女剖分而食之，杜預注云：中分爲剖。片、胖、半聲竝相近。說文：片，判木也，從半木。爾雅：革中絕謂之辨。孫炎注云：辨，半分也。又桑辨有甚梔。舍人注云：桑樹半有甚半無甚，名梔。釋文：辨，辨竝普遍反，與片同。說文：胖，半體肉也。士喪禮云：脂左胖。喪服傳云：夫妻胖合也。周官媒氏掌萬民之判，鄭注云：判，半也，主合其半成夫婦也。莊子則陽篇：雌雄片合。釋文：片，音判。義竝與胖同。

斞㪺斟酌也

斞者，小雅大東傳云：挹，斞也。賓之初筵篇：賓載手仇。鄭讀仇爲斞，斞謂手挹酒也。張衡思元賦：斞白水以爲漿。舊注云：斞，酌也。士冠禮注云：勺，尊斗，所以斞酒也。喪大記釋文云：斞，水斗也。引何氏隱義云：容四升。斞水斗謂之斞，猶酌酒斗謂之勺矣。㪺者，說文：㪺，酌也。斟酌，二姓也。孟子滕文公篇云：媒㪺之言。

曰欥惟每雖兮者其各而焉豈也乎些只詞也

曰者，說文：曰，詞也。欥，亦曰也，字或作聿，又作遹。班固幽通賦：聿中龢爲庶幾兮。曹大家注云：聿，惟也。漢書敘傳作欥爾雅釋親注引詩聿嬪于京今詩作曰穆天子傳注云聿猶曰也毛鄭詩考正云案文選注引韓詩薛君章句云聿辭也春秋傳引詩聿懷多福杜注云聿惟也皆以爲辭助詩中聿曰遹三字互用禮記引詩聿追來孝今詩作遹七月篇曰爲改歲釋文云漢書作聿角弓篇見晛曰消釋文云韓詩作聿傳於歲聿其莫釋之爲遂於聿脩厥德釋之爲述箋於聿來胥宇釋之爲自於我征聿至聿懷多福遹駿有聲遹求厥寧遹觀厥成遹追來孝並釋之爲述今考之皆承明上文之辭耳非空爲辭助亦非發語辭而爲遂爲述爲自緣辭生訓皆非也說文欥詮詞也從欠從曰曰亦聲引詩欥求厥寧然則欥蓋本文省作曰同聲假借用聿與遹詮詞者承上文所發端詮而釋之也𩟧各本訛作飢今訂正說文𩟧讀若載鄘風載馳傳云載辭也箋云載之言則也石鼓文𩟧西𩟧北𩟧與載通故文選西征賦注引薛君韓詩章句云載設也廣雅釋言篇云𩟧設也周頌載見傳云載始也玉篇云𩟧始也各當爲若若隸或作吝與各相近故訛而爲各若而一聲之轉皆語詞也些者爾雅釋詁釋文云些語餘聲也見楚辭招魂只者說文只語

己詞也、各本詞下脱去也字、遂與下條相連、今補正、

沬既央極已也

沬者、楚辭離騷、芬至今猶未沬、招魂、身服義而未沬、王逸注竝云、沬、已也、引之云、魏風陟岵篇、行役夙夜無已、行役夙夜無寐、寐讀爲沬、無沬、猶無已也、央者、小雅庭燎篇、夜未央、鄭箋云、猶言夜未渠央也、釋文引説文云、央、已也、楚辭九歌、爛昭昭兮未央、注與説文同、極者、唐風鴇羽篇、曷其有極、鄭箋云、極、已也、

夷吞泯絶止消威滅也

威者、小雅正月篇、赫赫宗周、褒姒威之、毛傳云、威、滅也、

恬倓憺怕怗募宋呐安情靜也

恬者、方言、恬、靜也、説文、恬、安也、吴語、今大夫老而又不自安恬逸、韋昭注與方言同、倓、與下憺字通、字或作澹、又作淡、衆經音義卷九引倉頡篇云、倓、恬也、説文、倓、安也、又云、憺、安也、莊子刻意篇云、淡而無爲、知

北遊篇云、澹而靜乎、荀子仲尼篇云、倓然見管仲之能足以託國也、淮南子俶眞訓云、蜂蠆螫指而神不能憺、怕者、說文、怕、無爲也、老子云、我獨泊兮其未兆、司馬相如子虛賦云、怕乎無爲、憺乎自持、泊與怕通、合言之則曰恬倓、曰憺怕、老子云、恬澹爲上、莊子胠篋篇云、恬惔無爲、揚雄長楊賦云、人君以澹泊爲德、怗者、玉篇、怗、服也、靜也、僖四年公羊傳云、卒怗荊、怗與怗通、募音亡客亡各二反、說文、募、宋也、爾雅、貉、靜也、又云、貉、嘆、安、定也、郭璞注云、皆靜定、爾雅又云、漠、清也、小雅楚茨篇、君婦莫莫、毛傳云、莫莫言清靜而敬至也、大雅皇矣篇、貊其德音、傳云、貊靜也、昭二十八年左傳引詩作莫、云、德正應和曰莫、杜預注云、莫然清靜、莊子知北遊篇云、漠而清乎、呂氏春秋胥時篇云、飢馬盈廄嘆然、未見芻也、並字異而義同、宋者、方言、宋、靜也、江湘九疑之間謂之宋、說文、宋、無人聲也、或作誄、又云、啾、嘆也、繫辭傳云、寂然不動、楚辭大招云、湯谷宋只、並字異而義同、合言之則曰宋募、說文、嘆、啾、嘆也、募、外宋募也、文選西征賦注引薛君韓詩章句云、寂、無聲之貌也、寞、靜也、莊子天道篇云、寂漠無爲、楚辭九辯云、蟬宋漠而無聲、淮南子俶眞訓云、虎無寂寞竝字異而義同、㘨猶怗也、語有輕重耳、玉篇乃儉切云、㘨莫也、漢書嚴助傳、天下攝然人安其生、孟康注云、攝、安也、音奴協反、莊子田子方篇、慹然似非人、郭象注云、寂泊之至也、釋文慹乃牒反、㘨攝慹聲義竝同、莊子達生篇、輒然忘吾有四枝形體也、釋文輒、丁協反、輒然不動貌、輒與㘨亦聲近義同情者、白虎通義云、情者陰之化也、情者靜也、靜與情古同聲而通用、表記文而靜、靜或爲情、逸周書官人解情忠而寬、大戴禮情作靜、

靈子醫覡巫也

靈子巫覡者、楚語云、民之精爽不攜貳者、而又能齊肅衷正、其知能上下比義、其聖能光遠宣朗、其明能光照之、其聰能聽徹之、如是則明神降之、在男曰覡、在女曰巫、故巫謂之靈、又謂之靈子、說文、靈、靈巫、已玉事神、從玉霝聲、或從巫作靈、春秋楚屈巫字子靈、楚辭九歌東皇太一、靈偃蹇兮姣服、王逸注云、靈謂巫也、易林小畜之漸云、學靈三年、仁聖且神、明見善祥、吉喜福慶、九歌雲中君、靈連蜷兮既留、一本靈下

有子字、王注云、靈子、巫也、楚人名巫爲靈子、覡、或通作擊、荀子王制篇云、相陰陽、占祲兆、鑽龜陳卦、主攘擇五卜、知其吉凶妖祥、傴巫跛擊之事也、然則古者卜筮之事、亦使巫掌之、故靈筮二字竝從巫、楚辭離騷、命靈氛爲余占之、靈氛、猶巫氛耳、醫亦爲巫者、周官巫馬之職云、掌養疾馬而乘治之、相醫而藥攻馬疾、海內西經開明東有巫彭巫抵巫陽巫履巫凡巫相、夾窫窳之尸、皆操不死之藥以距之、郭璞注云、皆神醫也、引世本云、巫彭作醫、楚辭天問、化爲黃熊、巫何活焉、王逸注云、言鮌死後化爲黃熊、入於羽淵、豈巫醫所能復生活、是醫即巫也、巫與醫皆所以除疾、故醫字或從巫作毉、管子權修篇云、好用巫毉、太元元數篇云、爲毉、爲巫祝、

攙捈㓹鑯鋭也

攙者、說文、鑱、鋭也、太元元錯云、鋭鏩鏩、竝與攙通、又說文、㔍、剽也、剽、砭刺也、史記扁鵲傳、鑱石撟引、索隱云、鑱謂石針也、廣韻、鑱、吳人云犂鐵也、說文、毚、喙也、史記天官書云、天欃長四丈、末兌、漢書司馬相如傳

嶄巖參差、顏師古注云、嶄巖、尖銳貌、是凡言攙者皆銳之義也、銳兌古通用、捈者、廣韻作捈、音他胡切、銳也、玉篇捈音丈加切、刺木也、淮南子兵略訓云、剡摲筡、奮擔钁、以當脩戟強弩、筡與捈通、剡者、爾雅剡、利也、說文云、銳利也、小雅大田篇以我覃耜、毛傳云、覃、利也、繫辭傳剡木爲楫、剡木爲矢、釋文竝作掞、聘禮記云、圭剡上寸半、史記蘇秦傳云、錟戈在後、竝字異而義同、剡訓爲銳、故又訓爲鋒、晉語大喪大亂之剡也、不可犯也、韋昭注云、剡、鋒也、鑯者、爾雅山銳而高嶠、郭璞注云、言鑯峻、集韻引廣雅作鋟、今俗作尖、

拔拂搒挾押翼輔也

拂、讀爲弼、爾雅、弼、輔、俌也、郭璞注云、俌猶輔也、管子四稱篇云、近君爲拂、拂遠君爲輔、拂與弼同、搒者、說文搒、所已輔弓弩也、楚辭九章有志極而無旁、王逸注云、旁、輔也、旁與搒通、搒輔一聲之轉、搒之轉爲輔、猶方之轉爲甫、旁之轉爲溥矣、挾者、說文、挾、押持也、古通作夾、押者、孟子公孫丑篇、相與輔相之、丁公著本相作押、音甲、引廣雅、押、輔也、押挾聲相近、

臿、䁟、𥺊、暘、糳、掭、擣、敫、𥹩、硰，舂也

臿者，說文：臿，舂去麥皮也。䁟者，說文：䴭，擣也。䴭與䁟同。𥺊暘者，衆經音義卷十五、十八引埤倉、集韻並云：𥺊暘，舂米也。又引通俗文云：擣細曰𥺊。又云：今中國言𥺊暘，江南言暘舂。暘與𥺊同。齊民要術云：𥺊米欲細而不碎。𥺊、䁟、暘三字並從日，各本訛從目，惟影宋本不訛。糳者，桓二年左傳：粢食不糳。杜預注云：不精糳。楚辭九章云：糳申椒以爲糧。糳與鑿通。說文：糲，米一斛舂爲八斗也。九章算術云：糲米一斛舂爲九斗曰糳，粺，毀也。毀糲米一斛舂爲八斗也。糲或作糲。大雅召旻箋云：米之率，糲十，粺九，糳八，侍御七。所稱粺糳之率，與說文互異，未知孰是。掭，玉篇、廣韻並作𢷾，云：杵擊也。集韻引廣雅亦作𢷾。擣者，說文：舂，擣粟也。擣與擣通。敫者，說文：敫，小舂也。𥹩者，說文：𥹩，數祭也，從示毳聲，讀若舂麥爲𥹩之𥹩。廣韻：𥹩，重擣也。𥹩各本訛作𥹩，今訂正。硰者，說文：舂已復擣之曰硰。

巉、巖、岑、崟、嶺、峗、嶕、嶢、阢、嵬、嵯、峩、𡽱、巏、𡾋、巢、陗、㠠、卬、亢、喬

厲尊極競弼尚崪高也

巉巗者說文嶃礹石也小雅漸漸之石維其高矣釋文漸亦作嶄說文巖岸也礹石山也小雅節南山篇維石巖巖釋文巖本或作巗合言之則曰巉巗說文㠑嶃㠑也宋玉高唐賦云登巉巖而下望兮楚辭招隱士云谿谷嶄巖兮水橫波淮南子覽冥訓云熊羆匍匐邱山嶃巖竝字異而義同轉之為岑崟方言岑高也爾雅山小而高岑孟子告子篇可使高於岑樓趙岐注云岑樓山之銳嶺者釋名云岑嶃也嶃嶃然也岑嶃聲相近故呂氏春秋審已篇齊攻魯求岑鼎韓非子說林篇作讒鼎讒與岑皆言其高也說文厰崟也又云嵒山巖也讀若吟僖三十三年穀梁傳云必於殽之巖唫之下楚辭招隱士嶔岑碕礒兮上音欽下音吟又云狀貌崯崯兮峨峨張衡思元賦云冠嵒嵒其映蓋兮合言之則曰岑崟說文崟山之岑崟也漢書司馬相如傳岑崟參差史記作岑巖揚雄傳玉石嶜崟蕭該音義引字詁云嶜古文岑字張衡南都賦幽谷嶜岑上音岑下音吟嵇康琴賦崔嵬岑嵓竝字異而義同又轉之為嶙峋高唐賦云盤岸嶙峋

楚辭九歎登巑岏以長企兮王逸注云巑岏銳山也又轉之爲嶕嶢莊子徐無鬼篇君亦必無盛鶴列於麗譙之閒郭象注云麗譙高樓也釋文譙本亦作嶕漢書趙充國傳爲塹壘木樵顔師古注云樵與譙同謂爲高樓以望敵也方言嶢嶢高也說文堯高也垚土之高也揚雄甘泉賦云直嶢嶢以造天兮河東賦云陟西岳之嶢崝合言之則曰嶕嶢揚雄解難云泰山之高不嶕嶢則不能浡滃雲而散歊烝班固西都賦云內則別風之嶕嶢說文焦嶢山高皃竝字異而義同阢者說文兀高而上平也阢石山戴土也劉逵注蜀都賦云五阢山名一山有五重枉越巂引揚雄蜀都賦五屼參差馬融長笛賦云兀嶁狋鬵郭璞江賦云巨石硉矹以前卻竝字異而義同嵬者說文嵬高不平也爾雅石戴土謂之崔嵬周南卷耳篇云陟彼崔嵬崔嵬亦巉巗之轉也又轉之爲嵯峩說文嵯山皃又云硪石巖也列子湯問篇云峩峩兮若泰山合言之則曰嵯峩說文峨嵯峨也楚辭招隱士云山氣巃嵸兮石嵯峨爾雅崒者厜㕒釋文厜㕒本或作嵳峩竝字異而義同嵯之言嶘嵯峨之言岭峨楚辭七諫俗岭峨而嵾嵯嵾嵯岭嵯峨爲疊韻岭峨嵾嵯爲雙

聲也、顛顤者、顛與顤同義、說文、顤、高長頭也、王延壽魯靈光殿賦云、嶢顤顟而睽睢、玉篇、顤、高大也、衛風碩人篇碩人敖敖、毛傳云、敖敖、長貌、莊子大宗師篇警乎其未可制也、郭象注云、高放而自得、爾雅、狗四尺爲獒、說文、驍、駿馬也、並與顤同義、合言之則曰顛顤、說文、顤顟、高也、顤顟猶顤顟耳、嶚巢者、南都賦嶕嶢嶚刺、李善注引廣雅、嶚、高也、左思魏都賦云、劍閣雖嶚憑之者蹶、小爾雅、巢、高也、爾雅、大笙謂之巢、鄉射禮疏引孫炎注云、巢、高大也、說文、鳥在木上曰巢、又云、轈澤中守草樓也、轈、兵車高如巢以望敵也、引成十六年左傳、楚子登轈車、合言之則曰嶚巢、淮南子俶眞訓、譬若周雲之龍蓯遼巢、義與嶚巢同、嶚各本訛作遼、今訂正、附者、說文、附、附婁也、楚辭九章云、上高巖之附岸兮、揔亦附也、方俗語有輕重耳、邵者、說文邵、高也、法言脩身篇云、公儀子董仲舒之才之邵也、水經汝水注云、汝水枝津東南逕召陵縣故城南、春秋左傳齊桓公師于召陵、卽此處也、闞駰曰、召者高也、其地邱墟、井溪數丈、故以名焉、義亦與邵同、邵各本訛作邵、今訂正、亢者、王肅注乾卦云、窮高曰亢、厲者、說文、巁、巍高也、讀若厲、厲與巁通、呂氏春秋恃君覽、厲人主之節、高誘注云、厲、高也、淮南子脩務訓云、故君子厲節亢高以絕世俗、劉歆遂初賦云、天烈烈以厲高兮、厲與高同義、故臯陶謨庶明厲翼、史記夏紀作衆明高翼矣、𡾰者、方言、𡾰、高也、義見卷一𡾰上也下、凡高與大義相近、高謂之岑、猶大謂之岑也、高謂之嵬、猶大謂之巍也、高謂之𡾰、猶大謂之奘也、崒者、玉篇音才律切、字亦作崪、爾雅云、崒者厜㕒、說文云、崒、危高也、小雅十月之交篇、山冢崒崩、漸漸之石篇、維其卒矣、鄭箋竝云、崒者、崔嵬、崔嵬崒危厜㕒聲相近、皆巉巖之轉也、

敵侑儷諧耦也

侑者、說文、侑、耦也、或作侑、儷者、成十一年左傳、鳥獸猶不失儷、杜預注云、儷、耦也、字通作麗、又作離、

州郡縣道都鄙邦域邑國也

州郡縣者、說文、州、疇也、各疇其土而生之也、州有二名、堯典肇十有二州、禹貢九州攸同、此大名也、周官大司徒、五黨爲州、鄭衆注載師引司馬法云、王國二百里爲州、僖十五年左傳、晉作州兵、此小名也、釋名

云、縣、懸也、懸係於郡也、郡、羣也、人所羣聚也、郡縣、縣亦有大小之分、逸周書作雒解云、方千里、分以百縣、縣有四郡、哀二年左傳、上大夫受縣、下大夫受郡、是古者縣大而郡小也、秦策云、宜陽、大縣也、名爲縣、其實郡也、史記秦始皇帝紀、分天下以爲三十六郡、則郡爲大而縣小矣、又周官小司徒四甸爲縣、遂人五鄙爲縣、齊語三鄉爲縣、皆同名而異制、道者、漢書百官公卿表云、縣有蠻夷曰道、都鄙者、鄭注大宰云、都鄙公卿大夫之采邑、王子弟所食邑也、釋名云、國城曰都、都者、國君所居、人所都會也、鄙、否也、小邑不能遠通也、小司徒云、四縣爲都、鄭衆注載師引司馬法云、王國四百里爲縣、五百里爲都、莊二十八年左傳云、凡邑有宗廟先君之主曰都、無曰邑、鄘風干旄傳云、下邑曰都、周官遂人云、五酇爲鄙、大宰注云、都之所居曰鄙、蔡仲之命正義引馬融注云、鄙、邊邑也、邦者、大宰注云、大曰邦、小曰國、邦之所居亦曰國、釋名云、邦、封也、封有功於是也、邦、各本訛作邨、衆經音義卷二十三引廣雅、邦、域、國也、今據以訂正、域者、說文、或、邦也、或作域、又云、國、邦也、或域國三字、古聲義竝同、邑者、釋名云、邑、猶俋也、聚會之稱也、

攜挈撣提也

撣者、說文、撣、提持也、讀若行遲驒驒、大元盛次五云何福滿肩提禍撣撣與提一聲之轉、釋器篇云、𢐗謂之彈、𢐗之轉爲彈、猶提之轉爲撣矣、

刭刑刻剄也

刭者、吳語、自刭於客前、賈逵注云、刭剄也、刑者、說文、刑剄也、

副𠜾削剜也

副者、廣韻、副、剜裏也、𠜾者、玉篇、𠜾、副也、案副𠜾皆空中之意、說文、窬、穿木戶也、一曰空中之皃、孟康注漢書石奮傳云、東南人謂鑿木空中如曹謂之腧、廣韻、𠜾窬腧三字竝度侯反、義相近也、削、亦剜也、聲有侈斂耳、說文、削、挑取也、一曰窐也、

孕重妊娠身媰傳也

重者、大雅大明箋云、重、懷孕也、說苑脩文篇云、取禽不麛卵、不殺孕重者、漢書匈奴傳云、孕重墮殰、妊者、說文、妊、任身褢孕也、漢書律歷志云、懷任於壬、任、與妊通、娠者、爾雅、娠、震動也、郭璞注云、娠、猶震也、說文、娠、女妊身動也、引哀元年左傳后緡方娠、大雅生民篇、載震載夙、震與娠通、身、亦身也、大明篇大任有身毛傳云、身、重也、㛮者、說文、嫛㛮、婦人妊身也、引梓材至于㛮婦、今本作屬、廣韻引崔子玉清河王誄云、惠於㛮孀、

偁獎譝與孝譽也

偁、通作稱、稱、譝、亦稱也、方俗語轉耳、莊十四年左傳繩息嬀以語楚子、杜預注云、繩、譽也、釋文、繩、說文作譝、逸周書皇門解云、是陽是繩、呂氏春秋古樂篇云、周公旦乃作詩以繩文王之德、竝與譝通、與、猶譽也、鄭注射義云、譽、或爲與、孝者、孝經正義引援神契云、卿大夫行孝曰譽、謂言行布滿天下、能無怨惡、遐邇稱譽是榮親也、

皃奕裕心形容也

皃奕形爲容皃之容、裕爲寬容之容、皃與貌同、奕說見釋訓奕奕容也下、

𢉖𣩵潛匿恩遁隱也

𢉖者、方言、𢉖、隱也、晉語有秦客𢉖辭於朝、韋昭注與方言同、文十八年左傳服讒蒐慝、服虔注云、蒐隱也、蒐與𢉖通、𢉖訓爲隱、故隈隱之處謂之𢉖、楚辭九歎步從容於山𢉖、王逸注云、𢉖、隈也、

僭忒𠂆𢇁差也　跌

僭忒者、大雅抑傳云、僭、差也、爾雅、爽、差也、爽、忒也、郭璞注云、皆謂用心差錯不專一、洪範云、民用僭忒、𠂆者、舛之差也、楚辭七諫、吾獨𠂆而無當兮、王逸注云、𠂆、差也、九歎云、君𠂆𠂆差而屏之、𢇁者、襄二十六年左傳、自上以下、降殺以兩、謂有等差也、卷二云、𢇁、殺、衰、減也、衰差一聲之轉、𢇁與降通、跌之言失也、莊二十二年公羊傳、肆者何、跌也、何休注云、跌、過度也、穀梁傳跌作失、賈子容經篇云、胻不差而足不跌、漢書

朱博傳云、常戰栗不敢蹉跌、蹉與差、跌與失、竝字異而義同、說文、胅、骨差也、讀若跌、跌、差也、義亦與跌同、文選解嘲注、思元賦注、竝引廣雅、跌、差也、衆經音義卷八卷十卷十二卷十七、引廣雅竝與文選注同、今本脫跌字、

頪圖彫刻畫也

頪者、周語、成公之生也、其母夢神規其臀以墨、韋昭注云、規畫也、規與頪通、

斁繹結冬終也

繹者、說文、斁、終也、白虎通義云、九月謂之無射何、射者、終也、言萬物隨陽而終、當復隨陰而起、無有終已也、揚雄劇秦美新云、神歇靈繹、漢書天文志注引張衡靈憲云、神歇精斁、斁繹射竝通、爾雅、射、厭也、厭與終義亦相近、凡事終、謂之繹、終其事亦謂之繹、莊氏寶琛曰、周書梓材、若作室家、既勤垣墉、惟其塗塈茨、若作梓材、既勤樸斲、惟其塗丹雘、正義云、二文皆言斁、即古塗字、賈昌朝羣經音辨、斁、塗也、音徒、引書

惟其斁塈茨、集韻類篇引書斁丹雘、又和懌先後迷民用懌先王受命、釋文云、懌、字又作斁、下同、據此知古文尚書塗與懌皆作斁、斁塈茨、斁丹雘、用斁先王受命、此三斁字、皆當訓爲終、正義云、室器皆云其事終、而考田止言疆畎、不云刈穫者、田以一種、但陳脩終至收成、故開其初、與下二文互也、義本明白、以作僞傳者讀斁作塗、又傳會以爲斁即古塗字、明其終而塗飾之、然賴此尚知古文本作斁字、後人從傳妄改耳、塈茨丹雘爲室器之終事、以喻周自文武受命、至作洛毖殷、致刑措、而後其事克終、故曰皇天既付中國民越厥疆土于先王、又曰用斁先王受命也、大誥曰、予曷其不于前寧人圖功攸終、又曰、予曷敢不終朕畝、皆此意也、其和斁先後迷民之斁、則當訓爲悅、作僞傳者、幷下句斁字亦訓爲悅、失之矣、冬者、說文、冬、四時盡也、從仌夂聲、夂、古文終、廣韻引尸子云、北方爲冬、冬、終也、漢書律歷志云、冬、終也、物終藏乃可稱、

揄墮剝兌脫也

揄墮者、方言、揄、揹、脫也、又云、輸、挩也、郭璞注云、挩、猶脫耳、枚乘七發云、揄弃恬怠、輸寫淟濁、揄輸聲相近、輸脫聲之轉、輸之轉爲脫、若愉之轉爲悅矣、揹與墮通、剝者、馬融注剝卦云、剝、落也、

酺醵吸湑飲也

酺者、說文、酺、王德布大飲酒也、周官族師春秋祭酺鄭注云、酺者、爲人物烖害之神也、族無飲酒之禮、因祭酺而與其民以長幼相獻酬焉、周頌良耜正義云、因祭酺聚錢飲酒、故後世聽民聚飲、皆謂之酺、史記趙世家云、置酒酺五日、文穎注漢書文帝紀云、漢律三人以上無故羣飲酒、罰金四兩、今詔橫賜得令會聚飲食五日也、醵者、禮器、周禮其猶醵與、鄭注云、合錢飲酒爲醵、王居明堂之禮、仲秋乃命國醵、史記貨殖傳云、歲時無以祭祀進醵飲食、湑者、說文、湑、飲歃也、杜子春注小宗伯讀湑爲泯、今俗語猶謂嘗酒爲泯矣、

師尹工官也

師者、周官天官注云、師猶長也、地官注云、師之言帥也、爾雅、尹、正也、郭璞注云、謂官正也、周頌臣工傳云、工、官也、洪範云、師尹惟日、皋陶謨云、庶尹允諧、堯典云、允釐百工、

日室經實也

月令正義引春秋元命包云、日之爲言實也、說文、日、實也、大陽之精不虧、從口一象形、又云、室、實也、釋名云、物實滿其中也、檀弓云、經也者、實也、喪服注云、經之言實也、明孝子有忠實之心

貫增誄累也

貫者、說文、毌穿物持之也、貫、錢貝之貫也、樂記云、纍纍乎端如貫珠、楚辭離騷貫薜荔之落蘂、王逸注云、貫、累也、累與纍同、字亦作絫、又作壘、增與層通、說見上文增壘重也下、誄有二事、一爲累累德行以求福、一爲累德行以作諡、說文、誄、諡也、又云、讄、禱也、纍功德以求福也、引論語述而篇讄曰禱爾于上下神祇、或作讄、今本作誄、周官大祝、六辭六曰誄、鄭衆注云、誄謂積累生時德行以賜之命、或曰論語所謂誄曰禱

爾于上
下神祇、

承受詔繼也

受者、序卦傳云、故受之以屯、是受爲繼也、詔者、樂記
詔繼也、鄭注云、詔之言紹也、言舜能繼紹堯之德、正
義引元命包云、舜之時、
民樂其紹堯業、故曰韶、

趠殊撥絶也

趠者、漢書孔光傳云、非有踔絶之能、班固典引云、冠
德卓絶、字竝與趠通、殊者、昭二十三年左傳云、斷其
後之木而弗殊、漢書宣帝紀、骨肉之親、粲而不殊、顏
師古注云、殊、絶也、撥者、大雅蕩篇、本實先撥、鄭箋云、
撥、猶
絶也、

護戸挾護也

護者、春秋繁露楚莊王篇云、湯之時、民樂其救之於
患害也、故曰護、護者、救也、白虎通義云、湯曰大護者、

言湯承衰、能護民之急也、護、與頀通、戶者、說文、戶、護也、釋名云、所以謹護閉塞也、挾者、上文云、挾、輔也、方言、挾、護也、郭璞注云、扶挾將護、

巛儒𢤱㥨茹柔也

巛者、雜卦傳云、乾剛坤柔、坤與巛同、儒者、說文、儒、柔也、鄭氏禮記目錄云、儒之言優也、柔也、能安人、能服人也、𢤱㥨者、前卷一云、𢤱、㥨、善也、說文、㥨、牛柔謹也、玉篇云、尚書㥨而毅、字如此、周官大宰以㥨萬民、鄭注云、㥨猶馴也、𢤱、謹㥨、擾並通、史記夏紀、擾而毅、徐廣云、擾、一作柔、漢書高祖紀、劉累學擾龍、應劭云、擾音柔、擾、柔聲義並同、故古亦通用、茹者、楚辭離騷、攬茹蕙以掩涕兮、王逸注云、茹、柔耎也、韓子亡徵篇云、柔茹而寡斷、漸溼之地、謂之沮洳、義亦相近也、

䆍秿秎秾穧也

秿者、玉篇音扶甫切、廣韻又芳無博孤二切、卷一云、秿、積也、聘禮記注云、筥、穧名也、今淶易之間刈稻聚

把、有名爲筥者、疏云、筥、穧、一也、卽今人謂之一鋪兩鋪也、管子度地篇云、當秋三月利以疾作收斂毋留、一日把、百日餔、餔鋪並與稍通、秎者、廣韻、秎、穧穫也、管子立政篇云、歲雖凶旱、有所秎穫、說文、穧、穫刈也、一日撮也、撮、卽所云刈稻聚把也、

礴磃罰伐也

磃之言擿也、說文、擿、投也、史記律書云、北至於罰、罰者、言萬物氣奪可伐也、卷一云、罰、伐、殺也、

輝般旋還也

輝者、廣韻、輝、還也、車相避也、般者、爾雅、般、還也、郭璞注引左傳般馬之聲、今傳作班、僖三十二年公羊傳注云、班者、布徧還之辭、班、與般通、

明覺赫發也

明、義見上文發明也下、覺者、說文、覺、發也、史記高祖紀云、趙相貫高等事發覺、赫者、方言、赫、發也、

辭長㔉挾也

皆未詳、

謨摹劇刑也

摹者、說文、模、法也、摹、規也、摹與模通、劇者、鼎九四、其刑渥、虞翻注云、渥、大刑也、釋文、渥、鄭作劇、周官司烜氏、邦若屋誅、鄭注云、屋、讀如其刑劇之劇、劇誅、謂所殺不於市而以適甸師氏者也、漢書敘傳、底劇鼎臣、服虔注云、周禮有屋誅、誅大臣於屋下、不露也、劇渥屋並通、

糞緼熅饒也

糞之言肥饒也、月令云、可以糞田疇、緼者、方言、蘊、饒也、蘊、與緼通、漢書禮樂志郊祀歌、后土富媼、昭明三光、張晏注云、坤爲母、故稱媼、吳仁傑兩漢刊誤補遺云、媼、當作熅、熅字書煴有兩義、一曰、烟煴、天地合氣也、一曰、鬱煙也、富媼以烟煴爲義、后土富媼、昭明三光、卽賈誼新書天清澈地富熅物時孰之意、晏說謬矣、

案吳所引賈誼新書見禮篇、媪、熅、竝與緼通、史記高祖紀索隱、引班固泗水亭長碑媪字作溫、集韻媪、烏浩切、又於云烏昆委隕紆問四切、是媪與熅緼同聲、后土富媪、地富熅、皆謂生殖饒多也、吳說富熅以烟熅爲義、亦未確、漫者、說文、漫、澤多也、引小雅信南山篇既漫既渥、今本作優、說文、優、饒也、義與漫同、

緈際期會也

緈者、衞風淇奧篇、會弁如星、鄭箋云、會、謂弁之縫中、集韻云、縫或省作緈、

宿次低弛舍也

宿次低爲舍止之舍、弛爲放舍之舍、低、讀爲氐、說文、氐、至也、漢書尹翁歸傳、盜賊所過抵、顏師古注云、抵、歸也、所經過及所歸投也、文帝紀注云、郡國朝宿之舍在京師者、率名邸、邸、至也、言所歸至也、義竝與氐同、弛者、周官大司徒云、舍禁弛力、弛、與弛同、

程見經示也

程者、文選南都賦、致飾程蠱、李善注引廣雅、程、示也、示、各本譌作不、今訂正、

隸申倈伸也 引

隸者、僖三十年左傳、又欲隸其西封、杜預注云、隸、申也、申、與伸通、字又作信、說文、申、神也、七月陰氣成體自申束也、吏巳餔時聽事、申旦政也、神與伸亦同義、故風俗通義引傳曰、神者申也、倈者、繫辭傳云、往者詘也、來者信也、來、與倈通、說文、𤼷、引也、引與伸同義、𤼷與倈古亦同聲、引者、漢書律歷志云、引者信也、文選長笛賦注引廣雅、引、伸也、今本脫引字、

佻抗絓縣也

佻抗者、方言、佻、抗、縣也、趙魏之間曰佻、自山之東西曰抗、燕趙之郊、縣物於臺之上謂之佻、郭璞注云、了佻、縣物貌、丁小反、今俗語謂縣物爲弔、聲相近也、絓者、楚辭九章、心絓結而不解兮、王逸注云、絓、縣也、文選潘岳悼亡詩注引廣雅作挂、

韞匵裝包𢡱裹也

韞者、論語子罕篇、韞匵而藏諸、鄭注云、韞、裹也、𢡱亦韞也、下文云、𢡱、韏也、廣韻云、𢡱、裹相著、

扜搷對揚也

扜搷者、方言、扜、搷、揚也、郭璞注云、謂播揚也、卷一云、弙、瞋、張也、弙與扜、瞋與搷聲義竝相近、扜、各本訛作扜、今訂正、對者、大雅江漢篇云、對揚王休、

奏箋袠詔箣條記敕標諫檄書也

奏者、獨斷云、凡羣臣上書於天子者、有四名、一曰章、二曰奏、三曰表、四曰駮議、說文、奏、進也、箋者、說文、箋、表識書也、表者、釋名、下言於上曰表、思之於內、表施於外也、詔者、獨斷云、天子命令、一曰策書、二曰制書、三曰詔書、四曰戒書、詔、誥也、釋名、詔、照也、人暗不見宜則有所犯、以此照示之、使昭然知所由也、箣者、說文、冊、符命也、諸矦進受於王也、古文作箣、通作策、聘禮記云、百名以上書於策、不及百名書於方、獨斷云、

策者簡也其制長二尺短者半之其次一長一短兩編下附記者釋名記紀也紀識之也漢書蕭望之傳云鄭朋奏記望之後漢書班固傳注云奏進也記書也敕即所謂戒書也釋名敕飭也使自警飭不敢廢慢也諫通作刺釋名書稱刺書以筆刺紙簡之上也檄者說文檄尺二書也漢書高祖紀注云以木簡爲書長尺二寸用徵召也

元良餑餽䠷䟃堅長也

元良爲長長幼之長餑餽爲消長之長䠷䟃堅爲長短之長爾雅元良首也首亦長也乾文言云元者善之長也司馬法天子之義篇云周曰元戎先良也齊語云四里爲連連爲之長十連爲鄉鄉有良人是良與長同義婦稱夫曰良人義亦同也餑者孟子告子篇云孛然而生是浡爲生長之貌也浡與餑通說文𡖅草木𡖅孛之皃孛與餑亦同義餽者剝彖傳云君子尚消息盈虛消息即消長也孟子告子篇是其日夜之所息趙岐注云息長也息與餽通䠷之言佻佻然也鄭衆注周官校人云馬二歲曰駒三歲曰駣駣䠷

竝音徒晧反、其義同也、镺之言夭夭然也、左思吳都賦、卉木镺蔓、李善注引廣雅、镺、長也、禹貢、厥草惟夭、馬融注云、夭、長也、義與镺同、淮南子主術訓、奇材佻長而干次、文子上義篇佻作夭、佻與镺、夭與镺、亦同義、堅者、逸周書謚法解云、堅、長也、

剶、刵、割、鬋、𢧵也、髡

剶刵割鬋竝見卷一刵割𢧵鬋剶斷也下、鬋、各本皆作𦓶、鬋、隸變作𦓶、因譌而爲𦓶、今訂正、髡者、說文、髡鬄髮也、衆經音義卷二引廣雅、髡、𢧵也、今本脫髡字、

札、鱗、檢、甲也、

札、各本譌作禮、段氏若膺云、成十六年左傳蹲甲而射之、徹七札焉、太元元掜云、比札爲甲、是甲謂之札也、札譌作礼、故又譌作禮、今依段說訂正、檢、謂檢柙也、說文、柙、檢柙也、法言君子篇、蠢迪檢押、李軌注云檢押、猶隱括也、續漢書五行志注引杜林疏云、檢柙其姦宄、柙押竝與甲通、

孝倘九究也

孝者、孝經正義引援神契云、士行孝日究、當須能明審資親事君之道、是能榮親也。倘者、書大傳云倘者成也。成與究同義。九者、說文、九、陽之變也、象其屈曲究盡之形。列子天瑞篇云、一變而爲七、七變而爲九、九者、變之究也。易乾鑿度同。漢書律歷志云、黄鍾律長九寸、九者、所以究極中和、爲萬物元也。

補合梋丸完也

合各本譌作令。今訂正。梋者、白虎通義云、梋之爲言完、所以藏尸令完全也。

襲倚因也　階

襲者、中庸、下襲水土、鄭注云、襲、因也。字通作習。金縢乃卜三龜、一習吉、傳云、習、因也。倚者、說文、倚、依也。依與因同義。階者、小雅巧言篇、職爲亂階、繫辭傳、亂之所生也、則言語以爲階、階、猶因也。文選博弈論注引廣雅、階、因也。今本脫階字。

盈滿繹充也

繹者、方言、繹、尋、長也、周官之法、度廣爲尋、幅廣爲充、說文、充、長也、是充與繹同義、太元少上九云、密雨溟沐、潤于枯瀆、三日射谷、射谷謂滿谷也、射、與繹通、

奸奆敢犯也

各本犯下皆有衄字、案衄字本在下條、與奸奆敢犯四字、義不相近、後人傳寫誤入此條耳、考奸奆敢三字、諸書皆訓爲犯、不訓爲衄、又衆經音義卷九卷二十三竝引廣雅、陵、犯也、陵與奆通、今據以訂正、奸通作干、敢者、廣韻、敢、犯也、吳語云、吳王夫差使行人奚斯釋言於齊曰、寡人帥不腆吳國之役、遵汶之上、不敢左右、唯好之故也、敢、犯也、言不犯君之左右、唯有恩好之故也、韋昭注以爲不敢左右暴掠齊民、失之、

衄柴屢銋𢡃聳也

衄者、釋名云、辱、衄也、言折衄也、卷一云、折、聳、詘、曲也、上文云、聳、詘也、是衄與聳皆詘折之意、故衄訓爲聳

也、釋言云、䋏、縮也、縮與韏亦同義、展者、說文、展、轉也、展轉亦詘曲之意、䋏、各本訛作飪、玉篇廣韻集韻類篇竝引廣雅、䋏、韏也、淮南子脩務訓云、劒或齧缺卷䋏、卷與韏通、今據以訂正、㦎者、上文云、㦎、裹也、裹與韏一聲之轉、

愼必蔵敕也

愼者、說文、愼、謹也、謹與敕同義、必、當爲毖、酒誥厥誥毖庶邦庶士、汝劼毖殷獻臣、汝典聽朕毖、皆戒敕之意也、蔵者、方言、蔵、敕、戒、備也、文十七年左傳寡君又朝以蔵陳事、賈逵注云、蔵、勑也、勑與敕通、

粈雜鎦廁也

粈者、說文、粈、雜飯也、鄉射禮記云、以白羽與朱羽糅、糅與粈同、雜者、文選秋興賦注引倉頡篇云、廁、雜也、鎦者、楚辭天問、九州安鎦、王逸注云、鎦、廁也、

廣汜撰素博也

揲者楚辭招魂結撰至思王逸注云撰猶博也素者方言素廣也

踦際邉㢞㫄䁠偏脅方也

踦之言偏倚也爾雅馬前左足白踦說文踦一足也又云掎偏引也襄十四年左傳云譬如捕鹿晉人角之諸戎掎之成二年公羊傳相與踦閭而語何休注云門閉一扇開一扇一人在外一人在內曰踦閭是凡言踦者皆在㫄之義也說文輢車㫄也義亦與踦同㢞䁠二字說見卷一䁠㢞方也下㢞各本譌作庄今訂正脅者說文脅兩膀也襄二十三年左傳賈逵注云軍左翼曰啟右翼曰胠釋文胠徐音脅司馬彪注莊子胠篋篇云從㫄開爲胠義並與脅同方亦㫄也大射儀云下曰留上曰揚左右曰方士喪禮注云今文㫄爲方

觸冒搪敹衝揬也

搪者後漢書桓帝紀云水所唐突唐突與搪揬通敹者衆經音義卷三引三倉云敹撞也卷十四引字苑

云、棖、觸也、謝惠連祭古冢文、以物棖撥之、李善注云、南人謂以物觸物爲棖、敞棖、竝與敹通、搵者、說文、搵、突也、玉篇引倉頡篇云、顧相抵觸也、義與搵相近、文選風賦、搵堁揚塵、李善注引廣雅、搵、突也、今本脫搵字、

刻窮歉宂貧也

歉者、襄二十四年穀梁傳云、一穀不升謂之嗛、韓詩外傳作鎌、廣雅釋天作歉、竝字異而義同、宂者、說文、宂、貧病也、引周頌閔予小子篇、煢煢在宂、今本作疚、釋文、疚、本又作宂、大雅召旻篇、維昔之富、不如時、維今之疚、不如茲、釋文、疚、字或作宂、宂與富對言、是宂爲貧也、

災炭⿰火節𦘺⿰火曹炪也

災者、釋名云、火所燒滅之餘曰烖、烖與災同、⿰火節者、管子弟子職篇、堲之遠近、乃承厥火、尹知章注云、堲、謂燭盡、堲、與⿰火節通、盡與𦘺通、字亦作燼、又作藎、說文、𦘺、火餘木也、方言、自關而西秦晉之間、炊薪不盡曰藎、

大雅桑柔篇、具禍以燼、釋文云、本亦作盡、各本㶳訛
作㶳、今訂正、熸者、說文、熸、焦也、衆經音義卷九引倉
頡篇云、熸、燒木餘也、
灺者、說文、灺、燭㶳也、

爊煾煨㷾熅也

爊者、漢書楊惲傳、烹羊炰羔、顏師古注云、炰、毛炙肉
也、即今所謂爊也、齊民要術作𩞁魚脯法云、草裹泥
封、塘灰中爊之、說文、鏕、溫器也、鏕與爊、溫與熅、並同
義、今俗語猶云爊肉矣、煾者、說文、衮、炮炙也、㠯微火
溫肉也、卷二云、衮、爚也、衮與煾同、煨者、說文、煨、盆中
火也、衆經音義卷四引通俗文云、熱灰謂之塘煨、秦
策云、蹈煨炭、今俗語猶謂塘火爲煨、爊煾煨熅、皆
一聲之轉也、㷾者、玉篇、㷾、炢、火煨也、㷾與㷾同、

歕噼咽哯呁㖇欲歐㱿吐也

歕者、玉篇、歕、口含物歕散也、莊子秋水篇云、噴則大
者如珠、小者如霧、噴與歕同、哯者、說文、哯、不嘔而吐
也、廣韻云、小兒歐乳也、㱿者、說文、㱿、歐皃也、引哀二
十五年左傳君將㱿之、徐鍇傳云、心惡未至於歐、因

㲉出之也、

埳𢉖䫲陷也

埳者、說卦傳云、坎、陷也、坎釋文云、坎、本亦作埳、京劉作欿、並字異而義同、䫲、各本譌作𦗀、說文、䫲、目陷也、集韻引廣雅、䫲、陷也、今據以訂正、埳䫲陷聲並相近、

庸資由以用也

庸由以一聲之轉、盤庚云、弔由靈、

懠慅秋愁也

懠者、方言、濟、憂也、陳楚或曰濟、濟與懠聲近而義同、慅者、陳風月出篇、勞心慅兮、釋文云、慅、憂也、重言之則曰慅慅、義見釋訓、玉篇慅音蘇勞切、史記屈原傳、離騷者、猶離憂也、騷與慅亦同義、秋者、春秋繁露陽尊陰卑篇云、秋之爲言猶湫湫也、湫湫者、憂悲之狀也、慅、秋愁聲並相近、

朦厖穰豐也

朦厖者、方言、朦、厖、豐也、自關而西秦晉之閒、凡大貌謂之朦、或謂之厖、豐、其通語也、小雅大東篇、有饛簋飧、毛傳云、饛、滿簋貌、義與朦相近、朦、各本訛作曚、今訂正、爾雅、厖、大也、商頌長發篇、爲下國駿厖、毛傳云、厖、厚也、義竝與豐通、穰者、商頌烈祖篇云、豐年穰穰、

楷由品式也

楷者、老子云、知此兩者亦楷式、各本訛作揩、今訂正、由者、王風君子陽陽傳云、由、用也、爾雅、式、用也、方言、由、式也、義竝相通、品者、漢書宣帝紀云、品式備具、

晩殿背戾負也

負與背古聲相近、故皆訓爲後、明堂位、天子負斧依、鄭注云、負之言背也、爾雅、邱背有邱爲負邱、

蔫菸婑葾也

皆一聲之轉也、蔫者、說文、蔫、菸也、大戴禮用兵篇、草木殤黃殤、與蔫同、菸者、說文、菸、婑也、楚辭九辯云、葉菸邑而無色兮、又云、形銷鑠而瘀傷、瘀與菸同、婑者、說文、婑、病也、小雅谷風篇云、無木不萎、萎與婑亦同、衆經音義卷十云、今關西言菸、山東言蔫、江南言婑、葱者、玉篇云、敗也、萎葱也、說文、瞀、目無明也、宣十二年左傳、目於眢井而拯之、釋文引字林云、眢、井無水也、唐風山有樞篇、宛其死矣、毛傳云、宛、死貌、義與葱竝相近、

沃錞堪輖⿱執車[illegible]低也

錞者、說文、錞、矛戟柲下銅鐏、引秦風小戎篇厹矛沃錞、字亦作鐓、曲禮、進戈者前其鐏、後其刃、進矛戟者前其鐓、鄭注云、銳底曰鐏、取其鐏地、平底曰鐓、取其鐓地、高誘注淮南子說林訓云、錞讀頓首之頓、皆低下之意也、輖⿱執車者、說文、輖、重也、⿱執車、抵也、抵與低通、士喪禮記、志矢一乘、軒輖中、鄭注云、輖、摯也、小雅六月篇、如輊如軒、毛傳云、輊、摯也、考工記輈人、大車之轅摯、鄭注云、摯、輖也、淮南子人閒訓云、置之前而不⿱執車

鎋之後而不軒軽蟄摯並通前頓謂之蹎義與蟄亦相近也蜩卽蟄之轉也字通作周春秋宋公孫周字子高取相反之義也韓非子說林篇鳥有周周者重首而屈尾將欲飲於河則必顚屈尾則後易卬重首則前易俯故有周周之目矣蹢者說文蹢下首也周官大祝辨九𢷎一曰稽首稽與蹢同經傳通作稽

寄旅𨙸客也　羇寄

寄者衆經音義卷四引字林云寄客爲寄字通作僑韓非子亡徵篇云羇旅僑士衆經音義又引廣雅羇旅寄客也卷十六引廣雅寄寄客也卷二十二引廣雅寄旅羇客也今本脫羇寄二字

象狄鞮閒詵諜郅置行李關驛也

皆傳驛之義也方言譯傳也郭璞注云傳宣語也爾雅馹遽傳也注云皆傳車驛馬之名玉篇云驛譯也二者皆取傳遞之義故皆謂之驛象狄鞮者周官大行人七歲屬象胥諭言語協辭命鄭衆注云象胥譯官也大戴禮小辨篇云傳言以象反舌皆至王制五方之民言語不通嗜欲不同達其志通其欲東方曰

寄、南方曰象、西方曰狄鞮、北方曰譯、鄭注云、皆俗間之名、依其事類耳、鞮之言知也、今冀部有言狄鞮者、呂氏春秋慎勢篇云、凡冠帶之國、舟車之所通、不用象譯狄鞮、方三千里、淮南子齊俗訓、雖重象狄騠、不能通其言、高誘注云、象狄騠譯也、騠與鞮通、閒諜者、爾雅閒俔也、郭注云、左傳謂之諜、今之細作也、說文諜、軍中反閒也、大戴禮千乘篇云、以中情出、小曰閒、大曰諜、卷三云、誽閒覗也、誽字亦作偵、同、閒諜之人、以此國之情告於彼國、故亦謂之驛也、郵置者、說文、郵、竟上行書舍也、驛置騎也、孟子公孫丑篇云、速於置郵而傳命、行李者、僖三十年左傳、行李之往來、杜預注云、行李、使人也、正義引周語、行理以節逆之、賈逵注云、理吏也、小行人也、理與李通、行李所以傳命、關所以通往來、故皆謂之驛、

廣雅疏證卷第四下

廣雅疏證卷第五上

高郵王念孫學

釋詁

央極中也

洪範云、建用皇極、

駭驚起也

息歸返也

說見卷二息返歸也下、

奉貢獻也

鼎幔閹也

說見卷二幎、幔覆也下。冪、與幎通。幔、各本譌作慢。今訂正。闇、通作奄。說文、奄、覆也。

令召靚也

說見卷二招命靚召呼也下。

乾元天也

儀招來也

方言、儀、來也。陳潁之閒曰儀。

差薄致也

差、與誘同。薄、說見卷一薄至也下。至、與致通。

循率述也

搵抐擩也

說見卷四、擩、各本譌作攜、今訂正、

班秩序也

娋犯侵也

玉篇、娋、小娋侵也、趙策云、稍稍蠶食之、稍、與娋通、楚辭九歌、不寖近兮愈疏、王逸注云、寖、稍也、寖、一作侵犯、各本譌作祀、今訂正、

詑諴謍也

皆謂調戲也、說見卷四諴調也下、

僮莫稚也

爾雅云、雉之莫子爲鷚

鞁䩬䩑也

皸、說文作跼、云、瘃足也、漢書趙充國傳手足皸瘃、文穎注云、皸、坼裂也、莊子逍遥遊篇宋人有善爲不龜手之藥者、釋文云、龜、徐舉倫反、向云、拘坼也、龜與皸聲近義同、皵、曹憲音舄、皵之言錯也、爾雅釋木、棤、皵、郭璞注云、謂木皮甲錯、西山經、䍽羊、其脂可以已腊、郭注云、治體皴腊、腊與皵通、集韻皵又音錯、考工記弓人、老牛之角紾而昔、鄭衆注云、昔讀爲交錯之錯、謂牛角觕理錯也、北山經帶山有獸焉、其狀如馬、一角有錯、注云、言角有甲錯、義並與皵同、皽之言麤也、玉篇廣韻並音麤、皽皵一聲之轉、釋名云、齊人謂草屨曰搏腊、搏腊猶把鮓、麤貌也、荆州人曰麤、腊與皵、麤與皽、並同義、

搣、播、搖也

搣見卷一搖撼動也下、搣與撼同、論語微子篇、播鼗武、孔傳云、播、搖也、

仍、重、再也

鎮、綏、撫也

羸胶瘠也

胶、與瘦同、

課揣試也

說文、課、試也、管子七法篇云、成器不課不用、不試不藏、方言、揣、試也、郭璞注云、揣度試之、

㨗敢亟也

㨗、與捷同、

曼莫無也

小爾雅、曼、無也、法言寡見篇云、曼是爲也、五百篇云、行有之也、病曼之也、皆謂無爲曼、文選四子講德論、空柯無刃、公輸不能以斲、但懸曼矰、蒲苴不能以射、曼亦無也、李善注訓爲長、失之、曼莫無一聲之轉、猶覆謂之幔、亦謂之幕、亦謂之幠也、漢書西域傳罽賓國以金銀爲錢、文爲騎馬、幕爲人面、張晏曰、錢文面

作騎馬形，漫面作人面目也。如淳曰：幕音漫。師古曰：無幕，即漫耳。無勞借音。今所呼幕皮者，亦謂其平而無文也。案幕字如淳音漫，師古音莫，而同訓爲無文，猶曼與莫之同訓爲無也。任氏幼植釋繒云：說文縵，繒無文也。管子霸形篇：君何不發虎豹之皮文錦以使諸侯，令諸侯以縵帛鹿皮報。左氏成五年傳：乘縵，注：車無文。是凡物之無文者謂之縵，義與曼同也。

㓶剄斫也

㓶見卷一㓶斷也下。剄與⿰巠斤同。

䰞鬺餁也

䰞，經傳通作亨，說見卷三䰞餁熟也下。鬺，說文作⿱羊䰞，云：煮也。漢書郊祀志：皆嘗鬺亨上帝鬼神。顏師古注云：鬺亨，一也。鬺亨，煮而祀也。引韓詩采蘋曰：于以鬺之，唯錡及釜。毛詩鬺作湘，云：湘，亨也。䰞鬺湘聲近義同。䰞音式羊反，⿱羊䰞音普衡反。各本䰞譌作⿱羊䰞，今訂正。

土吐瀉也

太平御覽引春秋元命包云、土之爲言吐也、說文云、土、地之吐生物者也、又云、吐、寫也、釋名云、吐、瀉也、故楊豫以東謂瀉爲吐也、瀉與寫通、

糗䵂食也

說見卷八麨麰謂之䵂及糗糇糒也下、䵂、各本譌作䵂今訂正、

夗專簙也

簙、通作博、各本皆作夗專轉也、下條圍棊弈也、作圍棊簙奕也、案簙與弈異事、不得訓簙爲弈、方言、簙、吳楚之閒或謂之夗專、是夗專爲簙之異名、方言注云、夗、音於辯反、專、音轉、是廣雅專下轉字、乃曹憲之音、此因轉字誤入正文、校書者又誤謂夗專之訓爲轉、遂移簙字入下條耳、今訂正、

圍棊弈也

泚溅測也

皮膚剝也

說見卷三剝膚皮離也下。

山龍彰也

皋陶謨、日月星辰山龍華蟲作會、宗彝藻火粉米黼黻絺繡。傳云、黼若斧形、黻爲兩己相背。爾雅、黼黻、彰也。郭璞注與書傳同。案爾雅以彰訓黼黻、乃通釋經傳中黼黻之事、非專釋十二章之黼黻也。爾雅又云、袞、黻也。直訓袞爲黻、明非十二章之黻矣。考工記說畫繢之事云、青與赤謂之文、赤與白謂之章、白與黑謂之黼、黑與青謂之黻、五采備謂之繡。祭義云、遂朱綠之、元黃之、以爲黼黻文章。是黼黻與文章同義、故云、黼黻彰也。若山龍非五色相次之名、不得直訓爲彰。此云、山龍、彰也、蓋效爾雅而失其義矣。

調譀也

說見卷四
諏調也下、

戊秀茂也

漢書律歷志云、豐楙於戊、鄭注月令云、戊之言茂也、四時之閒萬物皆枝葉茂盛、茂、與楙通、

鄉救也

未詳、

㣲竊淺也

說文、竊、淺也、爾雅釋鳥、夏扈竊元、秋扈竊藍、冬扈竊黃、棘扈竊丹、昭十七年左傳正義云、竊元、淺黑也、竊藍、淺青也、竊黃、淺黃也、竊丹、淺赤也、又爾雅釋獸、虎竊毛謂之虦貓、魋如小熊、竊毛而黃、大雅韓奕傳云、貓、似虎淺毛者也、

鬩戰鬭也

說文、鬩、鬭也。孟子梁惠王篇、鄒與魯鬩、趙岐注云、鬩、鬭聲也。音義引劉熙注云、鬩、構也、構兵以鬭也。字亦作鬩。呂氏春秋慎行篇、崔杼之子相與私鬩。高誘注云、鬩、鬭也。鬩讀近鴻緩氣言之。大雅召旻篇、蟊賊內訌、鄭箋云、訌、爭訟相陷人之言也。義與鬩相近。

隅陬角也

廉柧棱也

鄭注鄉飲酒禮云、側邊曰廉。說文、柧、棱也。衆經音義卷十八引通俗文云、木四方爲棱、八棱爲柧。字通作觚。

僃晐咸也

此方言文也。樂記、大章、章之也、咸池、僃矣。史記樂書僃矣作僃也。餘見卷二晐僃也下。

奇尤異也

敖放妟也

莊子庚桑楚篇、蹍市人之足、則辭以放驁、郭象注云、稱己脫誤以謝之、釋文引廣雅、驁妟也、驁與敖通、亦作傲、荀子勸學篇、未可與言而言、謂之傲、可與言而不言、謂之隱、不觀氣色而言、謂之瞽、傲、謂妟言也、論語云、言未及之而言謂之躁、躁、亦妟也、

貶費損也

焚燎燒也

燀爨炊也

說文、燀、炊也、昭二十年左傳、燀之以薪、杜預注與說文同、釋文云、燀、然也、燀然聲相近、然火謂之燀、故炊亦謂之燀、周語、火無災燀、韋昭注云、燀、焱起皃、

譠訑詑也

譊與佞通、諓、各本譌作諛、今訂正、

拂掐搏也

說文、拂、過擊也、卷三云、掐、搏、擊也、

懲㥄忞也

忞與彣通、亦通作刈、堯典、五流有宅、五宅三居、王制正義引鄭注云、宅、讀曰咤、懲刈之器、謂五刑之流皆有器懲刈、史記五帝紀作五流有度、度㥄宅咤竝聲近而義同、

枚箇凡也

方言、枚、凡也、昭十二年左傳、南蒯枚筮之、杜預注云、不指其事、汎卜吉凶、正義云、或以爲汎卜吉凶、謂枚雷總卜、禮云、無雷同、是總衆之辭也、今俗語云、枚雷卽其義、哀十六年傳、王與葉公枚卜子良以爲令尹、注云、枚卜、不斥言所卜以令龜、是枚爲凡也、方言、箇、枚也、郭璞注云、謂枚數也、字或作个、特牲饋食禮、俎

釋三个、鄭注云、个、猶枚也、今俗言物數有若干个者、此讀然、是箇與枚同義、

毅距困也

皆未詳

遷徙移也

忕愼懼也

說文、忕、愓也、引吳語于其心忕然、今本作戚然、韋昭注云、戚、猶愓也、戚字蓋傳寫之誤、廣韻云、忕、意愼忕也、管子弟子職篇云、顏色整齊、中心必式、式與忕聲義相近、卷四云、愼、恐也、懼、亦恐也、玉篇懼、心動也、方言、蛩烘、戰慄也、荊吳曰蛩烘、蛩烘、又恐也、並與愼懼聲近義同、

廩治也

廩、曹憲讀爲稟、廩稟二字、諸書皆無訓爲治者、治蓋給字之譌、說文、稟、賜穀也、漢書文帝紀、吏稟當受鬻

者、顏師古注云、稟、給也、蘇武傳廩食不至、注云、無人給飤之、

磃沰磓也

廣韻、磓、落也、玉篇、沰、落也、磃沰磓一聲之轉、卷四云、石、搥、擿也、磃、伐也、石沰搥磓擿磃聲義竝相近、廣韻太平御覽引廣雅磓作碓、

移脫遺也

移爲遺與之遺、脫爲遺失之遺、漢書武帝紀、受爵賞而欲移賣者、無所流貤、應劭注云、貤、音移、言無所移與也、移貤聲義竝同、

專齊也

說見卷四𨍭齊也下、

溳漘淖也

說文、溍、多汁也、又云、涸、溍泥也、淮南子原道訓、甚淖而溍、高誘注云、溍、亦淖也、饘粥多瀋者謂之溍、兵略訓云、道之浸洽、溍淖纖微、無所不在、衆經音義卷十一引通俗文云、和溏曰淖、鄭注士虞禮記云、淖、和也、

眞是此也

諸書無訓眞爲此者、各本眞字皆書作真、真是此也、當是直此是也之譌、直爲是、正之是、此爲如是之是、說文、是、直也、是其證矣、或曰、當作直是正也、說文、直、正見也、正、是也、

將⿰巨豦帥也

⿰巨豦、古通作渠、史記田叔傳、取其渠率二十人、率與帥通、

⿰歹人澌也

太平御覽引春秋說題辭云、⿰歹人之爲言澌、精爽窮也、說文、⿰歹人、澌也、人所離也、鄭注檀弓云、消盡爲澌、

龍光寵也

鄭注師卦云、寵、光燿也、小雅蓼蕭篇、爲龍爲光、毛傳云、龍、寵也、周頌酌篇、我龍受之、鄭箋云、龍、寵也、龍寵聲相近、故古人以二字通用、昭十二年左傳引蓼蕭詩龍光作寵光、商頌長發篇、何天之龍、箋云、龍、當作寵、師象傳、承天寵也、王肅本作龍、

蔿譌譁也

皆謂變化也、說見卷三譁蔿匕也下、匕、與化通、

涕泣淚也

跧匍匐也

說見卷三匍跧伏也下、伏、與匐通、各本跧下俱有跓字、段氏若膺云、跓與匍匐之義不相近、廣雅釋詁、跧、伏也、曹憲音壯拳反、文選魯靈光殿賦、狡兔跧伏於柎側、李善音壯孿切、玉篇音莊孿切、廣韻音莊緣切、廣雅跧下跓字、當是反語之上一字、譌爲正文也、案廣雅釋言篇內、無連舉三字解之者、跓非正文甚明、

今從段說刪、

昭睛謓也

昭、各本譌作昭、今訂正、廣韻引字林云昭睛、不悅目皃、說文、謓、恚也、

猜阻疑也

閔二年左傳、是服也、狂夫阻之、杜預注云、阻、疑也、

霤䨤霖也

說文、霤、久雨也、又云、涵、水澤多也、涵與霤義相近、說文、涔、漬也、漬、久雨涔漬也、淮南子主術訓、時有涔旱災害之患、高誘注云、涔、久雨水潦也、涔與䨤同、爾雅云、久雨謂之淫、淫謂之霖、霖淫涔、古聲亦相近也、方言、潛、涵、沈也、沈謂之涵、亦謂之潛、猶久雨謂之霤、亦謂之䨤也、

賀皆嘉也

說文、賀、㠯禮物相慶嘉也、嘉與賀古同聲而通用、覲禮、予一人嘉之、鄭注云、今文嘉作賀、晉語、賀大國之襲於已、說苑辨物篇賀作嘉、皆是也、嘉皆一聲之轉、字通作偕、小雅魚麗曰、維其嘉矣、又曰、維其偕矣、賓之初筵曰、飲酒孔嘉、又曰、飲酒孔偕、偕亦嘉也、解者多失之、

易與如也

皆一聲之轉也、宋定之云、繫辭傳易者象也、象也者、像也、像卽如似之意、引之云、論語賢賢易色、易者如也、猶言好德如好色也、二說竝通、易訓爲如、又有平均之義、下文云、如、均也、爾雅、平、均、易也、是易如與平均同義、方言、易、始也、郭璞注云、易代更始也、義近於鑿、廣雅之訓、多本方言、此條訓易爲如、而釋詁始也一條內不載易字、疑張氏所見本始作如也、襄二十六年左傳引夏書曰、與其殺不辜、寧失不經、凡經傳言與其者、皆謂如其也、閔元年左傳、猶有令名、與其及也、史記集解引王肅注云、雖去猶可有令名、何與其坐而及禍也、何與、猶何如也、秦策云、秦昭王謂左右曰、今日韓魏孰與始強、對曰、弗如也、王曰、今之如

耳魏齊、孰如孟嘗芒卯之賢、對曰弗如也、孰與循孰如也、班固東都賦云、僻界西戎、險阻四塞、脩其防禦、孰與處乎土中、平夷洞達、萬方輻湊、秦嶺九嵕、涇渭之川、曷若四瀆五嶽、帶河泝洛、圖書之淵、曷若猶孰與也、漢書匈奴傳、今匈奴上下山阪、出入溪澗、中國之馬弗與也、弗與猶弗如也、與如若亦一聲之轉、與訓爲如、如又有相當之義、襄二十五年左傳、申鮮虞與閭邱嬰乘而出、行及弇中、將舍、嬰曰、崔慶其追我、鮮虞曰、一與一、誰能懼我、杜預注云、弇中狹道也、道狹雖衆無所用、案與猶當也、言狹道之中、一以當一、雖衆無所用也、下文云、崔慶之衆不可當也、當亦與也、二十四年傳云、大國之人、不可與也、與亦當也、宋衞策云、夫宋之不足如梁也、寡人知之矣、高誘注云、如當也、是與如皆訓爲當也、

恑覆反也

班固幽通賦、變化故而相詭兮、曹大家注云、詭反也、大戴禮保傅篇、左右之習反其師、賈子傅職篇反作詭、漢書武五子傳云、詭禍爲福、史記李斯傳云、今高有邪佚之志、危反之行、詭危竝與恑通、說文、恑變也、

變、亦反也、

䆝覆索也

爾雅、覆、察、審也、郭璞注云、覆校察視、皆所爲審諦、覆校、即考索也、考工記弓人、覆之而角至、鄭注云、覆猶察也、定四年左傳云、藏在周府、可覆視也、月令云、命舟牧覆舟、孫子行軍篇云、軍行有險阻潢井葭葦山林翳薈者、必謹覆索之、索、與索通、審察索三字皆從宀、宀訓爲覆、覆訓爲審、義相因也、

輸攋墮也

皆謂墮壞也、小雅正月篇、載輸爾載、鄭箋云、輸墮也、公羊春秋隱六年、鄭人來輸平、傳云、輸平猶墮成也、何言乎墮成、敗其成也、穀梁傳云、輸者、墮也、來輸平者、不果成也、是輸爲墮壞也、其輸寫物亦謂之墮、昭四年左傳、寡君將墮幣焉、服虔注云、墮、輸也、方言、攋隓壞也、隓與墮同、太元度次三、小度差差、大攋之階、測曰、小度之差、大度傾也、是攋爲墮壞也、方言云、怠、壞也、故壞謂之墮、亦謂之攋、亦謂之輸、怠謂之惰、亦

謂之嬾、亦謂之窳、惰與嫷、嬾與攋、窳與輸、古聲並相近也、

償報復也

詩意志也

各本皆作詩志意也、案詩志聲相近、故諸書皆訓詩爲志、無訓爲意者、詩序云、詩者志之所之也、任心爲志、發言爲詩、賈子道德說篇云、詩者此之志者也、詩譜正義引春秋說題辭云、在事爲詩、未發爲謀、恬澹爲心、思慮爲志、詩之爲言志也、書大傳注云、詩言之志也、說文及楚辭九章注並云、詩志也、今據以訂正、

眷⿱隹矢顧也

說文、⿰亻⿱隹矢、左右兩視也、玉篇、⿱隹矢、具肩切、顧也、古⿰亻⿱隹矢字、謂左右視也、⿱隹矢從矢隹聲、與⿱圭矢字異、⿱圭矢從矢圭聲、音胡結反、

𤸎㾛蛘也

玉篇𤷍、大痒也，㾐、小痒也，痒、與蛘通，亦通作養，俗作癢、

趲𤞤䖐也

皆驚散之貌也，玉篇，趲、散走也，高誘注淮南子主術訓云，劗讀驚攢之攢，攢與趲通，方言，宋衛南楚凡相驚曰𤞤，郭璞注云，𤞤、驚貌也，說文，𤞤、犬𤞤𤞤不附人也，讀若南楚相驚曰𤞤，文云，獷、犬獷獷不可附也，揚雄蜀都賦云，來儀之鳥，肉角之獸，狙獷而不臻，狙獷、亦驚散之貌也，狙與䖐通、

兼絣拼也

絣之言比也，玉篇，絣、縷拼也，鄘風干旄篇，素絲紕之，毛傳云，總紕於此，成文於彼，義與絣相近、

褻𪈆狎也

覺穌寤也

穌、通作蘇、寤、通作寤、

諸旃之也

皆一聲之轉也、諸者之於之合聲、故諸訓爲之、又訓爲於、旃者之焉之合聲、故旃訓爲之、又訓爲焉、唐風采苓箋云、旃之言焉也、

竝偕俱也

餪

饆饋也

餪者、溫存之意、唐段公路北戶錄引字林云、餪、饋女也、音乃管反、又引證俗音云、今謂女嫁後三日餉食爲餪女、各本皆脫餪字、集韻類篇引廣雅、餪、饆、饋也、今據以補正、饆之言運也、說文、野饋曰饆、成五年左傳、晉荀首如齊逆女、故宣伯饆諸穀、杜預注云、運糧饋之、

紩著納也

爾雅、黹、紩也、說文、紩、縫也、急就篇、鍼縷補縫綻紩緣、顏師古注云、納刺謂之紩、卷四云、著、補也、著之言相

丁著也士喪禮記冠六升外縪鄭注云縪謂縫著於武也卷四云衲補也衲與納通

跁跰躃也

玉篇躂足趺也躂與躃同說文跁曲脛馬也跰各本譌作跰今訂正說文跰曲脛也讀若逵漢書賈誼傳非徒病瘇也又苦蹠盭顏師古注云蹠古蹠字足下曰蹠今所呼腳掌是也盭古戾字言足蹠反戾不可行也錢氏曉徵曰說文玉篇俱無蹠字小顏讀爲蹠蓋臆說也蹠字當是跰字之譌跰盭謂足脛曲戾不便行動案錢說是也跰從足弁聲弁從廾肉聲隸書廾字或作大故跰字或作蹠其右半與多字相似因譌而爲蹠矣

嗽謦欬也

衆經音義卷六引倉頡篇云謦欬聲也莊子徐無鬼篇云而況乎昆弟親戚之謦欬其側者乎

劁穫刈也

小雅白華篇、樵彼桑薪、樵、與劁通、

詆譙呵也

說文、詆、苛也、一曰訶、訶呵苛義相近、墨子脩身篇云、詆訐之民、衆經音義卷二十引倉頡篇云、譙、訶也、餘見卷二譙讓也下、影宋本譙作誰、誰、亦呵也、說文誰字在詆字下、云、何也、何與呵通、史記秦紀信臣精卒、陳利兵而誰何、索隱引崔浩云、何或爲呵、漢舊儀宿衞郎官分五夜誰呵、漢書五行志、公車大誰卒、應劭注云、在司馬殿門掌讙呵者也、六韜金鼓篇云、令我壘上誰何不絕、揚雄衞尉箴云、二世妄宿敗於望夷、閻樂矯搜、戟者不誰、皆是也、史記萬石君傳、歲餘不譙呵綰、索隱云、譙呵、音誰何、誰與譙義同而聲亦相近、側見釋宮趙奔也下、

平均賦也

方言、平均、賦也、燕之北鄙、東齊之北郊、凡相賦斂謂之平均、史記平準書云、桑宏羊以諸官各自市、相與

爭、物故騰躍、而天下賦輸、或不償其僦費、乃請置大農部丞數十人、分部主郡國、各往往縣置均輸鹽鐵官、令遠方各以其物貴時商賈所轉販者爲賦、而相灌輸、置平準於京師、都受天下委輸、大農之諸官、盡籠天下之貨物、貴則賣之、賤則買之、如此、富商大賈無所牟大利、則反本而萬物不得騰踊、故抑天下物、名曰平準、是平均皆賦也、急就篇云、司農少府國之淵、遠取財物主平均、

勃怏懟也

方言、鞅、侼、懟也、卷四云、侼、恨也、侼、與勃通、說文、怏、不服懟也、史記伍子胥傳云、常鞅鞅怨望、白起傳云、其意怏怏不服、怏、與鞅通、懟謂之勃怏、故怒亦謂之勃怏、趙策云、新垣衍怏然不悅、卽勃然不悅也、

䇎計校也

周髀算經云、以䇎䇎之、

譏諫怨也

諫、通作刺、論語陽貨篇詩可以怨、邶風擊鼓正義引鄭注云、怨、謂刺上政、漢書禮樂志云、怨刺之詩起、是怨與譏刺同意、

鏦、撞也、

說文、摐、擣頭也、楚辭招魂、鏗鍾搖簴、王逸注云、鏗、撞也、班固東都賦云、發鯨魚、鏗華鍾、摐鏗鏦並通、文選子虛賦、摐金鼓、李善注引韋昭曰、摐、擊也、字亦作鏦、史記吳王濞傳、卽使人鏦殺吳王、南越傳、欲鏦嘉以矛、索隱引韋昭曰、鏦、撞也、撞謂之鏦、故矛亦謂之鏦、方言云、矛、吳揚江淮南楚五湖之閒或謂之鏦、

稙、穋、早也、

說文、稙、早種也、魯頌閟宮篇、稙稺菽麥、毛傳云、先種曰稙、後種曰穉、釋名云、青徐人謂長婦曰稙、禾苗先生者曰稙、取名於此也、

囚、縶、拘也、

俚、憋、賴也

漢書季布欒布田叔傳贊、夫婢妾賤人、感槩而自殺、非能勇也、其畫無俚之至耳、晉灼注云、揚雄方言曰、俚、聊也、許慎曰、賴也、此謂其計畫無所聊賴、至於自殺耳、孟子盡心篇、稽大不理於口、趙岐注云、理、賴也、理與俚通、

敇、慎、謹也

逋、蘉、亾也

贅、叔、屬也

大雅桑柔篇、具贅卒荒、毛傳云、贅、屬也、正義云、贅、猶綴也、謂繫綴而屬之、長發云、爲下國綴旒、襄十六年公羊傳曰、君若綴旒然、是贅綴同也、孟子曰、太王屬其耆老、書傳云、贅其耆老、是贅爲屬也、襄十六年公羊傳注云、贅繫屬之辭、若今俗名就壻爲贅壻矣、釋名說贅肬之義云、贅、屬也、横生一肉屬著體也、竝事

異而義同、

州謏殊也

藝文類聚引春秋說題辭云、州之言殊也、合同類、異其界也、

日顃節也

日爲節度之節、顃爲絲節之節、開元占經日占篇引春秋元命包云、日之爲言節也、開度立節、使物咸别、白虎通義云、日之爲言實也、節也、常滿有節也、說文顃、絲節也、淮南子氾論訓、明月之珠、不能無顃、高誘注云、若絲之有結顃也、

諫督促也

諫、亦促也、說文、諫、餔旋促也、

稽效考也

效之言校也。月令云、分繭稱絲效功。

㲉字乳也

說見卷一字乳㲉生也下。㲉、與㲉同。各本字字誤入曹憲音內、今訂正。

靈禔福也

昭三十二年左傳云、今我欲徼福假靈於成王。哀二十四年傳云、寡君欲徼福於周公、願乞靈於臧氏。漢書董仲舒傳云、受天之祜、享鬼神之靈。是靈爲福也。卷一云、𥚃、靈、善也。爾雅、𥚃、福也。福與善義相近、故皆謂之𥚃、又皆謂之靈。靈與𥚃、一聲之轉耳。方言、禔、福也。漢書司馬相如傳、中外禔福。史記作提同。

淩馺馳也

楚辭大招、冥淩浹行。王逸注云、淩、猶馳也。方言、馺、馬馳也。郭璞注云、馺馺、疾皃也。劉向九歎云、雷動電發馺高舉兮。揚雄甘泉賦云、輕先疾雷而馺遺風。說文、馺、馬行相及也。又云、𢓜、行皃。一曰此與馺同。嵇康琴

賦云飛纖指以馳騖紛徑譶以流漫、漢書司馬相如傳汩減靸以永逝兮顏師古注云靸然輕舉意也、廣雅釋訓云趿趿、行也、義竝與馺同

傳亮相也

堯典亮采惠疇史記五帝紀亮采作相事、

南壬任也

南壬任、古竝同聲、藝文類聚引尸子云南方爲夏夏與也、南任也、萬物莫不任與蕃殖充盈、書大傳云、南方者何也、任方也、任方者、物之方任、漢書律歷志云大陽者南方、南任也、陽氣任養物、淮南子天文訓云、南呂者、任包大也、小雅鼓鍾傳云、南夷之樂曰任白虎通義引樂元語云南夷之樂曰南南之爲言任也任養萬物、是凡言南者皆任之義也、大戴禮本命篇云、男者、任也、子者、孳也、言任天地之道、而長萬物之義也、昭十三年左傳鄭伯男也、周語作南、男與南亦同聲同義、史記律書云、壬之爲言任也、言陽氣任養

萬物於下也。漢書律歷志云、懷任於壬。釋名云、壬、妊也。陰陽交、物懷妊至子而萌也。妊與壬亦同聲同義。

裁宰制也

竦駑執也

楚辭九歌、竦長劒兮擁幼艾。王逸注云、竦、執也。玉篇作攕、同。離騷、駑鳥之不羣兮。注云、駑、執也、謂能執伏衆鳥鷹鸇之類也。說文、摯、握持也。義亦與駑同。

正略要也

淮南子地形訓、紀之以四時、要之以太歲。高誘注云、要、正也。孟子滕文公篇、此其大略也。趙岐注云、略、要也。

角抵觸也

角觸古聲相近。獸角所以抵觸、故謂之角。詩卷耳正義引韓詩說云、四升曰角。角、觸也。不能自適、觸罪過也、風俗通義引劉歆鍾律書云、角者、觸也、物觸地而出、戴芒角也、是凡言角者皆有觸義也、說文、牴、觸也、海外北經、相柳之所抵厥、郭璞注云、抵、觸也、抵與牴通、

⿸𤕫厭⿱宀執、厭也、

說文、厭、笮也、一曰合也、玉篇於抑於葉二切、衆經音義卷一引倉頡篇云、伏合人心曰厭、說文、⿸𤕫厭、寐而厭也、字亦作眯、高誘注淮南子精神訓云、楚人謂厭爲眯、西山經、鵸䳜服之使人不眯、郭璞注云、不厭夢也、引周書王會篇云、服者不眯、莊子天運篇、彼不得夢、必且數眯焉、司馬彪注云、眯、厭也、說文、⿱宀執、屋傾下也、方言云、凡柱而下曰埕、屋而下曰墊、亦謂厭伏也、墊與⿱宀執通、

馮、齎、裝也、

齎、通作資、爾雅、將、資也、郭璞注云、謂資裝、裝將聲近義同、聘禮記、問幾月之資、鄭注云、資、行用也、古文資爲齎、

僞言端也

皆未詳

樊裔邊也

莊子人閒世篇云、若能入遊其樊而無感其名、入則鳴、不入則止、則陽篇云、夏則休乎山樊、李頤注云、樊傍也、高誘注淮南子精神訓云、樊崖也、皆謂邊也、字通作藩、莊子大宗師篇云、吾願遊乎其藩、淮南子原道訓注云、裔邊也、文十八年左傳云、投諸四裔、楚辭九歌、蛟何爲兮水裔、王逸注云、水涯、說文、裔衣裾、徐鍇傳云、裾、衣邊也、故謂四裔、

遝趙及也

及、各本譌作召、今訂正、爾雅、逮、及也、又云、逮、遝也、郭璞注云、今荆楚人皆云遝、方言、迨、遝、及也、東齊曰迨、關之東西曰遝、或曰及、說文、遝、迨也、玉篇云、迨遝、行相及也、王褒洞簫賦云、鶩合遝以詭譎、漢書禮樂志

騎沓沓、顏師古注云、沓沓、疾行也、疾行亦相及之意
故釋名云、急、及也、操切之使相逮及也、說文、眔、目相
及也、謎、語相及也、義並與逮通、說文、趍趙、及也、趍音
馳驅之馳、穆天子傳天子北征趙行、郭璞注云、趙、猶
超騰也、超騰、亦謂疾
行、是逮趙皆及也、

緯衡橫也

說文、緯、織橫絲也、大戴禮易本命
篇云、凡地、東西爲緯、南北爲經、

井絜靜也

說文、瀞無垢薉也、瀞、與靜通、釋
名云、井、清也、泉之清絜者也、

痎痁瘧也

說文、瘧、寒熱休作病也、痎、二日一發瘧也、痁、有熱瘧
也、釋名云、瘧、虐也、凡疾或寒或熱耳而此疾先寒後
熱兩疾、似酷虐者也、哀二年左傳
云、痁作而伏、餘見卷一疥病也下、

㾹㾸痞也

說文、痞、結痛也、字或作肧、通作否、釋名云、肧、否也、氣否結也、素問六元正紀大論云、寒至、則堅否腹滿痛急下利之病生矣、

糶㮚穀也

說文、糶、穀也、

㾦疕𤺌也

說文、疕、頭瘍也、周官醫師、凡邦之有疾病者、疕瘍者、鄭注與說文同、韓非子姦劫弒臣篇云、厲雖癰腫疕瘍、餘見卷一𤺌㾦創也下、

草竈造也

草竈造聲並相近、論語憲問篇云、裨諶草創之、竈、或作竈、釋名云、竈、造也、創造食物也、周官膳夫、卒食、以

樂徹于造、注云、造、作也、鄭司農云、造、謂食之故所居處也、已食、徹置故處、案造卽竈之俗字也、大祝、二曰造、故書造作竈、是竈與造通、

科、僞、條也

僞義未詳

㾜、審也

各本皆作審噴並也、案審噴並三字、字義各不相屬、此因本文脫去㾜也二字、而下文噴嚏也、駢並也、又脫去嚏也駢三字、遂致溷三條爲一條、集韻引廣雅㾜、審也、今據以補正、方言、㾜、諦、審也、齊楚曰㾜、秦晉曰諦、又云、諟、諦、諟也、吳越曰諟諦、郭璞注云、諟、亦審、互見其義耳、說文、㾜、靜也、靜、審也、漢書外戚傳爲人婉㾜有節操、顏師古注云、㾜、靜也、文選神女賦、澹淸靜其愔嫕兮、李善注引說文、嫕、靜也、五臣本作愿、並字異而義同、廣雅之訓、多本方言、方言㾜諦同訓爲審、則廣雅㾜下亦當有諦字

噴嚏也

衆經音義卷十引倉頡篇云、嚏、噴鼻也、各本脫嚏也二字、衆經音義卷十六十九、竝引廣雅、噴、嚏也、今據以補正、

駢竝也

說文、駢、駕二馬也、管子四稱篇云、入則乘等、出則黨駢、各本脫駢字、莊子駢拇篇釋文引廣雅、駢、竝也、今據以補正、

靡離麗也

靡爲靡麗之麗、離爲附麗之麗、說文、麗爾、猶靡麗也、司馬相如上林賦云、所以娛耳目樂心意者、麗靡爛漫於前、靡曼美色於後、離象傳云、離、麗也、象傳云、明兩作離、曲禮、離坐離立、鄭注云、離、兩也、桓二年公羊傳離不言會、何休注云、二國會曰離、皆謂麗也、離與麗古同聲而通用、士冠禮注云、古文儷爲離、月令注

云、離、讀如儷偶之儷、儷與麗同、
各本譌作靡麗離也、今訂正

儀愈賢也

引之云、大誥、民獻有十夫、傳訓獻爲賢、大傳作民儀有十夫、漢書翟義傳作民儀九萬夫、班固竇車騎將軍北征頌亦云、民儀響慕、羣英景附、古音儀與獻通、周官司尊彝、鬱齊獻酌、鄭司農讀獻爲儀、郭璞爾雅音曰、轙、音儀、說文、轙、從車義聲、或作钀、從金獻聲、皆其證也、漢斥彰長田君碑曰、安惠黎儀、伐討姦輕、泰山都尉孔宙碑曰、乃綏二縣、黎儀以康、堂邑令費鳳碑曰、黎儀瘁傷、泣涕連漉、黎儀郎皐陶謨之萬邦黎獻也、漢碑多用經文、此三碑皆言黎儀、則皐陶謨之黎獻、漢世必有作黎儀者矣、洪适隸釋讀儀爲旄倪之倪、
非是、

統己紀也

說文、統、紀也、齊語云、班序顚毛、以爲民紀統、漢書律歷志云、理紀於己、釋名云、己、紀也、物皆有定形、可紀

識也、已、各本譌作巳、今訂正、

奠、祭、薦也

攍、負也

說見卷三攍擔也下、

羌、乃也

楚辭離騷、余以蘭爲可恃兮、羌無實而容長、

羌、卿也

楚辭離騷、羌內恕己以量人兮、王逸注云、羌、楚人語辭也、猶言卿何爲也、

卿、章也

白虎通義云、卿之爲言章也、章善明治也、北堂書鈔引漢官儀云、卿、章也、明也、言當背邪向正、章明道德

也、初學記引釋名云、鄉章也、言貴盛章著也、

廁閒也

各本皆作廁閒非也、案諸書皆訓廁爲閒、無訓爲非者、此因閒下脫去也字、而下文非也之上、又脫去閒字、遂誤合爲一條、文選琴賦注及衆經音義卷二十五、華嚴經卷三十九音義竝引廣雅、廁閒也、今據以訂正、

閒**非也**

說見卷二閒諟也下、

詭詐也

各本脫去詐也二字、遂與下條相連、衆經音義卷十四引三倉云、詭、譎也、卷二十三引廣雅、詭、詐也、今據以補正、

犀總也

犀、曹憲音西、總、曹憲音思、案總、隸省作緦、緦與犀義不相近、犀、當爲屬、總、當爲總、說文、總、聚束也、玉篇、總、合也、周官州長、各屬其州之民而讀法、鄭注云、屬猶合也、聚也、王逸離騷注云、總、結也、韋昭晉語注云、屬、結也、是總屬二字同義、屬與犀、總與總、皆因形近而誤、卷三內、總、聚也、總字譌作緦、曹憲音思、誤與此同、

𩫖載也

𩫖、或作𦔾檮、又作𦔾、說見卷二𩫖覆也下、載、通作戴、方言、𦔾蒙、覆也、𦔾、戴也、小爾雅、葢、戴𦔾蒙、覆也、班固西都賦云、上反宇以葢戴、太元元文、蒙、南方也、夏也、物之脩長也、皆可得而載也、范望注云、枝葉已成、蒙覆於人上、皆可𦔾載者也、是載與𩫖同義、載、各本皆作戟、隸書載字或省作戟、因譌而爲戟、今訂正、

風吹也

會何也

方言、曾、何也、湘潭之原、荆之南鄙、謂何爲曾、若中夏言何爲也、何、各本譌作阿、今訂正、

風放也

釋名云、風、放也、氣放散也、又粊誓馬牛其風、魯世家集解引鄭注云、風、走逸也、僖四年左傳唯是風馬牛不相及也、粊誓正義引賈逵注云、風、放也、牝牡相誘謂之風、風又音諷、小雅北山篇或出入風議、鄭箋云、風、猶放也、

流演也

說文、演、長流也、周語、夫水、土演而民用也、文選長笛賦注引賈逵注云、演、引也、

徇巡也

徇巡古同聲而通用、桓十三年左傳、莫敖使徇于師、宣四年傳、王使巡師、是徇卽巡也、泰誓釋文引字詁云、徇、巡也、爾雅釋言釋文引字詁云、徇、今巡字、巡、各本皆作迷、巡、隷或作㢩、因譌而爲迷、今訂正、

睽

各本皆作睽，貰也、案睽與貰義不相近、此因睽下脫去二字、而下文貰賒也、又脫去賒字、遂誤合爲一條、今訂正、廣韻、睽、賫也、義或本於廣雅、

貰 賒**也**

周官泉府、凡賒者、鄭衆注云、賒、貰也、史記高祖紀、常從王媼武負貰酒、集解引韋昭曰、貰、賒也、各本脫賒字、高祖紀索隱、及衆經音義卷十二、竝引廣雅、貰、賒也、今據以補正、

賭賭也

文選博弈論賭及衣物、李善注引埤倉云、賭、賭也、

壓鎭也

經徑也

釋名、經、徑也、常典也、如徑路無所不通、可常用也、

卦挂也

易乾鑿度云、卦者、挂也、挂萬物、視而見之、

諭喻也

暌乖也

序卦傳文、

天顛也

太平御覽引春秋說題辭云、天之爲言顛也、居高理下、爲人經緯、故立字一大爲天、天、各本譌作夭、今訂正、

覩設也

說文、勶、設飪也、讀若載、大雅旱麓篇、清酒旣載、文選西征賦注引薛君韓詩章句云、載、設也、士昏禮云、匕俎從設、北面載、載、與勶通、載爲陳設之設、又爲假設之設、法言先知篇、或曰載使子草律、曰、吾不如宏恭、李軌注云、載、設也、

竹𡦼也

白虎通義說喪服云、所以杖竹桐何、取其名也、竹者𡦼也、桐者痛也、

馮登也

周官馮相氏注云、馮、乘也、相、視也、世登高臺、以視天文之次序、

眩惑也

宥赦也

參三也

令伶也

秦風車鄰篇寺人之令、韓詩作伶、云使伶也、

紉擘也

說文、紉繟繩也、玉篇紉繩縷也、展而續之也、楚辭離騷紉秋蘭以爲佩、王逸注云、紉索也、紉各本譌作紐、方言、擘楚謂之紉、郭璞音刃、今據以訂正、各本所載曹憲音釋擘下有古萬二字、案古萬反非擘字之音、卷一云、攣曲也、曹憲音古萬反、疑此條下尚有擘攣也三字、而古萬則攣字之音也、擘之言屈辟攣之言卷曲也、卷四云、襞攣詘也、說文詘詰詘也、一曰屈襞又云、襞攣衣也、士喪禮注云以席覆重辟屈而反兩端交於後、莊子田子方篇口辟焉而不能言、司馬彪注云、辟卷不開也、卷與攣通、辟擘並與襞通、紉訓爲擘、擘又訓爲攣、所以別異義也、若上文羌訓爲卿、卿又訓爲章矣、

夜暮也

𥧌臥也

嗃諫也

玉篇引埤倉云、嗃、不知是誰也、方言、諫、不知也、沅澧之閒、凡相問而不知荅曰諫、

國邦也

義宐也

祭義云、義者、宐此者也、中庸云、義者宐也、

漉滲也

說見卷一滲漉盡也下、漉與漉同、

縢夊也

豳風七月篇、三之日納于凌陰、毛傳云、凌陰、冰室也、凌、說文作縢、冰、說文作夊、

害割也

堯典湯湯洪水方割、傳云、割害也、釋名云、害、割也、如割削物也、害割古同聲而通用、大誥天降割于我家、馬融本作害、

蹪疐也

淮南子原道訓、先者隤陷、高誘注云、楚人謂躓爲隤、原道訓又云、足蹪趎埳、蹪與隤通、躓與疐通、

駔會也

會或作儈、衆經音義卷六引聲類云、儈合市人也、呂氏春秋尊師篇、段干木晉之大駔也、高誘注云、駔儈人也、史記貨殖傳、子貸金錢千貫、節駔會、漢書作儈、顏師古注云、儈者、合會二家交易者也、駔者、其首率也、

焠豎也

說文、焠、堅刃也、又云、鋻、剛也、徐鍇傳云、淬刀劍刃使堅也、淬、與焠通、燕策云、得趙人徐夫人之匕首、使工以藥淬之、文選聖主得賢臣頌、清水焠其鋒、李善注引郭璞三倉解詁云、焠、作刀刃鋻也、漢書王襃傳注云、焠、謂燒而內水中以堅之也、天文志、火與水合爲淬、晉灼注云、火入水、故曰淬、

恖𪘲也

棰統也 皆未詳、棰、皇甫本作梓、

內裹也

課第也 謂品第之也、逸周書大匡解云、程課物徵、

況茲也

小雅常棣篇、況也永歎、毛傳云、況、茲也、大雅桑柔篇倉兄塡兮、傳云、兄、滋也、兄、與況通、茲、與滋通、晉語、衆況厚之、韋昭注云、況、益也、益亦滋也、

茲今也

憂懷也

未詳、

收振也

中庸、振河海而不泄、鄭注云、振、猶收也、孟子萬章篇云、金聲而玉振之也、周官職幣、掌式灋以斂官府都鄙與凡用邦財者之幣、振掌事者之餘財、斂、振皆收也、故鄭注云、振、猶拼也、檢也、廣雅卷三云、拼、收也、孟子梁惠王篇注云、檢、斂也、賈疏云、以財與之謂之拼、知其足剩謂之檢、皆失之、秦風小戎篇、小戎俴收、毛傳云、收、軫也、正義云、軫所以收斂所載、故名收焉、軫與振亦聲近義同、

摎捋也　周南關雎篇參差荇菜左右流之流與摎通謂捋取之也捋流一聲之轉左右流之左右采之猶言薄言捋之耳下文云左右芼之流采芼皆取也芣苢傳云采捋取也卷一云采芼取也此云摎捋也義竝相通

摻操也　鄭風遵大路篇摻執子之袪兮毛傳云摻擥也說文擥撮持也

毖流也　邶風泉水篇毖彼泉水毛傳云泉水始出毖然流也韓詩作祕說文作䀣陳風衡門篇泌之洋洋毛傳云泌泉水也說文泌駃流也竝字異而義同

㾖𤲕也

膏滑澤也

又

各本皆作又括也，案諸書無訓又爲括者，此因本條內有脱文，而下條檢括也，又脱去檢字，遂誤合爲一條，今訂正。

檢括也

檢括一聲之轉，文選辨亾論注引薛君韓詩章句云，括約束也，法言君子篇蠢迪檢押，李軌注云，檢押猶隱括也，蔡邕薦邊讓書云，檢括並合，各本脱檢字，衆經音義卷六卷十四並引廣雅檢，括也，今據以訂正。

社封也

哀四年公羊傳社者封也，何休注云，封土爲社。

愿慤也

風氣也

姦僞也

兵防也高誘注淮南子兵略訓云、兵、防也、防亂之萌、

乾剛也見雜卦傳

繹擂也說文、繹擂絲也、擂、與抽同

忍耐也

片禪也

禪、與單通、各本譌作禪、今訂正、

妊娠也

粹純也

專擅也

虞驚也

崔駰北征頌云、雍容淸廟、諡爾無虞、

屎溲也

說文、屎、人小便也、古通作溺、晉語、少溲于豕牢、韋昭注云、溲、便也、

偃仰也

說見卷四偃偃也下、

浮漂也

卟卜也

說文、卟、卜問也、玉篇音古兮切、各本皆脫卟字、集韻引廣雅、卟、卜也、今據以補正、

侵淩也

卻退也

退、各本譌作退、今訂正、

蹶踶也

皆謂蹋也、蹶字亦作蹷、踶字亦作蹏、又作蹢、說文、蹷、跳也、漢書申屠嘉傳、材官蹶張、如淳注云、材官之多力、能腳蹋彊弩張之、故曰蹶張、淮南子說林訓云、游者以足蹶、以手抻、又脩務訓云、夫馬之為草駒之時、蹶蹏足以破盧陷匈、莊子馬蹄篇、馬怒則分背相踶、李頤注云、踶、蹋也、月令、游牝別羣、則縶騰駒、鄭注云、

爲其壯氣有餘相蹄齧也說文踶躛也躛與蹶古亦通用爾雅蹶泄苦棗釋文蹶本亦作躛是其證矣蹶謂之蹶亦謂之踶走謂之踶亦謂之蹶義相因也越語蹶而趨之韋昭注云蹶走也呂氏春秋貴直篇云狐援聞而蹶往過之說文趹踶也趹馬行皃史記張儀傳探前趹後索隱云言馬之走勢疾也義竝與蹶同淮南子脩務訓墨子跌蹏而趍千里高誘注云跌疾行也蹏趍走也蹏與踶通漢書武帝紀馬或奔踶而致千里奔踶猶奔逸也馬奔逸則有覆車之患故下文云泛駕之馬亦在御之而已顏師古訓踶爲蹋之失

跌蹶也

困悴也

彫鏤也

歲遂也

太平御覽引春秋元命包云、歲之爲言遂也、白虎通義云、歲者遂也、三百六十六日一周天、萬物畢成、故爲一歲也、

遂育也

樂記、氣衰則生物不遂、史記樂書遂作育、

禮體也

禮器云、禮也者、猶體也、大戴禮曾子大孝篇云、禮者體此者也、定十五年左傳云、夫禮、死生存亡之體也

埻的也

說文、埻、射臬也臬射準的也準與埻通、亦作敦𦤎周官司裘注云、矦者、以虎熊豹麋之皮飾其側又方制之以爲𦤎謂之鵠著于矦中、列子仲尼篇云、前矢造準而無絕落、太元蕒次三、師或導射豚其埻、范望注云、埻射的也、後漢書齊武王傳畫伯升像於敦、且起射之、東觀記續漢書竝作埻、小雅賓之初筵篇發彼

有的毛傳云的質也淮南子原道訓注云質的射者之準埶也埶與臬同

奮訊也

奮振也

扒擘也

卷一云擘分也扒之言別也淮南子說林訓解捽者不在於捌格在於批抌高誘注云批擊也抌推也擊其要也此言解捽者不在於分別架格但擊其要則捽自解也捌與扒同說文八別也義與扒亦相近

酲長也

酲與長義不相近凡病酒謂之酲煩病亦謂之酲小雅節南山篇憂心如酲毛傳云病酒曰酲是酲爲病酒也管子地員篇云五沃之土其人堅勁寡有疥騷終無痟酲枚乘七發云噓唏煩酲是酲爲煩病也玉篇酲陳貞切廣韻直貞切陳貞直貞並與長貞同音疑此條酲下脫去一字其長字則反語之上一字誤

入正文也、

播抵也

未詳、

對畣也

畣經傳通作荅

請乞也

菩挌也

字書無菩字、菩當爲沽、或當爲苦、挌當爲略、皆字之誤也、沽者、粗略之意、檀弓以爲沽也、鄭注云、沽、猶略也、喪服傳、冠者、沽功也、鄭注云、沽、猶麤也、周官典婦功、辨其苦良、鄭衆注云、苦、讀爲盬、謂分別其縑帛與布紵之麤細、唐風鴇羽傳云、盬、不攻緻也、並字異而義同、

𪉓鹹也

說文、𪉓、鹹也、從鹵差省聲、河內謂之𪉓、沛人言若虘、曲禮鹽曰鹹鹺、鄭注云、大鹹曰鹺、今河東云𪉓、𪉓鹺竝同、說文、鮺、藏魚也、南方謂之魿、北方謂之鮺、周官庖人注作鮺、鮺魚即今之鹹魚也、爾雅滷矜鹹苦也、郭璞注云、苦即大鹹、釋文矜作魿、鹹謂之鮺、又謂之魿、鹹魚謂之魿、又謂之鮺、其義一也、𪉓各本譌作𪉓、今訂正、

沾益也

說見卷一、

拼陞也

拼亦作拯、說見卷三拼拔也下、

馴獿也

一㦟、通作擾、說見卷一㦟馴善也下、

族湊也

說見卷三湊族聚也下、白虎通義云、正月律謂之太蔟何、太者、大也、蔟者、湊也、言萬物始大湊地而出也、蔟族聲近義同、

威德也

周頌有客篇既有淫威、降福孔夷、正義云、言有德故易福、風俗通義十反篇云、書曰、天威棐諶、言天德輔誠也、呂氏春秋應同篇引黃帝曰、茫茫昧昧、因天之威、與元同氣

眇莫也

衆經音義卷二十一引此而釋之曰、言遠視眇莫、不知邊際也、楚辭九章云、路眇眇之默默、莊二十八年左傳云、狄之廣莫、

任保也

說文、任、保也、襄二十一年左傳云、不能保任其父之勞、

刑侀也

說見卷三刑成也下、

䙴遷也

說文、䙴、升高也、或作𨗞、隸省作䙴、漢志多以䙴爲遷字、

㱿培也

說文、㱿、未燒瓦器也、玉篇音苦谷切、㱿之言愨也、說文、愨、素也、易乾鑿度云、太素者、質之始也、方言、鷇、麴也、說文、縠、未練治纑也、字通作穀、論衡量知篇云、無染練之治、名曰穀麤、玉篇、毄、土墼也、㱿毄、毄穀並音苦谷反、義相近也、㱿、各本譌作榖、集韻類篇並引廣雅、㱿培也、今據以訂正、培、曹憲音片回反、說文、坏、瓦

未燒也。淮南子精神訓云：夫造化者既以我爲坏矣。大元十六五或錫之坏。范望注云：坏，未成瓦也。坏與培通。坏之言胚胎也。郭璞爾雅注云：胚胎未成物之始也。說文：胚，婦孕一月也。衃，凝血也。玉篇：醅，未[illegible]之酒也。坏、胚、衃、醅竝音片回反，義亦相近也。

慘、愒也

卷二云：忨、慘，貪也。爾雅：愒，貪也。昭元年左傳：翫歲而愒日。杜預注云：翫、愒，皆貪也。晉語作忨日而潋歲。忨、翫、愒、潋竝通。

戰，憚也

白虎通義引書大傳云：戰者，憚警之也。大戴禮曾子立事篇云：君子終身守此戰戰。又云：君子終身守此憚憚。憚憚，亦戰戰也。魯語：帥大讎以憚小國。說苑正諫篇作戰。莊子達生篇：以鉤注者憚。呂氏春秋去尤篇作戰。

祭際也

春秋繁露祭義篇云、祭之爲言際也、

漂潎也

漢書韓信傳、有一漂母哀之、韋昭注云、以水擊絮曰漂、說文、潎、於水中繫絮也、莊子逍遙遊篇、世世以洴澼絖爲事、李頤注云、洴澼絖者、漂絮於水上、絖、絮也、漂潎洴澼一聲之轉、漂之言摽、潎之言擎、洴之言拼、澼之言擗、皆謂擊也、互見卷三擎摽擊也、及下文彈拼也下、

孝畜也

祭統云、孝者、畜也、順於道、不逆於倫、是之謂畜、正義引援神契云、天子之孝曰就、諸侯曰度、大夫曰譽、士曰究、庶人曰畜、分之則五、總之曰畜、皆是畜養、但功有大小耳、孝經正義引援神契云庶人行孝曰畜、言能躬耕力農、以畜其德而養其親也、孝畜古同聲、故孝訓爲畜、畜亦訓爲孝、孔子閒居、無服之喪、以畜萬

邦、鄭注云、畜、孝也、使萬邦之民競爲孝也、坊記、詩曰、先君之思、以畜寡人、注云、此衞夫人定姜之詩也、定姜無子、立庶子衎、是爲獻公、畜、孝也、言獻公當思先君定公以孝於寡人、

叜償也

周官馬質、馬死則旬之內更、鄭衆注云、更、猶償也、檀弓請庚之、鄭注云、庚、償也、襄三十年公羊傳、諸侯相聚而更宋之所喪、何休注云、更、復也、如今俗名解浣衣復之爲更衣、管子國蓄篇、愚者有不賡本之事、尹知章注云、賡、猶償也、更庚賡並通、

譎恑也

恑與詭通、各本皆作譎恑美也、案譎恑二字、諸書無訓爲美者、此因恑下脫去也字、而下文傀美也、又脫去傀字、遂誤合爲一條、今訂正、

傀美也

後漢書班固傳因瑰材而究奇李賢注引埤倉云瑰瑋珍奇也瑰與傀通說文瑰珠圜好也成十七年左傳或與己瓊瑰杜預注云瑰珠也亦美之義也各本脫傀字廣韻傀美也衆經音義卷十引廣雅傀美也今據以補正傀偉與譎恑義相近故次於譎恑也之下若徑合爲一則非矣

亯祀也

亯與享同各本譌作亩今訂正

堯嶢也

白虎通義云謂之堯者何堯猶嶢嶢也至高之貌清妙高遠優游博衍衆聖之主百王之長也餘見卷四嶢高也下玉篇引白虎通義堯猶嶢嶢又引廣雅堯曉也則所見本與今異風俗通義云堯者高也曉也言其隆興煥炳最高明也

畏威也

襄三十一年左傳云、有威而可畏謂之威、皋陶謨、天明畏、自我民明威、馬融本畏作威、威畏古同聲而通用

如若也

應受也

爾雅、應、當也、當亦受也、周頌賚篇云、我應受之、晉語其叔父寔應且憎以非余一人、韋昭注云、應猶受也、楚辭天問、鹿何膺之、王逸注云、膺、受也、膺與應通、

裕足也

摸撫也

方言、摸、撫也、郭璞注云、謂撫循也、釋名云、門、捫也、在外爲人所捫摸也、今俗語猶謂撫曰摸、

毒憎也

說見卷三毒
憎惡也下、

趉衝也

衝、或作衝、說文、趉、走也、玉篇云、卒起走也、是趉爲衝
也、趉、猶堀也、文選風賦、夫庶人之風、塕然起於窮巷
之閒、堀堁揚塵、勃鬱煩冤、衝孔襲門、李善注云、堀堁
風動塵也、引廣雅、堀、突也、突亦衝也、互見卷四衝堀
挨也下、趉堀
竝音渠屈反、

睿聖也

儭仞也

未詳、各本儭譌作襯、惟影宋本不譌、儭、曹憲音親刃
反、考玉篇儭音千刃切、廣韻音七遴切、集韻類篇音
七刃切、竝與親刃同音、若襯字則音
初覲反、不音親刃反、今定從影宋本、

乃汝也

造詣也

姣侮也

姣、通作佼、淮南子覽冥訓云、鳳皇之翔至德也、燕雀佼之、以爲不能與之爭於宇宙之閒、佼者、侮也、言燕雀輕侮鳳皇也、上文云、赤螭青虬之游冀州也、蛇鱓輕之、以爲不能與之爭於江海之中、是其證也、高誘注云、燕雀自以爲能佼健於鳳皇、失之、

將且也

將請也

衛風氓篇、將子無怒、毛傳云、將、願也、鄭箋云、將、請也、鄭風將仲子篇、將仲子兮、小雅正月篇、將伯助予、毛傳竝云、將、請也、

將帥也

止禮也

小雅小旻篇、國雖靡止、鄭箋云、止、禮也、大雅抑篇云淑慎爾止、不愆于儀、鄘風相鼠篇云、人而無儀、人而無止、人而無止、人而無禮、是止即禮也、故韓詩云、止、節也、無禮節也、鄭箋云、止、容止也、容止、亦禮也、襄三十一年左傳云、容止可觀、

棄捐也

捐㔹也

竝見卷一下、捐㔹棄也、

唅唵也

唅、玉篇音胡紺切、衆經音義卷十一引埤倉云、唵、唅也、謂掌進食也、喪禮以玉實口曰含、義與此同也、唵、玉篇音一感切、今俗語猶謂掌進食曰唵、

啐歆也　說文、歆歠也、餘見卷三啐嘗也下、

弦賈也　未詳、

陷瀆也

傎倒也　傎、通作顛、

莫漠也

漠怕也　竝見卷四怕募靜也下、怕通作泊、今本怕上無漠字、文選張華勵志詩及盧諶時興詩注、竝引廣雅、漠泊

也、今據以補正、又案今本無漠字者、後人以此漠字爲重出而删之也、下文、虩、長也、虩、稚也、曩、久也、曩、鄉也、陶、喜也、陶、憂也、濘、清也、濘、泥也、皆删去後一字、正與此同、不知廣雅屬辭之例、皆本於爾雅、爾雅釋言之文、每因一字而引伸其義、有因上一字而連及之者、若爽、差也、爽、忒也、基、經也、基、設也之類是也、有因下一字而連及之者、若流、覃也、覃、延也、速、徵也、徵、召也之類是也、廣雅釋言、亦用此二例、若上文羌、乃也、羌、鄉也、奮、訊也、奮、振也之類、皆因上一字而連及之者也、若廁、閒也、閒、非也、況、茲也、茲、今也、及此條莫、漠也、漠、怕也之類、皆因下一字而連及之者也、凡如此者、或義同而類及、或義異而别訓、屬辭比事、各有要歸、若改其文云、羌、乃也、鄉也、莫、漠也、怕也、則是傳注解經之體、非爾雅釋言之例矣、後放此、

袧襞也

袧襞、皆屈也、袧之言句也、喪服記、裳幅三袧、鄭注云、袧者、謂辟兩側、空中央也、疏云、案曲禮、以脯脩置者、左朐右末、鄭云、屈中曰朐、則此云袧者、亦是屈中之稱、一幅凡三處屈之、辟兩邊相著、自然中央空矣、餘

見卷四𧮫詘也下、𧮫詘與辟𡾊通、

穽坑也

䆪鈔也

下文云、鈔掠也、

𡟰咎也

需頾也

需象傳云、需、須也、雜卦傳云、需、不進也、須與頾通、各本頾譌作頯、今訂正

禮祜也

祜、集韻類篇竝作祐、未知其審、釋天云、禮、祭也、

覽觀也

咸，感也。

咸彖傳文。

㤓，豫也。

㤓通作逸，晉語云：豫，樂也。

淫，游也。

曲禮：毋淫視。正義云：淫，謂流移也。目當直視，不得流動邪眄也。是淫爲游也。文選長門賦：神怳怳而外淫。李善注引廣雅：淫，游也。

瑞，符也。

剝，㶕也。

雜卦傳文也。剝，各本譌作剩，今訂正。

傴僂也

說見卷一傴僂曲也下。

諸於也

於于也

占瞻也

說見卷一占視也下。

周旋也

隸嗌也

諸書無訓肆爲嗌者。肆嗌也，當是嗌逮也之譌。逮字隸書作逮，與肆字相近，因譌而爲肆。爾雅：遏、遾，逮也。郭璞注云：皆相逮及。方言作蝎嗌，云：東齊曰蝎，北燕曰嗌。逮，通語也。邶風日月篇：逝不古處。毛傳云：逝，逮

也、唐風有杕之杜篇、噬肯適我、傳云、噬、逮也、逝逝噬竝通、廣雅釋詁釋言之文、固多與爾雅相複者矣、

㪉隱也

襄二十九年左傳、官宿其業、其物乃至、若泯棄之、物乃坻伏、釋文、坻、音旨、又丁禮反、坻、與㪉通、坻伏、謂隱伏也、

簡閱也

桓六年左傳云、大閱簡車馬也、

質軀也

質地也

鄉射禮記、天子熊侯白質、諸侯麋侯赤質、鄭注云、白質赤質、皆謂采其地、

慶賀也

祇適也 小雅我行其野篇亦祇以異毛傳云祇適也祇音支字從氏各本作祇非祇音脂敬也字從氏

蓋黨也

脰頸也 皆未詳

喑噾也 玉篇諳大聲也史記淮陰侯傳項王喑噁叱咤漢書作意烏猝嗟晉灼注云意烏恚怒聲也諳喑意古字通說文諳大聲也或作噾史記信陵君傳晉鄙嚄噾宿將正義引聲類云嚄大喚噾大呼燕策云忿睢奮擊呴籍叱咄太元樂次三云嘄呱啞咋號咷倚戶咋籍並與噾同考工記梟氏鍾侈則柞鄭注云柞讀爲咋咋然之咋咋聲大外也義與噾亦相近

噭嘹也

說見卷二噭嘹鳴也下、

軫礙也

說見卷一軫礙至也下、

腒央也

腒、字或作渠、又作亘、又作遽、卷一云、央、盡也、卷四云、央、已也、小雅庭燎箋云、夜未央、猶言夜未渠央也、釋文引說文、央、已也、古辭相逢行云、調絲未遽央、左思魏都賦云、其夜未遽、庭燎晣晣集韻、亘、央也、通作腒、思諸書或言未央或言未遽、或言未遽央、其義一也、卷三云、腒、久也、說文、央、久也、久謂之腒、亦謂之央、猶已謂之央、亦謂之腒矣、

非違也

說文、非、違也、桓六年左傳云、謂其上下皆有嘉德而無違心也、違心、卽非心、玉藻云、非辟之心、是也、

貫、穿也

偲、佞也

齊風盧令篇、其人美且偲、毛傳云、偲、才也、成十三年左傳、寡人不佞、服虔注云、佞、才也、

謏、誕也

見下文誇謏也下、

廣雅疏證卷第五上

廣雅疏證卷第五下

高郵王念孫學

釋言

霝令也

皆謂善也、齊侯鎛鐘銘、霝命難老、即令命也、微緐鼎銘、永令鐳霝冬、緍即令終也、㝬敦銘、霝冬霝令、即令終令命也、盤庚、弔由靈、傳云、靈、善也、正義以爲爾雅釋詁文、今爾雅作令、鄘風定之方中篇、靈雨既零、鄭箋云、靈、善也、石鼓文作霝雨霝霝、令聲義並同、互見卷一靈善也下、令、各本譌作今、今訂正、

免隕也

未詳、

科藂也

說見卷三科本也下、

毀虧也

誓制也

爾雅、誓、謹也、郭璞注云、所以約勅謹戒衆、說文、誓、約束也、釋名、誓、制也、以拘制之也、各本譌作制、誓也、今訂正、

謂指也

指而言之曰謂、隱元年公羊傳云、王者孰謂、謂文王也、

節己也

己、猶止也、

居據也

釋名云、據、居也、晉語、今不據其安、韋昭注亦云、

據杖也

說文、據、杖持也、邶風柏舟篇云、不可以據、

如均也

堯典云、如五器、

子己似也

未詳、

注

此與下文義不相屬、當有脫文、不可考矣、

理媒也

楚辭離騷云、吾令蹇脩以爲理、又云、理弱而媒拙兮、

滔漫也

說文、滔、水漫漫大皃、堯典云、浩浩滔天、大雅蕩篇、天降滔德、毛傳云、滔、慢也、水漫曰滔、人慢曰滔、其義一也、故釋名云、慢、漫也、漫漫心無所限忌也、

昃跌也

昃之言傾側、跌之言差跌也、說文、昃、日西也、又云、厢、日在西方、時側也、引離九三日厢之離、今本作昃、王嗣宗本作仄、士喪禮下篇作側、穀梁春秋經作稷、竝字異而義同、周官司市注云、日厢、昳中也、史記天官書、倉至日昳爲稷、漢書天文志作跌、

妬嫿也

今俗語猶謂爭色曰嫿、音若酒酢之酢、

嫪嫪也

說見卷一嫪嫪妒也下。嫪與嫪同。

袟程也

袟通作秩，又作䄰。秩與程古聲義並同。說文，程，品也。又云，䄰，爵之次弟也。引堯典平䄰東作。今本作平秩。史記五帝紀作便程。說文，戥從呈聲。戴從戥聲，讀若詩戴戴大猷。今本作秩秩。

腯脂也

說見釋器。

輸寫也

小雅蓼蕭篇，我心寫兮。毛傳云，輸寫其心也。枚乘七發云，輸寫淟濁。引之云，周語，陽氣俱烝，土膏其動，弗震弗渝，脈其滿眚。渝當讀爲輸。輸謂輸寫其氣，使達於外也。左氏春秋隱六年，鄭人來渝平。公羊穀梁作輸平、是渝輸古字通、此言當土脈盛發之時、不卽震動之、輸寫之、則其氣鬱而不出、必滿塞而爲災也、韋注訓渝爲變、於上下文義稍遠矣、

縣抗也

說見卷四抗縣也下、

朔蘇也

蘇、與蘇通、說文、朔、月一日始蘇也、白虎通義云、月言朔何、朔之言蘇也、明消更生、故言朔也、論語爲政篇皇侃疏引書大傳云、夫正朔有三、本天有三統、明王者受命、各統一正也、朔者、蘇也、革也、言萬物革更於是、故統焉、爾雅、朔、北方也、堯典正義引李巡注云、萬物盡於北方、蘇而復生、故言朔也、是凡言朔者皆復蘇之義也、

遵迻也

遒迨、與鐕交通、

氾普也

氾、各本譌作汜、今訂正、

資操也

資、與賫通、說見卷三操賫持也下、

緊糾也

說見卷一緊糾急也下、

款叩也

呂氏春秋愛士篇、夜款門而謁、高誘注云、款、叩也、款、與款同、

御和也

徇、營也。衆經音義卷十七引倉頡篇云、姰、求也。莊子駢拇篇、小人則以身殉利。司馬彪注云、殉、營也。殉與徇通。説文、敻、營求也。敻與徇古聲義亦同。邶風擊鼓篇、于嗟洵兮。韓詩洵作敻、是其類矣。

民、眠也。

供、養也。

序、射也。說見卷一下。

庠、養也。

候、候也。春秋繁露深察名號篇云、號爲諸侯者、宜謹視所候奉之天子也。王制正義引春秋元命包云、侯者、候也。候王順逆也。又周官小祝、掌小祭祀將事、侯禳禱祠之祝號。鄭注云、侯之言候也。候嘉慶祈福祥之屬。

位，莅也。

莅，或作涖。僖三年穀梁傳云：莅者，位也。古者位莅立三字同聲而通用。周官鄉師執斧以涖匠師，鄭注云：故書涖作立。鄭司農云：立，讀爲涖。小宗伯掌建國之神位，注云：故書位作立。鄭司農云：立，讀爲位。古者立位同字，古文春秋經公卽位爲公卽立。肆師用牲于社宗，則爲位，注云：故書位爲涖。杜子春云：涖，當爲位。各本莅下脫去也字，遂與下條相連。孝經正義引廣雅：位，莅也。今據以補正。

祿，也。

祿下蓋脫錄字。位莅祿錄，皆取同聲之字爲訓。周南樛木正義引孝經援神契云：祿者，錄也。上所以敬錄接下，下所以謹錄事上。白虎通義同。

要，約也。

逋，竄也。

劓刖也
說見卷一刖劓斲也下、刖與刖同、

御侍也

樘距也
說文、樘、衺柱也、又云、歫、距也、歫距、與樘距同、考工記弓人、維角歫之、鄭衆注云、歫讀如牚距之牚、車牚之牚、司馬相如長門賦云、離樓梧而相樘、漢書匈奴傳云、陳遵與單于相牚距、竝字異而義同、樘、各本譌作撐、自宋時本已然、故集韻類篇竝引廣雅撐、距也、考說文玉篇廣韻俱無撐字、今訂正、

礙閡也
礙與閡同聲而通用、說文、礙、止也、小爾雅、閡、限也、列子黃帝篇云、雲霧不硋其視、又云、物無得傷閡者、力命篇云、孰能礙之、太元難次六云、上輆于山、下觸于川、竝字異而義同、

闌閑也

說文、闌、門遮也、楚語、爲之關籥蕃籬而遠備閑之、韋昭注云、閑闌也、闌通作蘭、魏策云、有河山以蘭之、史記魏世家作闌、

鐫鑿也

方言、鐫椓也、晉趙謂之鐫、說文、鐫、破木鐫也、一曰琢石也、淮南子本經訓、鐫山石、高誘注云、鐫、猶鑿也、求金玉也、鹽鐵論通有篇云、鑽山石而求金銀、鑽與鐫聲近義同、

水準也

管子水地篇云、水者、萬物之準也、白虎通義云、水之爲言準也、養物平均、有準則也、水與準古同聲而通用、考工記輈人輈注則利準、栗氏權之然後準之、故書準並作水、

晘暵也

玉篇、眭、目瞬也、廣韻云、目眇視也、衆經音義卷一引通俗文云、一目眨曰䁋、䁋與𥉮同、

剿天也

鄭注王制云、天、斷殺也、說文、剿、絕也、引甘誓天用剿絕其命、今本作剿、管子五行篇云、數剿竹箭、漢書外戚傳云、命摷絕而不長、竝字異而義同、

級等也

冤桂也

箸著也

說文、書、箸也、箸之簡紙、永不滅也、賈子道德說篇云、著此竹帛謂之書、書者、此之著者也、

刌切也

切膾也

竝見卷一剬刌切斷也下。剬與膾通。刌各本譌作刌，今訂正。

委

累也

各本皆作委鬩也。案委與鬩義不相近，此因委下脫去累也二字，而下文鬩下又有脫字，遂誤合爲一條。文選褚白馬賦注云：廣雅曰：委，累也。言累加之也。今據以補正。委之言委積也。大戴禮四代篇云：委利生孽。

鬩也

小雅節南山傳云：鬩，息也。大射儀注云：鬩，止也。文王世子注云：鬩，終也。

牽挽也

劇利也

說見卷二、

剾劊也

說見卷四剾劊劗也下、

諟是也

大學引大甲顧諟天之明命、鄭注云、諟猶正也、說文、正、是也、是諟聲義並同、

君羣也

逸周書太子晉解云、侯能成羣謂之君、荀子王制篇云、君者、善羣也、羣道得則萬物皆得其宜、六畜皆得其長、羣生皆得其命、韓詩外傳云、君者何也、曰羣也、羣天下萬物而除其害者謂之君、

臣繟也

白虎通義云、臣者、繵也、堅也、屬志自堅固也、繵與繟通、

愛僾也

說見卷一翳愛也、及卷二篓障也下、愛僾篓竝通、

指斥也

詠譖也

說見卷二詠譖諟也下、

書如也、

書序正義引璿璣鈐云、書者、如也、寫其言、如其意、情得展舒也、

淩㬥也

轔轢也

說文、轢、車所踐也、又云、蹸、轢也、漢書司馬相如傳云、掩莬轔鹿、又云、藺元鶴、亂昆雞、又云、徒車之所閵轢

王商傳云、百姓奔走相蹂躪、後漢書班固傳云、蹂躪其十二三、竝字異而義同、

譙讁也

末衰也

繫辭傳云、殷之末世、

擘剖也

憒盈也

說見卷一、

剫判也

說見卷一判剫分也下、

鎌𩞔也

鐮說文玉篇廣韻竝作鐮說文鐮嘰也嘰小倉也嘰曹憲音祈各本脫去嘰字其音內祈字又誤入正文集韻類篇竝引廣雅鐮祈也則宋時廣雅本已誤案諸書無訓鐮爲祈者史記司馬相如傳嗺呲芝英兮嘰瓊華徐廣音義云嘰音祈小倉也顏師古漢書注云嘰音機又音祈今據以訂正

傃經也

傃與素通素經皆常也法也宣十一年左傳云不愆于素士喪禮獻素鄭注云形法定爲素素與索古同聲故索亦訓爲法定四年左傳疆以周索杜注云索法也正義引考工記量器銘時文思索鄭注考工記云言是文德之君思求可以爲民立法者而作此量鄘風定之方中箋引考工記索作素

貢功也

說文貢獻功也禹貢厥貢漆絲鄭注云貢者百功之府受而藏之周官大宰賦貢以馭其用注云貢功也九職之功所稅也曲禮五官致貢曰享注云貢功也致其歲終之功於王

𨄅踦也 未詳

翹尾也 說文、翹、尾長毛也、楚辭九歎云、搖翹奮羽、

懲恐也 繫辭傳云、小人不威不懲、是懲爲恐也、字亦作承、哀四年左傳、諸大夫恐其又遷也、承、杜預注云、承、音懲、蓋楚言、

書記也

摑拑也 未詳

隥陭也

方言、隥、陭也、郭璞注云、江南人呼梯爲隥、所以隥物而登者也、音剴切也、案隥陭皆長貌也、方言、絀短也、隥、陭也、迖長也、三者文義相承、廣雅卷二云、隥、長也、曹憲音牛哀反、漢書司馬相如傳臨曲江之隑州兮張注云、隑、長也、陭、玉篇音於奇切、說文陭上黨陭氏阪也、小雅節南山篇有實其猗、毛傳云、猗、長也、猗與陭通、淮南子本經訓積牒旋石以純脩碕、文選吳都賦注引許愼注云、碕、長邊也、碕與陭亦聲近義同、

艐託也

說見卷三艐侂寄也下、侂與託同、

適悟也

方言、適、牾也、郭璞注云、相觸迕也、牾與悟通、史記韓非傳云、大忠無所拂悟、是也、適之言枝也、相枝梧也、枝適、語之轉、小雅我行其野傳云、祇、適也、祇之轉爲適、猶枝之轉爲適矣、

梗略也

方言、梗、略也、郭璞注云、梗概大略也、張衡東京賦、故粗謂賓言其梗槩如此、薛綜注云、梗槩不纖密、言粗舉大綱如此之言也、

鍱燥也

卷二云、燥、鍱、乾也、

姬基也

褚少孫續三代世表云、堯立后稷以爲大農、姓之曰姬氏、姬者、本也、太平御覽引春秋元命包注云、姬之言基也、

優渥也

鬳疑也

疑之言擬議也。說文：讞，議辠也。漢書景帝紀云：諸獄疑，若雖文致於法而於人心不厭者，輒讞之。讞與同。漢書鼂錯傳：通關去塞，不孼諸侯。如淳注云：孼，疑也。去關禁，明無疑於諸侯。孼與讞義亦相近。

掄，貫也

說文：掄，貫也。

囮，圝也

囮、圝二字，曹憲並音由。玉篇：囮、圝並余周、五戈二切，鳥媒也。廣韻：囮、圝並以周切，囮又五禾切。案：囮與圝義同而音異。囮從化聲，讀若譌；圝從䌛聲，讀若由。廣雅：囮，圝也。則二字之不同音甚明。玉篇、廣韻、廣雅音合囮、圝爲一字，皆非也。說文囮字注云：譯也。從口，化聲。率鳥者繫生鳥以來之，名曰囮。讀若譌。則囮與圝異音。其圝字注當云：囮也。從口，䌛聲。而今本云：囮或從䌛。則後人據玉篇改之也。潘岳射雉賦：恐吾游之晏起，慮原禽之罕至。徐爰注云：游，雉媒名。江淮間謂之游。游即圝之俗字，不得與囮同音。龍龕手鑑：圝音由，𡆪五禾反，與玉篇廣韻異，當別有所本也。

齎持也

說見卷三。

彈拼也

說文：抨，彈也。抨與拼同。衆經音義卷十四引仲長統昌言云：繩墨得拼彈。

𨘢亾也

購償也

說文：購，㠯財有所求償也。

掆恭也

未詳。

賮尊也

賤卑也

栔缺也

史記司馬相如傳、挈三神之驩、集解引韋昭云、挈、缺也、漢書毋將隆傳、契國威器、李奇注云、契、缺也、挈契竝與栔通、

傅敷也

傅敷古同聲而通用、堯典敷奏以言、漢書宣帝紀作傅、禹貢禹敷土、史記夏本紀作傅、

捔掎也

說文、掎、偏引也、小雅小弁篇、伐木掎矣、毛傳云、伐木者掎其顛、豳風七月篇、猗彼女桑、傳云、角而束之曰猗、正義云、襄十四年左傳、譬如捕鹿、晉人角之、諸戎掎之、則掎角皆遮截束縛之名也、故云、角而束之曰

䄫、角、掎、䄫、掎古通用。

孝、度也。

孝經正義引援神契云：諸侯行孝曰度。言奉天子之法度，得不危溢，是榮其先祖也。

州、浮也。

膠、肥也。

說見釋親「膠、臍也」下。

椁、廓也。

椁，字亦作槨。鄭注檀弓云：椁，大也。言椁大於棺也。白虎通義云：槨之爲言廓，所以開廓辟土，無令迫棺也。釋名云：槨，廓也。廓落在表之言也。又云：郭，廓也。廓落在城外也。郭與椁亦同義。

陰、闇也。

説文、陰、闇也、陰闇古同聲而通用、無逸、乃或亮陰、惑服四制作諒闇、

迪蹈也

迪蹈古同聲、皋陶謨云、允迪厥德、

儺扶也

説文、儷、旅行也、字或作儸、又作離、玉篇云、字書儺與儸同、説文、扶、竝行也、讀若伴侶之伴、

幷兼也

穰豐也

則卽也

卑庳也

綢緍也

爾雅素錦綢杠、郭璞注云、以白地錦韜旗之竿、鄉射禮記作縚、綢縚韜字異而義同、

跑趵也

玉篇、跑、蹴也、釋名云、雹、跑也、其所中物皆摧折、如人所蹙跑也、蹙與蹴同、玉篇、趵、足擊聲、卷三云、操、擊也、張衡西京賦、流鏑擂操、薛綜注云、擂操、中聲也、擂與跑、操與趵聲義並相近、

妨娉也

說見卷三娉妨害也下、

県磔也

說文、県、到首也、賈侍中說此斷首到縣県字、亦通作梟、說文、梟、不孝鳥也、日至捕磔梟之、從鳥首在木上、又云、桀、磔也、從舛在木上、是磔與県同義、

硶法也

爾雅、硃、法也、酒誥云、越尹人祇硃、

乍暫也

墨子兼愛篇引泰誓云、文王若日若月、乍光于四方、于西土、字亦作咋、又作詐、定八年左傳、桓子咋謂林楚、杜預注云、咋、暫也、僖三十二年公羊傳、詐戰不日、何休注云、詐、卒也、

𤰈均也

夏小正、農率均田、傳云、均田者、始除田也、鄭注曲禮云、除、治也、卷三云、𤰈、治也、周語云、土不備𤰈、

僉過也

過之言過也、夥也、方言云、凡物盛而多、齊宋之郊楚魏之際曰夥、自關而西秦晉之間、凡人語而過謂之過、或曰僉、又云、僉、劇也、僉、夥也、劇亦過甚之意、

俚聊也

聊、猶賴也。秦策云、民無所聊、餘見上文俚賴也下。

騭、企也。易是類謀、杜主騭用、鄭注云、騭、庶幾也。又文王世子注引孝經說云、大夫勤於朝、州里騭於邑、字或作冀、又作覬、並同。

扳、援也。隱元年公羊傳、諸大夫扳隱而立之、何休注云、扳、引也。義與攀同。

煨、火也。煨、曹憲音隈。案卷四云、煨、煴也。然則煨者、以火溫物、不得直訓爲火、煨當爲煤、字之誤也。方言、煤、火也。楚轉語也、猶齊言火燬也。郭璞注、煤、呼隗反、玉篇、廣韻及汝墳釋文並同。

遻、離也。

說見卷三、

浮游也

湅澣也

湅、字或作漱、澣、本作瀚、說文、湅、瀚也、內則、冠帶垢、和灰請漱、衣裳垢、和灰請澣、鄭注云、手曰漱、足曰澣、正義云、此漱澣對文爲例耳、散則通也、

契刻也

說文、契、刻也、玉篇苦結切、廣韻又苦計切、爾雅、契、絕也、郭璞注云、今江東呼刻斷物爲契斷、繫辭傳、後世聖人易之以書契、書序正義引鄭注云、書之於木刻其側爲契、定九年左傳、盡借邑人之車、鍥其軸、杜預注云、鍥、刻也、荀子勸學篇、鍥而舍之、朽木不折、大戴禮作楔、淮南子本經訓、鑴山石、鍥金玉、並字異而義同、刻謂之鍥、故刻薄謂之鍥薄、後漢書劉陶傳、寬鍥薄之禁、李賢注云、鍥、刻也、

劃、削也

玉篇、劃、減也、削也、說文、削、挑取也、卷四云、削、剜也、

牟、倍也

楚辭招魂、成梟而牟、呼五白些、王逸注云、倍勝爲牟、淮南子詮言訓、善博者不欲牟、太平御覽引注云、博以不傷爲牟、牟、大也、進也、義與楚辭注同、倍勝謂之牟、猶多取利謂之牟利、故高誘注時則訓云、牟、多也、

封、㓟也

說見卷三封㓟居也下、

刲、㓟也

卷二云、刲、裂也、玉篇、刲、丁侯切、小裂也、廣韻云、刲、剫、小穿也、㓟、亦封也、玉篇廣韻竝音圭、云、裂也、

譴、誺也

說文、譴、譴娽也、娽、與詠通、譴、各本譌作譴、今訂正、

期卒也

期之言極也、小雅南山有臺篇云、萬壽無期、萬壽無疆、魯頌駉篇云、思無疆、思無期、百年曰期、義亦同也、

許與也

耒𡊮也

踐蹛也

曲禮云、毋蹛席、蹛、與蹛同、

酌漱也

未詳、

歠𣿞也

歕、字亦作噴、又作湓、衆經音義卷二十引三倉云、濆噴也、又引通俗文云、含水湓曰濆、莊子秋水篇云、噴則大者如珠、小者如霧、易林噬嗑之兌云、蒼龍銜水、泉濆屋柱、各本皆脫歕字、衆經音義卷十九引廣雅、歕、濆也、今據以補正、

調、啁也、

說見卷四下、

譜、牒也、

蘇林注漢書禮樂志云、牒、譜第之也、

齋、懍也、

孟子萬章篇引書夔夔齋栗、史記周本紀、乃告司馬司徒司空諸節、齊栗信哉、齋齊慄栗並通、

狄、辟也、

災菑也

爾雅、田一歲曰菑、孫炎注云、始災殺其草木也、說文、菑、古文作甾、是甾與災同義、故經傳災字多假作菑、

泰肅也

泄泆也

泆、與溢通、禹貢云、泆爲熒、中庸云、振河海而不泄、是泄爲溢也、泆、各本譌作洪、衆經音義卷八卷十八二十五、竝引廣雅、泄、溢也、泄、漏也、今據以訂正、

泄漏也

固陋也

臺支也

方言、臺、支也、釋名、臺、持也、築土堅高、能自勝持也、持與支同義、

表特也

楚辭九歌、表獨立兮山之上、王逸注云、表、特也、

誇譀也

說文、譀、誕也、誇、譀也、廣韻引東觀漢記云、雖誇譀猶令人熱、褚少孫續日者傳、夫卜者多言誇嚴以得人情、嚴與譀通、譀、各本譌作譀、今訂正、

氐牴也

氐讀氐羌之氐、太平御覽引風俗通義云、氐、言抵冒貪饕、至死好利也、抵與牴通、

廟皃也

皃、與貌同、書大傳云、廟者、貌也、以其貌言之也、桓二年左傳正義引白虎通義云、宗者、尊也、廟者、貌也、象先祖之尊貌、桓二年公羊傳注云、廟之爲言貌也、思想儀貌而事之、周頌清廟箋云、廟之言貌也、死者精

神不可得而見、但以生時之居立宮室、象貌爲之耳、

貳汙也

貳、當作膩、玉篇、膩、垢膩也、曹憲音有女史二字、卽女吏之譌、

貳然也

未詳、

齊整也

懔戰也

條枝也

扫掘也

說見卷三掘扫穿也下、

殃禍也

數術也

劣鄙也

鈔掠也

葸慎也

葸、各本譌作葱、惟影宋本皇甫本不譌。論語泰伯篇、慎而無禮則葸、何晏注云、葸、畏懼之貌。大戴禮曾子立事篇云、人言善而色葸焉、近於不說其言。荀子議兵篇、諰諰然常恐天下之一合而軋己也。漢書刑法志作鰓鰓、蘇林注云、鰓音慎而無禮則葸之葸、鰓鰓、懼貌也。王延壽魯靈光殿賦云、心猥猥而發悸、竝字異而義同。卷四云、慎、恐也。

姤遇也

姤象傳文也、爾雅作遘同、

律率也

太平御覽引春秋元命包云、律之爲言率也、所以率氣令達也、又引宋均注云、率、猶遵也、續漢書律歷志注引月令章句云、律者、清濁之率法也、周官典同注云、律、述氣者也、述、與率通、中庸上律天時、注亦云、律、述也、

賾情也

繫辭傳、聖人有以見天下之賾、京房作嘖、云、嘖、情也、太元元瑩云、陰陽所以抽嘖也、嘖、情也、賾、嘖、竝與憒通、

篡析也

說見卷一析篡分也下、析、各本譌作折、今訂正、

⿰丰攴⿰丰示也

⿰丰攴之言茂、⿰丰示之言苞也、爾雅云、苞、茂、豐也、又云、苞、稹也、孫炎注云、物叢生曰苞、漢書武五子傳頭如蓬⿰丰示、顏師古注云、草叢生曰⿰丰示、呂氏春秋審時篇云、得時之稻、大本而莖⿰丰示、說文、⿰丰示、草盛皃、又云、⿰丰攴、細草叢生也、漢書律歷志冒茆於卯、顏師古注云、茆、謂叢生也、茆與⿰丰攴通、互見釋訓⿰丰攴⿰丰攴⿰丰示⿰丰示茂也下、

誕詑也

玉篇、誕、詑、言也、方言云、江湘之閒、凡小兒多詐而獪謂之姡、姡、娗也、又云、眠娗、欺謾之語也、娗與誕通、說文、沇州謂欺曰詑、燕策云、寡人甚不喜訑者言也、訑與詑同、

憯毒也

說文、憯、毒也、莊子庚桑楚篇云、兵莫憯于志、鏌鎁爲下、漢書陳湯傳云、憯毒行於民、谷永傳云、搒箠瘠於炮烙、竝字異而義同、

韙是也

隱十一年左傳、犯五不韙而以伐人、釋文引倉頡篇云、韙、是也、昭二十年傳云、君子韙之、薛綜注東京賦云、韙、善也、善亦是也、史記宋世家、五是來備、後漢書荀爽傳作五韙、皆謂善也、說文、韙、籀文作愇、管子水地篇云、水者違非得失之質也、違、亦與韙同、

扼摘也

玉篇、扼、乃果切、扼摘、趙魏云也、集韻云、趙魏之閒謂摘爲㨰、扼、㨰、音烏果切、

蔿譌也

譌、猶化也、說見卷三蔿匕也下、匕、與化通、

䜌樊也

䜌與攣同義、樊與攀同義、說文、䜌、樊也、樊、鷙不行也、玉篇、樊、力全切、攣䜌也、說文、攣、係也、小畜九五、有孚

攣如、馬融注云、攣、連也、變、各本譌作孌、今訂正、

善佳也

纔暫也

粲鮮也

小雅伐木篇、於粲洒埽、毛傳云、粲、鮮明貌

紹緊也

說見卷二紹緊絣也下、

期時也

晐包也

晐、與該通、

箋云也

未詳、

葉世也

商頌長發篇、箌在中葉、毛傳云、葉、世也、

曾是也

未詳、

視比也

雜記、妻視、叔父母、鄭注云、視猶比也、

執脅也

執、與慴通、脅、與慴通、說見卷四慴怯也及下文慴服也下、

譏譴也

譏通作幾、周官宮正、幾其出入、鄭注云、幾、呵其衣服持操及疏數者、衆經音義卷三引倉頡篇云、譴、呵也、

諭曉也

彖挩也

說文、彖、豕走挩也、挩、與脱通、脱彖聲相近、彖、猶遯也、遯、或作遂、漢書匈奴傳贊遂逃竄伏、字從辵彖聲、彖遯聲亦相近、

踕蹲也

說見卷三蹲踕踞也下、

諳諷也

鄭注大司樂云、倍文曰諷、又注瞽矇云、諷誦詩、謂闇讀之、不依詠也、闇與諳同、

贈稱也

太平御覽引春秋說題辭云、贈之爲言稱也、謚之爲言遺也、

甲押也

史記律書云、甲者、言萬物剖符甲而出也、索隱云、符甲、猶孚甲也、漢書律歷志云、出甲於甲、說文、甲、位東方之孟、陽氣萌動、從木戴孚甲之象、卷四云、押、輔也、然則萬物初出、有孚甲以自輔、故云押也、

乙軋也

律書云、乙者、言萬物生軋軋也、律歷志云、奮軋於乙、說文、乙、象春草木冤曲而出、陰氣尚彊、其出乙乙也、

丙炳也

律書云、丙者、言陽道著明、律歷志云、明炳於丙、說文、丙、位南方、萬物成炳然、

癸揆也

律書云、癸之爲言揆也、言萬物可揆度也、律歷志云、陳揆於癸、鄭注月令云、壬之言任也、癸之言揆也、冬時萬物皆懷任於下、揆然萌芽以上、所釋十幹名義凡四條、其庚更也、已見卷三、丁強也、已見卷四、戊茂也、已紀也、壬任也、已見本卷、惟缺辛字一條、蓋傳寫遺脫也、律歷志云、悉新於辛、月令注云、庚之言更也、辛之言新也、秋時萬物皆肅然改更、秀實新成、

子孳也

律書云、子者、滋也、言萬物滋於下也、律歷志云、孳萌於子、說文、子、十一月陽氣動、萬物滋、滋、與孳通、

丑紐也

律書云、丑者、紐也、言陽氣在上未降、萬物尼紐未敢出也、律歷志云、紐牙於丑、釋名云、丑、紐也、寒氣自屈紐也、

寅演也

律書云、寅者、言萬物始生螾然也、律歷志云、引達於寅、釋名云、寅演也、演生物也、演螾引古竝同聲、

辰振也

律書云、辰者、言萬物之蜄也、律歷志云、振美於辰、說文、辰震也、三月陽氣動、靁電振、民農時也、振震蜄竝通、

巳已也

律書云、巳者、言陽氣之已盡也、律歷志云、已盛於巳、說文、巳已也、四月陽氣已出、陰氣已臧、萬物見、成文章、已與巳同、

午仵也

律書云、午者、陰陽交午、律歷志云、咢布於午、說文、午啎也、五月陰氣啎逆陽、冒地而出也、仵啎咢古竝同聲、

未味也

律書云、未者、言萬物皆成、有滋味也、

亥荄也

各本訛在息休也之下、今訂正、說文、亥、荄也、十月微陽起接盛陰、以上所釋十二枝名義、凡八條、其酉就也、已見卷三、申伸也、已見卷四、惟缺丣戌二條、律書云、丣之爲言茂也、言萬物茂也、戌者、言萬物盡滅、律歷志云、冒茆於丣、畢入於戌、說文、丣、冒也、二月萬物冒地而出、戌、滅也、九月陽氣微、萬物畢滅、

息休也

仔克也

爾雅、肩、堪、克也、說文、仔、克也、周頌敬之篇、佛時仔肩、毛傳云、仔肩、克也、鄭箋云、仔肩、任也、任、亦堪也、

僞引也

諸書無訓僞爲引者。僞當作傿字之誤也。說文。傿引爲賈也。玉篇音於建切。後漢書崔寔傳。悔不小靳。可至千萬。靳或作傿。字又作䞁。玉篇。䞁物相當也。廣韻。䞁。引與爲價也。案引爲價。謂引此物以爲彼物之價。卽相當之意也。引傿語之轉耳。上文云。仔。克也。下文云。僐。態也。侍。承也。儆。戒也。佼。交也。傲。倨也。側。旁也。皆出說文人部。傿亦是也。

僐態也

僐之言善也。說文。僐。作姿態也。

侍承也

儆戒也

佼交也

傲倨也

側㑥也

寢想也

寢、經傳通作夢、列子周穆王篇云、神遇爲夢、

逆逭也

逭、通作𨙻、卷三云、逆亂也、亂亦𨙻也、

瘺疣也

註疏也

說見卷二註疏識也下、

訡衙也

說見卷三衙訡賣也下、衙與衙同、

皋局也

局之言曲也。小雅正月篇、不敢不局、毛傳云、局、曲也。鶴鳴篇、鶴鳴于九皋、韓詩云、九皋、九折之澤、王逸注離騷云、澤曲曰皋。是皋局皆曲也。皋爲曲、局之局、又爲界局之局。文選西京賦、寔惟地之奧區神皋、李善注云、廣雅曰、皋、局也。謂神明之界局也。

歷逢也

王逸離騷注文。

匒帀也

說文、匒、帀也。字通作合。王制云、天子不合圍。

廋匿也

論語爲政篇、人焉廋哉、孔傳云、廋、匿也。互見卷四廋隱也下。

𢡱𡪢也

衆經音義卷十四引三倉云，𢡱，謊言也。說文，𢡱，𡪢言不慧也。𡪢，瞑言也。列子周穆王篇云，眠中啽囈呻呼。瞑、眠、𡪢、囈竝同。

𢠵𡪢也

說文，謊，𡪢言也。義與𢠵同。下文云，謊，忽也。

䶗衎也

說文，䶗，衎也。

礙距也

說文，礙，止也。歫，止也。歫與距通。

科品也

說文、科、程、也、程、品也、

摢揆也說見卷四、

嬈苛也說見卷二嬈訬透㨂嬈也下、

媟嬻也經傳通用褻瀆、

痔痤也說見卷二矬痔短也下、矬與痤通、

鉔鉆也

鈲、各本譌作鉤、今訂正。說文、鉆、鐵銸也。銸、鉆也。徐鍇傳云、銸、猶籋也。說文、籋、箝也。釋名云、鑷、攝也。攝取髮也。銸、籋、鑷竝同義。箝與鉆亦同義。字又作鉗。周官典同注、餂讀爲飛鉆涅餂之餂。鬼谷子作飛箝。陶宏景注云、箝謂牽持緘束令不得脫也。射鳥氏注、拃夾、鍼箭具。釋文引沈重云、鍼、或作鉆。後漢書陳寵傳、絕鉆鑽諸慘酷之科。李賢注引倉頡篇云、鉆、持也。又引說文、鉆、鐵銸也。卷三云、拈、挻、持也。拈與鉆、挻與銸、亦聲近而義同。

婞椎也

說見釋訓婞椎都凡也下。

軍圍也

說文、軍、圜圍也。呂氏春秋明理篇、其日有暈珥。高誘注云、暈、讀如君國子民之君。氣圍繞日周帀、有似軍營相圍守、故曰暈也。淮南子覽冥訓、畫隨灰而月運闕。高注云、運讀連圍之圍。運者、軍也。將有軍事相圍

守、則月運出也、軍運圍古聲竝相近、

賈固也

白虎通義云、賈之爲言固也、固其有用之物、以待民來、以求其利者也、

柰那也

那、各本譌作郍、今訂正、宣二年左傳、棄甲則那、言棄甲則柰何也、柰何二字、單言之則曰柰、揚雄廷尉箴云、惟虐惟殺、人莫予柰、是也、那爲柰何而又爲柰、若諸爲之於而又爲之矣、

甚勮也

猥頓也

頓猶突也、月令、寒氣總至、鄭注云、總、猶猥卒也、卒、與猝同、猥猝、皆頓也、成十八年公羊傳疏引春秋說云、厲公猥殺四大夫、言頓殺四大夫也、漢書文三王傳、何故猥自發舒、言頓自發舒也、馬融長笛賦山水猥

至、言頓至也、

瞖窺也

説見卷一窺瞖覗也下、瞖、各本譌作瞖、今訂正、

時伺也

説見卷一覵覗視也下、覵時覗伺並通、

説忽也

老子云、無狀之狀、無象之象、是謂忽恍、恍、與説通、

儆貣也

史記平準書索隱引通俗文云、屋載曰儆、商子墾令篇云、令送糧無取儆、

捕摶也

牒宄也

未詳、

坽垢也

西山經、錢來之山、其下多洗石、郭璞注云、澡洗可以磢體去垢圿、

山宣也

藝文類聚引春秋說題辭云、山之爲言宣也、含澤布氣、調五神也、說文、山、宣也、宣氣散生萬物、

麥𥝩也

𥝩、各本譌作䅘、說文、麥、芒穀、秋種厚𥝩、故謂之麥、今據以訂正、

嗟咄也

嗟之言叱也、廣韻、嗟咄、叱呵也、燕策云、呴籍叱咄、

春蠢也

鄉飲酒義、春之爲言蠢也、産萬物者聖也、鄭注云、蠢動生之貌也、聖之言生也、漢書律歷志云、春蠢也、物蠢生、迺動運、春秋繁露陽尊陰卑篇云、春之爲言猶偆偆也、喜樂之貌也、偆與蠢通、書大傳云、春出也、物之出也、出與蠢亦同義、故考工記梓人注云、蠢出也、

夏嘏也

鄉飲酒義、夏之爲言假也、養之長之假之仁也、鄭注云、假大也、書大傳云、夏者假也、吁荼萬物而養之外也、律歷志云、夏假也、物假大、迺宣平、假與嘏通、

胯奎也

胯通作跨、爾雅、驪馬白跨、驈釋文引倉頡篇云、跨兩股閒也、說文、胯股也、又云、奎兩髀之閒也、莊子徐無鬼篇奎蹏曲隈、向秀注云、股閒也、說文、跨渡也、方言、半步爲跬、跬亦跨也、跨與胯、跬與奎、聲相近、皆中空

之意也、互見卷三刲刳屠也下、

鈲刓也

說文、鈲、鈲圜也、刓、剸也、一曰齊也、楚辭九章、刓方以為圜兮、王逸注云、刓、削也、莊子齊物論篇、五者园而幾向方矣、司馬彪注云、园、圓削也、漢書食貨志、百姓抏敝以巧法、顏師古注云、抏、訛也、謂摧挫也、韓信傳、刻印刓、蘇林注云、刓音刓角之刓、手弄角訛也、酈食其傳刓作玩、淮南子泰族訓云、摩而不玩、訛、與鈲通、园抏玩竝與刓通、

薄附也

薄之言傅也、迫也、說卦傳、雷風相薄、陸績注云、相附薄也、楚辭九章、腥臊竝御芳不得薄兮、王逸注云、薄、附也、

蘱菌也

謂萌櫱也、說見釋草甾孽也下、甾菑孽櫱竝通、或讀甾爲災害之災、則櫱爲天作孽之孽、亦通、

楊揚也

楊、當作陽、釋名云、陽、揚也、氣在外發揚也、

月闕也

月令正義引春秋元命包云、月之爲言闕也、說文、月、闕也、十五稍減、故曰闕也、太陰之精、象形、

尯券也

將扶也

抳擬也

說見卷四、

昌光也

說文、昌、日光也、

諱訾也

說見卷二諱訾謑也下、

剺㓹也

玉篇、剺、直破也、管子五輔篇、博帶梨、尹知章注云、梨、割也、淮南子齊俗訓云、伐楩柟豫章而剖梨之、文選長楊賦、分㓹單于、李善注引韋昭曰、㓹、劃也、㓹梨竝與剺同、說文、𠟺、剝也、劃也、

瘛瘲也

說文、瘛、小兒瘛瘲病也、漢書藝文志有金創瘛瘲方、素問診要經終論云、太陽之脈、其終也、戴眼反折瘈瘲、潛夫論貴忠篇云、哺乳太多、則必掣縱而生癇、竝字異而義同、瘛之言掣、瘲之言縱也、說文云、引而縱曰瘛、瘛、與掣同、

品式也

說見卷四

似若也

嗺茹也

嗺與嚼同方言云茹食也

詠訴也

說見卷二詠訴謂也下

懾𦨴也

服各本譌作般今訂正說文懾服也秦策云趙楚懾服史記項羽紀諸將皆慴服漢書作讋服陳咸傳作執服朱博傳作慹服並字異而義同

嬾懸也

欿歎也
說文、欿、笑意也、嵇康琴賦云、欿愉懽釋、玉篇、歎、笑意也、

打棓也
棓之言掊擊也、秦策云、句踐終棓而殺之、打、見卷三打擊也下、

㓞孽也
玉篇、㓞、研破也、研、與孽同、說文、檗、摩也、

辢辛也
說見卷三瘌痛也下、

怜綴也

未詳、

⿸广孚共也

⿸广孚通作靡、中孚九二、我有好爵、吾與爾靡之、釋文、靡、韓詩云、共也、孟同、集解引虞翻注亦同、

竅孔也

瘷癘也

玉篇、瘷、力代切、惡病也、又云、癘、說文力大切、惡病也、月令云、民多疥癘、韓非子姦劫殺臣篇云、厲人憐王、今俗作癩、竝字異而義同、

費秏也

新初也

抾挹也

玉篇、抾、兩手挹也、漢書揚雄傳、抾靈蠵、韋昭注云、抾、捧也、

窞窖也

說見卷四窖藏也及卷七窞窌也下、各本譌作窖窞也、廣韻集韻類篇並引廣雅窞窖也、今據以訂正、

躄𤸇也

說文、躄、人不能行也、𤸇、罷病也、足不能行、故謂之𤸇病、史記平原君傳、躄者曰、臣不幸有罷𤸇之病、是也、

𤸇𤸇躄

躄並同、

惠賜也

瘦瘎也

方言、瘦、病也、東齊海岱之閒曰瘦、秦曰湛、郭璞注云、瘦、謂勞復也、廣韻引音譜云、瘦、病重發也、玉篇、瘎、復病也、瘦復瘎湛並通、傷寒論有大病差後勞復治法、

訳謂也

曹憲云、有本作只詞也、集韻類篇引此作訳調也、皆未知其審、

匪彼也

小雅小旻篇、如匪行邁謀、是用不得于道、鄭箋云、匪非也、君臣之謀事如此、與不行而坐圖遠近、是於道路無進於跬步、何以異乎、襄八年左傳子駟引詩云、杜預注云、匪、彼也、行邁謀、謀於路人也、不得于道、衆無適從也、顧氏寧人杜解補正云、案詩上文云、謀夫孔多、是用不集、發言盈庭、誰敢執其咎、則杜解爲長、古人或以匪爲彼通用、二十七年引詩彼交匪敖、作匪交匪敖、惠氏定宇毛詩古義云、案此必三家詩有作彼者、故杜據彼爲說、雨無正云、如彼行邁、其意略同、又漢書引桑扈詩亦作匪、荀子勸學篇引采菽詩匪交匪舒、今詩上匪字作彼、或古匪彼通用、如顧說也、念孫案小旻三章云、如匪行邁謀、是用不得于道、四章云、如彼築室于道謀、是用不潰於成、語意正相同、則匪即彼也、是以廣雅及杜注皆訓匪爲彼、詩中

匪字多有作彼字用者。鄘風定之方中篇匪直也人秉心塞淵，猶言彼直也人秉心塞淵也。檜風匪風篇匪風發兮，匪車偈兮，猶言彼風發兮，彼車偈兮也。小雅四月篇匪鶉匪鳶，翰飛戾天，匪鱣匪鮪，潛逃于淵，言彼鶉彼鳶則翰飛戾天，彼鱣彼鮪，則潛逃于淵，而我獨無所逃於禍患之中也，猶上文云，相彼泉水，載淸載濁，我日構禍，曷云能穀也。何草不黄篇匪兕匪虎，率彼曠野，哀我征夫，朝夕不暇，言彼兕彼虎，則率彼曠野矣，哀我征夫，何亦朝夕於野而不暇乎，猶下文云，有芃者狐，率彼幽草，有棧之車，行彼周道也。都人士篇匪伊垂之，帶則有餘，匪伊卷之，髮則有旟，言彼帶之垂則有餘，彼髮之卷則有旟也，猶上文言彼都人士，垂帶而厲，彼君子女，卷髮如蠆也。說者皆訓匪爲非，失之。

屎，柄也。

說見釋器。

駑，駘也。

餕餉也

廣韻、餕、噎聲也、說文、噎、飯窒也、噎、與餉同、餕餉二字竝從飤、隸體小異耳、

寑偃也

射繹也

射義云、射之爲言者繹也、繹者、各繹己之志也、

脰鐕也

未詳、

辯變也

王逸注九辯云、辯者、變也、謂敶道德以變說君也、

拊抵也

王逸注九歌云拊擊也堯典云予擊石拊石拊各本譌作柎今訂正扺各本譌作抵案說文抵擠也扺從手氏聲玉篇音多禮切說文扺側擊也從手氏聲玉篇音之是切引秦策扺掌而言說文又云抧開也從手只聲讀若抵掌之抵廣雅卷三云拊擊也此云拊扺也曹憲音紙則其字當從氏今據以訂正史記滑稽傳扺掌談語集解亦引秦策扺掌而言漢書杜周傳贊業因勢而扺陒服虔注云扺音紙顏師古注云扺擊也朱博傳奮髯扺几顏師古注云扺擊也音紙揚雄傳解嘲界涇陽扺穰侯而代之蘇林注云扺音紙文選注引說文扺側擊也後漢書隗囂傳人人扺掌李賢注引說文扺側擊也又引趙策蘇秦與李兌扺掌而談張衡東京賦扺璧於谷李善注引說文扺側擊也左思蜀都賦扼腕扺掌劉逵注亦引秦策扺掌而言扺掌猶言拊掌故廣雅云拊扺也扺與抵聲義各別漢冀州從事張表碑扺拂頑詾字從氏不從氐是其證也而今本戰國策史記漢書後漢書文選皆譌作抵世人多見抵少見扺遂莫有能正其失者矣

約儉也

咀、嚾也。

抒、渫也。
楚辭九章、發憤以抒情、王逸注云、抒、渫也、

效、驗也。
效、各本譌作驗、文選閒居賦演連珠注、竝引廣雅、效、驗也、今據以訂正、

觡、角也。
觡之言格、角之言觸也、方言、鉤、宋楚陳魏之閒謂之鹿觡、或謂之鉤格、郭璞注云、或呼鹿角、說文、觡、骨角之名也、樂記、角觡生、鄭注云、無䚡曰觡、說文、䚡、角中骨也、東山經、其神狀皆獸身人面載觡、郭璞注云、麋鹿角曰觡、淮南子主術訓、桀之力別觡伸鉤、漢書司馬相如傳、犧雙觡共柢之獸、服虔高誘注竝云、觡、角也、各本譌作角、

觡也、今訂正、

剮攻也

說見釋獸剮攻犸也下、

敹像也

說見卷三愓敹戲也下、愓與像通、

維隅也

高誘注淮南子天文訓云、四角爲維、

衄縮也

謂退縮也、釋名云、辱、衄也、言折衄也、方言、忸、怩、慙歰也、說文、朔而月見東方謂之縮朒、衄忸朒並音女六反、義相近也、

噞喁也

說文、喁、魚口上見也。集韻引字林云、噞喁、魚口出水皃。韓詩外傳云、水濁則魚喁。淮南子主術訓、水濁則魚噞。高誘注云、魚短氣出口於水、喘息之喻也。馬融長笛賦云、鱏魚喁於水裔。左思吳都賦、噞喁沈浮。劉逵注云、噞喁、魚在水中羣出動口皃。

攐摳也。

說見卷一摳搴舉也下。搴與攐同。

崽子也。

方言、崽者子也。湘沅之會、凡言是子者謂之崽、若東齊言子矣。郭璞注云、崽音枲、聲之轉也。

祅妖也。

釋名、妖、殀也。殀害物也。妖與祅通。

鐕笄也。

史記平準書云，算軺車賈人緡錢皆有差，漢書武帝紀，初筭緡錢，李斐注云，緡絲也，以貫錢也，一貫千錢，出筭二十也，說文作鍲，義同，

彼俾也

彼俾，皆衺也，說見卷二頗彼衺也下，玉篇俾與俾同，彼與彼，俾與頗，古亦通用，

邐也

邐下各本皆缺一字，說文，邐，行邐邐也，徐鍇傳云，漸迂衺也，司馬相如大人賦，駕應龍象輿之蠖略委麗兮，麗與邐同，說文，迆，衺行也，引禹貢，東迆北會于匯，爾雅，邐迆，沙邱，郭璞注云，旁行連延，揚雄甘泉賦，登降峛崺，李善注云，峛崺，邪道也，峛崺與邐迆同，邐下所缺，或是迆字，彼訓爲俾，邐訓爲迆，皆衺之義也，

離剐也

贅肬也

廣雅疏證▍卷第五下　釋言

說見卷二肬腫也

及上文贅屬也下

晃暉也

說見卷四

晃明也下、

裝褖也

說見卷二裝褖飾

也下、裝與裝同、

蹽蹻也

集韻引埤倉云、蹽、細長也、爾雅釋木、小枝上繚爲喬、

郭璞注云、謂細枝皆翹繚上句者、名爲喬木、喬與蹻

繚與蹽、竝同義、蹻、各

本譌作⿱髟喬、今訂正、

⿸疒帚痹也

說文、痹、溼病也、素問痹論云、風寒溼三氣雜至、合而

爲痹、⿸疒帚、各本譌作⿱穴帚、玉篇廣韻集韻類篇竝云、⿸疒帚痹

也。今據以訂正。素問五常政大論云、皮𤸷肉苛、筋脈不利、

瘯𤺌也

集韻引字林同𤺌。見卷二𤺌腫也下。

呑咽也

雞雡也

說見卷三雡少也下。

焥烗也

說見卷三焥烗熾也下。

疏長也

此下八條、皆一字兩訓而其義相反。郭璞爾雅注云、以徂爲存、以亂爲治、以曩爲鄉、以故爲今、此皆詁訓

義有反覆旁通、美惡不嫌同名、是也、爾雅、育、長也、邶風谷風篇、既生既育、鄭箋云、育、謂長老也、說文引堯典教育子、今本作冑子、馬融注云、冑、長也、冑育毓、古同聲、

毓**稚也**

豳風鴟鴞篇鬻子之閔斯、毛傳云、鬻、稚也、正義云釋言、鞠、稚也、郭璞曰、鞠、一作毓、毓育鞠古亦同聲、各本稚上無毓字、又下文曩鄉也、陶憂也、滜泥也、無曩陶滜三字、皆是後人所刪、說見上文漠怕也下、

曩久也

爾雅文也、久、猶舊也、楚辭九章云、猶有曩之態也、

曩**鄉也**

亦爾雅文也、並著於此、所以別異義也、襄二十四年左傳云、曩者志入而已、說文、曏、不久也、曏與鄉同、

陶喜也

陶憂也

竝說見卷二鬱悠思也下、

濘清也

濘泥也

此二條已見釋詁復著之、亦以別異義也、

鐮柧也

方言、凡箭鏃胡合嬴者、四鐮或曰鉤腸、三鐮者謂之羊頭、郭璞注云、鐮、棱也、餘見上文廉柧棱也下、凡諸書引廣雅而今本全脫其文者、釋詁釋言、莫可區別、皆附載於此篇之末、

祕密也

見玉篇、

稹穊也

見唐風鴇羽釋文、說文、稹種穊也、爾雅、苞、稹也、孫炎注云、物叢生曰苞、齊人名曰稹、鴇羽箋云、稹者、根相迫迮梱致、考工記輪人、稹理而堅、聘義縝密以栗、鄭注竝云致也、縝、與稹通、說文、㐱、稠髮也、引鄘風君子偕老篇㐱髮如雲、今本作鬒、義亦與稹同、說文穊、稠也、史記齊悼惠王世家云、深耕穊種、

稠

文選束皙補亡詩及謝靈運過始寧墅詩注、竝引廣雅稠、穊也

禦

敵也

見莊子馬蹄釋文、

湭

滋液也

衆經音義卷二及集韻類篇、竝引廣雅湭、滋、液也、衆經音義卷二十五引廣雅、滋、液也、玉篇、湭、才周切、湭

液也、鄒陽酒賦云、甘滋泥泥、司馬相如封禪文云、滋液滲漉、揚雄羽獵賦云、上獵三靈之流、下決醴泉之滋、

褫敓也

見衆經音義卷六卷十八、敓、通作奪、說文、褫、奪衣也、訟上九云、終朝三褫之、

刷刮也

見衆經音義卷九、說文、刷、刮也、周官凌人、秋刷、鄭衆注云、刷、除冰室、

契

集韻引廣雅、契、刮也、說文契字注云、齘契、刮也、玉篇云、齘契、刷刮也、

陵侮也

衆經音義同上、

剅鏤也　見衆經音義卷十三、

禱詩也

蹪頓也　見衆經音義卷十六、

摶也、搏也、搏與蹪通、說文、仆頓也、

鎮笮也　見衆經音義卷十七、爾雅、摶踣也、

壓、衆經音義卷二十四引倉頡篇云、壓鎮也、笮也、

見衆經音義卷十八、說文、鎮博厭也、厭笮也、厭通作

矇蒙也

見衆經音義卷二十一、

角試也

見衆經音義卷二十二二十四、月令云、天子乃命將帥講武習射御角力、吕氏春秋孟冬紀同、高誘注云、角、猶試也、管子七法篇云、春秋角試、

冤抑也

見衆經音義卷二十二、

嘗暫也

見衆經音義卷二十三二十四、

泄發也

鄙猥也

並見衆經音義卷二十五、

弛釋也

見文選魏都賦注、周官大司樂、令弛縣、鄭注云、弛釋下之、

意疑也

長楊賦、意者以爲事罔隆而不殺、物靡盛而不虧、魯靈光殿賦、意者豈非神明依憑支持以保漢室者也、李善注並引廣雅、意疑也、案意者、猶言或者、故乾文言云、或之者、疑之也、漢書文三王傳於是天子意梁顔師古注亦云、意疑也、意亦擬度之辭也、禮運云、聖人耐以天下爲一家、以中國爲一人者、非意之也、必知其情、辟於其義、明於其利、達於其患、然後能爲之、

果能也

見西征賦注、孟子梁惠王篇、君是以不果來也、離婁篇、果有以異於人乎、趙岐注並云、果能也、晉語、是之不果奉而暇晉是皇、韋昭注云、果克也、克亦能也、

希庶也

西征賦注、左思詠史詩注、嵇康幽憤詩注、傅咸贈何劭王濟詩注、引廣雅竝同、希者庶幾之合聲、故希又訓爲庶、爾雅、庶幾、尚也、庶、幸也、皆謂希望也、

秀異也

見遊天台山賦注、

浮罰也

見閒居賦注、投壺、若是者浮、鄭注云、浮、罰也、晏子春秋雜篇云、景公飲酒田桓子侍、望見晏子、而復於公曰、請浮晏子、浮罰一聲之轉、論語公冶長篇、乘桴浮于海、馬融注云、桴、編竹木、大者曰栰、小者曰桴、栰之轉爲桴、猶罰之轉爲浮矣、

載則也

見高唐賦注、鄘風載馳篇、載馳載驅、豳風七月篇、春日載陽、鄭箋竝云、載之言則也、

漸稍也

見謝靈運遊南亭詩注、說文、稍、出物有漸也、趙策云、稍稍蠶食之、

違異也

見沈約學省愁臥詩注、邶風谷風傳云、違、離也、

掊擊也

見潘岳馬汧督誄注、及華嚴經卷五十五音義、莊子人閒世篇云、自掊擊於世俗、

喝嘶也

見謝莊宋孝武宣貴妃誄注、方言、廝嗌、噎也、楚曰廝、秦晉或曰嗌、又曰噎、噎與咽同、謂嗚咽也、嗌與喝同、司馬相如子虛賦、榜人歌、聲流喝、郭璞注云、言悲嘶也、論衡氣壽篇云、兒生號啼之聲、鴻朗高暢者壽、嘶

喝濕下者天、後漢書張酺傳、王青被矢貫咽、音聲流喝、李賢注云、流或作嘶、又引廣倉云、嘶、聲之幽也、方言又云、東齊聲散曰廝、秦晉聲變曰廝、說文、誓、悲聲也、周官內饔、鳥皫色而沙鳴、鄭注云、沙、澌也、內則注作嘶、正義作斯、云、斯、謂酸嘶、漢書王莽傳、莽爲人大聲而嘶、顏師古注云、嘶、聲破也、竝字異而義同、

風聲也

見王曾達祭顏光祿文注、詩序云、風、教也、禹貢云、聲教訖于四海、文六年左傳云、樹之風聲、

方所也

見後漢書黃憲傳注、

垠咢也、

見張衡傳注、說文、垠、地垠也、一曰岸也、文選西京賦注引許慎淮南子注云、垠、鍔端厓也、鍔與咢通、淮南子俶眞訓作堮、漢書揚雄傳作鄂、垠、荀子成相篇作銀、淮南子俶眞訓作圻、又作埜、漢書敘傳作沂、竝字

異而義同、

講讀也

見初學記太平御覽、

論道也

見初學記、以上二條說見卷二讀道說也下、

馭駕也

見華嚴經卷十一音義、

祩詛也

見集韻類篇、玉篇云、祩、呪詛也、呪祩一聲之轉、

搊拘也

同上、玉篇搊手搊也、

懵闇也

同上、玉篇、懵牟孔切、心亂心迷也、集韻又讀蓬讀中彌登母亘四切、爾雅、夢夢亂也、孫炎注云、昏之亂也大雅抑篇云、視爾夢夢、又爾雅、儚儚惛也、釋文、儚字或作懜、說文、懜不明也、竝字異而義同、

刖瘢也

同上、說文、刖瘢也、廣韻直引切、云杖痕腫處、衆經音義卷九云、今俗謂肉斗腫起爲癮疹、或言癮刖也、

諗詖也

同上、諗、玉篇音虛儉息廉二切、說文引立政勿以諗人、徐鍇傳云、諗猶險也、今本諗作憸、馬融注云、憸利佞人也、說文、憸、憸詖也、憸利干上佞人也、思疾利口也、引盤庚相時思民、今本思作憸、馬融注云、憸利、小小見事之人也、韓非子說使篇云、損仁逐利謂之疾險、竝字異而義同、文選顏延之和謝監靈運詩注引

倉頡篇云、詖、佞諂也、孟子公孫丑篇、詖辭知其所蔽、趙岐注云、險詖之言、荀子成相篇云、讒人罔極、險陂傾側、詩序云、内有進賢之志、而無險詖私謁之心、竝字異而義同、

廛、𢉗也、

同上、玉篇亦云、廛、𢉗也、𢉗與覆同義、說文、㙈、道中𡿨人人所覆也、引小雅小弁篇行有𡿨人尙或㙈之、今本作墐、毛傳云、墐、路冢也、墐與廛義相近、

廣雅疏證卷第五下

廣雅疏證卷第六上

高郵王念孫學

釋訓

顯顯、察察，著也

大雅假樂篇、顯顯令德。中庸作憲憲。老子云、俗人察察、我獨悶悶。明著謂之察察。故潔白亦謂之察察。楚辭漁父云、安能以身之察察、受物之汶汶者乎。

洞洞、屬屬、切切、恂恂、誾誾、翼翼、濟濟、畏畏、祇祇，敬也

禮器云、洞洞乎其敬也、屬屬乎其忠也。說文、忠、敬也。祭義云、洞洞乎、屬屬乎、如弗勝、如將失之、其孝敬之心至也。說文、孎、謹也。孎與屬亦同義。論語子路篇、朋友切切偲偲、兄弟怡怡。馬融注云、切切偲偲、相切責之貌。怡怡、和順之貌。案切切偲偲、蓋皆敬貌也。朋友則尚敬、兄弟則尚和。大戴禮曾子立事篇云、宮中雍雍外焉肅肅兄弟愔愔朋友切切遠者以貌近者以情近者以情謂雍雍愔愔也和也遠者以貌謂肅肅切切也敬也切切亦通作漆漆祭義漆漆者容也自反也鄭注云漆漆讀如朋友切切自反猶言自脩整也是鄭意亦以切切爲敬也論語鄉黨篇恂恂如也似不能言者王肅注云恂恂溫恭之貌史記孔子世家恂恂似不能言者索隱云或一本作逡逡李將軍傳云悛悛如鄙人口不能道辭卷一云悛敬也漢祝睦後碑云鄉黨逡逡劉脩碑云其於鄉黨遜遜如也並字異而義同鄉黨與下大夫言侃侃如也與上大夫言誾誾如也孔傳云侃侃和樂之貌誾誾中正之貌皇侃疏云鄉貴不敢和樂接之宜以謹正相對故誾誾如也玉藻二爵而言言斯鄭注云言言和敬貌漢書石奮傳僮僕訢訢如也顏師古注云訢訢謹敬之貌並字異而義同爾雅翼敬也翼翼恭也大雅大明篇云小心翼翼漢書禮樂志云附而不驕正心翊翊翊與翼同小雅楚茨篇濟濟蹌蹌鄭箋云威儀敬慎也管子形勢解云濟濟者誠莊事斷也祭義云齊齊乎其敬也齊與濟聲近義同卷一云畏敬也爾雅祇敬也重言之則曰畏畏祇祇康誥云不敢侮鰥寡庸庸

祇祇威威、威威、與畏通

微子云、乃罔畏畏、

臲臲㮰㮰嶢嶢危也

臲臲㮰㮰、義見卷一隉刖危也下、臲與隉通、㮰與刖通、後漢書黃瓊傳云、嶢嶢者易缺、皦皦者易汚、墨子親士篇云、王德不堯堯者、與嶢通、豳風鴟鴞篇、子室翹翹、傳云、翹翹危也、翹與嶢亦聲近義同、

戰戰懍懍虩虩懼也 伈伈

小雅小旻篇云、戰戰兢兢、淮南子人閒訓引堯戒云戰戰慄慄、說文云、易履虎尾虩虩、恐懼、今易履九四作愬愬、釋文、愬愬、子夏傳云、恐懼貌、馬本作虩虩、震彖辭、震來虩虩、釋文、虩虩、馬云、恐懼貌、荀作愬愬、愬與虩古同聲、玉篇云、伈伈恐皃、韓愈祭鱷魚文云、伈伈俔俔、爲民吏羞、皆出廣雅、集韻類篇引廣雅、伈伈懼也、今本脫伈伈二字、

桓桓⿰犭幾⿰犭幾嬌嬌赳赳勀勀競競仡仡暨暨武也

詩序云、桓、武志也、重言之則曰桓桓、爾雅、桓桓、威也、牧誓云、尚桓桓、如虎如貔、如熊如羆、說文引作狟狟、周頌桓篇云、桓桓武王、玉篇、狘狘、莊善切、鷙鳥擊勢也、法言孝至篇、螭虎桓桓、鷹隼狘狘、李軌注云、狘狘、攫撮急疾也、中庸云、强哉矯、是矯爲武也、重言之則曰矯矯、爾雅、矯矯、勇也、周頌酌篇、蹻蹻王之造、毛傳云蹻蹻、武貌、魯頌泮水篇、矯矯虎臣、釋文作蟜蟜、竝字異而義同、爾雅、赳赳、武也、說文、赳、輕勁有材力也、周南兔罝篇云、赳赳武夫、說文、勍、彊也、引僖二十二年左傳勍敵之人、爾雅、競、彊也、彊勍競古竝同聲、重言之則曰勍勍、競競也、宣六年公羊傳、仡然從乎趙盾而入、何休注云、仡然、壯勇貌、重言之則曰仡仡、秦誓仡仡勇夫、馬融本作訖訖、漢書揚雄傳、金人仡仡其承鍾虡兮、顏師古注云、仡仡、勇健貌、玉藻、戎容暨暨、鄭注云、果毅貌也、暨暨與仡仡、古聲亦相近、

矍矍昒昒覓覓眈眈矕矕睌睌瞀瞀眽眽眓眓睊睊覛也

卷一云、矆、視也、矆、與矍同、重言之則曰矍矍、震上六、視矍矍、鄭注云、矍矍、目不正也、說文、眗、目冥遠視也、重言之則曰眗眗、卷一云、矎、視也、重言之則曰矎矎、王延壽魯靈光殿賦、目矎矎而喪精、張載注云、矎矎、目不正也、矎、與夐同、說文、眈、視近而志遠也、引頤六四虎視眈眈、馬融注云、眈眈、虎下視貌、卷一云、矕、視也、重言之則曰矕矕、說文、矕、目矕矕也、卷一云、睌、視也、重言之則曰睌睌、說文、瞥、轉目視也、重言之則曰瞥瞥、卷一云、脈、視也、重言之則曰脈脈、王逸九思、目脈脈兮寤終朝、魯靈光殿賦、徒脈脈以狋狋、注並云、脈脈、視貌、眓眓、猶豁豁也、說文、眓、視高皃也、讀若詩曰施罛濊濊、衛風碩人釋文引馬融注云、大魚罔目大豁豁也、眓從目戉聲、戉音越、各本譌從戊、今訂正、說文、睊、視皃也、重言之則曰睊睊、孟子梁惠王篇、睊睊胥讒、趙岐注云、睊睊、側目相視、

䋣䋣繟繟抭抭緩也

卷二云、䋣、緩也、重言之則曰䋣䋣、小雅杕杜篇、檀車幝幝、釋文云、幝幝、尺善反、韓詩作䋣䋣、音同、廣雅訓

緌緌爲緩緩、蓋本韓詩也、玉篇、繟、充善切、繟繟、猶緌緌也、卷二云、繟、緩也、执执、通作仇仇、爾雅、仇仇、敖敖、傲也、郭璞注云、皆傲慢賢者、小雅正月篇、彼求我則、如不我得、執我仇仇、亦不我力、毛傳云、仇仇、猶謷謷也、鄭箋云、王之始徵求我、如恐不得我、既得我、執畱我、其禮待我謷謷然、亦不問我在位之功力、言其有貪賢之名、無用賢之實、緇衣云、大人不親其所賢而信其所賤、民是以親失而教是以煩、詩云、彼求我則、如不我得、執我仇仇、亦不我力、鄭注云、言君始求我、如恐不得我、既得我、持我仇仇然、不堅固、亦不力用我、是不親信我也、集韻云、执执、緩持也、案緇衣注云、持我仇仇然、不堅固、即是緩持之意、義與廣雅同、與爾雅毛傳詩箋皆異、蓋本於三家也、今案彼求我則、如不我得、言求我之急也、執我仇仇、亦不我力、言用我之緩也、三復詩詞、則緩於用賢之說爲切、而傲賢之說爲疏矣、

嘔嘔、喻喻、嘕嘕、欣欣、忥忥、訢訢、言言、語語、䜭䜭、喜也

文選聖主得賢臣頌、是以嘔喻受之、李善引應劭注云、嘔喻、和悅貌、重言之則曰嘔嘔喻喻、莊子天道篇、

愈愈者、憂患不能處、釋文引廣雅、愈愈、喜也、張衡東京賦、其樂愉愉、竝字異而義同、楚辭大招、宜笑嗎只、王逸注云、嗎、笑貌也、重言之則曰嗎嗎、方言、嘕、樂也、郭璞注云、嘕嘕、歡貌、集韻、嗎嘕竝虛延切、其義同也、孟子梁惠王篇云、舉欣欣然有喜色、卷一云、忔、欯、喜也、忔、與忥同、重言之則曰忥忥欯欯、詩曰言笑晏晏、又曰笑語卒獲、是言語皆喜也、重言之則曰言言語語、大雅公劉篇云、于時處處、于時廬旅、于時言言、于時語語、語語、猶言爰居爰處、爰笑爰語耳、

唏唏欯欯哃哃呵呵訶訶啞啞笑也

卷一云、唏、哃、笑也、重言之則曰唏唏哃哃、欯欯呵呵、猶哃哃也、方俗語有輕重耳、卷一云、訶、笑也、重言之則曰訶訶、卷一云、啞、笑也、重言之則曰啞啞、震彖辭云、笑言啞啞、

翼翼衎衎愉愉和也

小雅采薇篇、四牡翼翼、毛傳云、翼翼、閑也、閑習卽調和之意、鄭風大叔于田傳云、驂之與服、和諧中節、是

也、漸六二、飲食衎衎、正義云、衎衎、樂也、樂亦和也、玉篇、衎、口旦切、廣韻又空旱切、字通作侃、論語鄉黨篇、與下大夫言、侃侃如也、孔傳云、侃侃、和樂之貌、祭義云、有和氣者、必有愉色、重言之則曰愉愉、鄉黨私覿愉愉如也、鄭注云、愉愉、顏色和、聘禮釋文作愈愈、

慼慼惓惓怮怮愁愁𢥞𢥞栔栔啒啒惄惄惁惁怛怛憂也

論語述而篇云、小人長戚戚、戚與慼同、卷四云、惓、愁也、重言之則曰惓惓、爾雅、惓惓、勞也、勞亦憂也、小雅巷伯篇、勞人草草、草草與惓惓同、楚辭九歎、蹇騷騷而不釋、騷與惓亦聲近義同、卷一云、怮、憂也、重言之則曰怮怮、怮怮各本譌作惚、今訂正、楚辭九歎云、心愁愁而思舊邦、九歌云、極勞心兮𢥞𢥞、一本作忡忡、召南草蟲篇、憂心忡忡、毛傳云、忡忡、猶衝衝也、竝與𢥞𢥞同義、小雅大東篇、契契寤歎、傳云、契契、憂苦也、九歎云、孰契契而委棟兮、一本作挈挈、竝與栔栔同、啒音骨、又音忽、晏子春秋外篇云、歲已暮矣而禾不穫、忽忽

矣、若之何、歲已寒矣而役不罷、惙惙矣、若之何、史記梁孝王世家、意忽忽不樂、忽忽與愊愊同、小雅采薇篇云、憂心烈烈、烈烈與惄惄同、各本惄惄譌作烈烈、集韻類篇竝引廣雅、惄惄、憂也、今據以訂正、惄惄、各本譌作惄惄、玉篇惄、先歷切、憂也、集韻類篇竝引廣雅、惄惄、憂也、今據以訂正、卷一云、怛、憂也、重言之則曰怛怛、齊風甫田篇云、勞心怛怛、

巖巖巘巘峩峩嶄嶄阢阢嵬嵬岌岌圪圪高也

卷四云、巉巖、高也、巉巖與嶄巖同、重言之則曰嶄嶄巖巖、小雅節南山篇云、節彼南山、維石巖巖、漸漸之石篇云、漸漸之石、維其高矣、漸亦與嶄同、說文、巘載高皃也、重言之則曰巘巘、衛風碩人篇、庶姜孼孼、韓詩作巘巘、云、巘巘、長貌、呂氏春秋過理篇注引詩亦作巘巘、云、高長貌、張衡西京賦、飛檐巘巘、薛綜注云、巘巘、高貌、說文、峨、嵯峨也、峨與峩同、重言之則曰峩峩、列子湯問篇云、峩峩兮若泰山、卷四云、阢、嵬、高也、重言之則曰阢阢、嵬嵬、爾雅、小山岌大山、峘、郭璞注云、岌、謂高過、重言之則曰岌岌、楚辭離騷、高余冠之

岌岌兮、說文、圪、牆高皃也、引大雅皇矣篇崇墉圪圪、今本作仡仡、

雺霚霏霏雰雰瀌瀌雪也

皆雪盛貌也、邶風北風篇云、雨雪其雱、雨雪其霏、雱、與雺同、重言之則曰雺雺、霏霏、文選謝朓新亭渚別范零陵詩注引蔡邕初平詩云、天陰雨雪滂滂、滂、亦與雺同、小雅采薇篇云、雨雪霏霏、信南山篇云、雨雪雰雰、角弓篇云、雨雪瀌瀌、漢書劉向傳作麃麃、各本雪也二字譌作雪雪、雪下又有林字、蓋因下文騡音林而衍、今訂正、

霅霅𩆓𩆓渢渢湒湒騡騡䨖䨖𩃶𩃶𩅦𩅦霥霥𩄼𩄼雨也

馬融廣成頌、霅爾雹落、霅者、雹下之貌、故雨下亦謂之霅、重言之則曰霅霅也、釋言云、𩅦、霖也、重言之則曰𩅦𩅦、說文、湒、雨下也、重言之則曰湒湒、楚辭哀時命云、夕淫淫而淋雨、重言之則曰淋淋、曹植愁霖賦

云、聽長霤之淋淋、淋與㵲同、說文、霝、雨下零也、重言之則曰霎霎、廣韻引字林云、霫、雨皃、玉篇、雭霫、大雨也、重言之則曰雭雭霫霫、說文、濛、溦雨也、豳風東山篇云、零雨其濛、重言之則曰濛濛、蔡邕述行賦云、雨濛濛而漸唐、濛、與霥同、

颯颯颾颾飋飋飂飂飉飉瀏瀏風也

說文、颯、翔風也、宋玉風賦云、有風颯然而至、重言之則曰颯颯、楚辭九歌、風颯颯兮木蕭蕭、颯與颯同、初學記引通俗文云、小風曰颯、呂氏春秋有始篇、西方曰飂風、太平御覽引作颾風、重言之則曰颾颾、趙壹迅風賦云、啾啾颾颾、玉篇、颾、秋風也、字通作瑟、禰衡鸚鵡賦云、涼風蕭瑟、重言之則曰瑟瑟、劉楨贈從弟詩云、瑟瑟谷中風、卷四云、飂、飉風也、重言之則曰飂飂、飉飉、莊子齊物論篇、而獨不聞之翏翏乎、郭象注云、長風之聲也、翏與飂同、瀏瀏、猶飂飂也、初學記引通俗文云、涼風曰瀏、楚辭九歎、秋風瀏以蕭蕭、王逸注云、瀏、風疾皃也、一云、瀏瀏、左思吳都賦、翼颸風之飀飀、飀與瀏同、

瀼瀼霣霣湛湛泥泥露也

皆露多貌也。鄭風野有蔓草篇、及小雅蓼蕭篇、並云、零露瀼瀼、瀼與霣同。又蓼蕭篇云、零露泥泥、零露濃濃、濃與霣同。湛露篇云、湛湛露斯。

坦坦漫漫蕩蕩平也

履九二云、履道坦坦。司馬相如子虛賦、案衍壇曼。司馬彪注云、壇曼、平博也。曼、與漫同。重言之則曰漫漫。洪範云、王道蕩蕩。

渾渾汪汪頹頹詡詡曠曠大也

班固幽通賦、渾元運物。曹大家注云、渾、大也。重言之則曰渾渾。淮南子俶真訓、渾渾蒼蒼、純樸未散。高誘注云、渾渾蒼蒼、混沌大貌。史記太史公自序云、乃合大道、混混冥冥。混、與渾同。晉語、汪是土也。韋昭注云、汪、大貌。重言之則曰汪汪。班固典引云、汪汪乎丕天之大律。後漢書黄憲傳云、叔度汪汪若千頃陂。頹頹、猶浩浩也。顥，曹憲音昦。玉篇昦，古老切。各本顥作灝灝，此因與渾渾、汪汪連文而誤。集韻、類篇竝引廣雅灝灝，大也，則宋時廣雅本已然。考說文、玉篇、廣韻俱無灝字。玉篇顥，公老切，廣大皃，正與曹憲音相合，今據以訂正。禮器德發揚詡萬物，鄭注云：詡，猶普也，偏也。重言之則曰詡詡。大雅韓奕篇川澤訏訏，毛傳云：訏訏，大也。訏與詡同。易林離之中孚云：魴鱮詡詡。昭元年左傳居於曠林，史記鄭世家集解引賈逵注云：曠，大也。荀子非十二子篇云：恢恢然，廣廣然。重言之則曰曠曠。賈子脩政語篇云：天下壙壙。淮南子繆稱訓云：曠曠乎大哉。兵略訓云：廣廣如夏。竝字異而義同。

栠栠、嫋嫋、姌姌，弱也。

說文：栠，弱皃。嫋，姌也。姌，弱長皃。小雅巧言篇荏染柔木，毛傳云：荏染，柔意也。荏與栠通，染與姌通。史記司馬相如傳云：嫵媚姌嫋。重言之則曰栠栠、嫋嫋、姌姌。嫋亦弱也。卓文君白頭吟云：竹竿何嫋嫋。說文：冄，毛冄冄也。徐鍇傳云：冄冄，弱也。王粲迷迭香賦云：挺苒苒之柔莖。義竝與姌姌同。

區區稍稍小也

卷二云、區小也、重言之則曰區區、襄十七年左傳云宋國區區、周官膳夫、凡王之稍事、鄭注云、稍事、有小事而飲酒、重言之則曰稍稍、說文、鄁、國甸大夫稍稍所食邑也、各本稍稍譌作梢梢、今訂正、

炤炤晣晣晈晈晧晧炳炳灼灼炫炫赫赫曠曠翼翼顯顯明也

炤炤、猶昭昭也、荀子儒效篇云、炤炤兮其用知之明也、卷四云、晣明也、重言之則曰晣晣、小雅庭燎篇云、庭燎晣晣、字亦作晢、陳風東門之楊篇云、明星晢晢、卷四云、晈明也、重言之則曰晈晈、楚辭九歌云、夜晈晈兮既明、爾雅、晧、光也、重言之則曰晧晧、法言淵騫篇云、明星晧晧、晈晧二字竝從日、各本譌從白、今訂正、卷四云、昞明也、昞與炳通、重言之則曰炳炳、揚雄劇秦美新云、炳炳麟麟、說文、焯明也、引立政焯見三有俊心、今本作灼、重言之則曰灼灼、新書匈奴篇云、若日出之灼灼、說文、炫、爓燿也、重言之則曰炫炫、說

文、赫、火赤皃。重言之則曰赫赫。大雅常武篇云赫赫明明。卷四云曠明也。重言之則曰曠曠。爾雅翌明也。郭璞引金縢翌日乃瘳。案翌爲明日之明。又爲明顯之明。字通作翼。楚語明行以宣翼之。宣翼皆明也。重言之則曰翼翼。大雅文王篇厥猶翼翼。毛傳云翼翼恭敬也。案猶道也。翼翼光明也。厥猶翼翼猶言其道大光。東晳補亡詩顯猷翼翼。義本於此。則三家詩必有訓翼翼爲明者矣。顯顯已見上文。

詪詪訔訔詻詻謕謕謣謣譊譊語也詽詽

說文、詪、很戾也。謂言語相很戾也。重言之則曰詪詪。訔訔猶詪詪也。法言問神篇云何後世之訔訔也。史記魯世家贊洙泗之閒、齗齗如也。徐廣注云齗齗爭辯。鹽鐵論國病篇云諸生閭閭爭鹽鐵。齗閭並與訔同。說文、詻、論訟也。傳曰詻詻孔子容。墨子親士篇云君必有弗弗之臣、上必有詻詻之下。玉藻戎容暨暨、言容詻詻。鄭注云詻詻教令嚴也。廣韻詻語嚬聲也。重言之則曰謕謕。謣謣猶詻詻也。大戴禮曾子立事篇君子出言以鄂鄂。盧辯注云鄂鄂辨厲也。史記商君傳云千人之諾諾、不如一士之謣謣。漢書韋賢傳云、咢咢黃髮、鹽鐵論國病篇云、今辯訟愕愕然、竝字異而義同。衆經音義卷二十引倉頡篇云、譊譊、訟聲也、重言之則曰譊譊、法言寡見篇云、譊譊者天下皆訟也、也、說文、誹誹、多語也、集韻類篇竝引廣雅、誹誹、語也、今本脫誹誹二字、

愴愴慛慛悢悢悽悽哀哀悲也

卷三云、愴、悲也、重言之則曰愴愴、王襃九懷云、心愴愴兮自憐、蘇武詩云、中心愴以摧、摧與慛同、重言之則曰慛慛、卷三云、悢、悵也、重言之則曰悢悢、李陵與蘇武詩云、悢悢不得辭、蜀志法正傳云、瞻望悢悢、爾雅、哀哀悽悽、懷報德也、郭璞注云、悲苦征役、思所生也、小雅蓼莪篇云、哀哀父母、生我劬勞、

暭暭杲杲曤曤皭皭景景白也

說文、顥、白皃、引楚詞大招天白顥顥、唐風揚之水篇云、白石皓皓、竝與暭暭同、漢書司馬相如傳云、暠然白首、暠與杲同、字又作皜、重言之則曰皜皜、孟子滕文公篇、皜皜乎不可尚已、趙岐注云、皜皜、甚白也、曤

皠、猶杲杲也、釋器云、皠、白也、重言之則曰皠皠、大雅靈臺篇云、白鳥翯翯、孟子梁惠王篇作鶴鶴、何晏景福殿賦、皠皠白鳥、並與皠皠同、釋器云、皭、白也、重言之則曰皭皭、字或作潐、韓詩外傳、莫能以己之皭皭容人之混混然、荀子不苟篇作潐潐、

泓泓淵淵窱窱窈窈渷也

中庸云、淵淵其淵、卷三云、窈窱、渷也、重言之則曰窱窱窈窈、莊子在宥篇云、至道之精、窈窈冥冥、楚辭九章云、眴兮杳杳、漢書禮樂志安世房中歌云、清思眑眑、並字異而義同、

緜緜曼曼延延遲遲長也

王風葛藟篇、緜緜葛藟、毛傳云、緜緜、長不絕之貌、卷二云、曼、長也、重言之則曰曼曼、楚辭離騷、路曼曼其脩遠兮、釋文作漫漫、字亦通作蔓、逸周書和寤解、緜緜不絕、蔓蔓若何、緜緜、小長貌、蔓蔓、大長貌、是緜緜蔓蔓皆長也、楚辭九章云、藐蔓蔓之不可量兮、縹緜緜之不可紆、緜緜、猶蔓蔓耳、九思云、鱣鮎兮延延、幽

風七月篇云、春日遲遲、

瘏瘏騑騑儽儽疲也

說文、瘏、馬病也、詩曰、瘏瘏駱馬、又云、嘽、喘息也、詩曰、嘽嘽駱馬、今詩小雅四牡篇作嘽嘽、毛傳云、嘽嘽、喘息之貌、馬勞則喘息、嘽、與瘏通、玉篇、瘏、吐安切、力極也、廣韻又丁佐切、小雅大東篇、哀我憚人、毛傳云、憚、勞也、憚與瘏亦同義、詩四牡騑騑、毛傳云、騑騑、行不止之貌、則與廣雅異義、案首章云、四牡騑騑、周道倭遲、次章云、四牡騑騑、嘽嘽駱馬、則騑騑亦得訓爲疲、廣雅之訓、或本於三家也、儽、本作儽、或作儡、通作纍、說文、儽、垂皃、即疲憊之意、淮南子俶眞訓、孔墨之弟子、皆以仁義之術教導於世、然而不免於儡身、猶不能行也、又況所教乎、不免於儡、謂躬行仁義而不免於疲也、高誘以儡身二字連讀、云、儡身、身不見用儡儡然也、失之、玉藻、喪容纍纍、鄭注云、羸憊貌也、纍與儽同、

屑屑迹迹塞塞省省耿耿警警不安也

方言、迹迹、屑屑、不安也、江沅之閒謂之迹迹、秦晉謂之屑屑、或謂之塞塞、或謂之省省、不安之語也、餘見卷一屑勞也下、邶風柏舟篇耿耿不寐、毛傳云、耿耿猶儆儆也、儆與警同、

孜孜彶彶惶惶倠倠勮也

說文、孜、彶彶也、皋陶謨云、予思日孜孜、表記云、俛焉日有孳孳、孳與孜通、說文、彶、急行也、問喪云、望望然彶彶然、如有追而弗及也、彶與彶通、彶彶、各本皆作汲汲、此校書者以意改之也、衆經音義卷五卷十三並云、廣雅、彶彶、遽也、字從彳、今皆從水作汲、據此則廣雅本作彶、後人乃作汲耳、今訂正、問喪云、皇皇然若有求而弗得也、皇與惶通、𢓊𢓊、曹憲音其往反、楚辭九歎、魂𢓊𢓊而南行兮、王逸注云、𢓊𢓊、惶遽之貌、司馬相如長門賦、魂迋迋若有亡、迋與𢓊通、梁鴻適吳詩、嗟恇恇兮誰留、恇與𢓊亦聲近義同、𢓊𢓊、各本譌作傕傕、𢓊、本作倠、故譌而為傕、今訂正、說文、勮、務也、勮、與遽通、勮、各本譌作劇、今訂正、

亹亹乍乍扞扞進也

爾雅、亹亹、勉也、勉卽前進之意、大雅文王篇、亹亹文王是也、繫辭傳、成天下之亹亹者、楚辭九辯、時亹亹而過中兮、王逸虞翻注竝云、亹亹、進也、淮南子詮言訓、善博者不欲牟、太平御覽引注云、牟、大也、進也、進謂之牟、故進取利謂之牟利、重言之則曰牟牟、荀子榮辱篇云、爭飲食、無廉恥、不知是非、不辟死傷、不畏衆彊、恈恈然唯飲食之見、是狗彘之勇也、爲事利、爭貨財、無辭讓、果敢而振、猛貪而戾、恈恈然唯利之見、是賈盜之勇也、恈與牟通、冉冉、漸進之意、楚辭離騷、老冉冉其將至兮、吳語曰、長炎炎、韋昭注云、炎炎、進貌、炎炎與冉冉、聲相近也、

拳拳區區款款愛也

皆一聲之轉也、漢書劉向傳云、念忠臣雖在甽畝、猶不忘君、惓惓之義也、賈捐之傳云、敢昧死竭卷卷、貢禹傳云、臣禹不勝拳拳、竝字異而義同、文選古詩、一心抱區區、李善注引廣雅、區區、愛也、卷一云、款、愛也、款與款同、重言之則曰款款、大雅板篇、老夫灌灌、毛傳云、灌灌、猶款款也、司馬遷報任少卿書云、誠欲効

其款款之愚、

悾悾愨愨懇懇叩叩斷斷誠也

論語泰伯篇、悾悾而不信、包咸注云、悾悾、愨也、大戴禮王言篇云、大夫忠、而士信、民敦、工璞、商愨、女憧、婦空空、空、與悾通、論語子罕篇、有鄙夫問於我、空空如也、亦謂鄙夫以誠心來問也、故釋文云、空空、鄭或作悾悾、皇侃疏以空空爲無識、失之、愨愨、曹憲音苦角反、各本譌作慤慤、今訂正、卷一云、懇、信也、懇與懇同、重言之則曰懇懇、漢書司馬遷傳、意氣懃懃懇懇、文選作懃懃懇懇、劉向傳云、故貇貇數奸死亾之誅、並字異而義同、楚辭九歎、行叩誠而不阿兮、叩、亦誠也、王逸注訓叩爲擊、失之、重言之則曰叩叩、繁欽定情詩云、何以致叩叩、香囊懸肘後、是也、悾悾愨愨懇懇叩叩、皆一聲之轉、或轉爲款款、猶叩門之轉爲款門也、叩叩、各本譌作叨叨、今訂正、說文、斷、古文作㫁、引泰誓㫁㫁猗無佗技、今本作斷斷、鄭注大學云、斷斷、誠一之貌也、

𦑣𦑣狨狨翩翩蓊蓊翽翽翁翁翲翲翻翻騫騫翲翲𦐜𦐜翻翻翼翼翁翁獋獋𦐜𦐜飛也

𦑣𦑣、猶繽繽、羣飛貌也、下文云、繽繽、衆也、卷三云、𦐜、飛也、𦐜、與狨同、重言之則曰狨狨、各本譌作狨狨、惟影宋本皇甫本不譌、魯頌泮水傳云、翩、飛貌、重言之則曰翩翩、小雅四牡篇云、翩翩者鵻、齊風雞鳴篇云、蟲飛薨薨、薨、與蓊通、大雅卷阿篇、鳳皇于飛、翽翽其羽、毛傳云、翽翽、衆多也、鄭箋云、羽聲也、說苑奉使篇引詩作噦噦、卷三云、翁、飛也、重言之則曰翁翁、卷三云、翲、飛也、重言之則曰翲翲、韓詩外傳云、翲翲十步之雀、法言問明篇云、朱鳥翲翲、文選謝瞻張子房詩注引薛君韓詩章句云、翻、飛貌、重言之則曰翻翻、楚辭九章云、漂翻翻其上下兮、翼遙遙其左右、卷三云、騫、飛也、重言之則曰騫騫、王逸九思云、鶤鷄兮軒軒、軒、與騫通、騫騫、各本譌作鶱鶱、今訂正、九章、漂翻翻其上下兮、漂、與翲通、重言之則曰翲翲、史記賈生傳、鳳漂漂其高遰兮、漢書作縹縹、潘岳秋興賦云、鴈飄飄而南飛、竝字異而義同、衛風雄雉篇云、雄雉于飛泄泄其羽、泄、與㳫通、卷三云、翽、飛也、重言之則曰翽翽、唐風鴇羽篇、肅肅鴇羽、毛傳云、肅肅、鴇羽聲也、小雅鴻鴈篇、鴻鴈于飛、肅肅其羽、釋文云、肅肅、本或作翿翿、說文䎘翄也、從飛異聲、篆文作翼、又云、翄、飛皃、䎘翼翄竝同義、重言之則曰翼翼、翼翼、楚辭離騷云、高翱翔之翼翼、莊子山木篇、其爲鳥也、翂翂翐翐而似無能、釋文、司馬云、翂翂翐翐、舒遲貌、一云飛不高貌、李云、羽翼聲、翂與翁同、卷三云、翬、飛也、翬與褌同、重言之則曰翬翬、義見卷三注、卷三云、翽、飛也、重言之則曰翽翽、翽翽、猶翽翽也、

煌煌熠熠倏倏炯炯晃晃熒熒光也

陳風東門之楊篇云、明星煌煌、小雅斯干篇、噦噦其冥、鄭箋云、噦噦、猶熠熠也、寬明之貌、釋文、熠熠、呂忱云、火光貌、倏、字通作儵、張衡西京賦云、璿弁玉纓、遺光儵爚、是儵爲光也、重言之則曰儵儵、文選曹植責躬詩注引揚雄侍中箴云、光光常伯、儵儵貂璫、說文、炯、光也、重言之則曰炯炯、襄五年左傳、我心扃扃、杜預注云、扃扃、明察也、楚辭哀時命云、夜炯炯而不寐兮、九思云、神光兮熲熲、竝字異而義同、炯炯、各本皆

作烟烟、此因烔字譌作炯、故又譌作烟耳、文選秋興賦注引廣雅、烔烔、光也、今據以訂正、晃晃、說見卷四晃明也下、說文、熒、燈燭之光、重言之則曰熒熒、宋玉高唐賦云、煌煌熒熒、

蒙蒙冥冥昧昧晻晻暗也

楚辭九辯云、顧皓日之顯行兮、雲蒙蒙而蔽之、小雅無將大車篇云、維塵冥冥、楚辭九章云、日昧昧其將莫、卷四云、晻、冥也、重言之則曰晻晻、楚辭九歎云、日晻晻而下頹、班彪北征賦云、日晻晻其將莫兮、

堂堂娗娗彧彧嬴嬴嫫嫫媱媱夭夭申申奕奕儀儀偞偞娥娥容也

論語子張篇、堂堂乎張也、鄭注云、言容儀盛也、娗音大丁庭鼎二反、廣韻云、長好皃、重言之則曰娗娗、蔡邕青衣賦云、停停溝側、皦皦青衣、義與娗娗同、史記五帝紀、其色郁郁、索隱云、郁郁、猶穆穆也、郁、與彧通、卷一云、嬴、好也、重言之則曰嬴嬴、郭璞注方言云、嬴、言嬴嬴也、古詩云、盈盈樓上女、又云、盈盈一水間、竝

與嬴嬴同、嬽今娟字也、卷一云、嬽、好也、重言之則曰嬽嬽、史記司馬相如傳、柔橈嬽嬽、索隱引張注云、嬽嬽猶婉婉也、嬽嬽各本譌作嬛嬛、今訂正、卷一云、娓、好也、重言之則曰娓娓、論語述而篇、子之燕居、申申如也、夭夭如也、馬融注云、申申夭夭、和舒之貌、史記萬石君傳、子孫勝冠者在側、雖燕居必冠、申申如也、僮僕訢訢如也、唯謹、漢書同、顏師古注云、申申、整敕之貌、訢訢、讀與誾誾同、謹敬之貌、案燕居必冠以下數句、語意皆本論語、而申申爲整敕之貌、則與馬注訓爲和舒者不同、未知孰是、夭夭、各本作妖妖、因與嬽嬽娓娓連文而誤、今訂正、方言、奕、偞、容也、自關而西凡美容謂之奕、或謂之偞、宋衞曰偞、陳楚汝潁之間謂之奕、郭注云、奕奕、偞偞、皆輕麗之貌、漢先生郭輔碑、堂堂四俊、碩大婉敏、娥娥三妃、行追太姒、葉葉昆嗣、福祿茂止、堂堂、娥娥、葉葉、皆容也、葉與偞同、法言孝至篇云、麟之儀儀、鳳之師師、其至矣乎、是儀儀爲容也、卷一云、娥、美也、重言之則曰娥娥、古詩云、娥娥紅粉粧、宋玉神女賦云、其狀峩峩、何可極言、峩峩與娥同、美容謂之峩峩、德容亦謂之峩峩、大雅棫樸篇、奉璋峩峩、毛傳云、峩峩、盛壯也、峩峩與儀儀、古亦同

聲、

駓駓颿颿驫驫臩臩䞶䞶從從蹡蹡走也

魯頌駉篇、以車伾伾、毛傳云、伾伾、有力也、釋文云、字林作駓、走也、說文俟字注、引小雅吉日篇伾伾俟俟、後漢書馬融傳、鄙騃譟讙、李賢注云、鄙騃、獸奮迅貌也、引韓詩駓駓騃騃、或羣或友、文選西京賦、羣獸駓騃、李善注引薛君韓詩章句云、趨曰駓、行曰騃、騃、毛詩作儦儦俟俟、楚辭招魂、敦脄血拇、逐人駓駓些、王逸注云、駓駓、走貌也、駓駓猶伾伾、鄙儦五字、竝聲近而通用、說文、颿馬疾步也、重言之則曰颿颿、吳越春秋句踐入臣外傳云、颿颿獨兮西往、驫驫猶儦儦也、說文、驫眾馬行也、文選吳都賦、驫駥飍矞、李善注與說文同、重言之則曰驫驫、臩玉篇音俱永切、說文、臩、驚走也、從夰䀠聲、䀠古文囧字也、重言之則曰臩臩、各本譌作臾臾、今訂正、玉篇迸、散也、王延壽王孫賦云、或蹢跌以跳迸、迸與䞶同、重言之則曰䞶䞶、漢書揚雄傳、萃從允溶、蕭該音義云、案字林及埤倉云、從從、走貌也、禮樂志郊祀歌云、騎沓沓、般從從、楚辭九辯云、前輕轃之鏘鏘兮、後輜乘之從從、從、與從通、說文、蹝、行皃、蹝、與蹡同、重言之則曰蹡蹡、曲禮、大夫濟濟、士蹌蹌、鄭注云、皆行容止之貌也、釋文、蹌蹌、本又作鶬、或作鏘、竝字異而義同、

馥馥芬芬馞馞𩡧𩡧馦馦馣馣馛馛䭐䭐馡馡馝馝香也

衆經音義卷二引字林云、馥、香氣也、說文、芬、艸初生、其香分布也、或作芬、重言之則曰馥馥芬芬、蘇武詩云、馥馥秋蘭芳、大雅鳧鷖篇云、燔炙芬芬、小雅楚茨篇、苾芬孝祀、衆經音義卷十四引韓詩作馥芬孝祀、信南山篇云、苾苾芬芬、此作馥馥芬芬、何晏景福殿賦亦云、藹藹萋萋、馥馥芬芬、蓋皆本韓詩也、餘見釋器馝香也下、釋器云、馞、香也、重言之則曰馞馞、王逸注離騷云、菲菲、猶勃勃、芬香貌也、勃、與馞通、釋器云、馦、馠、香也、集韻、馠、或作𩡧、重言之則曰𩡧𩡧馦馦、曹憲音呼廉反、各本脫去馦馦二字、其呼廉之音遂誤入𩡧字下、案𩡧即馠之或字、音呼含反、不音呼廉反、玉篇廣韻、馦、許兼切、集韻又火占切、火占與呼廉

同音、是呼廉乃馦字之音、非馠字之音、集韻引廣雅馦馦、香也、今據以補正、釋器云、馣、香也、重言之則曰馣馣、玉篇馣、於含切、集韻又衣檢切、宋玉高唐賦云、越香掩掩、掩與馣通、引之云、文選長門賦、桂樹交而相紛兮、芳酷烈之誾誾、李善注云、誾誾、香氣盛也、誾魚巾切、案上文之心音宮臨風淫陰音襜下文之吟南中宮崇窮音、皆以東侵鹽三部之字爲韻、此古人合韻之常例也、誾爲眞部之字、古無以東侵鹽眞四部合韻者、始誤字也、誾誾當爲闇闇、闇卽古馣字也、凡字之從奄聲音聲者多通用、闇之爲馣、猶暗之爲晻矣、釋器云、馛、香也、重言之則曰馛馛、玉篇馛、小香也、重言之則曰馡馡、楚辭離騷云、芳菲菲其彌章、九歎云、佩江蘺之斐斐、史記司馬相如傳云、郁郁斐斐、衆香發越、竝與馡馡同、馡馡、各本作菲菲、此後人以意改之也、集韻類篇引廣雅竝作馡馡、卷一云、菲、薄也、曹憲音釋菲佛匪反、世人以此爲芳馡之馡失之、今據以訂正、說文、䔎、香艸也、重言之則曰䔎䔎、楚辭九歎、懷椒聊之䔎䔎兮、

眐眐靡靡踽踽䞕䞕䞤䞤施施奕奕浮浮䟋䟋冄冄徥

⿰彳夷儦儦趥趥踦踦跂跂踽踽夏夏蹈蹈衍衍章章衝衝行也

楚辭哀時命、魂眐眐以寄獨兮、王逸注云、眐眐、獨行貌也、王風黍離篇、行邁靡靡、毛傳云、靡靡猶遲遲也、說文、踽、疏行皃、引唐風杕杜篇、獨行踽踽、毛傳云、踽踽、無所親也、說文、⿺走支、行皃、重言之則曰⿺走支⿺走支、小雅小弁篇、鹿斯之奔、維足伎伎、毛傳云、伎伎、舒貌、漢書東方朔傳、跂跂眽眽善緣壁、謂蟲行貌也、義竝與⿺走支⿺走支同、方言、遙、疾行也、南楚之外曰遙、遙與⿺走䍃同、重言之則曰⿺走䍃⿺走䍃、⿺走䍃⿺走䍃猶躍躍耳、王風邱中有麻篇、將其來施施、鄭箋云、施施、舒行伺閒獨來見已之貌、釋文云、施施如字、孟子離婁篇、施施從外來、孫奭音義云、施施、丁如字、張音移、楚辭九章、悲秋風之動容兮、何回極之浮浮、王逸注云、浮浮、行貌、離騷、老冉冉其將至兮、注云、冉冉、行貌、說文、⿰彳夷、行平易也、經傳通作夷、重言之則曰夷夷、夷與遲古同聲、邶風谷風篇、行道遲遲、毛傳云、遲遲、舒行貌、遲遲與夷夷同、匡謬正俗云、古者遲夷通用、書稱遲任有言曰、遲字音夷、亦音遲、淮南說馮夷河伯、乃爲遲字、史籀或言陵遲、或言陵夷、其義一也、說文、儦、行皃、引齊風載驅篇行人儦儦、小雅吉日篇、儦儦俟俟、毛傳云、趨則儦儦、行則俟俟、釋文、儦儦、本或作麃麃、說文、趨、行皃、重言之則曰趨趨、文選神女賦步裔裔兮曜殿堂、李善注云、裔裔、行貌、司馬相如子虛賦、纚乎淫淫、般乎裔裔、郭璞注云、皆群行貌也、漢書禮樂志郊祀歌先以雨、般裔裔、顏師古注云、裔裔、飛流之貌、說文、跋、進足有所擷取也、楚辭九章、衆踥蹀而日進兮、是跋踥皆行進貌也、重言之則曰跋跋踥踥、諸書皆無夏夏之文、夏夏當作憂憂、字之誤也、說文、憂、和之行也、引商頌長發篇布政憂憂、今本作敷政優優、鄭風清人篇駟介陶陶、毛傳云、陶陶、驅馳之貌、釋文、陶、音徒報反、陶陶與滔滔同、楚辭七諫、年滔滔而日遠兮、注云、滔滔、行貌、滔滔與蹈蹈聲義亦相近、說文、衍、水朝宗于海也、從水行、重言之則曰衍衍、楚辭七諫云、駕青龍以馳鶩兮、班衍衍之冥冥、衝或作衝、衝衝義見下條、

憧憧、媻媻、[彳卑][彳卑]、營營、徃來也

說文、憧、意不定也、咸九四、憧憧往來、朋從爾思、釋文云、憧憧、馬云、行貌、王肅云、往來不絕貌、劉云、意未定也、京作憧憧、鹽鐵論刺復篇云、心憧憧若涉大川、遭風而未薄、易林咸之坤云、心惡來怪、衝衝何懼、並字異而義同。磐磐、曹憲音柈、柈、卽盤字也、玉篇廣韻集韻音與曹憲同、各本柈字譌入正文、又誤作拌拌二字、上文、磐磐、覗也、曹憲音柈、今據以訂正。小雅青蠅篇、營營青蠅、毛傳云、營營、往來貌、楚辭九章、魂識路之營營、王逸注與毛傳同。

腜腜膿膿㚇㚇畬畬濯濯臏臏肥也

左思魏都賦、腜腜坰野、張載注云、腜腜、美也、引大雅緜篇、周原腜腜、李善注引韓詩同、毛詩作周原膴膴、傳云、膴膴、美也、鄭箋云、周之原地膴膴然肥美、膴與飴謀龜時茲爲韻、當讀如梅、釋文音武、失之、膴與腜古字通、又通作䍡、僖二十八年左傳、原田䍡䍡、亦謂原田之肥美也、杜預注云、原田之草䍡䍡然、失之、膿膿畬畬、說見卷二、膿肥畬盛也下、畬從大旨聲、各本譌作畬畬、今訂正、說文、㚇、大視也、從大夏聲、讀若畚齹，音拳。大與肥義相近，重言之則曰夓夓。各本譌作夓夓，今訂正。大雅靈臺篇：麀鹿濯濯。孟子梁惠王篇注云：獸肥飽則濯濯。司馬相如封禪文云：濯濯之麟，游彼靈畤。

泡泡淘淘沸沸洋洋**洹洹湯湯泱泱湝湝浩浩潒潒混混昆昆滂滂沛沛涓涓泆泆浪浪油油浟浟滮滮流也**

泡泡淴淴

西山經：其源渾渾泡泡。郭璞注云：水濆涌之聲也。淘淘與滔滔同。小雅四月篇：滔滔江漢。毛傳云：滔滔，大水貌。滔之或作淘，猶搯之或作掏。曹憲音陶，失之。風俗通義引詩：江漢陶陶。陶亦與滔同。西山經：其源沸沸湯湯。注云：涌出之貌也。衞風碩人篇：河水洋洋。毛傳云：洋洋，盛大也。洋，曹憲音陽。各本脫去洋洋二字。其音內陽字譌入正文，又衍作陽陽二字。今訂正。鄭風溱洧篇：溱與洧，方渙渙兮。毛傳云：渙渙，盛也。釋文渙渙，韓詩作洹洹。太平御覽引韓詩注云：洹洹，盛也。漢書地理志引詩作灌灌，並字異而義同。衞風氓傳云湯湯水盛皃堯典云湯湯洪水方割蕩蕩懷山襄陵浩浩滔天蕩蕩與潒潒同小雅瞻彼洛矣篇維水泱泱毛傳云泱泱深廣皃鼓鍾篇淮水湝湝毛傳云湝湝猶湯湯也說文混豐流也司馬相如上林賦云汩乎混流重言之則曰混混孟子離婁篇云原泉混混荀子富國篇云財貨渾渾如泉源渾與混同說文㲻水流也楚辭九章云浩浩沅湘分流汩兮汩與㲻同重言之則曰㲻㲻說文滂沛也重言之則曰滂滂沛沛荀子富國篇云汸汸如河海易林未濟之鼎云流潦滂滂朱玉高唐賦云奔揚踊而相擊兮雲興聲之霈霈王褒九懷云望淮兮沛沛汸與滂同霈與沛同說文涓小流也引爾雅汝爲涓重言之則曰涓涓荀子法行篇引詩云涓涓源水不雝不塞說文決行流也重言之則曰浃浃浃浃水皃也故因以爲水名北山經云龍侯之山浃浃之水出焉而東流注于河是也楚辭離騷攬茹蕙以掩涕兮霑余襟之浪浪王逸注云浪浪流皃也九歎江湘油油注云油油流皃也衞風竹竿篇淇水滺滺釋文作浟浟五經文字云亦作攸攸竝字異而義同說文濊礙流也引衞風碩人篇施罟濊濊又䥽字注云讀若詩施罟泧泧今本

作施罛濊濊、釋文引韓詩云、濊濊、流貌、竝字異而義同、泧從水戉聲、戉、音越、各本譌從戊、今訂正、小雅白華篇、滮池北流、毛傳云、滮、流貌、說文作淲、重言之則曰淲淲、說文、淈、水出皃也、莊子達生篇、與齊俱入、與汩皆出、郭象注云、磨翁而旋入者齊也、回伏而涌出者汩也、汩與淈同、重言之則曰淈淈、司馬相如上林賦、潏潏淈淈、湁潗鼎沸、郭璞注云、皆水微轉細涌貌也、淮南子原道訓云、混混汩汩、易林同人之既濟云涌泉滑滑、竝字異而義同、史記司馬相如傳索隱及集韻類篇竝引廣雅、淈淈、流也、今本脫淈淈二字、

汎汎 氾氾 浮也

邶風二子乘舟篇云、二子乘舟、汎汎其景、汎、曹憲音扶弓反、各本扶弓二字誤入正文內、又誤作砮砮二字、玉篇汎、扶弓切、今據以訂正、楚辭卜居云、將氾氾若水中之鳧乎、氾、曹憲音孚劒反、各本脫去氾氾二字、孚劒又譌作扶劒、案玉篇廣韻集韻氾字俱音孚劒切、不音扶劒切、此因與上文汎汎扶弓反相涉而誤、汎汎與氾氾追文、後人不知汎氾之不同音而誤以爲重出、故刪去氾氾二字耳、漢書司馬相如傳、汎淫

氾濫、顏師古注云、汎、音馮、氾、音敷劍反、司馬貞史記索隱云、汎、音馮、氾、音芳劍反、引廣雅、汎汎氾氾、浮也、今據以補正、

轒轒硠硠堅也

轒轒、說見卷一轒堅也下、衆經音義卷四引廣雅作𩔊轒、

葟葟芃芃莫莫萋萋苯苯芊芊芾芾蓁蓁薿薿湑湑茀茀蒼蒼娭娭藏藏幪幪薱薱蔚蔚蓩蓩蓧蓧茻茻茂也

此謂草木之盛也、爾雅云、華、皇也、又云、蘛、葟、華、榮葟、與皇通、重言之則曰皇皇、小雅皇皇者華傳云、皇皇、猶煌煌也、大雅行葦篇、維葉泥泥、傳云、葉初生泥泥然、潛夫論德化篇引詩作柅柅、並與芃芃同、莫莫猶莽莽也、周南葛覃篇、維葉莫莫、大雅旱麓篇、莫莫葛藟、皆是茂盛之貌、傳因是刈是濩而云莫莫成就之貌、因施于條枚而云莫莫施貌、緣詞生訓、殆非也、說文、萋、艸盛也、小雅杕杜篇云、卉木萋止、重言之則

曰萋萋葛覃維葉萋萋傳云萋萋茂盛皃萋萋猶莫莫耳說文菶艸盛也大雅卷阿篇菶菶萋萋傳云梧桐盛也生民篇瓜瓞唪唪傳云唪唪然多實也案唪唪亦茂盛之皃不必專訓多實說文玤字注云讀若詩曰瓜瓞菶菶是唪唪卽菶菶也瓜瓞菶菶猶言麻麥幪幪耳卷阿釋文云菶菶布孔反又薄孔反又薄公反小雅采菽篇維柞之枝其葉蓬蓬傳云蓬蓬盛皃義亦與菶菶同說文谸望山谷谸谸青也列子力命篇云美哉國乎鬱鬱芊芊文選高唐賦云仰視山巔肅何芊芊潘岳懷縣詩云稻栽肅仟仟謝脁游東田詩云遠樹曖仟仟五臣本作阡阡竝字異而義同芾芾猶沛沛也說文市艸木盛市市然讀若輩陳風東門之楊篇云東門之楊其葉肺肺大雅生民篇云荏菽旆旆義竝與芾芾同說文𦱽艸盛皃周南桃夭篇桃之夭夭其葉蓁蓁傳云蓁蓁至盛皃文選東都賦注引韓詩小雅蓁蓁者莪毛詩作菁菁聲近而義同說文薿茂也小雅甫田篇云黍稷薿薿漢書食貨志引作儗儗小雅小弁篇萑葦淠淠傳云淠淠衆也淠淠各本譌作渒渒今訂正爾雅覭髳茀離也郭璞注云謂草木之叢茸翳薈是茀爲茂也重言之則曰

茀茀、夏小正、拂桐芭、傳云、言桐芭始生貌拂拂然也。拂與茀通、秦風蒹葭篇、蒹葭蒼蒼、傳云、蒼蒼盛也、禹貢云、厥草惟夭、是夭爲茂也、夭與媄同、字又作枖、重言之則曰媄媄、說文、枖、木少盛皃、引詩桃之枖枖、又媄字注引詩桃之媄媄、今本作夭夭、傳云、夭夭、其少壯也、邶風凱風篇、棘心夭夭、傳云、夭夭、盛貌、其實一義也、檜風萇楚篇云、夭之沃沃、沃沃與夭夭亦同義、既言夭而又言沃沃者、言重詞複以形容其盛、若中庸言淵淵其淵矣、陳風東門之楊篇、東門之楊、其葉牂牂、傳云、牂牂然盛貌、易林革之大有云、南山之楊、其葉將將、並與臧臧同、大雅生民篇、麻麥幪幪、傳云、幪幪然盛茂也、幪幪、各本譌作懞懞、今訂正、各本幪下又有莫莫二字、案莫莫已見上文、不應重出、詩麻麥幪幪、釋文音莫孔反、各本幪下莫字、當是反語之上一字、既誤入正文、又衍爲莫莫二字耳、今訂正、文選高唐賦、嚉兮若松榯、李善注云、嚉、茂貌、嚉與薱通、西都賦、茂樹蔭蔚、注引倉頡篇云、蔚、草木盛貌、合言之則曰薱蔚、後漢書馬融傳、豐彤薱蔚、李賢注云、皆林木貌也、對與薱通、重言之則曰薱薱蔚蔚、蔚蔚猶鬱鬱耳、釋言云、萩、茠也、萩與務同、重言之則曰務務蓩蓩、務、曹憲音亾豆亾老二反、務亦茂也、魏武帝氣出唱樂府云、乘雲駕龍、鬱何務務、淮南子天文訓云、斗指卯、卯則茂茂然、茂與務通、哀元年左傳注云、草之生於廣野莽莽然、故曰草莽、楚辭九章云、草木莽莽、莽、莽、與丼同、

戡戡譪譪鏷鏷截截滇滇閑閑勃勃藐藐煒煒童童鐵鐵闐闐彭彭岌岌旁旁鏘鏘騤騤驛驛業業翼翼奕奕常常几几盛也

此謂几物之盛也、漢書陳勝傳、夥涉之爲王沈沈者、應劭注云、沈沈、宮室深邃之貌也、音長含反、張衡西京賦云、大廈耽耽、義竝與戡戡同、爾雅、譪譪濟濟、止也、郭璞注云、皆賢士盛多之容止、大雅卷阿篇云、譪譪王多吉士、衛風碩人篇、朱幩鑣鑣、傳云、鑣鑣、盛貌、鄭風清人篇、駟介麃麃、傳云、麃麃、武貌、齊風載驅篇、行人儦儦、傳云、儦儦、衆貌、小雅角弓篇、雨雪瀌瀌、箋云、雨雪之盛瀌瀌然、義竝同也、秦風權輿篇云、夏屋

渠渠、是渠渠渠爲盛貌也、大雅皇矣篇、臨衝閑閑、崇墉
言言、臨衝茀茀、崇墉仡仡、傳云、閑閑、動搖也、言言、高
大也、茀茀、彊盛也、仡仡、猶言言也、案言言仡仡、皆謂
城之高大、則閑閑茀茀、亦皆謂車之彊盛、茀茀與勃
勃同、廣雅以閑閑勃勃、俱訓爲盛、蓋本諸三家也、法
言淵騫篇云、勃勃乎其不可及乎、淮南子時則訓云、
敎敎陽陽、唯德是行、卷二云、浡、盛也、浡敎竝與勃同、
爾雅、藐藐、美也、美與盛同義、大雅崧高篇云、寢廟既
成、既成藐藐、卷二云、韡、盛也、重言之則曰韡韡、小雅
常棣篇、常棣之華、鄂不韡韡、傳云、韡韡、光明也、藝文
類聚引韓詩作夫栘之華、萼不煒煒、邶風靜女篇、彤
管有煒、箋云、赤管煒煒然、蔡邕琴賦云、丹華煒煒、煒
與韡同義、召南采蘩篇、被之僮僮、夙夜在公、被之祁
祁、薄言還歸、傳云、被、首飾也、僮僮、竦敬也、祁祁、舒遲
也、去事有儀也、案詩言被之僮僮、被之祁祁、則僮僮
祁祁、皆是形容首飾之盛、下乃言其奉祭祀不失職
耳、大雅韓奕篇云、諸娣從之、祁祁如雲、是祁祁爲盛
貌、僮與童通、廣雅訓童童爲盛、蓋亦本三家也、釋名、
幢、童也、其貌童童然也、蜀志先主傳云、有桑樹高五
丈餘、遥望見童童如小車蓋、藝文類聚引作幢幢、張

衡東京賦云、設業設虡、宮縣金鏞、鼖鼓路鼗、樹羽幢幢、皆謂盛貌也、童僮幢、古同聲而通用、說文、鉞、車鑾聲也、引詩鑾聲鉞鉞、今詩小雅庭燎篇及魯頌泮水篇、竝作鸞聲噦噦、義與鐬鐬同、大雅卷阿篇、鳳皇于飛、翽翽其羽、傳云、翽翽、衆多也、箋云、羽聲也、小雅斯干篇、噦噦其冥、箋云、噦噦、猶煟煟也、寬明之貌、皆盛之義也、凡盛貌謂之闐闐、盛聲亦謂之闐闐、說文、闐、盛皃也、又云、嗔、盛氣也、引小雅采芑篇振旅嗔嗔、今本作闐闐、爾雅注云、闐闐、羣行聲、左思魏都賦云、振旅軥軥、反旆悠悠、問衷云、殷殷田田、如壞牆然、楚辭九歌云、靁填填兮雨冥冥、漢書禮樂志郊祀歌、泛泛滇滇從高斿、應劭注云、滇滇、盛貌也、易林賁之蹇云、轠轠填填、火燒山根、郭璞江賦、汗汗沺沺、廣韻引字林云、沺沺、水勢廣大無際之皃、是凡言闐闐者皆盛之義也、彭彭、與下旁旁同、音博庚蒲庚二反、大有九四、匪其彭、王肅注云、彭、壯也、重言之則曰彭彭、說文、騯、馬盛也、引詩四牡騯騯、今詩小雅北山篇、及大雅烝民韓奕二篇、竝作四牡彭彭、鄭風清人篇、駟介旁旁、王肅注云、旁旁、彊也、齊風載驅篇、行人彭彭、傳云、彭彭、多貌、魯頌駉篇、以車彭彭、傳云、彭彭、有力有容也、騶矜彭竝同義、凡聲之盛謂之鏘鏘、故鸞聲謂之鏘鏘、小雅采芑篇、八鸞瑲瑲、庭燎篇作將將、大雅烝民篇作鏘鏘、商頌烈祖篇作鶬鶬、是也、樂聲謂之鏘鏘、小雅鼓鍾篇、鼓鍾將將、周頌執競篇、磬筦將將、說文作鎗鎗、是也、玉聲謂之鏘鏘、鄭風有女同車篇、佩玉將將、是也、車聲謂之鏘鏘、楚辭九辯、前輕輬之鏘鏘、是也、凡貌之盛亦謂之鏘鏘、故行貌謂之蹌蹌、曲禮、大夫濟濟、士蹌蹌、鄭注云、皆行容止之貌、釋文、蹌蹌、本又作鶬、或作鏘、是也、舞貌謂之蹌蹌、說文牄字注引臯陶謨、鳥獸牄牄、今本作蹌蹌、史記夏紀作鳥獸翔舞、是也、高貌謂之將將、大雅緜篇、應門將將、班固西都賦、激神岳之嶈嶈、馬融廣成頌、峨峨磑磑、鏘鏘嶉嶉、是也、美貌謂之將將、魯頌閟宮篇、犧尊將將、正義云、將將然盛美、管子形勢解云、將將鴻鵠、貌之美者、是也、明貌謂之將將、荀子王霸篇引詩云、如霜雪之將將、如日月之光明、是也、是凡言鏘鏘者、皆盛之義也、小雅采薇篇、四牡騤騤、傳云、騤騤、彊也、張衡南都賦云、駟飛龍兮騤騤、周頌載芟篇、驛驛其達、爾雅作繹繹、舍人注云、穀皆生之貌、是驛驛爲盛也、小雅采薇篇、四牡業業、傳云、業業然壯也、大雅常武篇云赫赫業業小雅采芑篇四騏翼翼箋云翼翼壯健貌信南山篇我黍與與我稷翼翼箋云與與翼翼蕃廡貌大雅緜篇作廟翼翼箋云嚴顯翼翼然後漢書樊準傳引商頌殷武篇京師翼翼四方是則李賢注云韓詩之文也翼翼然盛也又小雅信南山篇云疆埸翼翼黍稷彧彧大雅文王篇云世之不顯厥猶翼翼常武篇云緜緜翼翼不測不克孔子閒居云無體之禮威儀翼翼皆盛之義也單言之則謂之翼義見卷一憑滿也下奕奕猶驛驛也商頌那篇庸鼓有斁萬舞有奕傳云斁斁然盛也奕奕然閑也文選謝惠連秋懷詩注引薛君韓詩章句云奕奕盛貌小雅車攻篇云四牡奕奕大雅韓奕篇奕奕梁山傳云奕奕大也魯頌閟宮篇新廟奕奕王肅注云奕奕盛大周官隸僕注引作寢廟繹繹奕繹斁竝同義小雅頍弁篇憂心奕奕憂心怲怲傳云奕奕然無所薄也怲怲憂盛滿也案奕奕亦憂盛滿之貌義與怲怲同怲怲與彭彭古同聲故馬盛謂之彭彭亦謂之奕奕憂盛謂之奕奕亦謂之怲怲矣說文常或作裳小雅裳裳者華傳云裳裳猶堂堂也豳風狼跋篇云赤舄几几是几几爲盛貌也說文引詩作己己又作掔掔

仍仍登登翹翹馮馮總總傅傅甫甫伾伾集集師師遜遜嘽嘽淖淖漼漼繽繽紛紛囋囋衆也

爾雅蒙蒙衆也大雅緜篇捄之陾陾度之薨薨築之登登削屢馮馮傳云捄虆也陾陾衆也度居也言百姓之勸勉也登登用力也削牆鍛屢之聲馮馮然陾與仍通合言之則皆衆民力作之貌故登登馮馮亦訓爲衆太元廓次六百辟馮馮亦以馮馮爲衆也周南漢廣篇翹翹錯薪言刈其楚翹翹與錯薪連文則翹翹爲衆貌言於衆薪之中刈取其高者耳傳箋以翹翹爲高則與下句相複廣雅以爲衆蓋本於三家也卷三云蓴總聚也蓴與傳通重言之則曰總總傳傳楚辭離騷紛總總其離合兮王逸注云總總猶傳傳聚貌九歌紛總總兮九州王注云總總衆貌莊子則陽篇是稯稯何爲者邪李頤注云稯稯聚貌稯與總通僖十五年左傳引小雅十月之交篇傳沓背憎今本傳作噂傳云噂猶噂噂沓猶沓沓張衡南都賦云森蓴蓴而刺天揚雄甘泉賦云齊總總撙撙其相膠轕兮並字異而義同大雅韓奕篇魴鱮甫甫傳云甫

甫然大也此訓爲衆義得兩通蓋亦本三家也伾伾羣行貌也說見上文駓駓走也下卷三云集聚也重言之則曰集集周南螽斯篇螽斯羽揖揖兮傳云揖揖會聚也義與集集同師彖傳云師衆也重言之則曰師師史記平原君傳云公等錄錄所謂因人成事者也漢書蕭何曹參傳贊當時錄錄未有奇節顏師古注云錄錄猶鹿鹿言在凡庶之中也史記酷吏傳贊九卿碌碌奉其官並與逯逯同小雅采芑篇戎車嘽嘽傳云嘽嘽衆也大雅常武篇王旅嘽嘽傳云嘽嘽然盛也崧高篇徒御嘽嘽亦是衆盛之貌傳因周邦咸喜而訓嘽嘽爲喜樂失之漢書敘傳王師驒驒義與嘽嘽同小雅南有嘉魚篇烝然罩罩烝然汕汕傳云罩罩篧也汕汕樔也箋云烝塵也塵然猶言久如也言南方水中有善魚人將久如而俱罩之樔者今之撩罟也正義引爾雅篧謂之罩樔謂之汕毛鄭詩考正云案王肅云烝衆也罩罩汕汕疊字形容之辭不當爲捕魚器說文鯙字注云烝然鯙鯙又汕字注云魚游水貌詩曰烝然汕汕鯙罩古字通用罩罩汕汕蓋皆魚游水之貌故以興燕樂爾雅篧謂之罩樔謂之汕自釋捕魚器非釋詩之罩罩汕汕也謹案

罩罩汕汕羣游之貌故又訓爲衆亦若伾伾爲羣行之貌而訓爲衆也淖淖與罩罩同漼漼與汕汕同廣韻汕漼二字並所簡切淖淖漼漼之訓爲衆蓋亦本三家也大雅靈臺篇麀鹿濯濯傳云濯濯娛遊也石鼓文澫又𩵋其斿趱趱濯濯與淖淖趱趱與汕汕聲並相近楚辭離騷佩繽紛其繁飾兮是繽紛爲衆貌也重言之則曰繽繽紛紛孫子兵勢篇云紛紛紜紜說文噳麇鹿羣口相聚皃大雅韓奕篇麀鹿噳噳傳云噳噳然衆也小雅吉日篇作麌麌

遼遼遙遙邈邈眇眇遠也

楚辭九歎云山脩遠其遼遼兮昭二十五年左傳云遠哉遙遙卷一云邈遠也重言之則曰邈邈楚辭離騷神高馳之邈邈王逸注云邈邈遠貌大雅瞻卬篇藐藐昊天藐與邈同邈邈各本譌作邈邈今訂正釋言云眇莫也重言之則曰眇眇楚辭九章云路眇眇之默默管子內業篇云渺渺乎如窮無極渺與眇同眇眇猶邈邈耳

呦呦嚶嚶謍謍喈喈嘖嘖嚖嚖鳴也

小雅鹿鳴篇云、呦呦鹿鳴、召南草蟲篇、喓喓草蟲、傳云、喓喓、聲也、小雅伐木篇云、鳥鳴嚶嚶、單言之則曰嚶、下文嚶其鳴矣是也、張衡思元賦、鳴玉鸞之謍謍、義與嚶嚶同、爾雅、行扈喈喈、宵扈嘖嘖、李巡注云、喈喈嘖嘖、鳥聲貌也、淮南子原道訓云、鳥之啞啞、鵲之唶唶、小雅小弁篇、鳴蜩嚖嚖、傳云、嚖嚖、小聲也、采菽篇、鸞聲嚖嚖、並與嚖嚖同、

殸殸喤喤輷輷轞轞欿欿欽欽丁丁闐闐轔轔轞轞聲也

邶風終風篇云、殸殸其靁、喤喤、說見卷四鍠聲也下、說文、轟、羣車聲、文選魏都賦注引倉頡篇云、輷輷、衆車聲也、史記蘇秦傳云、人民之衆、車馬之多、日夜行不絕、輷輷殷殷、若有三軍之衆、易林、頤之大有云、轟轟輷輷、騈東逐西、並字異而義同、王風大車篇、大車檻檻、傳云、檻檻、車行聲也、檻與轞通、字亦作䡵、左思

吳都賦云、出車䡾䡾、陳風宛邱篇云、坎其擊鼓、重言之則曰坎坎、說文、竷、舞曲也、引小雅伐木篇竷竷舞我、今本作坎坎鼓我、魏風伐檀篇、坎坎伐輪兮、漢石經作欿欿、竝字異而義同、欿欿猶坎坎也、小雅鼓鍾篇云、鼓鍾欽欽、周南兔罝篇、椓之丁丁、傳云丁丁、椓杙聲也、小雅伐木篇、伐木丁丁、傳云丁丁、伐木聲也、凡羣行聲謂之闐闐、說文引小雅采芑篇振旅嗔嗔今本作闐闐、爾雅注云、闐闐、羣行聲、左思魏都賦云、振旅軥軥、返旆悠悠、是也、車聲謂之軥軥、易林云、轟轟軥軥、驅東逐西、是也、雷聲謂之填填、楚辭九歌云、靁填填兮雨冥冥、九辯、屬雷師之闐闐、是也、崩聲謂之田田、問喪云、殷殷田田、如壞牆然、是也、凡言闐闐者竝同義、說文、鼘、鼓聲也、引商頌那篇鼗鼓鼘鼘、今本作淵淵、魯頌有駜篇、鼓咽咽、釋文、本又作鼝鼝、張衡東京賦、雷鼓鼝鼝、竝字異而義同、轀轀猶闐闐也、故車聲、雷聲、崩聲、羣行聲、皆謂之轀轀、易林咸之困云、雷車不藏、隱隱西行、司馬相如長門賦云、雷殷殷而響起兮、聲象君之車音、竝與轀轀同、單言之則曰殷、召南殷其靁是也、餘見上文軥軥闐闐下、大雅靈臺篇、鼉鼓逢逢、釋文、逢逢、埤倉作韸韸、呂氏春秋季夏紀注引詩亦作辥辥、小雅斯干篇、椓之橐橐、集傳云、橐橐、杵聲也、椓之橐橐、猶言椓之丁丁耳、斯干釋文云、橐橐、本或作柝柝、橐柝竝與欜通、繫辭傳、重門擊柝、馬融注云、兩木相擊以行夜也、說文引易柝作欜、索欜之言橐也、兩木相擊、聲橐橐然也、義亦與椓之橐橐同、楚辭九歌、乘龍兮轔轔、王逸注云、轔轔、車聲、秦風車鄰篇、有車鄰鄰、傳云、鄰鄰、衆車聲也、釋文、本亦作轔轔、崔駰東巡頌云、天動雷霆、隱隱轔轔、鈴鈴、猶轔轔也、齊風盧令篇、盧令令、傳云、令令、纓環聲、正義作鈴鈴、漢書天文志云、地大動鈴鈴然、說文云、霆、雷餘聲鈴鈴、所以挺出萬物也、

混混沌沌轉也

混混、或作渾渾、孫子兵勢篇、渾渾沌沌、形圓而不可敗、魏武帝注云、車騎轉而形圓者、出入有道齊整也、呂氏春秋大樂篇云、陰陽變化、一上一下、合而成章、渾渾沌沌、離則復合、合則復離、是謂天常、天地車輪、終則復始、極則復反、莫不咸當、是渾渾沌沌爲轉貌也、凡狀水之轉、亦曰渾渾沌沌、枚乘七發說曲江之

濤云沌沌渾渾狀如奔馬混混庉庉聲如雷鼓混庉猶渾沌耳

馮馮翼翼烟烟熅熅睢睢盱盱元氣也

楚辭天問馮翼惟像何以識之王逸注云言天地既分陰陽運轉馮馮翼翼何以識知其形像乎淮南子天文訓天墬未形馮馮翼翼洞洞屬屬高誘注云馮翼洞屬無形之貌繫辭傳云天地絪縕萬物化醇絪縕與烟熅同重言之則曰烟烟熅熅班固典引太極之元兩儀始分烟烟熅熅蔡邕注云烟烟熅熅陰陽和一相扶貌也睢睢盱盱猶烟烟熅熅也揚雄劇秦美新云權輿天地未袪睢睢盱盱元氣未判謂之睢盱太朴未彫亦謂之睢盱王延壽魯靈光殿賦上紀開闢遂古之初五龍比翼人皇九頭伏羲鱗身女媧蛇軀鴻荒朴略厥狀睢盱張載注云睢盱質朴之形

衯衯條條擾擾憒憒惐惐惛惛忞忞亂也

呂刑云泯泯棼棼孫子兵勢篇云紛紛紜紜並與衯衯同晉語云唯有諸侯故擾擾焉前卷三云憒亂也

重言之則曰憒憒。大雅召旻篇「潰潰回遹」，傳云：「潰潰，亂也。」莊子大宗師篇云：「憒憒然爲世俗之禮。」憒與潰通。桓五年公羊傳「怴也」，何休注云：「怴者，狂也。」狂與亂同義，重言之則曰怴怴。多方云：「乃大淫昏。」說文引立政云：「在受德忞。」是昏、忞皆亂也。昏與惛同，重言之則曰惛惛、忞忞。管子四時篇云：「五漫漫，六惛惛，孰知之哉。」法言問神篇：「著古昔之唔唔，傳千里之忞忞者，莫如書。」李軌注云：「唔唔，目所不見；忞忞，心所不了。」唔唔與惛惛同，忞忞與漫漫聲亦相近。

僛僛、僊僊、傞傞，舞也

幷見小雅賓之初筵篇。

蜿蜿、蝹蝹，動也

玉篇：「蜿，音於阮、於元、於丸三切。」楚辭大招「虎豹蜿只」，王逸注云：「蜿，虎行貌也。」行與動同義，重言之則曰蜿蜿。楚辭離騷云：「駕八龍之婉婉兮。」宋玉高唐賦云：「振鱗奮翼，蜲蜲蜿蜿。」司馬相如封禪文云：「宛宛黃龍，興德而升、並字異而義同、玉篇蝹音於筠於云二切、何晏景福殿賦云、蝹若神龍之登降、重言之則曰蝹蝹張衡西京賦云、海鱗變而成龍、狀蜿蜿以蝹蝹、皆動之貌也、各本脫去動字、集韻類篇並引廣雅、蜿蜿蝹蝹動也、今據以補正、

誇誇切切也

誇誇、未詳所出、切切、見論語子路篇、與誇大之義、不相比附、當別是一條、誇誇下當有脫文、切切下亦當有脫文、今不可考、

行行叓叓也

論語先進篇、子路行行如也、鄭注云、行行、剛強之貌、更更、讀如庚庚、釋名云、庚、更也、堅強貌也、說文、庚、位西方、象秋時萬物庚庚有實也、徐鍇傳云、庚庚、堅彊之皃、庚與更通、行行更更聲相近、皆彊貌也、更更下蓋脫彊字、

乾乾健也

乾九三云、君子終日乾乾、餘見卷二乾健也下、

蹇蹇難也

蹇六二云、王臣蹇蹇、餘見卷三蹇難也下、

趯趯跳也

召南草蟲篇、趯趯阜螽、傳云、趯趯、躍也、躍與趯古同聲而通用、小雅巧言篇、躍躍毚兔、釋文他狄反、是讀如趯趯阜螽之趯、爾雅、躍躍、迅也、釋文余斫反、是又讀如魚躍于淵之躍、

嬥嬥好也

卷一云、嬥、好也、重言之則曰嬥嬥、毛詩小雅大東篇、糾糾葛屨、可以履霜、佻佻公子、行彼周行、既往既來、使我心疚、傳云、佻佻、獨行貌、釋文、佻佻、韓詩作嬥嬥、往來貌、案糾糾是葛屨之貌、非履霜之貌、則嬥嬥亦

是公子之貌、非獨行往來之貌、猶之糾糾葛屨、可以屨霜、摻摻女手、可以縫裳、摻摻是女手之貌、非縫裳之貌也、說文、嬥、直好皃、玉篇音徒了徒聊二切、嬥嬥、猶言茗茗、張衡西京賦云、狀亭亭以茗茗、是也、故楚辭九歎注、引詩作茗茗公子、行彼周行、大東釋文云、嬥嬥、本或作窕窕、方言、美狀爲窕、窕亦好貌也、此句但言其直好、下三句乃傷其困乏、言此嬥嬥然直好之公子、馳驅周道、往來不息、是使我心傷病耳、廣雅訓嬥嬥爲好、當是齊魯詩說、若毛詩因行彼周行而訓爲獨行、韓詩因既往既來而訓爲往來、皆緣辭生訓、非詩人本意也、

呱呱號也

說文、呱、小兒嗁聲、引大雅生民篇后稷呱矣、重言之則曰呱呱、皋陶謨云、啟呱呱而泣、

致致盡也

卷一云、鋌、盡也、鋌與致通、重言之則曰致致、論衡語增篇云、傳語曰、町町若荆軻之閭、言荆軻爲燕太子

丹刺秦王、後誅軻九族、其後恚恨不已、復夷軻之一里、一里皆滅、故曰町町、義與跛跛同、

頻頻、比也

說見卷三頻比也下、

嚻嚻、虛也

法言君子篇云、或曰、人有齊死生、同貧富、等貴賤、何如、曰、信死生齊、貧富同、貴賤等、則吾以聖人爲嚻嚻、吳祕注云、若信是言、則吾以聖人六經之旨爲嚻嚻之虛語耳、君子篇又云、或曰、世無仙、則焉得斯語、曰語乎者、非嚻嚻也歟、吳祕注云、嚻嚻然方士之虛語耳、

章章、采也

荀子法行篇云、故雖有珉之雕雕、不若玉之章章、

斤斤、仁也

周頌執競篇、斤斤其明、爾雅、斤斤、察也、義與仁不相近、斤斤之下、仁也之上、蓋俱有脫文、

烝烝孝也

烝、或作蒸、引之云、堯典、父頑母嚚象傲克諧以孝烝烝乂不格姦、傳云、諧、和、烝、進也、言能以至孝諧和頑嚚昏傲、使進進以善自治、不至於姦惡、訓烝爲進、雖本爾雅、然以烝烝乂爲進進治、則不辭甚矣、今案經文、當讀克諧爲句、以孝烝烝爲句、乂不格姦爲句、列女傳云、舜父頑母嚚、父號瞽叟、弟曰象、敖遊於嫚、舜能諧柔之、承事瞽叟以孝、蔡邕九疑山碑云、逮于虞舜、聖德克明、克諧頑傲、以孝蒸蒸、是讀克諧爲句、以孝烝烝爲句也、列女傳又云、母憎舜而愛象、舜猶內治靡有姦意、是讀乂不格姦爲句也、經云以孝烝烝、烝烝卽是孝德之形容、故漢魏人多以烝烝爲孝者、陸賈新語道基篇、虞舜蒸蒸於父母、光耀於天地、後漢書章帝紀、陛下至孝烝烝、奉順聖德、和熹鄧后紀、以崇陛下烝烝之孝、宋意傳、陛下至孝烝烝、張禹傳、陛下體烝烝之至孝、馬融傳、陛下履有虞烝烝之孝、袁紹傳、伏惟將軍至孝蒸蒸、發於岐嶷、張衡東京賦、

烝烝之心、感物曾思、躬追養於廟祧、奉烝嘗與禴祠、高陽令楊著碑、孝烝內發、又云、烝烝其孝、恂恂其仁、蔡邕胡公碑、夫烝烝至孝、德本也、朱公叔墳前石碑、孝于二親、烝烝雖雖、續漢書祭祀志注引蔡邕議云、孝章皇帝大孝烝烝、家語六本篇、瞽瞍不犯不父之罪、而舜不失烝烝之孝、藝文類聚引魏弁蘭贊述太子表云、昔舜以烝烝顯其德、周旦以不驕成其名、曹植鼙舞歌云、古時有虞舜、父母頑且嚚、盡孝於田隴、烝烝不違仁、廣雅亦云、烝烝、孝也、則知兩漢經師皆訓烝烝爲孝、故轉相承用、卒無異說也、謂之烝烝者、言孝德之厚美也、大雅文王有聲篇、文王烝哉、韓詩云、烝、美也、魯頌泮水篇、烝烝皇皇、傳云、烝烝、厚也、皇皇、美也、王肅云、言其人德厚美也、

駸駸疾也

說文、駸、馬行疾也、小雅四牡篇云、載驟駸駸、

昄昄反也

版反聲相近、字通作板、爾雅、版版盪盪、僻也、郭璞注云、皆邪僻、大雅板篇、上帝板板、傳云、板板、反也、正義云、邪僻卽反戾之義、

管管浴也

大雅板篇、靡聖管管、傳云、管管無所依繫、箋云、無聖人之法度、管管然以心自恣、此云、管管、浴也、浴字於義不可通、未詳何字之譌、

眊眊思也

漢書鮑宣傳、極竭毣毣之思、毣、與眊通、

譏譏善也

說文、譏、善言也、秦誓、惟截截善諞言、文十二年公羊傳引作惟譏譏善竫言、楚辭九歎注引作譏譏靖言、說文引作戔戔、越語、又安知是譏譏者乎、公羊釋文引賈逵注云、譏譏、巧言也、鹽鐵論論誹篇云、疾小人

諓諓面從以成人之過也。潛夫論救邊篇云、淺淺善靖、竝字異而義同。

庸庸用也

庸誥云、庸庸祗祗威威。

僆僆憭也

僆僆、曹憲音都計反、考說文玉篇俱無僆字、僆僆疑當爲倢倢。倢倢、與捷通。卷一云、憭、捷、慧也。是捷與憭同義。

紛纕不善也

呂刑、泯泯棼棼。傳云、泯泯爲亂、棼棼同惡。方言云、南楚凡人語言過度及妄施行謂之纕、皆謂不善也。棼、與紛通。纕、與纕通。合言之則曰紛纕。崔駰達旨云、紛纕塞路、凶虐播流。纕、曹憲音女交奴孔二反。大雅民勞篇、無縱詭隨、以謹惽怓。傳云、惽怓、大亂也。惽怓與紛纕、聲近而義同。

崎嶇傾側也

王襃洞簫賦云、徒觀其旁山側兮、則嶇嶔巋崎、是崎與嶇皆傾側之貌也、合言之則曰崎嶇、說文、嶇、䟭也、䟭、陒也、文選高唐賦注引埤倉云、崎嶇、不安也、史記陸賈傳云、崎嶇山海閒、司馬相如傳云、民人登降移徙、陭陒而不安、左思魏都賦云、山阜猥積而踦䟭、竝字異而義同、

𨍭𨋨不平也

𨍭𨋨、玉篇廣韻竝作𨍭軩、所出未聞

𪂹䡲詰詘也

楚辭九章、思蹇產而不釋、王逸注云、蹇產、詰屈也、屈與詘通、司馬相如上林賦、蹇產溝瀆、張注云、蹇產、詰曲也、卷一云、結、詘、曲也、結與詰通、

詭隨小惡也

此毛詩義也、大雅民勞篇、無縱詭隨、以謹無良、傳云、詭隨、詭人之善、隨人之惡者、以謹無良、慎小以懲大也、正義云、無良之惡、大於詭隨、詭隨者尚無所縱、則無良者謹慎矣、案詭隨疊韻字、不得分訓詭人之善、隨人之惡、詭隨卽無良之人、亦無大惡小惡之分、詭隨、謂譎詐謾欺之人也、詭、古讀若果、隨、古讀若誵、誵音土禾反、字或作詑、又作訑、隨其假借字也、方言云、虔、儇、慧也、秦謂之謾、晉謂之𢤱、宋楚之閒謂之倢、楚或謂之𧫍、自關而東趙魏之閒謂之黠、或謂之鬼、說文云、沇州謂欺曰詑、楚辭九章云、或忠信而死節兮、或訑謾而不疑、燕策云、寡人甚不喜訑者言也、竝字異而義同、

偃蹇、夭撟也

此疊韻之轉也、漢書禮樂志郊祀歌云、靈輿位、偃蹇驤、爾雅、人曰撟、郭注云、頻伸夭撟、撟、字或作蟜、又作矯、司馬相如上林賦、夭蟜枝格、偃蹇杪顛、郭注云、夭蟜、頻申也、張衡思元賦云、偃蹇夭矯娩以連卷兮、夭撟謂之偃蹇、故屈曲亦謂之偃蹇、淮南子本經訓云、偃蹇蓼糾、曲成文章、司馬相如大人賦、掉指撟以偃

蹇、張注云、偃蹇、委曲貌、是也、夭撟謂之偃蹇、故驕傲亦謂之偃蹇、崇高亦謂之偃蹇、哀六年左傳、彼皆偃蹇、杜預注云、偃蹇驕傲、楚辭離騷、望瑤臺之偃蹇兮、王逸注云、偃蹇高貌、是也、

墆翳障蔽也

楚辭九歎、舉霓旌之墆翳兮、王逸注云、墆翳、蔽隱貌、餘見卷二翳薈蔽障也下、

崢嶸溟冥也

爾雅、冥、幼也、小雅斯干正義云、爾雅幼或作窈、孫炎曰、冥、深闇之窈也、豫上六、冥豫、王廙注云、冥、溟也、楚辭九章、眴兮杳杳、王逸注云、杳杳、溟冥貌也、是冥與溟同義、餘見卷三崝嶸溟也下、崝、與崢同、

䟾踔無常也

䟾、或作踸、楚辭七諫、馬蘭踸踔而日加、王逸注云、踸踔、暴長貌也、暴長卽無常之意、無常謂之踸踔、非常亦謂之踸踔、趙岐注孟子盡心篇云、子張之爲人、踸踔譎詭、是也、餘見卷三逴蹇也下、

屏營征伀也

吳語、王親獨行、屏營仿偟於山林之中、玉篇引注云、屏營、猶仿偟也、法言重黎篇云、六國蚩蚩、爲嬴弱姬、卒之屏營、嬴擅其政、楚辭九思遽傽遑兮驅林澤、步屏營兮行邸阿、注云、憂憒不知所爲、徒經營奔走也、屏營征伀、皆驚惶失據之貌、餘見卷二征伀懼也下、

悇憛懷憂也

楚辭七諫、心悇憛而煩冤兮、王逸注云、悇憛、憂愁貌也、馮衍顯志賦云、幷日夜而幽思兮、終悇憛而洞疑、憛、各本譌作覃、惟影宋本不譌、

逍遙忀徉也

疊韻之轉也、文選南都賦注引韓詩云、逍遙、遊也、鄭風作逍遙、檀弓作消搖、楚辭離騷、聊逍遙以相羊、王逸注云、逍遙相羊、皆遊也、逍遙、一作須臾、羊、一作佯、史記司馬相如傳、招搖乎襄羊、索隱、郭璞曰、襄羊、猶

仿佯也、漢書作消搖乎襄羊、文選李善本作消搖乎襄羊、五臣本作招搖乎儴佯、竝字異而義同、開元占經石氏中官占引黃帝占云、招搖、尚羊也、尚羊與儴佯、古亦同聲、或作徜徉、說見下文徜徉戲蕩也下、

仿佯徙倚也

哀十七年左傳、如魚竀尾、衡流而方羊、鄭衆注云、方羊、遊戲、呂氏春秋行論篇云、仿佯於野、淮南子原道訓云、仿洋于山峽之旁、史記吳王濞傳云、彷徉天下、漢書作方洋、竝字異而義同、齊風載驅傳云、翱翔、猶仿佯也、翱與佯古亦同聲、故釋名云、翔、佯也、言仿佯也、游戲放蕩謂之仿佯、地勢潢蕩亦謂之仿佯、楚辭招魂云、西方仿佯無所倚、廣大無所極、是也、楚辭遠遊、步徙倚而遙思兮、哀時命注云、徙倚猶低佪也、逍遙儴佯徙倚、聲之轉、儴佯仿佯、聲相近、上言逍遙儴佯、此言仿佯徙倚、一也、故離騷云、聊逍遙以相羊、遠遊云、聊仿佯而逍遙、哀時命云、獨徙倚而仿佯、

偟躟惶劻也

劻，各本譌作劇，今訂正。上文云：「恇恇，倂倂，劻也。」文選舞賦注引埤倉云：「躟，疾行貌。」字通作攘。史記貨殖傳云：「天下攘攘，皆爲利往。」合言之則曰倂躟。馬融圍棊賦云：「狂攘相救兮，先後并沒。」義與倂躟同。方言云：「澗沭征伀，惶遽也。」遽與劻通。惶遽謂之倂躟，故擾亂亦謂之倂躟。楚辭九辯：「悼余生之不時兮，逢此世之倂攘。」是也。王逸注以爲遇讒而惶遽，失之。哀時命「槩塵垢之枉攘兮」，王注云：「枉攘，亂貌。」倂攘、枉攘，並與倂躟同。

俳佪、便旋也

此疊韻之變轉也。俳佪之正轉爲盤桓，變之則爲便旋。薛綜注西京賦云：「盤桓，便旋也。」便旋，猶盤旋耳。俳佪，各本皆作徘徊，唯影宋本作俳佪。漢書高后紀注云：「俳佪，猶彷徨，不進之意也。」史記司馬相如傳「於是楚王乃弭節裴回」，漢書作俳佪，文選作徘徊，後漢書張衡傳作俳回，並字異而義同。

瞹䁽、翳、薈也

楚辭離騷、時曖曖其將罷兮、王逸注云、曖曖、昏昧貌、遠遊、峕曖曃其曭莽兮、注云、日月晻黮而無光也、衆經音義卷六引廣雅、靉靆、翳薈也、又引通俗文云、雲覆日爲靉靆、義與曖曃同、餘見卷二晻薆翳薈障也下、曖曃、各本譌作曃曖、今訂正、

撣援牽引也

撣之言嬋連、援之言援引、皆憂思相牽引之貌也、楚辭離騷、女嬃之嬋媛兮、王逸注云、嬋媛、猶牽引也、一作撣援、九歌、女嬋媛兮爲余太息、九章、心嬋媛而傷懷、注竝與離騷同、又九章、忽傾寤以嬋媛、一作儃佪、儃佪與嬋媛、古聲相近、亦牽引之意也、憂思相牽謂之嬋媛、樹枝相牽亦謂之嬋媛、文選南都賦、結根竦本、垂條嬋媛、李善注云、嬋媛、枝相連引、是也、

蹋踷猶豫也

此雙聲之相近者也、蹋猶踷豫爲疊韻、蹋踷猶豫爲雙聲、說文、䈈、䈈箸也、楚辭九辯、蹇淹留而躊躇、七諫

注云、躊躇、不行貌、竝與躑躅同、猶豫、豫字或作猶與、單言之則曰猶曰豫、楚辭九章、壹心而不豫兮、王注云、豫、猶豫也、老子云、與兮若冬涉川、猶兮若畏四鄰、淮南子兵略訓云、擊其猶猶、陵其與與、合言之則曰猶豫、轉之則曰夷猶、曰容與、楚辭九歌、君不行兮夷猶、王注云、夷猶、猶豫也、九章云、然容與而狐疑、容與亦猶豫也、案曲禮云、卜筮者、先聖王之所以使民決嫌疑、定猶與也、離騷云、心猶豫而狐疑兮、史記淮陰矦傳云、猛虎之猶豫、不若蜂蠆之致螫、騏驥之蹢躅、不如駑馬之安步、孟賁之狐疑、不如庸夫之必至也、嫌疑、狐疑、猶豫、蹢躅、皆雙聲字、狐疑與嫌疑、一聲之轉耳、後人誤讀狐疑二字、以爲狐性多疑、故曰狐疑、又因離騷猶豫狐疑相對成文、而謂猶是犬名、犬隨人行、每豫在前、待人不得、又來迎候、故曰猶豫、或又謂猶是獸名、每聞人聲、即豫上樹、久之復下、故曰猶豫、或又以豫字從象、而謂猶豫俱是多疑之獸、以上諸說、具見於水經注、顔氏家訓、禮記正義、及漢書注、文選注、史記索隱等書、夫雙聲之字、本因聲以見義、不求諸聲而求諸字、固宜其說之多鑿也、

蹢躅跢跦也

此雙聲之尤相近者也、急言之則曰蹢躅、徐言之則曰跢跦、說文、蹢、住足也、或曰蹢躅、又云、躅、蹢躅也、姤初六、羸豕孚蹢躅、釋文、蹢本亦作躑、躅本亦作躅、古文作蹢、邶風靜女篇搔首踟躕、文選鸚鵡賦注引薛君韓詩章句云、踟躕、躑躅也、三年問、蹢躅焉、踟躕焉、釋文作蹢躅踶躕、荀子禮論篇作躑躅踟躕、易是類謀、物瑞騠𩦺、鄭注云、騠𩦺、猶踟躕也、成公綏嘯賦云、逍遙攜手、踟跦步趾、竝字異而義同、說文、彳、小步也、亍、步止也、彳亍與蹢躅、聲義亦相近、

翱翔浮游也

齊風載驅傳云、翱翔、猶彷徉也、翔字古讀若羊、翱翔雙聲也、載驅云、齊子翱翔、齊子遊敖、翱翔遊敖、皆一聲之轉、故釋名云、翱、敖也、言敖遊也、翔、佯也、言彷佯也、楚辭離騷、聊浮遊以逍遙、遊與游同、浮游彷徉亦一聲之轉、游、各本譌作淤、今訂正、

從容舉動也

楚辭九章懷沙篇、重華不可遻兮、孰知余之從容、王逸注云、從容、舉動也、言誰得知我舉動欲行忠信、案從容有二義、一訓爲舒緩、一訓爲舉動、其訓爲舉動者、字書韻書皆不載其義、今詳引諸書以證明之、九章抽思篇云、理弱而媒不通兮、尚不知余之從容、哀時命云、世嫉妬而蔽賢兮、孰知余之從容、此皆謂己之舉動、非世俗所能知、與懷沙同意、後漢書馮衍傳顯志賦、惟吾志之所庶兮、固與俗其不同、既俶儻而高引兮、願觀其從容、此亦謂舉動不同於俗、李賢注云、從容、猶在後也、失之、中庸云誠者不勉而中、不思而得、從容中道、聖人也、從容中道、謂一舉一動、莫不中道、猶云動容周旋中禮也、韓詩外傳云、動作中道從容得禮、漢書董仲舒傳云、動作應禮、從容中道、王褒四子講德論云、動作有應、從容得度、此皆以從容動作相對成文、中庸正義云、從容閒暇而自中乎道、失之、緇衣云、長民者衣服不貳、從容有常、引都人士之詩云、彼都人士、狐裘黃黃、其容不改、出言有章、從容與衣服相對成文、狐裘黃黃、衣服不貳也、其容不改從容有常也正義以從容爲舉動得之大戴禮文王官人篇言行亟變從容謬易好惡無常行身不類從容與言行相對成文從容謬易謂舉動反覆也盧辯注云安然反覆失之墨子非樂篇云食飲不美面目顔色不足視也衣服不美身體從容不足觀也莊子田子方篇云進退一成規一成矩從容一若龍一若虎楚辭九章悲回風云寤從容以周流兮傅毅舞賦云形態和神意協從容得志不劫漢書翟方進傳云方進伺記陳慶之從容語言以詆欺成罪此皆舀人謂舉動爲從容之證自動謂之從容動人謂之慫慂聲義並相近故從慂或作從容史記吴王濞傳鼂錯數從容言吴過可削從容卽慫慂漢書衡山王傳日夜縱臾王謀反事史記作從容

跦踖畏敬也

論語鄉黨篇踧踖如也馬融注云踧踖恭敬之皃孟子公孫丑篇曾西蹵然趙岐注云蹵然猶蹵踖也踧蹵並與跦同

般桓不進也

曹大家注幽通賦云、盤桓、不進也、屯初九、磐桓、釋文、磐、本亦作盤、又作槃、馬云、槃桓、旋也、爾雅、般、還也、釋文引易作般桓、管子小問篇君乘駮馬而洀桓、尹知章注云、洀、古盤字、漢張納碑作般桓、張表碑作畔桓、矦成碑作磐桓、郭究碑作槃桓、劉寬碑作盤桓、並字異而義同、

結縎不解也

說見卷四縎結也下、

褐被不帶也

玉篇、褐、尺羊切、披衣不帶也、披、與被通、今人猶謂荷衣不帶曰被衣、莊子知北遊篇云、齧缺問道乎被衣、合言之則曰褐被、楚辭離騷、何桀紂之猖披兮、王逸注云、猖披、衣不帶之貌、猖、一作昌、釋文作倡、披、一作被、並字異而義同、

軫軳轉戾也

說文、戾、曲也。盭、弼戾也。盭與戾通。方言、軫、戾也。郭璞注云、相了戾也。江東音善。說文、紾、轉也。考工記弓人老牛之角紾而昔、鄭衆注云、紾讀爲抮縛之抮。釋文紾、劉徒展反、許慎尚展反、角絞縛之意也。孟子告子篇、紾兄之臂而奪之食。趙岐注云、紾、戾也。音義、紾、張音軫、又徒展切。淮南子原道訓、蟠委錯紾。高誘注云、紾、轉也。卷四云、抮、盭也。曹憲音顯。竝聲近而義同。軳、曹憲音牛力反。各本軳譌作䡔、自宋時本已然。故集韻類篇俱有䡔字、音色。引廣雅、軫䡔、轉戾也。案說文玉篇廣韻俱無䡔字。集韻類篇音色、亦與曹憲牛力反之音不合。考軳字本讀如與子同袍之袍。玉篇、軳、步毛切、戾也。廣韻同。轉入聲則讀如克岐克嶷之嶷。軫軳、雙聲字也。或作抮抱、又作紾抱。淮南子原道訓、扶搖抮抱羊角而上。高注云、抮抱、了戾也。扶搖如羊角轉曲縈行而上也。抮讀與左傳感而能眕者同。抱讀詩克岐克嶷之嶷。精神訓、雖天地覆育、亦不與之抮抱矣。注云、抮抱、猶持著也。本經訓、菱杼紾抱。注云、紾、戾也。抱、轉也。皆壯采相銜持貌也。紾讀紾結之紾。

抱讀歧嶷之嶷、高注讀抱爲嶷、正與牛力反之音相合、今據以訂正、凡字從包聲者、多轉入職德緝合諸韻、其同位而相轉者、若包犧之爲伏犧、抱雞之爲伏雞是也、亦有異位而相轉者、續漢書五行志注引春秋考異郵云、陰氣之專精、凝合生雹、雹之爲言合也、是雹合聲相近、玉篇云、鮑、漬魚也、今謂裛魚、鮑裛聲相近、故鮑魚轉爲裛魚、猶之軳嶷聲相近、故軫軳之軳讀爲嶷也、軳字或書作艴、故譌而爲艴、集韻遂讀爲色、而類篇以下諸書皆仍其誤、

陸離參縒也

楚辭離騷云、紛總總其離合兮、斑陸離其上下、招魂云、長髮曼鬋、豔陸離些、淮南子本經訓云、五采爭勝、流漫陸離、皆參差之貌也、貌參差謂之陸離、聲參差亦謂之陸離、揚雄甘泉賦云、聲駍隱以陸離、是也、陸與流古同聲、甘泉賦云、曳紅采之流離兮、流離、猶陸離耳、陸與林古聲亦相近、司馬相如大人賦、騷擾衝從其相紛挐兮、滂濞泱軋麗以林離、攢羅列聚叢以龍茸兮、衍曼流爛痑以陸離、張注云、林離、槮纚也、陸

離、參差也、林離、猶陸離、襂襹、猶參差耳、又離騷、高余冠之岌岌兮、長余佩之陸離、岌岌、高貌、陸離、長貌也、九章云、帶長鋏之陸離兮、冠切雲之崔嵬、意與此同、王逸注云、陸離、猶參差、失之、

𢿣𢡋𦱊刺也

說文、𢿣、戾也、玉篇、𢡋、乖戾也、合言之則曰𢿣𢡋、楚辭離騷、忽緯繣其難遷、王逸注云、緯繣、乖戾也、義與𢿣𢡋同、意相乖違謂之𢿣𢡋、行相乖違亦謂之𢿣𢡋、馬融廣成頌云、徽嫿霍奕、別鶩分奔、是也、乖刺、猶乖戾、語之轉耳、說文、刺、戾也、楚辭七諫云、吾獨乖刺而無當兮、

淟涊垢濁也

說見卷三淟涊濁也下、

俶儻卓異也

枚乘七發云、俶兮儻兮、合言之則曰俶儻、文選封禪文、奇物譎詭、俶儻窮變、李善注引漢書音義云、俶儻、

卓異也、報任少卿書云、唯倜儻非常之人稱焉、倜與俶同、儻、各本譌作黨、今訂正、

魁岸雄傑也

漢書江充傳、充爲人魁岸、容貌甚壯、顏師古注云、魁、大也、岸者、有廉棱如崖岸之形、案師古說岸字之義非是、魁岸、猶魁梧、語之轉耳、張良傳贊、以爲其貌魁梧奇偉、應劭注云、魁梧、丘虛壯大之意、是也、而師古乃云、梧者、言其可驚梧、愈失之矣、

溾涹汙濊也

說見卷三溾涹濁也下、

鍡鑸不平也

說文、鍡鑸、不平也、文選魯靈光殿賦注引埤倉云、磈礧也、莊子庚桑楚篇北居畏壘之山、釋文、畏、本或作喂、又作猥、壘、崔本作纍、史記老子韓非傳作畏累、管子輕重乙篇、山閒堁壘之壤、左思魏都賦、或嵬壘

而複陸、木華海賦、硱磊山壟、竝字異而義同、山不平謂之畏壘、氣不平亦謂之畏壘、論衡雷虛篇云、刻尊爲雷之形、一出一入、一屈一伸、爲相校軫則鳴、校軫之狀、鬱律㟪壘之類也、鬱律卽畏壘之轉、司馬相如上林賦云、崴磈㟪廆、邱虛堀礨、隱轔鬱𡾰、大人賦云、徑入雷室之砰磷鬱律兮、洞出鬼谷之堀礨崴魁、皆畏壘之變轉也、

崔嵦霜雪也

廣韻、嗺、霜雪白狀也、嗺、與崔同、說文、皚、霜雪之白也、劉歆遂初賦云、漂積雪之皚皚兮、劉楨贈五官中郎將詩云、霜氣何皚皚、皚與嵦同、合言之則曰崔嵦、楚辭九思、霜雪兮崔嵦、注云、積聚貌、

迖雎難行也

說文、趑趄、行不進也、夬九四、其行次且、釋文、次、本亦作趑、或作跌、鄭作趀、且、本亦作趄、或作跙、王肅云、趑趄、行止之礙也、竝與迖雎同、

瑰瑋琦玩也

說文、傀、偉也、或作瓌、又云、偉、奇也、玉篇引埤倉云、琦、瑋也、瑰瑋、珍琦也、史記司馬相如傳、俶儻瑰偉、漢書作瑰瑋、魯靈光殿賦作瓌瑋、並字異而義同、

揣抁搖捎也

掉撨振訊也

並說見卷一振訊掉捎揣抁動也下、掉捎與掉撨同、撨、曹憲音嘯、各本譌作擭、今訂正、

匑匑謹敬也

匑、曹憲音邱六反、匔、曹憲音邱弓反、各本匔字譌作匑、不成字體、集韻平聲一東、匑、邱弓切、引廣雅匑匑謹敬也、入聲一屋、匑、邱六切、引廣雅匑匑謹敬也、匑匑二字、皆是匔字之譌、玉篇匑、邱六切、匑匑、謹敬兒也、匔、巨弓切、匔匔也、今據以訂正、聘禮記執圭入門、鞠躬焉如恐失之、釋文作鞠窮、論語鄉黨篇、入公門、

鞠躬如也、如不容、孔傳云、斂身也、義竝與匔匑同、踧踖鞠躬、皆雙聲、以形容之、故皆言如、孔傳本謂鞠躬爲斂身之貌、非訓鞠爲斂、躬爲身也、皇侃疏云、鞠、曲斂也、躬、身也、失之斂身卽謹敬之意、故又訓爲謹敬、史記韓長孺傳贊云、壺遂之內廉行脩、斯鞠躬君子也、太史公自序云、敦厚慈孝、訥於言、敏於行、務在鞠躬、君子長者、漢書馮奉世傳贊、鞠躬履方、擇地而行、顏師古注云鞠躬謹敬貌、

委蛇窊衺也

委蛇、窊衺、皆疊韻、委、曹憲音於悲反、各本窊衺作逶衺、於悲反之音在逶字下、案逶與委同音、不應復見、且窊衺爲疊韻、逶衺則非疊韻、徧考諸書、亦無以逶衺二字連用者、此因委字下之於悲反、誤入窊字下、校書者又改窊爲逶以合於悲之音、遂致斯謬、考衆經音義卷三卷九卷十竝云、廣雅、委佗、窊衺邪也、又云、窊音烏瓜反、今據以訂正、說文、迆、衺行也、又云、逶迆、衺去之皃、或作蝸、凡衺與曲同義、故衺貌謂之委蛇、曲貌亦謂之委蛇、召南羔羊篇委蛇委蛇、傳云、委蛇、行可從迹也、箋云、委曲自得之貌、釋文作委虵、韓詩

作逶迤莊子應帝王篇吾與之虛而委蛇列子黃帝篇作猗移楚辭離騷載雲旗之委蛇一作委移一作逶迤遠遊云形蟉虯而逶蛇九歎云遵江曲之逶移兮又云帶隱虹之逶虵張衡西京賦聲清暢而蜲蛇薛綜注云蜲蛇聲餘詰曲也又說文委委隨也漢唐扶頌在朝逶隨劉熊碑卷舒委隨衡方碑褘隋在公並字異而義同說文窊汚衺下也史記滑稽傳汚邪滿車集解司馬彪云汚邪下地田也並與窊衺同周官形方氏正其封疆無有華離之地鄭注云華讀爲㼌哨之㼌正之使不㼌邪離絕㼌邪與窊衺亦聲近而義同

怵惕恐懼也

周語云猶日怵惕懼怨之來也

潢漾浩溔也

潢漾讀爲潢洋楚辭九辯然潢洋而不可帶王逸注云潢洋猶浩蕩也蕩與溔通秦策鬼神狐祥無所食

史記春申君傳狐祥作孤傷、新序善謀篇作潢洋、枚乘七發云、浩瀇瀁兮、司馬相如上林賦云、灝溔潢漾、史記莊子傳云、其言洸洋自恣以適已、論衡案書篇云、瀇洋無涯、竝與潢洋同、潢洋狐祥孤傷古聲竝相近、莊子達生篇、水有罔象、司馬彪本作無傷、罔象之爲無傷、猶潢洋之爲狐祥孤傷矣、張衡西京賦云、彌望廣潒、馬融長笛賦云、曠瀁敞罔、亦與潢洋聲相近、

搌搭展極也

展極、猶伸極也、邶風擊鼓篇、不我信兮、傳云、信、極也、信、與伸同、說文、蚩、蟲曳行也、曳行即展極之意、故蚩搌竝音丑善反、集韻、搭、引也、合言之則曰搌搭、玉篇、搌搭、醜長皃、長與展極義亦相近、

㥜恲忼慨也

㥜之言喟然也、玉篇、恲、滿也、王粲從軍詩云、夙夜自恲性、合言之則曰㥜恲、說文、忼慨、壯士不得志也、楚辭九章、好夫人之忼慨、忼、各本譌作忼、今訂正、

徜徉戲蕩也

宋玉風賦云倘佯中庭楚辭惜誓云託回飈乎尚羊王逸注云尚羊遊戲也淮南子覽冥訓云尚佯冀州之際漢書禮樂志郊祀歌云周流常羊思所并後漢書張衡傳思元賦悵相佯而延佇文選作徜徉並字異而義同戲蕩謂之常羊故舞貌亦謂之常羊跳貌亦謂之常羊郊祀歌幡比翄回集貳雙飛常羊文穎注云舞者骨騰肉飛如鳥之回翅而雙集也說苑辨物篇齊有飛鳥一足來下止于殿前舒翅而跳孔子曰此名商羊商羊常羊聲相近蓋卽以其跳舞而名之也召南草蟲篇喓喓草蟲傳云草蟲常羊也螽行則跳躍故亦有常羊之名於草蟲言其鳴於阜螽言其躍互文耳引之云文選高唐賦王雎鸝黃正冥楚鳩姊歸思婦垂雞高巢其鳴喈喈當年遨遊李善云一本云子當千年萬世遨遊未詳案年當爲羊字形相近而誤當羊卽尚羊也楚辭惜誓注云尚羊遊戲也正與遨遊同義其一本作子當千年萬世遨遊謂理甚爲紕繆且賦文兩句一韻多一句則儳互不齊蓋妄人改之也

規覘籧篨侏儒僬僥瘂瘖僮昏聾聵矇瞍八疾也

晉語、籧篨不可使俛，戚施不可使仰，僬僥不可使舉，侏儒不可使援，矇瞍不可使視，嚚瘖不可使言，聾聵不可使聽，僮昏不可使謀。韋昭注云、籧篨、偃人，戚施、僂人，僬僥、長三尺，不能舉重，侏儒、短者，不能抗援，有眸子而無見曰矇，無眸子曰瞍，口不道忠信之言爲嚚，瘖、不能言者，耳不別五聲之和爲聾，生而聾曰聵，僮、無知，昏、闇亂也。戚施與規覘同，覘、各本譌作覘，今訂正。襄四年左傳云、我君小子，朱儒是使，朱與侏通。魯語、僬僥氏長三尺，短之至也，注云、僬僥、西南蠻之別名。海外南經云、周饒國，其爲人短小冠帶，一曰焦僥國。焦與僬通，僬僥、周饒，聲相近，說文、瘖、不能言病也。釋名云、瘖、唵然無聲也。淮南子地形訓云、障氣多喑，風氣多聾，喑與瘖通。晉語、嚚瘖不可使言，則嚚瘖皆不能言之疾。韋注、口不道忠信之言爲嚚，非也。廣雅所列八疾之名，皆本晉語，唯嚚瘖之嚚作瘂，音烏下反，疑廣雅本作嚚，後人不解其義而改爲瘂，且竝改曹憲之音也。卷三、佀、鈍也，曹憲音疽，今本作但，音度滿反，卷八、敔、甶也，曹憲音嫣，今本作敵，音插，此後人改音之明證矣、卷三云、僮、癡也、周官司刺、三赦曰惷愚、鄭注云、惷愚、生而癡騃童昏者、童、與僮通、說文、聾、無聞也、聵、生聾也、釋名云、聾、籠也、如在蒙籠之內、聽不察也、法言問明篇云、吾不見震風之能動聾聵也、聵、各本譌作𥉻、今訂正、聾聵皆不能聽之疾、韋注、耳不別五聲之和爲聾、亦非也、大雅靈臺篇、矇瞍奏公、毛傳與韋注同、釋名云、矇、有眸子而失明、蒙蒙無所別也、瞍、縮壞也、凡事理之相近者、其名即相同、籧篨戚施侏儒皆疾也、故人之不肖者、亦曰籧篨戚施侏儒、邶風新臺篇云、燕婉之求、籧篨不鮮、又云、燕婉之求、得此戚施、鄭語云、侏儒戚施、寔御在側、近頑童也、皆謂不肖之人也、淮南子脩務訓注云、籧篨偃戚施僂、皆醜貌也、故物之粗醜者、亦曰籧篨戚施、方言云、簟之粗者、自關而西謂之籧篨、太平御覽引薛君韓詩章句云、戚施、蟾蜍、喻醜惡、是也、侏儒、短人也、故梁上短柱亦謂之侏儒、淮南子主術訓云、脩者以爲櫚榱、短者以爲朱儒枅櫨、是也、不能言謂之瘖、故不言亦謂之瘖、晏子春秋諫篇云、近臣嘿、遠臣瘖、是也、不能言謂之嚚、不能聽謂之聾、故口不道忠信之言亦謂之嚚、耳不聽五聲之和亦謂之聾、左傳僖二十

四年富辰

所云是也、

展轉反側也

說文、展轉也、合言之則曰展轉、周南關雎篇、輾轉反側、釋文、輾、本亦作展、展轉、卽反側、重言以申意耳、故小雅何人斯篇、以極反側、箋云、反側展轉也、關雎正義云、反側、猶反覆也、大雅民勞篇、以謹繾綣、傳云、繾綣、反覆也、繾綣與展轉、聲近義同、

瀾沭怖懅也

沭、各本譌作沐、今訂正、方言、脅閱、懼也、齊楚之閒曰脅閱、閱與瀾通、說文、怵、恐也、怵與沭通、合言之則曰瀾沭、方言、瀾沭、遑遽也、江湘之閒凡窘猝怖遽謂之瀾沭、郭璞注云、喘嗜貌也、卷二云、遽、懼也、遽與懅通、

⿰忄毌怋⿱戌日谷也

說見卷一愍怋⿱戌日谷憊也下、愍與⿰忄毌同、⿱戌日、各本譌作感、今訂正、

嘲哳謰謱也

此雙聲之相近者也、嘲謰聲相近、魏風伐檀篇、河水清且漣猗、爾雅漣作瀾、是其例也、哳謱聲亦相近、士喪禮、牢中旁寸、鄭注云、牢讀爲樓、是其例也、方言、嘲哳謰謱拏也、東齊周晉之鄙曰嘲哳、嘲哳、亦通語也、南楚曰謰謱、拏、揚州會稽之語也、郭璞注云、拏、言諸拏也、平原人呼嘲哳也、玉篇、諸詉、言不可解也、說文、拏、牽引也、拏與詉通、說文、謰、謰謱也、謱、謰謱也、玉篇、謰謱、多言也、謰謱、繁拏也、楚辭九思云、媒女詘兮謰謱、淮南子原道訓、終身運枯形于連嶁列埒之門、高誘注云、連嶁、猶離婁也、委曲之貌、並字異而義同、劉向熏鑪銘云、彫鏤萬獸、離婁相加、說文、廔、屋麗廔也、離婁麗廔、聲與連遱皆相近、故離象傳云、離、麗也、王弼注兌卦云、麗、猶連也、鄭注士喪禮云、古文麗爲連、王延壽王孫賦云、羌難得而覶縷、玉篇、覶、力和切、覶縷、委曲也、覶縷與連遱、聲亦相近、故同訓爲委曲矣、

㦖怋欺慢也

說見卷二憪𢘥謾欺也下、忚與𢘥同、謾與慢同、

譠謾㖫欺也

謾、曹憲音乎報反、各本譌作評、惟影宋本皇甫本不譌、玉篇、謾、相欺也、潛夫論浮侈篇云、事口舌而習調欺、調與㖫同、

蹇局𨈬跧也

說文、趢、行曲脊也、趢與蹇通、小雅正月篇、謂天蓋高不敢不局、傳云、局、曲也、合言之則曰蹇局、楚辭離騷、僕夫悲余馬懷兮、蜷局顧而不行、王逸注云、蜷局、詰屈不行皃、九思、踡跼兮寒局數、注云、踡跼、傴僂也、並與蹇局同、餘見卷三𨈬跧伏也下、

鞅罔無賴也

方言、央亾、獪也、江湘之間或謂之無賴、凡小兒多詐而獪謂之央亾、央亾、與鞅罔同、

亭父叜褚卒也

方言、南楚東海之閒亭父謂之亭公、卒謂之弩父、或謂之褚。續漢書百官志注引風俗通義云、漢家因秦、大率十里一亭、亭、畱也、蓋行旅宿會之所館、亭吏舊名負弩、改爲亭長、或謂亭父。漢書高祖紀應劭注云、舊時亭有兩卒、一爲亭父、掌開閉埽除、一爲求盜、掌逐捕盜賊。食貨志、月爲更卒、顏師古注云、更卒、謂給郡縣一月而更者也。如淳注昭帝紀云、更有三品、有卒更、有踐更、有過更、古者正卒無常人、皆當迭爲之、一月一更、是謂卒更也。貧者欲得顧更錢者、次直者出錢顧之、月二千、是謂踐更也。天下人皆直戍邊三日、亦名爲更、雖丞相子亦在戍邊之調、不可人人自行三日戍、又行者當自戍三日不可往便還、因使往一歲一更、諸不行者出錢三百入官、官以給戍者、是謂過更也。續漢書百官志注引劉劭爵制云、秦爵四級曰不更、不更者、爲車右、不復與凡更卒同也。方言注云、褚、言衣赤也、音赭。說文、褚、卒也、隸人給事者衣爲卒、卒衣有題識者。鄭注周官司常云、今亭長著絳衣、

綢繆纏緜也

此疊韻之轉也、說見卷四綢繆纏也下。

讎眱直視也

淮南子道應訓、齧缺繼以讎夷、高誘注云、讎夷、熟視不言、夷、與眱通、眱、各本譌作睫、影宋本皇甫本不譌、

揚搉嫴榷堤封無慮都凡也

釋詁云、都、大也、聚也、說文、凡、最括也、合言之則曰都凡、猶今人言大凡諸凡也、揚搉、雙聲字也、莊子徐無鬼篇、則可不謂有大揚搉乎、淮南子俶眞訓作物豈可謂無大揚攉乎、高誘注云、揚攉、猶無慮、大數名也、莊子釋文引許愼注云、揚搉、粗略法度也、案大揚搉、猶言大略、許高二說是也、郭象莊子注云、搉而揚之、王叔之義疏云、搉略而揚顯之、皆非是、漢書敍傳云、揚搉古今、監世盈虛、述食貨志第四、揚搉古今、猶言約略古今、上文云、略存大綱、以統舊文、述禮樂志第二、下文云、略表山川、彰其剖判、述地理志第八、皆是

此意。顏師古注云：揚，舉也；推，引也。揚推者，舉而引之，陳其趣也。亦非是。左思蜀都賦：請爲左右揚推而陳之。劉逵注云：韓非有揚推篇。班固曰：揚推古今。其義一也。李善注引許慎云：揚推，粗略也。揚推而陳之，猶言約略而陳之。故廣雅訓爲都凡也。揚推者，大數之名，故或言大推。續漢書律歷志云：其可以相傳者，唯大推常數而已。字亦作較。史記律書：世儒闇於大較。索隱云：較，音角。又謂之商推，卽揚推之轉。陸機吳趨行云：淑美難窮紀，商推爲此歌。左思吳都賦云：商推萬俗。是也。單言之則曰推。左思魏都賦：推惟庸蜀與鴝鵒同窠，句吳與鼃黽同穴。推惟者，發凡之詞，猶言大氐耳。字亦作較。嵇康養生論：較而論之。猶言約而論之耳。婷權，猶揚推也。檀弓：以爲沽也。鄭注云：沽，猶略也。釋文：沽，音古。聲與婷相近。權之言大較也。漢司隸校尉魯峻碑云：𢿽細舉大，權然疏發。合言之則曰婷權，或作辜較。孝經：蓋天子之孝也。孔傳云：蓋者，辜較之辭。劉炫述義云：辜較，猶梗槩也。孝道既廣，此纔舉其大略也。梗槩與辜較，一聲之轉。略陳指趣謂之辜較，總括財利亦謂之辜較，皆都凡之意也。說文：秦以市買多得爲夃。夃與辜義相近。漢書武帝紀：初榷酒酤、韋昭注云、以木渡水曰榷、謂禁民酤釀、獨官開置、如道路設木爲榷、獨取利也、顔師古注云、榷者、步渡橋、今之略彴是也、步渡橋謂之略彴、亦謂之榷、都凡謂之大榷、亦謂之約略、其義一也、合言之則曰辜榷、漢書陳咸傳云、沒入辜榷財物、翟方進傳云、多辜榷爲姦利者、王莽傳云、豪吏猾民辜而榷之、應劭注武帝紀作酤榷、晉灼注、鄭當時傳作辜較、並與嫴榷同、嫴與榷、皆總括之意、故釋言云、嫴、榷也、此云嫴榷都凡也、後漢書靈帝紀注引漢書音義云、辜、障也、榷、專也、謂障餘人賣買而自取其利、分辜榷爲二義、已失於迂、顔師古乃云、辜榷者、言已自專之、它人取者、輒有辜罪、其失甚矣、堤封、亦大數之名、猶今人言通共也、漢書刑法志、一同百里、提封萬井、蘇林注云、提、音祇、陳留人謂舉田爲祇、李奇注云、提、舉也、舉四封之内也、顔師古注云、李說是也、提讀如本字、蘇音非也、說者或以爲積土爲封謂之堤封、旣改文字、又失義也、案諸說皆非也、提封即都凡之轉、提封萬井、猶言通共萬井耳、食貨志云、地方百里、提封九萬頃、地理志云、提封田一萬四千五百一十三萬六千四百五頃、匡衡傳云、樂安鄉本田提封三千一百頃、義並與此同。若訓提爲舉，訓封爲四封，而云舉封若干井、舉封若干頃，則甚爲不辭。又東方朔傳云：迺使大中大夫吾邱壽王與待詔能用筭者二人，舉籍阿城以南、盩厔以東、宜春以西提封頃畝，及其賈直。亦謂舉籍其頃畝之大數，及其賈直耳。若云舉封頃畝，則尤爲不辭。且上言舉籍，下不當復言舉封，以此知諸說之皆非也。堤封與提封同。蘇林音祇，曹憲音時。集韻音常支切，字作隄，引廣雅：隄封，都凡也。李善本文選西都賦提封五萬，五臣本及後漢書班固傳並作隄封。提封爲都凡之轉，其字又通作堤、隄，則亦可讀爲都奚反。凡假借之字，依聲託事，本無定體，古今異讀，未可執一。顏注以蘇林音祇爲非，匡謬正俗又謂提封之提不當作隄字，且不當讀爲都奚反，皆執一之論也。無慮亦大數之名。宣十一年左傳釋文云：無慮如字，一音力於反。無慮，疊韻字也。或作亾慮。漢書李廣傳諸妄校尉以下，張晏注云：妄，猶凡也。諸妄猶諸凡，諸凡猶都凡耳。妄與亾慮之亾聲相近，諸妄亦疊韻也。荀子議兵篇：焉慮率用賞慶刑罰埶詐而已矣。楊倞注云：慮，大凡也。漢書賈誼傳：慮亾不帝制而天子自爲者。顏師古注云：慮，大計也。言諸侯皆欲同帝制而爲天子之事、下文云、宗室子孫、慮莫不王、語意正與此同、故師古亦云、慮、大計也、今本注文脫去大字、正文慮莫又譌作莫慮、賈子五美篇云、宗室子孫慮莫不王、足正今本之失、合言之則曰無慮、食貨志、天下大氐無慮皆鑄金錢矣、注云、大氐、猶言大凡也、無慮、亦謂大率無小計慮耳、趙充國傳、亾慮萬二千人、注云、亾慮、大計也、案師古以無慮爲大計是也、而又云、大率無小計慮、則鑿矣、淮南子注云、無慮、大數名也、周髀算經、無慮後天十三度十九分度之七、趙爽注云、無慮者、粗計也、後漢書光武紀、將作大匠竇融上言園陵廣袤無慮所用、李賢注云、謂請園陵都凡制度也、無慮之轉爲孟浪、莊子齊物論篇、夫子以爲孟浪之言、而我以爲妙道之行也、李頤云、孟浪、猶較略也、崔譔云、不精要之貌、左思吳都賦、若吾之所傳、孟浪之遺言、略擧其梗概、而未得其要妙也、劉逵注云、孟浪、猶莫絡、不委細之意、莫絡孟浪無慮、皆一聲之轉、總計物數、謂之無慮、總度事情、亦謂之無慮、皆都凡之意也、禮運云、聖人耐以天下爲一家、以中國爲一人者、非意之也、鄭注云、意、心所無慮也、宣十一年左傳、使封人慮事、以授司徒、杜注云、慮事、無慮計功、皆是也、今江淮閒人謂揣度事宜曰毋量、卽無慮之轉、而禮記正義乃云、心所無慮者、謂於無形之處、用心思慮、左傳正義又云、築城之事、無則慮之、計則計功、胥失之矣、揚推嫴權堤封無慮、皆兩字同義後人望文生訓、遂致穿鑿而失其本旨、故略爲辯正、大氏雙聲疊韻之字、其義卽存乎聲、求諸其聲則得求諸其文則惑矣、

附引廣雅四條、

蹁躚盤姍也

見衆經音義卷十一、此疊韻之相近者也、侈言之則曰盤姍、約言之則曰蹁躚、皆行不正之貌也、說文、蹁足不正也、廣韻、蹣跚、跛行皃、蹣跚與盤姍同、莊子大宗師篇、跰躃而鑑于井、釋文、跰躃、崔本作邉鮮、司馬云、病不能行、故跰躃也、並與蹁躚同、史記平原君傳、有躄者槃散行汲、集解云、散亦作跚、司馬相如傳、媻珊勃窣上金隄、漢書珊作姍、韋昭注云、媻姍勃窣、匍匐上也、並與盤姍同、又玉篇、蹣跚、旋行皃、廣韻云、蹁躚、旋行皃、張衡南都賦說舞貌云、蹴蹸蹁躚、亦行不正之貌也、躚與躚同、

蹉跎失足也

文選西京賦、鯨魚失流而蹉跎、李善注引楚辭九懷云、驥垂兩耳、中坂蹉跎、又引廣雅、蹉跎、失足也、

逡巡卻退也

見上林賦雪賦注、爾雅、逡、退也、宣六年公羊傳云、趙盾逡巡北面再拜稽首、管子戒篇作逡遁、小問篇作遵遁、晏子問篇作巡遁、又作逡循、莊子至樂篇作蹲循、漢書項籍傳作遁巡、竝字異而義同、

膠葛驅馳也

史記司馬相如傳、雜遝膠葛以方馳兮、索隱引廣雅、膠葛、驅馳也、漢書作膠轕、楚辭遠遊、騎膠葛以雜亂兮、王逸注云、參差駢錯而縱橫也、九歎云、潺湲轇轕雷動電發、馺高舉兮、竝字異而義同、說文、駒、馬疾走也、玉篇音居渴切、駒與轕義相近、

廣雅疏證卷第六上

廣雅疏證卷第六下

高郵王念孫學

釋親

翁公叜爸爹箸父也

翁公聲相近。史記項羽紀云、吾翁卽若翁。魏策云、陳軫將行、其子陳應止其公之行。各本公字誤入曹憲音內、今訂正。爸者、父聲之轉。爹箸聲相近。廣韻、爹、北人呼父也。箸、吳人呼父也。箸、曹憲音止奢反。高誘注淮南子說山訓云、雒家謂公爲阿社。社與箸聲相近。翁公叜父、古或以爲長老之稱。史記馮唐傳、文帝問唐曰、父知之乎。方言、傁、父、老也。東齊魯衞之閒、凡尊老謂之傁、周晉秦隴謂之公、或謂之翁、南楚謂之父、或謂之父老。傁與叜同。下文、妻之父謂之父姼、妻之母謂之母姼。姼與爹聲亦相近。

媓妣㚰婢嬭媪姐母也媽

方言、南楚瀑洭之閒、母謂之媓、毑、與下姐字同、說文蜀人謂母曰姐、淮南謂之社、毑、各本作⿰母巴、蓋因上文爸字從巴而誤、集韻類篇毑字注引廣雅、毑、母也、⿰母巴字注亦云、母也、則宋時廣雅本已有譌作⿰母巴者、考玉篇廣韻俱無⿰母巴字、玉篇云、姐、古文作毑、今據以訂正、廣韻、嬭、楚人呼母也、說文、媼、母老稱也、文穎注漢書高祖紀云、幽州及漢中皆謂老嫗爲媼、韓非子外儲說篇云、衞君之晉、謂薄疑曰、吾欲與子皆行、薄疑曰、請歸與媼計之、衞君自請薄媼、薄媼曰、君有意從之、甚善、衞君曰、吾以請之媼、媼許我矣、是媼爲母之異名、又爲婦人長老之稱也、其婦人長老之稱、亦謂之母、史記廉頗藺相如傳、趙王謂趙括之母曰、母置之、是也、玉篇、媽、莫補切、母也、集韻類篇竝引廣雅、媽、母也、今本脫媽字、

娋孟姊也

此方言文也、娋、廣韻作嫯、云、齊人呼姊也、

婿娣妹也

娟妹聲相近。桓二年公羊傳若楚王之妻娟。何休注云。娟。妹也。說文。楚人謂女弟曰娟。爾雅注亦云。猶今謂兄爲罬。妹爲娟。爾雅。女子同出。謂先生爲姒。後生爲娣。莊十九年公羊傳云。諸侯娶一國。則二國往媵之。以姪娣從。姪者何。兄之子也。娣者何。弟也。各本娣字誤在下文社字上。邢昺爾雅疏引廣雅。娣社妯娌娣似。先後也。則所見已是誤本。今訂正。

社

說文。社字之解。見上姐母也下。姐社聲相近。淮南子說山訓。西家子謂其母曰。社何愛速死。高誘注云。江淮閒謂母爲社。社讀雒家謂公爲阿社之社。社字本在上文母也一條內。各本錯出在此。邢疏所引已誤。

妯娌娣姒先後也

方言。築娌。匹也。郭注云。今關西兄弟婦相呼爲築娌。築與妯同。妯之言儔也。集韻妯又音儔。方言云。娌。耦也。姒。曹憲音似。各本脫去姒字。其音內似字又誤入正文。邢疏所引已誤。今訂正。爾雅。長婦謂稚婦爲娣婦、娣婦謂長婦爲姒婦。郭注云、今相呼先後、或云妯娌。漢書郊祀志、長陵女子曰乳、死見神於先後宛若。孟康曰、兄弟妻相謂先後。宛若、字也。顏師古曰、古謂之娣姒、今關中俗呼之爲先後、吳楚俗呼之爲妯娌。喪服傳、娣姒婦者、弟長也。鄭注云、娣姒婦者、兄弟之妻相名也。成十一年左傳、聲伯之母不聘。穆姜曰、吾不以妾爲姒。杜注云、聲伯之母、叔肸之妻也。昆弟之妻相謂爲姒。穆姜、宣公夫人。宣公、叔肸同母昆弟。昭二十八年傳、叔向娶於申公巫臣氏、生伯石。伯石始生、子容之母走謁諸姑、曰、長叔姒生男。注云、子容母、叔向嫂、伯華妻也。成十一年正義云、世人多疑娣姒之名、皆以爲兄妻呼弟妻爲娣、弟妻呼兄妻爲姒。因卽惑於傳文、不知何以爲說。今謂母婦之號、隨夫尊卑、娣姒之名、從身長幼。以其俱來夫族、其夫班秩既同、尊卑無以相加、遂從身之少長。喪服傳曰、娣姒婦者、弟長也。以弟長解娣姒、言娣是弟、姒是長也。長謂身之年長、非夫之年長也。釋親云、長婦謂稚婦爲娣婦、娣婦謂長婦爲姒婦。止言婦之長稚、不言夫之大小。今穆姜謂聲伯之母爲姒、昭二十八年傳、叔向之嫂謂叔向之妻爲姒、二者皆呼夫弟之妻爲姒、豈計夫之長幼乎、釋親又云、女子同出、謂先生爲姒、後生爲娣、孫炎云、同出、謂俱嫁事一夫也、事一夫者、以己生先後爲娣姒、則知娣姒以己之年、非夫之年也、故賈逵鄭元及此注皆云、兄弟之妻相謂爲姒、言兩人相謂、謂長者爲姒、知娣姒之名、不計夫之長幼也、邵氏二雲爾雅正義曰、孔氏之說非也、婦人三從之義、既嫁從夫、若娣姒之名、從身之少長、不計夫之長幼則從夫之義謂何矣、女子同出、謂先生爲姒後生爲娣、此謂俱事一夫者也、長婦謂稚婦爲娣婦、娣婦謂長婦爲姒婦、此謂各事一夫者也、夫年有長稚、故婦從夫而有長婦稚婦、孔氏以女子之俱事一夫者、牽合於昆弟之妻、則不達於雅訓矣、孔氏所據者左傳之稱弟妻爲姒耳、殊不知古之稱娣姒者、猶今人稱妯娌也、兄妻稱弟妻曰妯娌、弟妻亦稱兄妻曰妯娌、葢析言之、則兄妻爲姒、弟妻爲娣、合言之、則昆弟之妻、統稱爲娣姒、約言之、則但稱爲姒、娣姒先後妯娌、俱可連稱、知娣姒之可連稱、則左傳之稱姒者、不過稱謂之閒、偶從其省、不得因此而致疑於兄妻爲姒、弟妻爲娣也、釋名云、少婦謂長婦曰姒、言其先來、已所當法似也、長婦謂少婦曰娣、娣、弟也、己後來也、或曰先後，以來先後言之也。據此則長婦少婦，皆以其夫之長少名之也。案二雲說是也。郊特牲云，婦人無爵，從夫之爵，坐以夫之齒，明婦人不以己之齒爲坐次也，何獨至於稱謂之間，而但計己之長幼，不計夫之長幼乎。兄長而弟幼，故婦從其夫而亦有長稚之稱。女子同出，以長者爲姒，幼者爲娣，故婦從其夫之長幼而亦有娣姒之稱。男子先生爲兄，後生爲弟，故婦從其夫而亦有先後之稱也。先後，亦長幼也。故魯語，夫宗廟之有昭穆，以次世之長幼也。韋昭注云，長幼，先後也。弟長，亦先後也。故吳語，孤敢不順從君命長弟。注云，長，先也。弟，後也。娣之言弟，姒之言始也。或言娣姒，或言弟長，或言先後，或言長婦稚婦，其義一也。

父，榘也。

白虎通義云，父者，矩也，以法度教子也。矩，與榘同。

母，牧也。

說文、母、牧也、

兄況也

白虎通義云、兄者、況也、況父法也、

弟悌也

白虎通義云、弟者、悌也、心順行篤也、

子孜也

白虎通義云、子者、孳也、孳孳無已也、孳、與孜同、

孫順也

轂娩兒姓子也

轂之言穀也、字本作轂、通作穀、莊子駢拇篇、臧與穀二人相與牧羊、崔譔本穀作轂、云、孺子曰轂、方言、北

燕朝鮮洌水之閒、爵子及雞雛皆謂之鷇、義與鷇相近也、婗、亦兒也、方俗語有輕重耳、說文、婗、嫛婗也、釋名云、人始生曰嬰兒、或曰嫛婗、孟子梁惠王篇、反其旄倪、趙岐注云、倪、弱小繄倪者也、繄倪與嫛婗同、凡物之小者謂之倪、嬰兒謂之婗、鹿子謂之麑、小蟬謂之蜺、老人齒落更生細齒謂之齯齒、義並同也、姓者、生也、子孫之通稱也、周南麟之趾篇云、振振公子、振振公姓、玉藻、縞冠元武、子姓之冠也、鄭注云、謂父有喪服、子爲之不純吉也、喪大記、卿大夫父兄子姓立于東方、注云、子姓、謂衆子孫也、姓之言生也、昭四年左傳云、問其姓、對曰、余子長矣、姓與生古同聲而通用、商頌殷武篇、以保我後生、鄭箋云、以此全守我子孫、生、即姓字也、

男任也

大戴禮本命篇云、男者、任也、子者、孳也、男子者、言任天地之道而長萬物之義也、故謂之丈夫、丈者、長也、夫者、扶也、言長萬物也、白虎通義云、男者、任也、任功業也、

女如也

大戴禮本命篇云、女者、如也、子者、孳也、女子者、言如男子之敎而長其義理者也、故謂之婦人、婦人、伏於人也、白虎通義云、女者、如也、從如人也、

姑謂之威

說文、威、姑也、引漢律婦告威姑、威姑、卽爾雅所謂君姑也、君與威古聲相近、說文、莙、從艸君聲、讀若威、是其例也、

嫗謂之妻

說文、嫗、母也、昭三十一年公羊傳云、顏夫人者、嫗盈女也、妻與嫗不同義、葢因下文數妻字而誤、妻、當爲姁、說文、姁、嫗也、

姑故也

釋名云、父之姊妹曰姑、姑、故也、言於已爲久故之人也、夫之母曰姑、亦言故也、白虎通義云、舅者、舊也、姑者、故也、舊故、老人稱也、

姊𠓗也

白虎通義云、姊者、𠓗也、

㛂姿也

鄭注喪服傳云、㛂、猶姿也、姿、老人稱也、

妹末也

白虎通義云、妹者、末也、

夫扶也

白虎通義云、夫者、扶也、以道扶接也、

妻齊也

白虎通義云、妻者齊也、與夫齊體也、

婦服也

白虎通義云、婦者服也、以禮屈服也、又云、婦者服也、服於家事、事人者也、

妾接也

白虎通義云、妾者接也、以時接見也

同門謂之壻

壻上葢脫友字、釋名云、兩壻相謂曰亞、言一人取姊、一人取妹、相亞次也、又並來至女氏門、則姊夫在前、妹夫在後、亦相亞也、又曰友壻、言相親友也、漢書嚴助傳、家貧爲友壻富人所辱、顔師古注云、友壻、同門之壻、

妻之父謂之父姼，妻之母謂之母姼。

方言：「南楚瀑洭之閒，謂婦妣曰母姼，稱婦考曰父姼。」說文：「江淮之閒謂母曰媞。」媞與姼聲義相近。各本「母姼」上脫「之」字，今補。

君妻謂之小君。

莊二十二年穀梁傳云：「小君，非君也。其曰君何也？以其爲公配，可以言小君也。」

男子謂之丈夫，女子謂之婦人。

說見上「男，任也」、「女，如也」下。

妻謂之嬬。

說文：「嬬，下妻也。」

壻謂之倩。

方言、東齊之閒壻謂之倩、郭注云、言可借倩也、今俗呼女壻爲卒便是也、案壻倩、皆有才知之稱也、壻之言胥也、鄭注周官云、胥、有才知之稱也、倩之言婧也、說文、婧、有才也、顏師古注漢書朱邑傳云、倩士之美稱、義與壻謂之倩相近、史記倉公傳云、黄氏諸倩、倩者、壻聲之轉、緩言之則爲卒便矣、

八一月而膏二月而脂三月而胎四月而胞五月而筋六月而骨七月而成八月而動九月而躁十月而生

此淮南子精神訓文也、淮南子作二月而胅、三月而胎、四月而肌、文子九守篇作二月而脈、三月而胚、四月而胎、餘與廣雅同、

䏰腜胎也

爾雅、胎、始也、䏰、或作𦟛、廣韻、䏰、羊胎也、又云、𦟛、畜胎也、腜之言媒也、說文、腜、婦始孕腜兆也、

𨈑軆身也

首謂之頭

顁顏題顙頟也

方言、顁、頟、顏、顙也、江湘之閒謂之顁、中夏謂之頟、東齊謂之顙、汝潁淮泗之閒謂之顏、釋名云、頟、鄂也、有垠鄂也、故幽州人則謂之鄂也、頟、與額同、方言注云、今建平人呼頟爲顁、顏之爲言岸然高也、鄘風君子偕老篇、揚且之顏也、毛傳云、廣揚而顏角豐滿、呂氏春秋遇合篇、陳有惡人焉、曰敦洽讎麋、椎顙廣顏、色如漆赭、史記蔡澤傳、先生曷鼻巨肩、魋顏蹙齃、顏皆謂頟也、索隱以爲顏貌失之、爾雅、題、題也、說文、題、頟也、王制云、南方曰蠻、雕題交趾、北山經云、狀如豹而文題白身、頟謂之顏題、故所以飾頟者亦謂之顏題、續漢書輿服志云、古者有冠無幘、至秦乃加其武將首飾爲絳袙以表貴賤、其後稍稍作顏題、宋衞策云、宋康王爲無顏之冠、是也、莊子馬蹄篇、齊之以月題、司馬彪注云、月題、馬額上當顱、如月形者也、義與顏題亦相近、說文、顙、頟也、說卦傳云、其於人也、爲廣顙、又云、其於馬也、爲的顙、爾雅、的顙、白顛、顛題題一聲

之轉、

項顱謂之髑髏

此皆顱之轉也、急言之則曰頭、徐言之則曰髑髏、轉之則曰項顱、說文、項顱、首骨也、或但謂之顱、秦策云、頭顱僵仆、相望於境、船頭謂之艫、義亦同也、說文、髑髏、項也、莊子至樂篇云、見空髑髏髐然有形、

目謂之眼

珠子謂之眸

釋名云、瞳子、瞳、重也、膚幕相裹重也、子、小稱也、主謂其精明者也、或曰眸子、眸、冒也、相裹冒也、荀子非相篇作牟、

頏領頷顧頸脰項也

項之言直項也、漢書息夫躬傳云、有直項之名、是項與直同義、說文、亢、人頸也、或作頏、頏者、抗直之名、亦

綱領之稱也、故又謂之領、衛風碩人傳云、領、頸也、漢書禮樂志、姝翁雜、五采文、孟康注云、翁、鴈頸也、義與⿰翁頁同、⿰成頁、玉篇音成、廣韻又音擎、⿰成頁、亦頸也、方俗語有輕重耳、說文、頸、頭莖也、釋名云、頸、徑也、徑挺而長也、脰之言豎立也、說文、脰、項也、莊十二年公羊傳、搏閔公絕其脰、何休注云、脰、頸也、齊人語、今浙西人亦呼頸爲

脰頸、

輔謂之頰

說文、頰、面旁也、釋名云、頰、夾也、兩旁稱也、說文、䩉、頰也、又云、輔、人頰車也、咸上六、咸其輔頰舌、馬融注云、輔、上頷也、虞翻作䩉、僖五年左傳、輔車相依、衛風碩人正義引服虔注云、輔、上頷車也、

頷頤頜也

方言、頷、頤、頜也、南楚謂之頷、秦晉謂之頜、頤、其通語也、郭注云、謂頷車也、頷、與顄同、說文、顄、頤也、宣六年公羊傳、絕其頷、何休注云、頷、口也、漢書王莽傳作顄、說文、𦣝、顄也、篆文作頤、籀文作𩠐、頷之言合也、說文、

領、頤也、釋名云、頤、養也、動於下、止於上、上下咀物以養人也、或曰領車、領、含也、口含物之車也、

顴頄頯䪼也

顴頄為頯䪼之䪼、頯為鼻䪼之䪼、䪼通作準、急就篇頭頟頞䪼眉目耳、顏師古注云、䪼、兩頯之權也、素問至眞要大論、齒痛䪼腫、亦謂頯䪼也、漢書高祖紀、隆準而龍顏、服虔曰、準、音拙、應劭曰、準、頯權準也、李斐曰、準、鼻也、文穎曰、音準的之準、晉灼曰、戰國策云、眉目準頞權衡、史記、秦始皇蜂目長準、李說文音是也、案淮南子說林訓云、污準而粉其顙、雖善者弗能為工、易乾鑿度、觀表出準虎、鄭注云、準在鼻上而高顯、則隆準之準、李斐訓為鼻、文穎音準的之準、皆是也、然廣雅訓頯為䪼、則鼻準之準、亦有拙音矣、靈樞經五變篇云、顴骨者、骨之本也、顴大則骨大、顴小則骨小、字通作權、中山策云、眉目準頞權衡是也、說文、頯、權也、夬九三、壯于頄、釋文、頄、翟云、面顴頰閒骨也、鄭作頯、蜀才作仇、素問氣府論作鼽、並字異而義同、顴頄一聲之轉、權者、平也、兩高相平謂之權、猶雙闕謂之觀也、頄、亦高貌也、說文、馗、高也、義與頄相近、說文、

頞、鼻莖也、或作齃、孟子梁惠王篇云、舉疾首蹙頞而相告、史記蔡澤傳云、先生曷鼻巨肩魋顏蹙齃、釋名云、頞、鞍也、偃折如鞍也、

觜、噣、喙，口也、

衆經音義卷一引字書云、觜、鳥喙也、張衡東京賦云、秦政利觜長距、觜與觜同、說文、噣、喙也、喙、口也、史記趙世家云、龍面而鳥噣、曹風候人篇云、維鵜在梁、不濡其咮、考工記梓人云、以注鳴者、咮注、並與噣同、字又作咮、漢書東方朔傳、尻益高者、鶴俛啄也、顏師古注云、啄、鳥觜也、音竹救反、爾雅、咮謂之柳、咮、本或作喙、史記天官書、柳爲鳥注、漢書天文志作喙、文選洞簫賦、鋋喙㱿轉、喙或爲咮、喙字皆是啄字之譌、陸德明李善音許穢反、非也、噣啄咮注、古同聲而通用、喙則遠矣、

㕧謂之吻

說文、吻、口邊也、或作䏐、文選文賦注引倉頡篇云、吻、脣兩邊也、曲禮、負劍辟㕧詔之、則掩口而對、少儀、有

問焉、則辟咡而對、鄭注竝云、口旁曰咡、弟子職云、既食乃飽、循咡覆手、

毀齒謂之齔

周官司厲云、未齔者不爲奴、說文、齔、毀齒也、釋名云、齔、洗也、毀洗故齒更生新也、大戴禮本命篇云、男以八月而生齒、八歲而毀齒、女七月而生齒、七歲而毀齒、

噱㖆舌也

說文、谷、口上阿也、或作㘑臄、大雅行葦篇、嘉殽脾臄、毛傳云、臄、㖆也、釋文引通俗文云、口上曰臄、口下曰㖆、漢書揚雄傳、遥噱乎紘中、晉灼注云、口内之上下名爲噱、噱竝字異而義同、說文㖆舌也、俗作肣、據諸書所說、則噱㖆爲口上下之稱、而㖆又訓爲舌、廣雅以噱㖆同訓爲舌、未詳所據也、噱曹憲音劇、各本劇字誤入正文、今訂正、

嗌咽也

說文、咽、嗌也、喉、咽也、嗌、咽也、昭十九年穀梁傳云、嗌不容粒、釋名云、咽、咽物也、又謂之嗌、氣所流通阨要之處也、

髑骬缺盆甙也

玉篇、甙、缺盆骨也、史記倉公傳云、疽發乳、上入缺盆、素問氣府論、缺盆各一、王冰注云、缺盆、穴名也、在肩上橫骨陷者中、靈樞經骨度篇云、結喉以下至缺盆中、長四寸、缺盆以下至髑骬、長九寸、據此則缺盆在肩、髑骬在匈、不得同訓爲甙也、

肊臆膺匈也

肊臆、一字也、說文、肊、匈骨也、或作臆、臆、與臆同、臆、各本譌作䏝、今訂正、

肱謂之臂

胳謂之腋

腋、本作亦、或作掖、說文、亦、人之臂亦也、又云、掖、人臂下也、又云、胳、掖下也、衆經音義卷五引埤倉云、胳、肘後也、掖、謂之胳、故衣袂當掖處亦謂之袼、深衣云、袼之高下、可以運肘、是也、袼又謂之掖、儒行云、衣逢掖之衣、是也、

膀胠胉脅也

脅之言夾也、在兩旁之名也、膀之言旁也、說文、膀、脅也、或作髈、又云、胠、掖下也、素問五藏生成篇云、腹滿䐜脹、支鬲胠脅、南山經云、柢山有魚焉、其羽在魼下、魼與胠同義、玉篇胠音去劫邱盧邱閻三切、胠亦脅也、語之轉耳、襄二十三年左傳賈逵注云、軍左翼曰啟、右翼曰胠、正義云、啟胠是在旁之軍、義與人脅謂之胠同、司馬彪注莊子胠篋篇云、從旁開爲胠、義亦相近也、胉、字或作膊、通作拍、又通作迫、士喪禮、特豚兩胉、鄭注云、胉、脅也、今文胉爲迫、周官醢人豚拍、鄭注云、鄭大夫杜子春皆以拍爲膊、謂脅也、今河閒名豚脅聲如鍛鎛、西山經有窮鬼居之、各在一搏、郭璞注云、搏、猶脅也、言羣鬼各以類聚處山四脅、義亦與

髆同、髆之言輔也、兩肩謂之髆、義亦同也、

榦謂之肋

說文、肋、脅骨也、釋名云、肋、勒也、所以檢勒五藏也、莊元年公羊傳云、搚榦而殺之、特牲饋食禮、佐食舉榦、鄭注云、榦、長脅也、榦亦兩旁之名也、史記魯世家集解引馬融柴誓注云、楨在前、榦在兩旁、成二年左傳、棺有翰檜、杜注云、翰、旁飾、義竝與脅榦同、

肺費也

白虎通義云、肺之爲言費也、

心任也

白虎通義云、心之爲言任也、任於思也、

肝榦也

釋名云、肝、榦也、於五行屬木、故其體狀有枝榦也、

脾裨也

玉篇引白虎通義云、脾之爲言裨也、釋名云、脾、裨也、在胃下裨助胃氣、主化穀也、裨、曹憲音卑、各本脫去裨字、音內卑字又誤入正文、今訂正、

腎堅也

胃謂之肚

說文、胃、穀府也、釋名云、胃、圍也、圍受食物也、肚之言都也、食所都聚也、

膀胱謂之脬

膀胱、亦作旁光、脬、通作胞、說文、脬、旁光也、釋名云、胞、鞄也、鞄、空虛之言也、主以虛承水汋也、或曰膀胱、言其體短而橫廣也、淮南子說林訓、旁光不升俎、高誘注云、旁光、胞也、史記倉公傳云、風癉客脬、桓四年公

羊傳注云、自左膘射之、達于右髃、中腸胃污泡、泡亦與脬同、

腸詳也

腹屬也

肑謂之腴

說文、腴、腹下肥也、急就篇云、肺腴胷脅喉咽髃、凡人與物之腹下肥者、通謂之腴、少牢饋食禮云、魚縮載、右首、進腴、少儀云、羞濡魚者進尾、冬右腴、夏右鰭、鄭注云、腴、腹下也、文選七發、犓牛之腴、李善注云、腴、腹下肥者、少儀、君子不食圂腴、正義云、腴、豬犬腸也、亦與腹下肥同義、玉篇、肑、音的、腹下肉也、曹憲音百卓反、集韻云、豕腴也、各本腴作肭、蓋因下文肭謂之脢而誤、今訂正、

背謂之骶背北也

骶之言邸也、邸者、後也、周官掌次、設皇邸、鄭衆注云、邸、後版也、說文、軝、大車後也、義竝與骶同、釋名云、背

倍也、在後稱也、故又訓爲北、衛風伯兮傳云、背、北堂也、亦在後之稱也、北與背、古同聲而通用、桓九年左傳、以戰而北、北、古之背字也、各本俱脫北字、衆經音義卷八卷十九、及太平御覽竝引廣雅、背、北也、今據補、

胂謂之脢

說文、胂、夾脊肉也、急就篇云、胂腴胷脅喉咽髃、咸釋文胂音以人反、字亦作夤、艮九三、艮其限、列其夤、馬融注云、夤、夾脊肉也、說文、脢、背肉也、咸九五、咸其脢、子夏傳云、在脊曰脢、虞翻云、脢、夾脊肉也、釋文脢、武杯反、又音每、內則、取牛羊麋鹿麕之肉必胑、鄭注云、胑、脊側肉也、楚辭招魂敦胑血拇、王逸注云、胑、背也、胑與脢同、鄭衆注周官內饔云、刑膴、謂夾脊肉、膴、亦與脢同、集韻云、脢、或作膴、

臀髁髂也

說文、髖、髂骨也、臀、與髂同、髖與髂同、亦通作橛、素問骨空論、灸橛骨、王冰注云、尾窮謂之橛骨、爾雅釋鳥

鷚、白鷢、郭注云、似鷹、尾上白、鷢與臀義相近、釋言篇云、脾、肥也、字通作翠、內則、舒鳧翠、鄭注云、翠、尾肉也、呂氏春秋本味篇、肉之美者、雋燕之翠、高誘注云、翠、厥也、厥、亦與臀同、衆經音義卷十四引三倉云、髁、尻骨也、

臀謂之脽

釋名云、臀、殿也、高厚有殿鄂也、說文、脽、尻也、漢書東方朔傳、連脽尻、顏師古注云、脽、臀也、素問脈解篇云、腫腰脽痛、脽者、高起之名、漢書武帝紀、立后土祠于汾陰脽上、如淳曰、脽者、河之東岸特堆堀高十餘丈、顏師古曰、以其形高起如人尻脽、故以名云、

腓、腨也

衆經音義卷三引三倉云、腨、腓腸也、說文同、素問藏氣法時論云、尻陰股膝髀腨胻足皆痛、氣交變大論云、其病外在谿谷踹膝、急就篇云、蹲踝跟踵相近聚、踹、並與腨同、字亦作膞、衆經音義卷十云、江南言

腓腸、中國言腨腸、或言腳腨、今俗語謂之腿肚、名異而實同也、腓之言肥也、靈樞經寒熱病篇云、腓者、腨也、咸六二、咸其腓、鄭注云、腓、膞腸也、荀爽作肥、齊策云、徐子之狗、攫公孫子之腓而噬之、並字異而義同、

廣韻引字林云、脣、腨腸也、海外北經、無脣之國、爲人無脣、郭璞注云、脣、肥腸也、

股腳踦胻脛也

釋名云、脛、莖也、直而長似物莖也、說文、脛、胻也、股、髀也、凡對文則膝以上爲股、膝以下爲脛、小雅采菽箋云、脛本曰股、是也、散文則通謂之脛、說文云、彳、象人脛三屬相連、是也、或通謂之股、經言股肱、是也、爾雅釋蟲、蠨蛸、長踦、郭注云、小鼅鼄長腳者、淮南子齊俗訓、男女切踦肩摩於道、高誘注云、踦、足也、胻之言梗也、爾雅、梗、直也、說文、胻、脛耑也、衆經音義卷十八云、今江南呼脛爲胻、山東曰胻敞、敞音支孟反、春秋繁露五行逆順篇云、民病足胻痛、素問脈要精微論云、病足骭腫若水狀、骭、與胻同、

膕䐐曲腳也

荀子富國篇詘要橈膕、楊倞注云、膕、曲腳中也、膕者曲貌也、靈樞經通天篇云太陰之人、其狀膕然未僂、是也、素問骨空論云、俠膝之骨爲連骸、骸下爲輔、輔上爲膕、膕之言詘也、其體詘曲也、

臗尻州豚臀也居

各本皆作臗、尻也、州豚臀也、集韻類篇並引廣雅、臗尻也、則宋時本已然、案韋昭注周語云、臀、尻也、臗尻州豚臀五者異名而同實、不宜分訓、衆經音義卷十四卷二十四並云、埤倉、臗、尻也、廣雅、臗、臀也、今據以訂正、臗、說文作髖、云、髀上也、漢書賈誼傳、至於髖髀之所、急就篇、尻髖脊膂腰背呂、顏師古注並與說文同、說文、尻、臀也、少牢饋食禮云、腢兩髀屬于尻、釋名云、尻、廖也、所在廖牢深也、爾雅釋畜、馬白州驠、北山經、倫山有獸焉、其州在尾上、郭注並云、州、竅也、內則鼈去醜、鄭注云、醜謂鼈竅也、醜與州聲近而義同、豚與州聲亦相近、玉篇、豚、尻也、廣韻云、尾下竅也、楚語日月會于龍豘、文選東京賦注引賈逵注云、豘、龍尾也、玉篇作豘、音丁角切、義與豚相近、說文、眉、尻也、玉篇音詰地口奚二切、集韻類篇又詰計切、引廣雅、眉

臀也、今本脫肩字、

骯骫䯀髺髀髖骭也

玉篇、骭或作骼、文選解嘲、折脅摺髂、李善注引埤倉云、髂、腰骨也、素問長刺節論云、病在少腹、刺兩髂髎季脅肋間、玉篇、骯、髂骯也、又云、骫䯀、股骨也、

廣雅疏證卷第六下

廣雅疏證卷第七上

釋宮

各本宫字皆譌作室。案爾雅宫室雖可互訓，然以其制言之，則自戶牖以内乃謂之室，宫爲總名，室爲專稱。考工記云：「室中度以几，宫中度以尋。」是也。名曰釋宫，則内而奥、宎，外而門、闕，以及寢廟臺榭之制，道塗趨走之名，莫不兼該。若名曰釋室，則不足以目一篇之事。且廣雅篇名，皆仍爾雅之舊，不應此篇獨改爲釋室。太平御覽居處部云：「廣雅釋宫曰：館，舍也。」今據以訂正。

㡉、廡、房、櫳、廬、庵、㾄、㢋、廊、館、傳、庵、㢚、屋、庫、府、殿，舍也

說文：「市居曰舍。」釋名云：「舍，於中舍息也。」說文：「㡉，廡也。」周官圉師：「夏㡉馬。」鄭注云：「㡉，廡也。廡所以庇馬涼也。」遺人注云：「廬，若今野候徒有㡉也。」說文：「廡，堂下周屋也。」檀弓注云：「夏屋，今之門廡也。其形旁廣而卑。」吴子治兵篇云、冬則溫廄夏則涼廡、釋名云、大屋曰廡、廡幠也、幠覆也、幷冀人謂之㡯、㡯正也、屋之正大者也、說文、房室在旁也、釋名云、房旁也、室之兩旁也、櫳之言籠也、說文作龔、云、房室之疏也、班倢伃自悼賦云、房櫳虛兮風泠泠、櫳爲房室之疏、則不得直訓爲舍矣、漢書食貨志云、在壄曰廬、在邑曰里、說文、廬寄也、春夏居、秋冬去、釋名云、廬慮也、取自覆慮也、案覆慮猶言覆露、晉語云、先主覆露子、是也、露慮古同聲、故釋名又云、露慮也、覆慮物也、說文、庵樓牆也、玉篇云、屯聚之處也、晏子春秋諫篇云、景公爲長⿸广朿、是⿸广朿爲舍也、⿸广朿音七賜反、字從广朿聲、朿亦音七賜反、各本皆作⿸广束、⿸广束音七粟反、此因⿸广朿字譌作⿸广束、後人遂幷改曹憲之音、集韻類篇⿸广朿七賜切、引廣雅⿸广朿舍也、⿸广束趨玉切、引廣雅⿸广束舍也、則宋時廣雅本已有譌作⿸广束者、案玉篇⿸广束與下文廁字同、廣韻音盧達切、不音七粟切、玉篇、⿸广朿千漬切、下屋也、廣韻七賜切、偏⿸广朿舍也、衆經音義卷十五云、廣雅庵舍也、埤倉庵⿸广朿也、⿸广朿音且漬反、今據以訂正、廊字通作郎、逸周書作雒解云、咸有四阿反坫重亢重郎、晉灼注漢書董仲舒傳云、廊堂邊廡也、案廊者、高大之稱、猶高門謂之閌矣、說文、館客舍也、釋名云、傳、傳也、人所止息而去、後人復來、轉轉相傳、無常主也、又云、草圓屋曰庵、庵、奄也、所以自覆奄也、後漢書皇甫規傳、親入菴廬巡視將士、菴與庵同、疢服四制引書高宗諒闇、鄭注云、闇謂廬也、義亦與庵同、說文、屋、居也、又云、庫、兵車臧也、釋名云、庫、舍也、物所在之名也、故齊魯謂庫曰舍也、說文、府、文書臧也、鄭注論語云、藏財貨曰府、卷三云、府、聚也、說文、廄、馬舍也、釋名云、廄、勼也、勼、聚也、牛馬之所聚也、

堂堭、壂也

壂、通作殿、初學記引倉頡篇云、殿、大堂也、釋名云、殿、有殿鄂也、堭、通作皇、爾雅、無室曰榭、郭注云、榭、即今堂堭、漢書胡建傳、監御史與護軍諸校列坐堂皇上、顏師古注云、室無四壁曰皇、案皇者、空虛之名、爾雅云、隍、虛也、城池無水曰隍、室無四壁曰皇、其義一也、太平御覽引廣雅作堂皇、合殿也、廣韻亦云、堂堭、合殿、

反坫謂之垿

未詳。

㢊廯𢊁廌粗幕易𢉨庵也

庵義已見上文。廣韻、㢊廯草菴也。引通俗文云、屋平曰㢊廯。通作屠蘇。太平御覽引魏略云、李勝爲河南尹、廳事前屠蘇壞、令人治之。說文𢊁廡也。𢊁與廬聲近而義同。廌亦幕也。方俗語有輕重耳。後漢書皇甫規傳、親入菴廬巡視將士。菴廬卽幕也。幕庵廬皆下覆之義。說見上文。易之爲庵、未詳所出。影宋本皇甫本竝作易𢉨。各本譌作𢉨。惟影宋本不譌。廣韻引廣雅作㡛。

橧窠巢也

說文、鳥在木上曰巢、在穴曰窠。孫炎注爾雅釋樂云、巢高也。禮運、夏則居橧巢。鄭注云、聚薪柴居其上。釋文、橧本又作增、又作曾。大戴禮曾子疾病篇云、鷹鶽以山爲卑而曾巢其上。竝字異而義同。爾雅、豕所寢橧。義亦相近也。說文窠空也。一曰鳥巢也。凡言窠者、皆空中之義。說見卷三科空也下。

棚梦栽棧閣也

卷二云、庋閣載也、卷三云、閣庋也、史記梁孝王世家索隱引通俗文云、高置立庋棚曰庋閣、卷三云、棚、庋也、說文、棚棧也、衆經音義卷十四引三倉云、棚、棧閣也、又引通俗文云、連閣曰棚、九章算術商功章、負米往來七十步、其二十步上下棚除、劉徽注云、棚、閣也、除、邪道也、卷三云、載庋也、載與栽同、又云、碊、庋也、碊與棧同、說文、棧、棚也、文選謝靈運從斤竹澗越嶺溪行詩注引通俗文云、版閣曰棧、齊策云、爲棧道木閣、而迎王與后於城陽山中、史記高祖紀、輒燒絕棧道索隱引崔浩云、險絕之處、傍鑿山巖、而施版梁爲閣也、凡編木爲棚通謂之棧、莊子馬蹄篇、編之以阜棧崔譔注云、棧、木棚也、棧、各本譌作踐、衆經音義卷十五、及太平御覽竝引廣雅棧、閣也、今據以訂正、

𥨩謂之竈

玉篇引倉頡篇云、楚人呼竈曰𥨩、𥨩、各本譌作窖、集韻類篇引廣雅作𥨩、皆玉篇廣韻所無、玉篇廣韻引

廣雅竝作竈、今據以訂正。

其脣謂之陘

月令注、祀竈之禮、設主于竈陘、正義云、逸中霤禮文又云、竈陘、謂竈邊承器之物、以土爲之、

其窻謂之埃

埃、通作突、呂氏春秋諭大篇云、竈突決、則火上焚棟、

埃下謂之

謂之下各本皆脫一字、今無考、

甄匋窯也

衆經音義卷十四引倉頡篇云、窯、燒瓦竈也、管子七臣七主篇云、文采纂組者、燔功之窰也、窰、與窯同、說文、甄、匋也、漢書董仲舒傳、猶泥之在鈞、唯甄者之所爲、文選魏都賦注引如淳注云、陶人作瓦器謂之甄、

匋、通作陶、衆經音義卷二引倉頡篇云、陶、作瓦家也、陶與窯聲相近、大雅緜篇、陶復陶穴、鄭箋云、復者、復於土上、鑿地曰穴、皆如陶然、是陶卽窯也、

楣檐櫺梠也

說文、梠、楣也、士喪禮、置于宇西階上、鄭注云、宇、梠也、特牲饋食禮記、饎爨在西壁、注引舊說云、南北直屋梠、釋名云、梠、旅也、連旅旅之也、或謂之櫋、櫋、緜也、緜連榱頭使齊平也、凡言呂者、皆相連之意、衆謂之旅、紩衣謂之紹、脊骨謂之呂、梢端櫋聯謂之梠、其義一也、說文、楣、秦名屋櫋聯也、齊謂之檐、楚謂之梠、梠、釋名云、楣、眉也、近前若面之有眉也、又云、水草交曰湄、湄、眉也、臨水如眉臨目也、湄與楣義相近、楣宇皆下垂之名、故在人亦有眉宇之稱、故乘七發云、陽氣見於眉宇之閒、是也、說文、檐、㮰也、㮰、梠也、爾雅、檐謂之樀、特牲饋食禮疏引孫炎注云、謂屋梠也、周人謂之梠、齊人謂之檐、明堂位、復廟重檐、鄭注云、重檐、重承壁材也、檐者、障蔽之名、說見釋器幨帙幨也下、方言、屋梠謂之櫺、郭注云、卽屋檐也、亦呼爲連緜、櫺之言闌也、

與檻謂之櫺同義。

榱橑桷棟椽也

說文、椽、榱也。秦謂之榱、周謂之椽、齊魯謂之桷。晉語云、天子之室、斲其椽而礱之、加密石焉。諸矦礱之、大夫斲之、士首之。釋名云、椽、傳也、相傳次而布列也。爾雅、桷謂之榱。郭注云、屋椽也。襄三十一年左傳云、棟折榱崩。釋名云、榱在檼旁下列、衰衰然垂也。說文、橑椽也。楚辭九歌、桂棟兮蘭橑。王逸注云、以木蘭爲榱也。漢書張敞傳、果得之殿屋重轑中。轑與橑同。橑者、落也。落落分布之名。屋椽謂之橑、猶車蓋弓謂之轑。故釋名釋車篇云、轑、蓋叉也。如屋構橑也。輪輻謂之轑、義亦同也。魯頌閟宮篇、松桷有舄。毛傳云、桷、榱也。春秋莊二十四年、刻桓宮桷。穀梁傳說天子以下桷制、與晉語同。說文云、椽方曰桷。釋名云、桷、确也。其形細而疏确也。棟之言促也。說文、棟、短椽也。徐鍇傳云、今大屋重橑下四隅多爲短椽、卽此也。

檼棟也

繫辭傳云、上棟下宇、以待風雨、爾雅、棟謂之桴、郭注云、屋穩也、說文、棟、極也、穩、棼也、棼、複屋棟也、釋名云、穩、隱也、所以隱桷也、或謂之棟、棟、中也、居屋之中也、

甍謂之甑

甍或作甑、方言、甑謂之甑、郭注云、卽屋穩也、說文、甍、屋棟也、釋名云、屋脊曰甍、甍、蒙也、在上覆蒙屋也、襄二十八年左傳、猶援廟桷動於甍、晉語、旣鎭其甍矣、韋昭杜預注竝與說文同、程氏易疇通藝錄云、甍者、蒙也、凡屋通以瓦蒙之曰甍、故其字從瓦、晉語、譬之如室、旣鎭其甍矣、又何加焉、謂葢構旣成、鎭之爲甍則不復有所加矣、若以甍爲屋極、則當施穰桷覆茅瓦、安得云無所加、左傳慶舍援廟桷而動於甍、則甍爲覆桷之瓦可知、言其多力、引一桷而屋宇爲之動也、若以甍爲屋極、則太公之廟、必非容膝之廬、所援之桷、必爲當檐之題、題之去極甚遠、安得援題而動於極也、天子廟制、南北七筵、諸侯降殺以兩、則五筵也、陂陀下注、又加長焉、極之去檐、幾三丈矣、況題接於交、交至於極、亦必非一木、何能遠動之乎、案易疇

謂以瓦覆屋曰甍，與內外傳皆合，確不可易。甑之言霤也。說文：霤，屋水流也。甍爲霤所從出，故又謂之甑矣。

欂謂之枅

爾雅：開謂之槉。郭注云：柱上欂也，亦名枅，又曰楮。文選魏都賦注引說文云：欂櫨，柱上枅也。淮南子本經訓云：欂櫨以相支持。漢書王莽傳作薄櫨。明堂位注作欂盧，竝字異而義同。說文：枅，屋櫨也。文選魯靈光殿賦注引倉頡篇云：枅，柱上方木也。莊子齊物論篇：似枅。梁簡文帝注云：枅，欂櫨也。淮南子主術訓云：脩者以爲櫚榱，短者以爲朱儒枅櫨。

曲枅謂之欒

王延壽魯靈光殿賦云：曲枅要紹而環句。釋名云：欒，攣也，其體上曲攣拳然也。張衡西京賦：結重欒以相承。薛綜注云：欒，柱上曲木兩頭受櫨者。何晏景福殿賦云：欒栱夭蟜而交結。

㭼謂之笮

㭼、字或作桀、又作節、說文、㭼、欂櫨也、爾雅、栭謂之桀、郭注云、即櫨也、釋文、桀、舊本及論語禮記皆作節、明堂位、山節藻棁、鄭注云、山節、刻欂盧爲山也、逸周書作雒解、復㭼藻棁、孔晁注云、復㭼、累芝栭也、魯靈光殿賦、芝栭欑羅以戢孴、張載注云、芝栭、柱上節、方小木爲之、長三尺、今本逸周書㭼字譌作格、㭼笮一聲之轉、爾雅、屋上薄謂之筄、注云、屋笮也、屋上薄謂之笮、猶柱上欂謂之笮矣、

楹謂之柱

釋名云、楹、亭也、亭亭然孤立、旁無所依也、

礎、碣、磌、礩也

太平御覽引說文云、礩、柱下石也、古㠯木、今㠯石、礩之言質也、鄭注曲禮云、質、猶本也、碣在柱下、如木之有本、故曰礩、字通作質、墨子備城門篇云、兩柱同質、韓非子十過篇云、公宮令舍之堂、皆以鍊銅爲柱質、

書大傳大夫士有石材、庶人有石承、鄭注云、石材、柱下質也、石承、當柱下而已、不外出爲飾、礎之言苴也、苴、藉也、所以藉柱也、淮南子說林訓山雲蒸、柱礎潤、衆經音義卷十八引許慎注云、楚人謂柱碣曰礎、碣之言藉也、履謂之舄、義與此同也、張衡西京賦云、雕楹玉碣、字通作舄、墨子備城門篇云、柱下傅舄、各本皆脫碣字、文選西京賦景福殿賦注、並引廣雅、碣、礩也、集韻類篇並引廣雅、礎、碣、礩、礩也、今據補、礩之言鎭壓也、班固西都賦雕玉瑱以居楹、瑱與礩通、

窻牖闢也

說文在牆曰牖、在屋曰囪、古文作囧、或作窗、又云、窻通孔也、釋名云、窻、聰也、於內窺外、爲之聰明也、聰與窻古同聲而通用、大戴禮盛德篇云、明堂凡九室、一室而有四戶八牖、說文、牖、穿壁以木爲交窻也、牖者、開道之名、大雅版篇、天之牖民、毛傳云、牖、道也、闢、本作向、通作鄉、豳風七月篇、塞向墐戶、傳云、向、北出牖也、說文同、明堂位、刮楹達鄉、鄭注云、鄉、牖屬、謂夾戶窻也、

𣕚梯階也

梯之言次第也

說文、梯、木階也、

坻除也

說文、除、殿陛也、漢書王莽傳、莽自前殿南下椒除、顏師古注云、除、殿陛之道也、除之言敘也、階級有次敘也、說文、墀、涂地也、禮、天子赤墀、漢書梅福傳、涉赤墀之塗、應劭注云、以丹漆泥塗殿上也、墀、與坻通、

盌窖窬究寝窟也

說文、北方謂地空因㠯爲土穴爲盌戶、釋言云、窖、窨也、玉篇、窬、兔窟也、寝之言複也、說文、寝、地室也、引大雅緜篇陶寝陶穴、今本作復、鄭箋云、復者、復於土上鑿地曰穴、皆如陶然、月令注作複、竝字異而義同、

京庾廩廘廥𢋡廦囷倉也

說文、倉、穀藏也、倉黃取而藏之、故謂之倉、蔡邕月令章句云、穀藏曰倉、米藏曰廩、釋名云、倉、藏也、藏穀物

也說文圖謂之囷方謂之京管子輕重丁篇云有新成囷京者二家史記倉公傳見建家京下方石徐廣音義云京者倉廩之屬釋邱云四隤曰陵四起曰京義與方倉謂之京同也說文庾水漕倉也一曰倉無屋者小雅楚茨篇我庾維億毛傳云露積曰庾周語云野有庾積應劭注漢書文帝紀引胡廣漢官解詁云在邑曰倉在野曰庾是倉無屋謂之庾也魏策云粟糧漕庾不下十萬是水漕倉謂之庾也釋名云庾裕也言盈裕也案庾之言亦聚也聚者積也漢書食貨志以防貴庾者顏師古注云庾積也以防民積物待賈是庾爲積物之通稱也廩之言斂也說文㐭穀所振入宗廟粢盛倉黃㐭而取之故謂之㐭或作廩中庸通作稟桓十四年穀梁傳云御廩者何粢盛委之所藏也鹿通作鹿吳語囷鹿空虛韋昭注云員曰囷方曰鹿廣韻引賈逵注云鹿庾也說文廥芻稾之藏也管子度地篇云虛牢獄實倉廥廥之言會也漢書天文志胃爲天倉其南衆星曰廥積如淳注云芻稾積爲廥爾雅廩廯也孫炎注云廯藏穀鮮絜也魏風伐檀篇胡取禾三百囷兮毛傳云圓者爲囷囷圓聲相近

州郡縣府廷寺學校庠序辟廱頖宮瞽宗東膠官也

皆謂官舍也、釋名云、州注也、郡國所注仰也、縣縣也、懸係於郡也、郡羣也、人所羣聚也、餘見卷四州郡縣國也下、周官大宰以八灋治官府、鄭注云、百官所居曰府、卷三云、府聚也、各本府字在縣字上、蓋後人誤以府爲府縣之府、故移置於縣字之上、今訂正、說文廷朝中也、後漢書郭太傳注引風俗通義云、廷正也、縣廷郡廷朝廷皆取平均正直也、說文寺廷也、衆經義卷十四引三倉云、寺官舍也、管子度地篇云、官府寺舍、寺之言止也、後漢書光武帝紀注引風俗通義云、諸官府所止皆曰寺、大戴禮保傅篇云、學者所學之官也、學記云、古之教者家有塾、黨有庠、術有序、國有學、孟子滕文公篇云、設爲庠序學校以教之、庠者養也、校者教也、序者射也、夏曰校、殷曰序、周曰庠、學則三代共之、明堂位云、米廩有虞氏之庠也、序夏后氏之序也、瞽宗殷學也、頖宮周學也、內則云、有虞氏養國老于上庠、養庶老于下庠、夏后氏養國老于東序、養庶老于西序、殷人養國老于右學、養庶老于左學、周人養國老于東膠、養庶老于虞庠、虞庠在國之西郊。王制云：「小學在公宮南之左，大學在郊。天子曰辟廱，諸侯曰頖宮。」大雅靈臺篇「於樂辟廱」，毛傳云：「水旋丘如璧曰辟廱，以節觀者。」魯頌泮水篇「既作泮宮」，鄭箋云：「泮之言半也。蓋東西門以南通水，北無也。」泮與頖通。周官大司樂：「凡有道者、有德者，使教焉，死則以爲樂祖，祭于瞽宗。」鄭衆注云：「瞽，樂人，樂人所共宗也。」

甗、瓳、瓨、治、甄、𤭛、甌、瓵、𤮐、甓、𤮺、甎也

衆經音義卷十三引埤倉云：「甗瓳，大甎也。」卷四引通俗文云：「甎方大謂之甗瓳。」漢孟郁脩堯廟碑云：「脩治壂地，致墦坳。」墦坳與甗瓳同。治與甎義不相近。古者謂州郡所駐曰治，若漢書地理志「左馮翊高陵，左輔都尉治」，「右扶風郿，右輔都尉治」是也。衆經音義卷六、卷十四並引廣雅：「寺，治也。」則治字當在上條，後人傳寫譌入此條耳。說文：「瓴，甓也。」「甓，瓴適也。」急就篇云：「甓壘廥廄庫東箱。」瓴、甓並與甎通。甌，廣韻音頤，云：「甗甌，甎也。」各本甌譌作瓵。集韻、類篇甌字注引廣雅：「𤭛甌，甎也。」又有瓵字，注亦云：「𤭛瓵，甎也。」蓋俗書甌字作瓵，故譌而爲瓵。釋器篇「㼾斗謂之柜」，今本譌作相，正與此同。考玉篇、廣韻俱無瓵字，今本作瓵，又瓵字

之譌、今訂正、爾雅、瓴甋謂之甓、郭注云、甗甎也、今江東呼瓴甓、陳風防有鵲巢篇、中唐有甓、毛傳云、甓、令適也、令適與瓴甋同、江東呼瓴甓、語之轉也、司馬相如長門賦、緻錯石之瓴甓兮、漢書尹賞傳、穿地方深各數丈、致令辟爲郭、令辟與瓴甓同、衆經音義卷十四引通俗文云、狹長者謂之甗甎、魏志胡昭傳注引魏略云、扈累獨居道側、以甗甎爲障、

𤮐𤭛甃也

說文、甃、井甓也、甃之言聚也、脩也、井象傳、井甃无咎、脩井也、馬融注云、甃、爲瓦裏下達上也、太平御覽引風俗通義云、甃、聚塼脩井也、莊子秋水篇、吾樂與吾跳梁乎井幹之上、入休乎缺甃之崖、李頤注云、甃、著井底闌也、廣韻、𤮐、井甓也、玉篇、𤭛、牡瓦也、𤮐𤭛竝徒紅反、義亦相近、𤭛、廣韻作瓬、

欄檻櫳棧牢也

說文、牢、閑養牛馬圈也、周官充人、祀五帝之牲牷繫于牢、是也、釋名云、獄謂之牢、言所在堅牢也、史記天

官書貴人之牢賤人之牢是也欄之言遮闌也晏子春秋諫篇云牛馬老于欄牢鹽鐵論後刑篇云是猶開其闌牢發以毒矢也漢書王莽傳云與牛馬同蘭並字異而義同檻之言監制也說文檻櫳也一曰圈也莊子天地篇云虎豹在於囊檻史記張耳陳餘傳云乃檻車膠致與王詣長安釋名云檻車上施欄檻以格猛獸亦囚禁罪人之車也櫜之言牢籠也字本作櫳說文櫳檻也衆經音義卷一引三倉云櫳所以盛禽獸檻欄也梐之言比密也字本作陛又作狴說文陛牢也易林比之否云失意懷憂如幽狴牢

闥謂之門

說文門闥也闥之言通達也薛綜注西京賦云宮中之門小者曰闥史記樊噲傳排闥直入是也後漢書桓帝紀注引廣雅作闥謂之闥所見本異也考工記匠人云廟門容大扃七个闈門容小扃參个爾雅宮中之門謂之闈左傳哀十四年正義引孫炎注云宮中相通小門也闈與闥亦同義

閍扇扉也

爾雅、闔謂之扉、說文、扉、戶扇也、玉藻云、闔門左扉門扇有左右、故謂之扉、扉之言棐也、爾雅云、棐、俌也、兩驂謂之騑、義亦同也、說文、閉、門扉也、閉之言介也、亦、夾輔之名也、說文、扇、扉也、月令、乃脩闔扇、鄭注云、用木曰闔、用竹葦曰扇、呂氏春秋知接篇云、蓋以楊門之扇、嬰謂之扇、義亦同也、

象魏闕也

爾雅、觀謂之闕、說文、闕、門觀也、水經穀水注引白虎通義云、闕者、所以飾門別尊卑也、釋名、闕、在門兩旁、中央闕然爲道也、莊二十一年左傳、鄭伯享王于闕西辟、杜預注云、闕、象魏也、桓三年穀梁傳、諸母兄弟不出闕門、范甯注云、闕、兩觀也、周官大宰、乃縣治象之灋于象魏、哀三年左傳、御公立于象魏之外、鄭衆杜預竝訓爲闕、象魏謂之闕、或謂之魏闕、淮南子本經訓魏闕之高、高誘注、門闕高崇魏魏然、故曰魏闕

限謂之丞

說文、限、門榍也、

栿戺橉砌也

砌、古通作切、漢書外戚傳、切皆銅沓黃金塗、顔師古注云、切、門限也、音千結反、文選西都賦、元墀釦砌、後漢書班固傳作切、栿、亦切字也、爾雅、栿謂之閾、孫炎注云、門限也、郭璞音切、說文、榍、限也、榍與切古亦同聲、說文、䶢、從齒屑聲、讀若切、是其例也、文選西京賦、金戺玉階、李善注引廣雅、戺、砌也、淮南子氾論訓云、枕戶橉而臥、是橉爲切也、字亦作𨍏、說山訓云、剶靡勿釋、牛車絕𨍏、說林訓云、雖欲謹亾馬、不發戶𨍏、高誘注並云、楚人謂門切爲𨍏、

橜機闑朱也

朱、或作梱、又作閫、說文、梱、門橛也、曲禮、外言不入於梱、內言不出於梱、鄭注云、梱、門限也、釋文、梱、本又作閫、案界於門者曰切、中於門者曰梱、二者皆所以爲限、故皆言門限也、說文、橜、門梱也、字亦作橛、通作厥、爾雅、橛謂之闑、郭注云、門閫也、荀子大略篇、和之璧、井里之厥也、晏子春秋諫篇作井里之困、困、亦與梱

同厥者、直而短之名、說見卷二「孑孑短也」下。厥、各本譌作厥、唯影宋本皇甫本不譌。機、字或作譏。呂氏春秋本生篇注云、機厥、門內之位也。邶風谷風篇、不遠伊邇、薄送我畿。毛傳云、畿、門內也。正義云、畿者、期限之名。故周禮有九畿。說苑政理篇云、正㮨機之禮、壹妃匹之際。蔡邕司徒袁公夫人馬氏靈表云、不出其機、化導宣暢。說文、闑、門梱也。士冠禮、布席于門中、闑西、曲禮、大夫士出入君門、由闑右。鄭注竝云、闑、門厥也。昭八年穀梁傳、置旃以爲轅門、以葛覆質以爲槷。爾雅、杙在地者謂之臬。義竝與闑同。

罦罳謂之屏

罦罳、字或作罘思、或作桴思、或作浮思、或作覆思。水經穀水注、太平御覽引廣雅竝作復思。爾雅、屏謂之樹。李巡注云、以垣當門自蔽、名曰樹。釋名云、屏、自障屏也。郊特牲、臺門而旅樹。鄭注云、旅、道也。屏謂之樹、樹所以蔽行道。禮、天子外屏、諸侯內屏、大夫以簾、士以帷。明堂位、疏屏、天子之廟飾也。注云、屏謂之樹、今桴思也、刻之爲雲氣蟲獸、如今闕上爲之矣。正義云、冢匠人注云、城隅謂角桴思也。漢時東闕桴思災、以此諸文參之、則桴思小樓也、故城隅闕上皆有之、然則屏上亦爲屋以覆屏牆、故稱屏曰桴思、今本考工記匠人注作浮思、宋玉大言賦云、大笑至兮摧覆思、鹽鐵論散不足篇云、祠堂屏閣、垣闕罘罳、漢書文帝紀、未央宮東闕罘思災、顏師古注云、罘罳、謂連闕曲閣也、以覆重刻垣墉之處、其形罘思然、一曰屏也、古今注云、罘罳、屏之遺象也、漢西京罘罳合版爲之、亦築土爲之、每門闕殿舍前皆有焉、于今郡國廳前亦樹之、

投謂之闗鍵笓㞳戶牡也

闗、字或作鑰、又作籥、鍵、字或作楗、鄭注金縢云、籥開藏之管也、越語請委管籥、韋昭注云、管籥、取鍵器也、周官司門掌授管鍵以啓閉國門、鄭衆注云、管謂籥也、鍵謂牡、月令脩鍵閉愼管籥、鄭注云、鍵牡、閉牝也、管籥搏鍵器也、正義云、管籥以鐵爲之、似樂器之管、籥搢於鎖內以搏取其鍵也、呂氏春秋異用篇云、跖與企足得飴以開閉取楗、淮南子說林訓云、盜跖見飴曰可以黏牡、是戶牡謂之鍵也、漢書五行志、長安

章城門門牡自亾、顏師古注云、牡、所以下閉者也、

閣庖廚也

說文、廚、庖屋也、庖、廚也、鄭注周官庖人云、庖之言苞也、裹肉曰苞苴、檀弓、始死之奠、其餘閣也與、鄭注云、閣、庋藏食物、內則云、大夫七十而有閣天子之閣、左達五、右達五、公侯伯於房中五、大夫於閣三、士於坫一、注云、閣、以版爲之、庋食物也、達、夾室也、

閭謂之衖

衖、與巷同、說見卷二衖凥也、及下文衖道也、下、荀子儒效篇、隱於窮閻陋屋、韓詩外傳作隱居窮巷陋室、是閻卽巷也、

闠閭閈里也

闠閈里三字、說見卷二里閭閈凥也下、說文、闠、樓上戶也、義與閭閈里不相近、然說文闠閈閭三字相承、

廣雅之訓，多本說文。疑說文闕字注內有一曰闇也之訓，而今本脫去也。

墥隊墉院廦牆垣也

釋名云：「垣，援也，人所依阻以爲援衛也。」案垣之言環也，環繞於宮外也。墥之言繚繞也。說文：「墥，周垣也。」隊之言篆也。說文：「隊，道邊庳垣也。」謂垣卑小，裁有堳埒篆起。周官典瑞「瑑圭璋璧琮」，鄭衆注云：「瑑，有圻鄂瑑起。」義相近也。爾雅：「牆謂之墉。」說文：「墉，城垣也。」釋名云：「墉，容也，所以蔽隱形容也。」案墉者，容隱之義，非形容之義。爾雅「容謂之防」，郭注云：「形如今牀頭小曲屏風，唱射者所以自防隱。」義相近也。院之言亦環也。說文：「寏，周垣也。或作院。」墨子大取篇云：「其類在院下之鼠。」各本院下衍也字，今刪。廦與壁同。釋名云：「壁，辟也，辟禦風寒也。」又云：「牆，障也，所以自障蔽也。」初學記、太平御覽引廣雅，牆字竝在垣字下。

埤垷堞女牆也

埤垷，字或作俾倪，或作睥睨，或作僻倪。堞，字或作堞。玉篇引倉頡篇云：「垷，城上小垣也。」說文：「陴，城上女牆俾倪也，堞城上女垣也，宣十二年左傳守陴者皆哭，杜注云，陴城上俾倪，襄六年傳堙之環城傅于堞，注云，堞女牆也，二十七年傳崔氏堞其宮而守之，注云，堞短垣也，墨子備城門篇云，俾倪廣三尺，高二尺五寸，又云五十步一堞，釋名云，城上垣曰睥睨，言於其孔中睥睨非常也，亦曰陴，陴裨也，言裨助城之高也，亦曰女牆，言其卑小，比之於城，若女子之於丈夫也，案俾倪者，短垣之貌，俾之言庳也，倪亦庳也，爾雅龜左倪不類，右倪不若，郭注以左倪為左庳，右倪為右庳，是也，左傳謂之陴，倉頡篇謂之埤，其義一也，衆經音義卷二云，堞取重疊之義，

欜栫藩篳欏落杝也

杝，今籬字也，說文杝落也，王逸注招魂云，柴落為籬，衆經音義卷十四云，籬杝同，力支反，引通俗文云，柴垣曰杝，木垣曰柵，釋名云，籬，離也，以柴作之，疏離離然也，各本杝字譌作地，地下又衍一籬字，集韻類篇引廣雅，欜、栫、籬也，欏、落、籬也，則宋時廣雅本已有籬字，益今本籬字本作離，乃是杝字之音，既誤入正文

後人又改離爲籬耳。今訂正。釋名云：「青徐謂籬曰椐。」椐與據同。據，玉篇音渠。據之言渠，渠疏疏然也。方言：「杷，宋魏之閒或謂之渠疏。」亦言杷齒渠疏然也。其謂之杷者，謂其齒扶疏然也。史記張儀傳索隱云：「今江南謂葦籬曰芭籬。」芭與杷義亦相近也。栫者，叢積之名。栫猶荐也。哀八年左傳：「吳人囚邾子於樓臺，栫之以棘。」杜注云：「栫，擁也。」此與十二年傳「吳人藩衞侯之舍」同意。說文：「栫，以柴木雝水也。」義亦與藩籬同。說見釋器「瀀、涔，栫也」下。說文：「篳，藩落也。」儒行「篳門圭窬」，鄭注云：「篳門，荆竹織門也。」襄十年左傳注云：「篳門，柴門也。」宣十二年傳「篳路藍縷」，注云：「篳路，柴車也。」義與篳門同。篳之言蔽也。說見釋器「敝謂之縪」下。欏字通作羅。六韜軍用篇云：「三軍拒守，天羅虎落鎖連一部。」欏之言羅羅然也。釋名釋采帛云：「羅，文羅羅疏也。」義與欏相近。落之言落落然也。古通作落。管子地員篇云：「行廧落。」欏、落、杝一聲之轉。莊子胠篋篇「削格羅落罝罘之知多，則獸亂於澤矣」。羅落，謂獸網也。網謂之羅落，亦謂之畢；杝謂之篳，亦謂之羅落，義竝相近也。

柵謂之㭽

說文、柵編樹木也、釋名云、柵、蹟也、以木作之、上平蹟然也、莊子天地篇云、內大盈於柴柵、達生篇、祝宗人元端以臨牢策、李頤注云、策、木欄也、列子仲尼篇、長幼羣聚而爲牢藉庖廚之物、策藉、並與柵通、編簡謂之冊、亦謂之畢、編柴爲垣謂之箄、編木爲垣謂之柵、義並相近也、

黝堊垷墐墀塈㡕塗䊪搷培封塗也

釋名云、塗、杜也、杜、塞孔穴也、字亦作涂、周官守祧、其祧則守祧黝堊之、鄭衆注云、黝讀爲幽、幽、黑也、堊、白也、引爾雅地謂之黝、牆謂之堊、喪大記既祥黝堊、鄭注云、黝堊、堊室之飾也、說文、堊、白涂也、餘見下文天子諸侯廟黝堊及釋器黝黑也下、說文、垷、涂也、豳風七月篇塞向墐戶、毛傳云、墐、塗也、月令蟄蟲皆墐其戶、注云、墐爲塗閉之、墀與墀同、說文、墀、涂地也、禮天子赤墀、應劭注漢書梅福傳云、赤墀、以丹漆泥塗殿上也、韓非子十過篇云、殷人四壁堊墀、說文、墍、仰涂也、墍與塈同、梓材、既勤垣墉、惟其塗塈茨、馬融注云、塈、塗飾也、說文、釁、以血有所刉涂祭也、聲義與塈相近、說文、㡕、墀地以巾撋之也、讀若水溫𪏻、字或作獿

又作䙳。漢書揚雄傳：「獿人亡，則匠石輟斤而不敢妄斲。」服虔注云：「獿人，古之善塗墍者也。」顏師古注云：「獿，抆拭也，故謂塗者爲獿人。」鹽鐵論散不足篇云：「富者堊䙳壁飾。」塗與拭義相近，故塗謂之垷，亦謂之墐，亦謂之墍，亦謂之懮；拭謂之抿，亦謂之墐，亦謂之摡，亦謂之獿也。說文：「塳，涂也。讀若隴。」衆經音義卷八音莫董反，引通俗文云：「泥塗謂之塳。」「須」襄三十一年左傳「圬人以時塓館宮室」，杜注云：「塓，塗也。」塓與㨠同。張載魏都賦注引左傳作幂，云：「幂，墁也。」塗與覆義亦相近，故覆謂之幔，亦謂之幎，亦謂之幏；塗謂之墁，亦謂之塓，亦謂之塳也。

椵、橛、楬、檕、戕、戙、柵、杙也

說文：「弋，橜也。」或作杙。爾雅：「樴謂之杙。」杙、樴與杙之言皆直也。方言：「橛，燕之東北朝鮮洌水之閒謂之椵。」椵之言段也，今人言木一段、兩段是也。椵，各本譌作椴，今訂正。說文：「橜，弋也。」橜與橛同。月令注引農書云：「土長冒橛。」今俗語猶謂杙爲橛。橛之言厥也，凡木形之直而短者謂之橛，說見卷二「子，短也」下。漢書尹賞傳楬著其姓名。顏師古注云、楬、杙也。爾雅、雞棲於弋爲桀、桀與楬通。方言注云、橛、楬、杙也。江東呼都、都與槷古同聲、合言之則曰楬槷。說文、楬、楬槷也。周官蜡氏若有死於道路者、則令埋而置楬焉、書其日月焉。鄭衆注云、楬、欲令其識取之、今時楬槷是也。玉篇、牂、繫船大杙也。字本作牂柯、牂者、杙長大牂牂然也、柯亦長大之名、猶木大枝謂之柯也。魏志常林傳注引魏略云、吳使朱然諸葛瑾攻圍樊城、遣船兵於峴山東斫牂柯材、漢書地理志、牂柯郡、顏師古注云、牂柯繫船杙也。引華陽國志云、楚頃襄王遣莊蹻伐夜郎軍至且蘭、椓船於岸而步戰、既滅夜郎、以且蘭有椓船牂柯處、乃改其名爲牂柯。曹憲音歌、各本戙作戨、蓋因音內歌字而誤、戨字又誤在戙字下、集韻類篇並引廣雅、戨、杙也、則所見已是誤本。案玉篇廣韻俱無戨字、又牂戨二字之閒、不當闌入戙字、今訂正。玉篇、戙、船左右大木。廣韻云、船纜所繫也、戙亦長大之名、戙之言侗也。說文、侗、大皃、論衡齊世篇云、上世之人、侗長佼好、

墿軌堩衕街術蹊徑闠闤羨隊邪除畂陌迒衙道也

道之言由也人所由也墿通作驛玉篇驛道也墿之
言繹之也繹迒皆長意也故方言云繹長也迒長也軌
謂車道也考工記匠人云涂度以軌高誘注淮南子
本經訓云軌道也軌者法度之名隱五年左傳云講
事以度軌量謂之軌是也軌各本譌作軌今訂正垣
之言亘也士喪禮記唯君命止柩于垣會子問弊引
至于垣雜記非從柩與反哭無免于垣鄭注並云垣
道也街與巷同爾雅宮中衖謂之壼孫炎注云衖舍
閒道也鄭風叔于田傳云巷里塗也街之言共也說
文云在邑中所共也又云街四通道也廣韻引風俗
通義云街攜也離也四出之路攜離而別也術之言
率也人所率由也說文術邑中道也呂氏春秋下賢
篇云桃李之垂於術者莫之援也褚少孫續龜策傳
云內經閭術外爲阡陌蹊或作徯蹊亦徑也語之轉
耳釋名云步所用道曰蹊月令注云徯徑禽獸之道
也說文徑步道也初學記引說卦傳鄭注云田閒之
道曰徑路釋名云徑經也人所經由也卷二云徑袤
也說文闠市外門也古今注云闠市垣也闤市門也
文選西京賦廓開九市通闤帶闠薛綜注云闤市營
也闠中隔門也案闠爲市垣闤爲市門而市道郎任

垣與門之內，故亦得闤闠之名，猶閭閈爲里門，而里亦謂之閭閈也。劉逵注蜀都賦云：「闤，市巷也。」巷卽道也。開元占經東方七宿占引石氏云：「房四星爲四表，中有三道，中間爲天衢，南閒曰陽環，北閒曰陰環。」環與闤同義。羨讀若延。史記衞世家「共伯入釐侯羨自殺」，索隱云：「羨，墓道也。」字亦作埏，又作延。文選潘岳悼亾詩注引聲類云：「埏，墓隧也。」後漢書陳蕃傳云：「葬親不閉埏隧。」隱元年左傳注作「延」。羨之言延也。鄭注考工記玉人云：「羨猶延也。」爾雅：「延，閒也。」郭注以爲閒隙。李奇注郊祀志云：「三輔謂山阪閒爲衍。」衍與延聲義相近也。隊或作隧。隧之言遂也，遂，達也。周官冢人「以度爲邱隧」，鄭注云：「隧，羨道也。」疏云：「天子有隧，諸侯以下有羨道。隧道則上有負土，羨道則無負土。」周語「晉文公請隧」，賈逵注云：「闕地通路曰隧。」隧爲羨道之名，亦爲道之通稱。襄十八年左傳「夙沙衞連大車以塞隧」是也。文十六年傳「楚子會師于臨品，分爲二隊，子越自石谿，子貝自仞，以伐庸」，隊與隧同，謂分爲兩道以伐庸也。哀十三年傳「越子伐吳，爲二隧」是也。杜注以隊爲隊伍之隊，失之。邪與除古聲相近，除亦邪也。九章算術商功章「今有羨除」，劉徽注云：「羨除，隧道也。」

其所穿地上平下邪商功章又云負土往來七十步其二十步上下棚除棚除二當平道五注云棚閣也除邪道也文選西都賦輦路經營脩除飛閣義與棚除同說文趙䟴謂伯爲㽘高誘注淮南子地形訓云常山人謂伯爲亢亢與㽘同伯與陌同㽘各本譌作㽘今據曹憲音訂正迒亦㽘也語有緩急耳爾雅兔其跡迒說文迒獸迹也或作𨂜亦通作亢釋名云鹿兔之道曰亢行不由正亢陌山谷草野而過也太元居次四見豕在堂狗繫之迒范望注云迒迹也張衡西京賦迒杜蹊塞薛綜注云迒道也成十八年左傳以塞夷庚杜注云夷庚吳晉往來之要道詩序云由庚萬物得由其道也庚與迒古亦同聲埴之言亘徑之言經迒之言杭皆橫度之名也漢書文帝紀大橫庚庚服虔注云庚庚橫貌義與迒同陌亦橫度之名也故釋名云亢陌山谷草野而過又云綃頭或謂之陌頭言其從後橫陌而前也衎或作阡阡之言伸也直度之名也卷三云伸直也史記秦紀開阡陌索隱引風俗通義云南北曰阡東西曰陌食貨志作仟伯臣衡傳作佰竝字異而義同

駃騺驅驟馳騖騁騰趭趨赱犇也

犇、與奔同、尉繚子制談篇云、猶良驥騄耳之駃、史記張儀傳、扶前跌後、蹄間三尋、索隱云、言馬之走勢疾也、莊子齊物論篇、麋鹿見之決驟、崔譔注云、疾走不顧爲決、卷一云、趹疾也、說文、趹、馬行皃、又云、趹、踶也、高誘注淮南子脩務訓云、踶、趍走也、趹、趹、決、竝與駃通、良馬謂之駃騠、義亦同也、說文、騺、次弟馳也、玉篇音厲、荀子禮論云、步驟馳騁厲騖不外是矣、楚辭遠遊云、颯弭節而高厲、厲、與騺通、厲亦疾意也、月令云征鳥厲疾、是也、趭、曹憲音子肖反、說文、趭、動也、玉篇且水切、動也、走也、趭、集韻又愈水切、走皃、又子肖切、引廣雅、趭、犇也、玉篇、趭、千水切、亦趭字也、廣韻又以水切、走也、玉篇、趭、子妙切、走皃、廣韻又才笑弋照二切、走也、史記司馬相如傳、蔑蒙踊躍騰而狂趭、漢書作趭、張注云、趭、犇走也、顏師古音醮、揚雄傳、神騰鬼趭、顏師古亦音醮、宋祁校本引蕭該音義云、今漢書鬼趭或作跳字、韋昭慈昭反、云、趭、超也、字林音才召反、左思吳都賦、狂趭獷猤、劉逵注云、趭、走也、李善音子召反、曲禮、庶人僬僬、亦走皃也、士相見禮云、庶人見於君、不爲容、進退走、是其義也。合觀諸書音訓、趡音千水、以水、子肖、才召、慈昭五反、雖音千水、以水、才召三反、趭音子肖、才召、弋召三反、而同訓爲走、是雖趭即趡之異文、而子肖、才召、慈昭、即千水之轉聲、弋召即以水之轉聲也、凡脂部之字、多有與蕭部相轉者、若有鷕雉鳴之鷕、音以水以小二反、周官追師之追、音丁回丁聊二反、郊特牲壹與之齊、齊或爲醮、史記萬石君傳譙呵、音誰何、皆其例也、廣韻、趡、進也、趡之言駿也、爾雅、駿、速也、鄭注公食大夫禮云、不拾級而下曰趡、說文引宣六年公羊傳趞階而走、今本作踖、何休注云、踖、猶超也、釋文、踖與蹉同、一本作趞、趞踖蹉竝同義、漢書司馬相如傳、跮踱輵轄、容以骫麗兮、蜩蟉偃寋、怵㚟以梁倚、張注云、跮踱、疾行互前卻也、怵㚟、奔走也、趞踱㚟竝音丑略反、義亦同也、

塍埒埰墱陾陘防芓隄也

說文、塍、稻田畦也、衆經音義卷九引倉頡篇云、塍、畦也、齊民要術引氾勝之書云、始種稻、欲其塍、令水道相直、字或作埰、淮南子齊俗訓、狟狢得埰防、弗去而緣、高誘注云、埰、水埒也、亦通作乘、爾雅、如乘者乘

邱、郭注云、形似車乘也、或云、乘者謂稻田塍埒、埒謂田界也、周官稻人、以列舍水、鄭注云、列田之畦埒也、淮南子本經訓云、聚埒畝、塍之言兆朕、埒之言形埒也、淮南子俶眞訓云、未有形埒垠堮、又云、欲與物接而未成兆朕、是也、衆經音義卷二十引聲類云、堢、高土也、說文、堨、保也、一曰高土也、保、與堢通、亦通作葆、堨、玉篇作壔、亦通作禱、呂氏春秋疑似篇云、周人爲高葆禱於王路、置鼓其上、遠近相聞、九章算術商功章有方堢壔、圓堢壔、陯、字亦作塘、通作唐、周語、陂唐汙庳以鍾其美、韋昭注云、唐、隄也、玉篇、隚、界隄也、

柤滔隁也

隁之言偃也、所以障水、或用以取魚、鄭衆注周官𠁼人云、梁、水偃也、偃水爲關空、以笱承其空、襄二十五年左傳、規偃豬、鄭注周官稻人云、偃豬、畜流水之陂也、荀子非相篇作匽、後漢書董卓傳作陽、魏志作堰、竝字異而義同、柤之言阻遏也、說文、柤、木閑也、木閑謂之柤、水偃謂之柤、義相近也、滔、玉篇音七故切、廣韻又側伯、山責二切、滔之言迫迮也、說文、滔、所已雝水也、柤滔聲亦相近、

榷彴獨梁也

淮南子繆稱訓、若行獨梁、高誘注云、獨梁、一木之水榷也、說文、榷水上橫木所已渡也、漢書武帝紀、初榷酒酤、韋昭注云、以木渡水曰榷、謂禁民酤釀、獨官開置、如道路設木爲榷、獨取利也、顏師古云、榷者、步渡橋、今之略彴是也、玉篇、彴、徛渡也、彴榷聲相近、

徛步橋也

爾雅、石杠謂之徛、郭注云、聚石水中以爲步渡彴也、或曰今之石橋、釋文云、今關西呼、徛、江東呼彴、

廟天子五諸侯四卿大夫三士二

王制云、天子七廟、三昭三穆、與大祖之廟而七、諸侯五廟、二昭二穆、與大祖之廟而五、大夫三廟、一昭一穆、與大祖之廟而三、士一廟、庶人祭於寢、禮器云、天子七廟、諸侯五、大夫三、士一、祭法云、王立七廟、曰考廟、曰王考廟、曰皇考廟、曰顯考廟、曰祖考廟、遠廟爲祧、有二祧、諸侯五廟、大夫三廟、適士二廟、官師一廟

僖十五年穀梁傳云、天子七廟、諸侯五、大夫三、士二、荀子禮論篇云、有天下者事七世、有一國者事五世、有五乘之地者事三世、有三乘之地者事二世、漢書韋元成傳云、禮、王者始受命、諸侯始封之君、皆爲大祖、以下五廟而迭毁、祭義曰、王者禘其祖所自出、以其祖配之而立四廟、言始受命而王、祭天以其祖配、而不爲立廟、親盡也、立親廟四、親親也、親盡而迭毁、親疏之殺、示有終也、案廣雅謂天子五廟、葢本韋元成說、謂諸侯四廟、則未詳所據、

天子諸侯廟黝堊卿大夫蒼士黈

此莊二十三年穀梁傳文、徐邈注云、黝、黑柱也、堊、白壁也、餘見上文黝堊塗也、及釋器黝黑也下、黈與黈同、黈、各本譌作黈、今訂正、

五帝廟蒼曰靈府赤曰文祖黃曰神斗白曰顯紀黑曰元矩

尚書帝命驗云、帝者承天立五府以尊天重象、赤曰文祖、黃曰神斗、白曰顯紀、黑曰元矩、蒼曰靈府、鄭注云、天有五帝、集居大微、降精以生聖人、故帝者承天立五帝之府、是爲五府、唐虞謂之五府、夏謂之世室、殷謂之重屋、周謂之明堂、皆祀五帝之所也、赤帝赤熛怒之府、名曰文祖、火精光明、文章之祖、故謂之文祖、周曰明堂、黃帝含樞紐之府、名曰神斗、斗、主也、土精澄靜、四行之主、故謂之神斗、周曰大室、白帝白招拒之府、名曰顯紀、紀、法也、金精斷割萬物成、故謂之顯紀、周曰總章、黑帝汁光紀之府、名曰元矩、矩、法也、水精元昧、能權輕重、故謂之元矩、周曰元堂、蒼帝靈威仰之府、名曰靈府、周曰青陽、以上見隋書宇文愷傳、史記五帝紀索隱正義、文選顏延之曲水詩序注、初學記、太平御覽、各本靈譌作[illegible]、斗譌作升、矩譌作柜、今訂正、

獄犴也夏曰夏臺殷曰羑里周曰囹圄

召南行露傳云、獄埆也、說文引小雅小宛篇宜犴宜獄、周官射人注引作犴、今本作岸、韓詩作犴、云、鄉亭

之繫曰犴、朝廷曰獄、淮南子說林訓、亾犴不可再、高誘注云、犴、獄也、漢書刑法志云、獄豻不平、竝字異而義同、史記夏紀云、桀召湯而囚之夏臺、殷紀云、紂囚西伯羑里、書大傳作牖里、說文、囹、獄也、圄、守之也、又云、囹圄、所吕拘罪人也、圉與圄同、囹圄皆守禁之名、囹之言令、圄之言敔也、卷四云、令、敔、禁也、或但謂之囹、張衡周天大象賦云、彼貫索之爲狀、寔幽囹之取則、是也、或但謂之圄、晏子諫篇云、拘者滿圄、怨者滿朝、是也、月令、省囹圄、鄭注云、囹圄、所以禁守繫者、若今之獄矣、正義引月令章句云、囹、牢也、圄、止也、所以止出入、又引鄭志崇精問曰、獄、周曰圜土、殷曰羑里、夏曰均臺、囹圄何代之獄、焦氏荅曰、月令秦書、則秦獄名也、漢曰若盧、魏曰司空、蔡邕獨斷云、夏曰均臺、殷曰牖里、周曰囹圄、漢曰獄、初學記引風俗通義云、夏曰夏臺、殷曰羑里、周曰囹圄、諸書所記三代獄名、皆傳聞異辭、無正文也、

杅謂之梏、械謂之桎

杅之言紐也、卷三云、紐、束也、說文、杅、械也、後漢書蔡邕傳論、抱鉗杻、徙幽裔、杻與杅同、梏之言鞠也、急繫

之名也漢書刑法志當鞫繫者頌繫之顏師古注云頌讀曰容謂寬容之不桎梏是也桎之言窒械之言礙皆拘止之名也說文梏手械也桎足械也周官掌囚上罪梏拲而桎中罪桎梏下罪梏鄭衆注云拲者兩手共一木也鄭注云在手曰梏在足曰桎中罪不拲手足各一木耳下罪又去桎說文械桎梏也月令注亦云桎梏今械也然則械爲在手在足之通稱也

圊圂庰廁也

說文廁清也清與圊通蘇林注漢書石奮傳引賈逵周官解云牏行清也急就篇云庰廁清溷糞土壤屏與庰通溷與圂通說文圂廁也淮南子說山訓云譬猶沐浴而抒溷開元占經甘氏外官占引甘氏云天溷七星在外庰南外庰七星在奎南注云天溷廁也外庰所以障天溷也又引甘氏讚云天溷伏作抒廁糞土庰蔽擁障宴溷莫晦宴亦廁也字本作匽又作偃匽與庰皆取隱蔽之義周官宮人爲其井匽除其不蠲去其惡臭鄭注云井漏井所以受水潦鄭司農云匽路廁也元謂匽豬謂霤下之池受畜水而流之

者、絭井字疑是幷字之譌、隸書幷或作井、因譌而爲井、幷屏古字通、屏匽、謂廁也、燕策云、宋王鑄諸侯之象、使侍屏匽、莊子庚桑楚篇、觀室者周於寢廟、又適其偃焉、司馬彪注云、偃、屏廁也、偃與匽同、據下文云除其不蠲、去其惡臭、則以匽爲路廁者是也、釋名云、廁、言人雜廁在上非一也、或曰溷、言溷濁也、或曰圊言至穢之處、宜常修治使潔清也、急就篇注云、屏、僻宴之名也、廁之言側也、亦謂僻側也、

廣雅疏證第七上